HERMENEUTISCHE UNTERSUCHUNGEN ZUR THEOLOGIE

Herausgegeben von
HANS DIETER BETZ · GERHARD EBELING
MANFRED MEZGER

25

Symbolik
des Todes Jesu

von

Günter Bader

J. C. B. Mohr (Paul Siebeck) Tübingen

Gedruckt mit Unterstützung des Förderungs- und Beihilfefonds Wissenschaft der VG Wort

CIP-Titelaufnahme der Deutschen Bibliothek

Bader, Günter:
Symbolik des Todes Jesu / von Günter Bader.
– Tübingen: Mohr, 1988
   (Hermeneutische Untersuchungen zur Theologie; 25)
   ISBN 3-16-145363-8
   ISSN 0440-7180
NE: GT

© 1988 J. C. B. Mohr (Paul Siebeck) Tübingen.

Druck von Gulde-Druck GmbH in Tübingen; Einband von Großbuchbinderei H. Koch KG in Tübingen

Printed in Germany.

Der
GEMEINDE GOMADINGEN
auf der geliebten Rauhen Alb
dargebracht

„Laß die dürre Lebens-Aw /
Lauter süssen Trost geniessen"

Vorbericht

Die Symbolik des Todes Jesu hat – als Symbolik, d. h. als Lehre von vergeblich zu übersehen gesuchten Umständen – einen zwar banalen, aber unvertauschbaren Ort.

Ihr Vf. fand sich, nach einer erfüllten Zeit fortlaufender Lektüren, plötzlich versetzt in ein ländliches Pfarrhaus abseits des Verkehrs, als, wenig danach, wie er gerade des frühen Morgens vor die Tür trat, sich ihm auf der Schwelle der Anblick eines verschnürten Knäuels darbot, von unbekannter Hand abgelegt. Er hob es auf und fühlte, daß unter vielfacher Verhüllung durch Plastiksäcke teils Hartes teils Weiches verborgen war: Bein und Fleisch, noch wärmlich, nach altem Brauch. Ich kann mich nicht erinnern, Vf. jemals durch eine Gabe tiefer verstimmt, ja verstört gesehen zu haben als durch diese: „Ich halte Eurer Liebe sonntags so gut es geht Predigten Wort aus Wort, und Ihr kommt mir montags mit rohem Fleisch und solchen Dingen!"

Das Auswickeln ging damals sehr schnell, ganz im Unterschied zu der Langwierigkeit, mit der Vf. seitdem zu lernen hatte, sich vom nachhaltigen Bann dieser Gabe zu lösen. Immerhin, als er bei späterem Anlaß erstmals mit einer Tierhaut überrascht wurde, war ihm die stattgehabte Konversion bereits durchsichtiger. Priestergefäll ist Antidosis in unwortlichster Währung. Was Vf. daraus in zehn Jahren zu entwickeln vermochte, lege ich hier vor.

Zürich, 30. September 1987   G. B.

Inhalt

Symbolik B
Vom Ding zur Sprache

Register

§ 1 Einführung in die Symbolik des Todes Jesu

Daß Worte in gewisser Weise auch Dinge sind, wird durch einfache Beobachtung klar. Nämlich selbst wenn sie nicht fallen, sondern bloß fliegen, oder wenn sie nicht einmal hervorgestoßen werden, sondern nur dahinströmen, so erfüllen sie, einerlei ob mit ihrem Schwer- oder Leichtgewicht, in jedem Fall Raum und Zeit und sind somit als Worte in gewisser Weise stets auch Dinge. Daß jedoch umgekehrt Dinge in gewisser Weise stets auch Worte seien, folgt daraus noch keinesfalls. Jetzt tritt an die Stelle des Einfachen etwas Schwieriges. Im ersten Fall haben wir die Freude, bereits im Wort zu sein, dessen dingliche Seite mehr oder weniger bewußt herspielt, und je weniger, desto leichter das Wort. Dagegen im zweiten Fall muß – durch welches Leid auch immer – eine Anachorese stattgefunden haben, die aus dem Sein im Wort vertrieb und im Untergang der Worte vor die bloßen Dinge versetzte, oder gar fraglich erscheinen ließ, ob denn vor lauter Sein in den Dingen die Worte überhaupt schon aufgegangen seien. In diesem Exzeß der Erfahrung meldet sich unabweisbar die Erwartung, das Ding müsse auch Wort sein, selbst wenn es in beinah jeder Hinsicht Ding ist und bleibt. Somit erscheint Jesu Kreuz, dies stumme Ding, als womöglich äußerste Verdichtung dieser Erfahrung.

Im Gegenüber zu bloßen Dingen entsteht keine reiche Sprachkultur. Obgleich die Begriffe von Armut und Reichtum sogleich beginnen werden zu schwanken. Daß überhaupt Wort entspringt, ist des Wunderbaren genug. Wie in einem spracharmen rauhen Volk ein einziges Wort bereits alles sagt. Entsprechend hoch lädt sich der Symbolizitätsgrad dieses Wortes auf, das auf der einen Seite zwar mitteilt, auf der andern aber einer der Mitteilung gegenwirkenden Nichtmitteilung freien Lauf läßt. Es erstaunt daher nicht, hinsichtlich des Todes Jesu auf eine ganze Handvoll archaischer Worte zu stoßen, jedes ein neuer Anlauf, jedes im Grund ein einziges Wort: Wort vom Kreuz, Wort von der Versöhnung, Tausch, Geld, Opfer. Jedes von ihnen ist das Ganze – und ist es nicht, denn keines von ihnen ist jemals Begriff. Aber diese ideelle Armut der ursprünglichen Sprache ist ihr materieller Reichtum: fünfmal sagen zu müssen, was einmal zu sagen durchaus unmöglich ist.

Wie hängt beides zusammen: Tod Jesu und symbolische Sprache? Aus ihrem wechselseitigen Zusammenhang muß sich der Umriß einer Symbolik des Todes Jesu ergeben.

1. Der Tod Jesu und das Symbol

Niemand kann sich der Frage nach der Heilsbedeutung des Todes Jesu nähern, ohne auf die Dynamik der paulinischen oder vorpaulinischen Formel zu stoßen: „Er erniedrigte sich selbst / und ward gehorsam bis zum Tode, ja zum Tode am Kreuz" (Phil 2,8). Diese Formel beschreibt die Anspannung eines an sich schon Angespannten. Und daher etwas Überflüssiges, wie es scheint. Ist bereits überflüssige Spannung zu vermeiden, um wieviel mehr Anspannung eines an sich schon Angespannten. Die in Phil 2,7 geschilderte Menschwerdung hätte genügt, sie ist bereits Spannung genug. Ist aber Spannung überhaupt dem Heil abträglich, so wäre dem präexistenten Logos zu empfehlen, er solle bleiben, wo er war (Phil 2,6).

Anselm von Canterbury hat in Wahrnehmung dieser paulinischen Dynamik nach dem Vorgang anderer[1] den erstaunlichen Aufwand der göttlichen Heilsökonomie mit einem Warum befragt. Cur deus homo? Hinter dieser vorläufigen Gestalt der Frage steckt eine andere: Cur deus passus? Cur deus mortuus? Erst sie trifft den Punkt. Daher lautet die einzige Frage, von der Anselms Überlegung abhängt: qua scilicet ratione vel necessitate deus homo factus sit, et morte sua, sicut credimus et confitemur, mundo vitam reddiderit, cum hoc aut per aliam personam, sive angelicam sive humanam, aut sola voluntate facere potuerit[2]. Diese Frage ist spürbar eine ökonomische Frage. Warum mit größerem Aufwand zu erreichen suchen, was mit geringerem ebenso zu erreichen ist? Hier wird nach der Rationalität eines Unrationellen und Notwendigkeit eines Unnötigen gefragt. Daß von unbedingter Rationalität und Notwendigkeit nicht geredet werden kann, scheint von vornherein evident. Anselms Frage läßt ein Plausibilitätsgefälle erkennen; je plausibler das Heilswerk, desto göttlicher Gott. Daher muß man die Frage rückwärts lesen. Plausibel wäre es, wenn Gott das Heilswerk sola voluntate vollbracht hätte, plausibel immerhin auch noch, wenn durch eine engelische oder menschliche Person; daß er aber das Erlösungswerk durch sich selbst und seinen Tod vollbracht hat: das steht deutlich genug am Ende des Plausibilitätsgefälles. Somit ist es leicht, gegen den Gott des faktischen Heilsgeschehens, wie es geglaubt und bekannt wird, einen göttlicheren Gott auszurufen, dem Omnipotenz, aufwandslose Leichtigkeit, Einsichtigkeit ohne weiteres zufallen.

Die Evidenz liegt also auf Seiten der Gegner von Inkarnation und Kreuz. Ihre Argumente haben leichtes Spiel. Warum wurde das Werk der Erlösung nicht

---

[1] Wohl erstmals Irenäus, Adv. haer. I, 10,3 (MPG 7,556B): διὰ τί ὁ Λόγος τοῦ θεοῦ σάρξ ἐγένετο, καὶ ἔπαθεν. Anselm, Cur deus homo (S. Anselmi Cantuarensis Archepiscopi Opera omnia, rec. F. S. *Schmitt* O.S.B., Neudruck 1984², Vol. II, 37–133); Praefatio (*Schmitt* II, 42,9): Cur deus homo; I, 19 (*Schmitt* II, 86,10): cur Christus est mortuus; II, 18 (*Schmitt* II, 126,25f): cur deus homo factus sit, ut per mortem suam salvaret hominem.

[2] Cdh I, 1 (*Schmitt* II, 48, 2–5). Wiederholung der Frage: Cdh I, 1 (*Schmitt* II, 48,22–24); I, 10 (*Schmitt* II, 66,21f); II, 18 (*Schmitt* II, 126,25f); II, 22 (*Schmitt* II, 133,4).

solo iussu zuwegegebracht? Das hätte dem Allmächtigen, dem Schöpfer Himmels und der Erde wohl angestanden. Das Kreuz jedoch zeigt statt des Allmächtigen einen Ohnmächtigen und bringt somit den Gläubigen mit sich selbst in Widerspruch[3]. Warum – um hier die anstößigste Aussage einzufügen – ist der Mensch nicht zu erlösen sola misericordia[4], warum vollzieht sich dies bei ihm nicht una sola compunctione[5]? Jede Umständlichkeit darüber hinaus verrät sich als Minderung Gottes in seiner Göttlichkeit. Und warum kann der Konflikt der Sünde nicht sola voluntate aus der Welt geschafft werden? Jede Annahme darüber hinaus führt zu einer so verschrobenen Figur wie der, daß Gott, statt den Menschen frei zu lassen, ihn strafen wollte, aber statt ihn zu strafen lieber selbst leiden wollte. Leiden zu wollen ist absolutes Ende jeder Durchsichtigkeit des Willens, dazu in unserem Fall, der auch sola voluntate hätte gelöst werden können, ganz ohne Grund und Notwendigkeit gesetzt. Soweit muß man gelangen, wenn statt des Einfachen und Göttlichen das Komplizierte zugelassen wird, das zu seiner Bewältigung dann bereits des Monströsen bedarf. Wie erst die omnipotentia und misericordia, so steht jetzt Gottes sapientia in Gefahr. Denn selbst ein Mensch, der etwas, was er mit Leichtigkeit tun könnte, ohne Grund mit größerer Mühe tut, würde niemals für weise gehalten[6]. Somit zeigt sich: Die Heilsökonomie steht zur Denkökonomie in direktester Beziehung. In beiden Ökonomien entpuppt sich das Rationalitätsprinzip als „metaphysisches Sparsamkeitsprinzip"[7], das gebietet, den Aufwand weiter als unbedingt nötig keinesfalls zu treiben. Pluralitas non est ponenda sine necessitate.

Gegenüber solcher Rationalitätserwartung erscheint die traditionelle, womöglich erzählende Darstellung des Heilswerkes Christi als mehr oder weniger heilige Einfalt. Wie will sich die Behauptung rechtfertigen lassen, Gott „sei in

---

[3] Cdh I, 6 (*Schmitt* II, 54,1–3): Si dicitis quia facere deus haec omnia non potuit solo iussu, quem cuncta creasse iubendo dicitis, repugnatis vobismetipsis, quia impotentem illum facitis.

[4] Cdh I, 12 (*Schmitt* II, 69,6f): Utrum sola misericordia sine omni debiti solutione deceat deum peccatum dimittere. Cf. I, 13; I, 24.

[5] Cdh I, 21 (*Schmitt* II, 88,17).

[6] Cdh I, 1 (*Schmitt* II, 48,5); I, 6 (*Schmitt* II, 54,13): sola voluntate. S. den ganzen Abschnitt I, 6 (*Schmitt* II, 54,3–55,8).

[7] K. *Rahner*, Theologisches zum Monogenismus, in: Ders., Schriften zur Theologie I, 1956[2], 253–322, S. 322. W. v. Ockham, In I Sent. prol. q. 1; d. 1, q. 3: Pluralitas non est ponenda sine necessitate; Summa Logicae p. I, c. 12: frustra fit per plura, quod potest fieri per pauciora. E. *Mach*, Die ökonomische Natur der physikalischen Forschung, in: Ders., Populär-wissenschaftliche Vorlesungen, 1910[4], 217–244, überträgt den volkswirtschaftlichen Sachverhalt der Ökonomie auf Denken und Sprache: „Die wunderbarste Ökonomie der Mitteilung liegt in der Sprache. Dem gegossenen Letternsatze vergleichbar, welcher, die Wiederholung der Schriftzüge ersparend, den verschiedensten Zwecken dient, den wenigen Lauten ähnlich, aus denen die verschiedensten Worte sich bilden, sind die Worte selbst. ... Gesteigert ist natürlich die Ökonomie der Sprache in der wissenschaftlichen Terminologie" (S. 222f). *Mach* spricht von einem „abkürzenden Gedankensymbol" (S. 231). S. F. *Kallfelz*, Das Ökonomieprinzip bei Ernst Mach, Diss. phil. München 1929.

den Schoß eines Weibes herabgestiegen, aus einer Frau geboren, mit Milch und menschlichen Speisen ernährt aufgewachsen und er habe – um von vielem anderen zu schweigen, was Gott nicht zu gebühren scheint – Ermüdung, Hunger, Durst, Schläge und zwischen Räubern Kreuz und Tod erduldet"[8]? Anselm unternimmt dies, indem er die Überschüssigkeit des Heilswerkes als Ausdruck des überschüssigen Liebeswillens Gottes interpretiert: je wunderlicher und paradoxer, desto größer der Liebeserweis[9]. Zwar nicht ratio und necessitas, aber immerhin Proportioniertheit lasse sich in der faktischen Heilsgeschichte finden. Wenn aber Proportioniertheit, dann keine bloße Absurdität. Proportioniertheit selbst eines Überschwanges nennt Anselm Konvenienz. Konvenienzgründe für Inkarnation und Kreuz fließen aus biblischer, patristischer, liturgischer Tradition in reichem Maß: Wie durch eines Menschen Ungehorsam der Tod, so durch eines Menschen Gehorsam das Leben; wie durch ein Holz der Sieg des Teufels über den Menschen, so durch das andere der Sieg des Menschen über den Teufel[10]. Hier zeigt sich: Was in sich konvenient ist, ist auch für Gott konvenient. Die Denkkonvenienz steht somit zur Heilskonvenienz in engster Beziehung.

Aber wo bleibt nun die Differenz zwischen den Gegnern? Denkökonomie und Denkkonvenienz scheinen geradewegs auf dasselbe hinauszulaufen. Metaphysisches Sparsamkeitsprinzip sind beide, wenngleich in charakteristisch unterschiedlicher Auffassung dessen, was Sparsamkeit sei. Beide schließen die Zulassung unkontrollierbaren Überschwanges aus. Der Satz der Ökonomie ist auch der Satz der Konvenienz: principia non esse multiplicanda praeter summam necessitatem[11]. Könnte sich also gleich von Anfang an ein friedlicher Ausgleich zwischen den gegnerischen Positionen nahelegen, etwa von der Art, daß jede Rede, einerlei ob ökonomisch oder bloß konvenient, nur darauf bedacht sein müsse, unnötige Bedingungen zu vermeiden, nicht aber darauf, in jeder Hinsicht notwendig zu sein, so überrascht Anselm jetzt mit der Auskunft, daß eine Rede ohne Notwendigkeit bloße Bildrede sei, Bildrede aber bei Beantwortung

---

[8] Cdh I, 3 (lat.-dt. Ausgabe, übers. v. F. S. *Schmitt,* 1967², S. 15).

[9] Cdh I, 3 (*Schmitt* II, 50,31–51,3): quanto nos mirabilius et praeter opinionem de tantis et tam debitis malis in quibus eramus, ad tanta et tam indebita bona quae perdideramus, restituit, tanto maiorem dilectionem erga nos et pietatem monstravit. – Pointiert aufgefaßt, rechtfertigte somit die Überschwenglichkeit des göttlichen Liebeserweises den Charakter der evangelischen Erzählungen als einer Mirakel- und Paradoxensammlung. Dagegen richtet sich (in anderem Zusammenhang) der Satz W. v. Ockhams: pluralitas miraculorum non est ponenda sine necessitate (Quodl. IV q. 35). – Der Einwand Bosos gegen Anselms Argument aus dem Liebeswillen findet sich Cdh I, 6 (*Schmitt* II, 54,16 ff).

[10] Röm 5,19: Sicut enim per inobedientiam unius hominis, peccatores constituti sunt multi: ita et per unius obedientiam, iusti constituentur multi (Cdh I, 3; *Schmitt* II, 51,5–7); Miss. Rom., Praefatio de sancta cruce: qui salutem humani generis in ligno crucis constituisti: ut, unde mors oriebatur, inde vita resurgeret: et, qui in ligno vincebat, in ligno quoque vinceretur (Cdh I, 3: *Schmitt* II, 51,9–11).

[11] Kant, De mundi sensibilis atque intelligibilis forma et principiis (1770), A₂, 37; dieses zweite der principia convenientiae nennt Kant die Vorliebe des philosophischen Geistes für die Einheit (favor unitatis). Außerdem KrV, B 681 (Anwendung B 432 f. 678).

der Frage: cur deus homo?, cur deus mortuus? auszuscheiden habe. Bildrede ist
schön, aber unsolide. Sie ist deshalb zwar nicht vollständig beiseite zu setzen,
aber sie gehört ins zweite Glied. Im Grund muß die ganze biblische, patristische,
liturgische Sprache der Tradition als bloße Bildrede aufgefaßt werden. Exemplarisch steht hierfür die weitverbreitete altkirchliche Erzählung des Loskaufs der
Gläubigen vom Teufel[12]. Nicht neue Erzählung sucht Anselm zu finden, sondern: Ablösung aller Erzählungen durch solide Theorie. Voraussetzung hierfür
ist aber nicht bloß ein Streit über verschiedene Grade von Konvenienz, sondern
der Überstieg aller Konvenienz zu einer Ebene strenger Theorie. Ist die konve-
niente Rede bloße Bildrede, so müßte die notwendige Rede der soliden Theorie
sich geradezu durch Bildlosigkeit auszeichnen. Zuerst muß dieser vernünftige
Untergrund der Wahrheit gebaut werden, dann mögen auch jene Bildreden und
Konvenienzen der frommen Sprache der Tradition Platz finden[13]. Dies weckt die
Erwartung, es müsse eine Sprache über Inkarnation und Kreuz geben jenseits
und unabhängig von bloß konvenienter Bildrede. Das ist Anselms originale
Frage.

Hier wird deutlich: Heilsökonomie ist nicht nur Denkökonomie, sondern ist
vor allem auch Sprachökonomie. Das ist eine für die Symbolik des Todes Jesu
grundlegende Beobachtung. Analog zu den bisherigen Konvenienzprinzipien
läßt sich das Prinzip der Sprachökonomie in den Satz fassen: Nulla pictura est
ponenda sine necessitate. Dieser Satz gehört in eine Metaphernlehre, und zwar in
eine solche, die – wie bei Anselm – in erster Linie Metaphernkritik ist. Denn das
sprachliche Bild ist Metapher. Die Metapher erscheint als Sprachüberschuß, der,
wenn überhaupt, äußerst restriktiv zuzulassen ist, also nur, wenn es nicht mehr
anders geht. Nicht zufällig verweist die voranselmische Geschichte der Konvenienz in die Metaphernlehre. ‚Conveniens‘, neben ‚aptum‘ gebräuchliche Übersetzung von πρέπον, kann allgemein die Stimmigkeit einer Rede hinsichtlich
ihrer Teile oder Situation bezeichnen, dann aber auch speziell die Angemessenheit ihrer Metaphern[14]. Konvenienz ist eine Metaphernregel, die nicht nur über-

---

[12] Zum Loskauf vom Teufel, dem vorherrschenden soteriologischen Bild der voransel-
mischen Zeit, s. u. § 5. *Schmitt* zitiert ausgiebig die Tradition, jedoch nur die lateinische (II,
55f, app. I). Anselms Auseinandersetzung mit der Teufelsvorstellung findet sich Cdh I,
5–7. Anstößig ist dabei, quia liberationem hanc redemptionem vocamus (Cdh I, 6; *Schmitt*
II, 53,5f): das zum rationellen Ausdruck liberatio hinzutretende Bildwort von der redemptio brächte also das Problem allererst hervor, daß etwas, was an sich schon vernünftig
sagbar ist, jetzt auch noch durch eine Bildrede gesagt werden soll und dabei natürlich nicht
an Vernunft gewinnt.

[13] Cdh I, 4 (*Schmitt* II, 52,3–6): Monstranda ergo prius est veritatis soliditas rationabilis,
id est necessitas quae probet deum ad ea quae praedicamus debuisse aut potuisse humiliari;
deinde ut ipsum quasi corpus veritatis plus niteat, istae convenientiae quasi picturae
corporis sunt exponendae. Zur Stellung der Bildersprache (picturae) s. Cdh I, 4; II, 8. An
beiden Stellen findet sich die Verbindung zwischen conenientia und pictura.

[14] H. *Lausberg*, Handbuch der literarischen Rhetorik (1960) 1973², §§ 1055–1062: Aptum. Quintilian, Inst. or. V, 10,123: aptum atque conveniens. Zum aptum/conveniens in

haupt den Gebrauch von Metaphern scharf zügelt, sondern jeder einzelnen ein
Maß setzt, das sie nicht überschreiten, aber auch nicht unterschreiten darf. Doch
wir haben Anselms originale Frage erst richtig verstanden, wenn wir erkennen:
ihm geht es nicht um mehr oder weniger Konvenienz und also um eine Metaphernlehre von Inkarnation und Kreuz, sondern um eine Sprachebene jenseits
aller Konvenienz, um vernünftige Rede, die folglich metapherlos sein müßte.

Bildlos, metapherlos ist aber Anselms Rede in keinem Fall. Seine Metaphernkritik, die die traditionelle soteriologische Bildersprache betrifft und in der
methodischen Beiseitesetzung jeglichen Wissens von Christus und der Schrift
gipfelt, ist nur Präludium zu der ihm eigenen Bildlichkeit. Eine ausgiebige,
Finanz- und Lehenswesen entnommene Rechtsmetaphorik beherrscht den argumentativen Hauptteil von Cur deus homo[15], der somit weit entfernt davon ist,
bloß rationes necessariae apriorisch zu deduzieren. Rationalität und Notwendigkeit stellen sich allenfalls unter Voraussetzung der in dieser Bildwelt sich mel-
denden Erfahrung ein. Die spätere Problemstellung: Absolute oder bedingte
Notwendigkeit des Heilswerkes? war für Anselm noch unzugänglich[16]; von
absoluter Notwendigkeit weiß er nichts. Nur ein einziges Mal und ganz am
Rande stößt Anselm auf die Hypothese absoluter Inkarnation und Passion: si non
peccasset Adam[17], im übrigen aber ist die Sünde des Menschengeschlechts diejeni-
nige Voraussetzung, auf der die Kraft rationaler Argumentation beruht. Es ist
also die in der Erfahrung gegebene Erlösungsbedürftigkeit, die in den rationes
necessariae rationalisiert wird. Daher kann es Anselm nicht gelingen, eine
Sprache der Notwendigkeit zu sprechen, die jede Berührung mit bloßer Konvenienz vermeidet. Vielmehr ist es so, daß seine Argumentation sola ratione „im
Grunde auch nur eine Konvenienz aufzeigt"[18]. Nicht jeden Aufwand kann sich
Anselm ersparen. Ersparen kann er sich nur den größeren Aufwand, aber selbst

---

der Metaphernlehre s. *Lausberg* §§ 592; 1058.3; 1074: zu vermeiden seien vor allem die
verba obscena, sordida, humilia.

[15] Cdh I, 11–II, 15 ist das argumentative Hauptstück, in dem aus notwendigen Ver-
nunftgründen die Gestalt des Erlösers deduziert wird. Daher spricht Anselm hier von
Christus durchgehend im Futur. Richtig H. *Kessler*, Die theologische Bedeutung des
Todes Jesu (1970) 1971², S. 139: „Er spricht, als würde er apriorisch deduzieren."

[16] „Die einzige Antwort, die er [Anselm] in Erwägung zieht, ist nämlich noch durchaus
soteriologischer Natur. Die mit dem Hochmittelalter einsetzende Kontroverse hingegen
spielt sich zwischen diesem und andern Motiven oder Begründungen ab. Sie entfacht sich
an der alternativen Ansicht, daß Gottes Sohn auch dann Mensch geworden wäre, wenn
Adam nicht gesündigt hätte oder der Mensch überhaupt nicht erlösungsbedürftig gewesen wäre. Das war schon insofern etwas Neues, als man damit die konkrete heilsge-
schichtliche Situation verließ und sich in eine irreale Hypothese begab" (R. *Haubst*, Das
hoch- und spätmittelalterliche ‚Cur Deus homo?', MThZ 6, 1955, 302–313, S. 303). S. a.
R. *Haubst*, Vom Sinn der Menschwerdung, 1969, S. 36f. 117; W. *Mostert*, Menschwerdung, BHTh 57, 1978, S. 12, Anm. 12.

[17] Cdh II, 8 (*Schmitt* II, 103,16).

[18] B. *Geyer*, Zur Deutung von Anselm Cur deus homo, in: Theologie und Glaube 34,
1942, 203–210, S. 209.

größte Sparsamkeit ist mit Aufwandslosigkeit nie identisch. Geht aber ein noch so geringer Aufwand in die Argumentation ein, dann ist im selben Moment die Metapher zur Stelle, und damit auch Notwendigkeit eines Unnötigen und Rationalität eines Unrationellen. Daher tritt an der Schwelle zum argumentativen Hauptteil, nachdem Anselm sich gerade gelöst hat von den *picturae* der Väter und ihrer Konvenienz, im *pactum* mit Boso[19], die Konvenienz nur in anderer Gestalt wieder ein, indem einerseits die Inkonvenienz auch jetzt nicht gänzlich auszuschließen ist, andererseits aber einem noch so geringen Vernunftgrund, wenn er unwidersprochen bleibt, bereits Notwendigkeit zukommt. Das ist die alte Sparsamkeitsregel, jetzt in Anselms eigenem Kontext.

Noch einmal die Ausgangsfrage: *Quaeritur enim cur deus aliter hominem salvare non potuit; aut si potuit, cur hoc modo voluit*[20]. Es ist klar: Die Antwort kann nicht mehr unbedingt notwendig sein, sondern nur noch bedingt und d. h. konvenient; sie ist bedingt durch Erfahrung von Erlösungsbedürftigkeit. Die Art der unvermeidlichen Bedingtheit einer Rede schlägt sich nieder in deren Metaphorizität. Die in *Cur deus homo* obwaltende Rechtsmetaphorik hat ihre Wurzeln in der Sünde als dem Zustand einer erlösungsbedürftigen Menschheit. Daran erinnert Anselm mit dem Diktum: *Nondum considerasti, quanti ponderis sit peccatum*[21]. Ein *pondus* ist aber zunächst kein Gegenstand von Betrachtung. Sondern zuallererst ist *pondus* Gegenstand von Erwägung. Aber wiederum Erwägung nicht im Sinn gedanklicher Deliberation, denn *pondus* ist ursprünglich kein gedankliches oder sprachliches Phänomen, sondern Art und Weise des Wirkens der Dinge selber. Das *pondus* gehört primär in die Mechanik. Sprechen und Denken verändern an ihm nichts; dagegen kann es sehr wohl sein, daß ein *pondus* auf Sprechen und Denken Einfluß nimmt, indem es ihre Basis drückend, würgend, ziehend konditioniert. Ein belasteter Mensch spricht anders als ein unbelasteter. Seine Last meldet sich in seiner Sprache und verbirgt sich in ihr. Nicht als Gegenstand von Betrachtung, sondern indem sie unmittelbar auf sie wirkt. Dies spricht sich aus und verdeckt sich in der Art ihrer Metaphorik. In der Situation des *pondus peccati* ist die Möglichkeit bedingungslos notwendiger Rede immer schon verschlossen. Es kann nur Aufgabe sein, ein unnötig größeres *pondus* zu vermeiden. Das ist eine Frage der Konvenienz.

---

[19] Cdh I, 10 (*Schmitt* II, 67,1–6): A. Quoniam accipis in hac quaestione personam eorum, qui credere nihil volunt nisi praemonstrata ratione, volo tecum pacisci, ut nullum vel minimum inconveniens in deo a nobis accipiatur, et nulla vel minima ratio, si maior non repugnat, reiciatur. Sicut enim in deo quamlibet parvum inconveniens sequitur impossibilitas, ita quamlibet parvam rationem, si maiori non vincitur, comitatur necessitas. Bezugnahmen auf dieses *pactum*, das bereits I, 2 (*Schmitt* II, 50,7ff) vorbereitet wurde, finden sich I, 20 (*Schmitt* II, 88,4ff) und II, 16 (*Schmitt* II, 117,20). H. *Kohlenberger,* Similitudo und Ratio, 1972, der Konvenienz nur eingeschränkt als „das Beibringen äußerer Gründe zur Rechtfertigung des Sprachgebrauchs" definiert (S. 68), versteht den Pakt zwischen Anselm und Boso richtig als „Prinzip des kürzesten Weges" (S. 71).

[20] Cdh I, 10 (*Schmitt* II, 66,21 f).

[21] Cdh I, 21 (*Schmitt* II, 88,18).

Aber hier stellt Anselms Diktum eine ungünstige Prognose: Nondum considerasti, quanti ponderis sit peccatum. Es ist schwer absehbar, wo dieser Weg in die Tiefe enden soll, bevor nicht alles, auch Betrachtung, Denken und Sprechen mitreißend, in ein einziges Weltgewicht versammelt ist, das absackt. Es scheint, als ob Anselm sein Argument „aliquid quo maius nihil cogitari potest" in die Gegenrichtung rasen ließe; selbstverständlich vergrößert sich ein pondus nicht durch Raffinierung des Denkens, sondern durch Schwerwerden der Last. Damit rückt die Beantwortung der Eingangsfrage erst in ihren angemessenen Horizont. Warum geschah das Erlösungswerk nicht anders? Warum so aufwendig, daß es im Verdacht sinnloser Verschwendung steht? Warum konnte das Heil nicht geschaffen werden sola voluntate, solo iussu, sola misericordia? Im jetzigen Problemstand lassen sich diese Vorschläge zur Güte in die eine Formulierung zusammenfassen: Warum ist das Heil nicht zu bewirken mit dem kleinstmöglichen Aufwand, nämlich solo verbo? Die Antwort ist klar: Weil das bloße Wort an der Wirkweise des pondus peccati aber auch gar nichts ändert. Vielmehr es sogar läßt, wie es ist. Hierzu bedurfte es anderen Stoffes. Der eigentliche Skandal des Heilswerks besteht somit darin, daß die Konstituierung des Heils nicht eine Aufgabe ist, die sich innerhalb der Sprache lösen läßt, etwa indem an die Stelle dieser Sprache eben jene tritt, sondern daß zum Erwerb des Heils die Sprache überhaupt transzendiert werden muß (d. h. in unserem Fall: *unter*schritten) und damit die Rationalitätserwartung des Wortes als des kleinstmöglichen Aufwandes enttäuscht wird. Im bloßen Wort sein und bleiben zu dürfen ist allerdings ein göttlicher Zustand; aber diesem blüht Fleischwerdung bis hin zum Tod, „ja zum Tode am Kreuz". Tod und Kreuz sind vom Wort soweit entfernt wie nur möglich. Jetzt wirkt das pondus peccati auf Seiten der Heilsveranstaltung als Anspannung, ja als Anspannung eines Angespannten und also äußerste Anspannung, mit der einzigen Probe, ob das Wort, an sich kleinstmöglicher, leichtfertiger Aufwand, dem sich das Weltgewicht so gründlich entzieht, dieses je einzuholen und zu tragen vermöge.

Der Beginn einer Symbolik des Todes Jesu ist der angemessene Ort für Anselms Nondum considerasti. Dieses wirkt als forttreibender Einwand, der ein Nichtgesättigtsein anzeigt und deshalb in die Richtung lenkt, in der Sättigung geschieht. Sättigung wessen? Des Gewichtes offenbar. Eine Symbolik des Todes Jesu hat die Aufgabe, dem spürbaren Schwergewicht der Welt nachzugehen bis zu dem Punkt, da dieses satt ist. Bis zu Tod und Kreuz. Indiz für die Richtigkeit des Weges wäre, daß die Stimme des Nondum considerasti immer schwächer wird, bis sie, weil kein weiterer Einwand zu machen ist, schließlich verstummt. Das Problem ist nur: Verstummt das Nondum in dem Moment, da das Schwergewicht der Welt sich gesättigt hat, dann verstummt auch die Fähigkeit des Bedenkens. Bedenken ist immer eine Tätigkeit in Distanz zu den Dingen und findet statt im glücklichen Moment des Gelöstseins von ihrem unmittelbaren Druck. Ein Schwergewicht zu bedenken heißt: seine unmittelbare Wirksamkeit als Schwersein gerade im Bedenken zu brechen. Ein Gewicht ist aber, wie gesagt, primär kein Gegenstand von Bedenken. Daher muß beim Bedenken und Besprechen des Todes Jesu – denn es ist ja ein Bedenken und Besprechen, in dem wir unmittelbar sind – nicht nur der Inhalt des Gedankens sich ändern, bei im übrigen gleichbleibender Form des Denkens als Denken, sondern, was gefährlicher ist, die Form des Denkens wird mit fortschreitender Annäherung an das Schwergewicht der Welt dem Druck ihres Inhalts ausgesetzt und muß sich darunter verändern. Ein Gewicht ist nicht Gedanke von Art, sondern ist Nicht-Gedanke. Wie ja auch Tod und Kreuz nicht Sprache von Art sind, sondern Nicht-Sprache. Der Weg einer Symbolik des Todes Jesu in Befolgung des Nondum considerasti wird somit zu einem einzigen Schwerwerdenlassen der Gedanken, ja zu einem Schwer- und Langsamwerden der Sprache, bis zur Stelle des Kreuzes, wo das Schwergewicht der Welt als es selbst erscheint. Schwerwerdenlassen des Denkens ist aber nichts anderes als Entgedanklichung, ebenso wie Schwerwerden der Sprache nichts als Entsprachlichung ist. Die Sparsamkeitsregel, auf diesem Weg keinen Schritt weiter als unbedingt nötig zu gehen, leuchtet desto stärker ein, je mehr sie sich als Wunsch ferneren Wohlbehaltenbleibens entpuppt.

Geschieht also Bedenken des pondus peccati als sukzessives Schwerwerdenlassen der Gedanken, so erhebt sich alsbald der Einwand, daß schwere Gedanken Ungedanken sind, höchstens Affekte, Triebe usw. In der Tat: Ein Gedanke kann nicht mehr oder weniger Gedanke sein, sondern er ist es, oder ist es mit scharfer Grenze nicht. Gerät die Form des Denkens unter den Druck eines Schwergewichtes, so muß sich das Denken als Denken aufgeben. Nicht so die Sprache: Sie kann mehr oder weniger Sprache sein. Sie vermag sich einerseits bis zur hellen Aussage und Verknüpfung von Aussagen zu erheben, wird damit angemessenes Organon des Gedankens und zieht sich begreiflicherweise das kurzschlüssige Urteil zu, wie jeder schwere Gedanke Ungedanke, so sei auch alle nichtaussagende Sprache mit scharfer Grenze Nicht-Sprache. Indem die Sprache dagegen – einfach fortsprechend – protestiert, steigt sie anderseits hinab bis zu dunkelsten Äußerungen nahezu vorsprachlicher Art, von denen lediglich so viel zu fordern ist, daß sie um eines weniger als ganz dunkel seien. Um diese durch die Sprache eröffnete Spanne zu erfassen, führen wir den Begriff des Symbols ein. Vom Symbol läßt sich sagen: Es ist mehr oder weniger symbolisch; weniger, wenn es im Zustand des Ausgesagtseins als Symbol bereits wieder vergeht oder bloß als zufällig bildlicher Rest erscheint, was es natürlich nicht ist; mehr dagegen, wenn an ihm, als einem noch kaum entstandenen, das Nicht-Sprachliche überwiegt, um damit gerade die Kraft seines Sprechens zu steigern. Das pure Dasein des Symbolischen stellt dem Gedanken vor, daß er seiner selbst nicht mächtig ist. Vielmehr ist er einem Absinken, Schwerwerden, gar Absacken ausgesetzt, in dem er sich selbst verliert; hier wird das Symbol immer dichter, undurchdringlicher, dunkel und kräftig sprechend. Wiederum vermag der Gedanke sich zu fassen, aufzusteigen und leicht zu werden; dabei wird das Symbol immer sublimer und zeichenhafter, nähert sich der Helle der Aussage. Somit ist der Begriff des Symbolischen eines Mehr oder Minder fähig, und bezeichnenderweise kann je nach Gebrauch des Wortes „Symbol" die Symbolizität in der einen oder anderen Richtung zunehmen. Nennen wir nun die ganze Bandbreite des mehr oder weniger Sprachlichen das Symbolische, so nennen wir die Reflexion darauf Symbolik.

Nun ist Anselms Konvenienz- und Metaphernregel die Grunddisziplin einer Symbolik des Todes Jesu. Sie besagt: Mit der absteigenden Symbolizität des Symbols haben wir es nur so weit zu treiben wie unbedingt nötig. Aber dies lenken nicht wir nach Belieben, sondern sind darin von unserem Gegenstand gelenkt. Dabei ist gewiß und unhintergehbar: Anders als in symbolischer Sprache ist vom Tod Jesu nicht zu reden. Denn wie das Faktum des Todes Jesu einen Überschwang über das bloße Wort hinaus darstellt, das hätte zum Heil genügen sollen, so ist symbolische Sprache eine Rede, die unnötiger Verschwendung zu verdächtigen ist. Insofern stimmen Tod Jesu und Symbol aufs genaueste überein.

2. Das Symbol und der Tod Jesu

Nachdem zu erkennen war, wie bei Annäherung an das Thema des Todes Jesu sich die Symbolizität der Sprache ganz von selbst einstellt in genauer Proportion zur Intensität dieses Themas, und nachdem das Symbolische dabei als Feld erschien, das von ausgesprocheneren Arten der Sprache bis hinab zu unausgesprocheneren reicht, kehrt sich jetzt die Frage um: Läßt sich die Betrachtung des Symbolischen auch so intensivieren, daß sie von selbst zur Betrachtung des Kreuzes führt?

Das Symbol ist zugänglich nur an den Verstecken seiner Begriffsgeschichte. In deren Zentrum steht eine charakteristische Verschiedenheit, mit dem der Begriff des Symbols dem Abendland überliefert wurde. Äußerlich läßt sie sich kennzeichnen als Verschiedenheit der Aussagen Augustins und des Dionysius Areopagita, und der von ihnen bewirkten Tradition. Hieraus sammelt sich diejenige Spannung, die von der Betrachtung des Symbols auf das Kreuz hintreibt. Die Verschiedenheit beider Symboltraditionen zeigt sich schon daran, daß der Terminus „Symbol" nur unter Einwirkung des Dionysius Areopagita gedeiht, von Augustin dagegen unterdrückt wird, ohne daß deshalb seine Tradition aus unserem Interesse ausschiede[22]. Im übrigen hat jede „Symbolik" zu Dionysius Areopagita die spezielle Beziehung, daß dieser Terminus als Titel von ihm zum ersten Mal überliefert wird.

---

[22] Von der Abneigung der augustinisch beeinflußten Sprachtradition gegen das Wort „Symbol" bleibt natürlich die Rede vom „Glaubenssymbol" unberührt. „Symbolum apostolicum/nicaenum", „Symbolum fidei" usw. finden sich auch in Texten außerhalb des dionysischen Einflusses häufig, jedoch schablonisiert und meist ohne weitere Zuführung von Denkenergie. Daher bleibt die Bezeichnung des Credo als Symbol für das Problem des Symbolismus unfruchtbar.

Augustin stellt zu Beginn von De doctrina christiana[23] ein Ungleichgewicht von Dingen (res) und Zeichen (signa) auf, dessen Bedeutung kaum überschätzt werden kann. Zwar handelt, was ihren Gegenstand anbelangt, jede Lehre teils von Dingen, teils von Zeichen, und insofern trägt sie das Gleichgewicht an sich, teils Dingwissenschaft, teils Zeichenwissenschaft zu sein. Aber in ihrem aktuellen Vorgang als Lehre steht sie ungleichgewichtig auf der Seite der Zeichen und nicht der Dinge. Was ein Zeichen ist, hat sie nicht nur sich gegenüber, sondern sie ist es selbst; was aber in eigentlichem Sinn Ding ist, hat sie in einer Weise sich gegenüber, daß sie es nie sein kann, obgleich in ihrer Zeichenhaftigkeit immer auch eine bestimmte Art von Dinglichkeit impliziert ist. Hier zeigt sich die Asymmetrie, daß jederzeit zwar von einer Dinglichkeit der Zeichen gesprochen werden kann, nicht aber von Zeichenhaftigkeit der Dinge. Dies ist der springende Punkt in Augustins sprachphilosophischer Eröffnung. Kein Zeichen läßt sich denken, ohne daß ihm eine wenn auch noch so geringe Dinglichkeit zukommt; andernfalls wäre es gänzlich nichts und also nicht einmal Zeichen. Daher gilt: Jedes Zeichen ist irgendwie Ding. Nicht aber ist jedes Ding auch Zeichen. Während der Sinn von Zeichen jederzeit ein und derselbe bleibt, unterscheidet sich der des Dinges in eigentlich und uneigentlich. Eigentlich Ding ist nur dasjenige, dem über sein pures Dingsein hinaus nichts mehr zukommt, vor allem keinerlei Zeichenhaftigkeit. Holz, Stein, Vieh sind in der Weise Dinge, daß sie, um so zu sagen, in ihrer Dinglichkeit gerade nur vor sich hindingen. Nicht so das Holz des Mose, oder der Stein, auf dem Jakob träumte, oder der Widder anstelle Isaaks: das sind zwar auch Dinge, aber sie gehen nicht in Dinglichkeit auf. Sondern über das dumpfe Dinglichsein hinaus bildet sich ein So-Sein des Dings, mit dem dieses teilweise in eine Distanz zu sich tritt und beginnt, im Maß dieser Distanz zu bedeuten. Zwar hört es auch jetzt nicht auf, Ding zu sein, aber es ist darüber hinaus anderer Dinge Zeichen. Daß dies, wie Augustins Beispiele zeigen, ausschließlich bei biblischen Dingen der Fall ist, sei zurückgestellt;

---

[23] Augustin, De doctr. chr. I, II (CChr. SL 32, S. 7): [2] Omnis doctrina uel rerum est uel signorum, sed res per signa discuntur. Proprie autem nunc res appellaui, quae non ad significandum aliquid adhibentur, sicuti est lignum lapis pecus atque huiusmodi cetera, sed non illud lignum, quod in aquas amaras Moysen misisse legimus [Ex 15,25], ut amaritudine carerent, neque ille lapis, quem Iacob sibi ad caput posuerat [Gen 28,11], neque illud pecus, quod pro filio immolauit Abraham [Gen 22,13]. Hae namque ita res sunt, ut aliarum etiam signa sint rerum. Sunt autem alia signa, quorum omnis usus in significando est, sicuti sunt uerba. Nemo enim utitur uerbis, nisi aliquid significandi gratia. Ex quo intelligitur, quid appellem signa, res eas uidelicet, quae ad significandum aliquid adhibentur. Quam ob rem omne signum etiam res aliqua est; quod enim nulla res est, omnino nihil est; non autem omnis res etiam signum est. – Der Satz ‚omne signum etiam res aliqua est‘ wird in der Definition des Zeichens wieder aufgenommen: Signum est enim res praeter speciem, quam ingerit sensibus, aliquid aliud ex se faciens in cogitationem uenire (De doctr. chr. II, I, 1; s. die folgende Anm.).

wichtig ist, daß Zeichenhaftigkeit von Dingen in dem Moment anhebt, wo diese nicht nur dumpf sind, sondern so sind und damit gegenüber ihrer bloßen Dinglichkeit eine gewisse Freiheit gewinnen. Dies ist das Ding in uneigentlichem Sinn.

Daß alle Zeichen Dinge sind, nicht aber auch alle Dinge Zeichen: das ist die erste Asymmetrie, die den Gedanken forttreibt. Ihr folgt alsbald die zweite, daß alle Worte Zeichen sind, nicht aber alle Zeichen Worte. Denn es gibt verschiedenerlei Zeichen. Die einen von der Art der soeben geschilderten Dinge in uneigentlichem Sinn, die teils als Dinge, teils aber als zeichenhafte Dinge gebraucht werden. Das Holz des Mose kann außerhalb seiner Hand jederzeit wieder in reine Materialität zurückfallen unter Verlust jeglicher Zeichenkraft, ebenso der Stein Jakobs, dann bloßer erratischer Brocken in der Landschaft, vom Widder zu schweigen, der bar jeglicher Zeichenhaftigkeit in die Herde zurückgestellt wird. Die andern dagegen so, daß ihr ganzer Gebrauch in Zeichenhaftigkeit besteht, und sie außerhalb ihrer nichts taugen, weil sie als Dinge nahezu keinen Wert haben. Von dieser Art sind die Worte. Ihnen, obgleich sie, um Zeichen zu sein, nach der schon genannten Bedingung immer auch eine noch so geringe residuale Dinglichkeit besitzen, kommt keinerlei dinglicher Gebrauchswert zu, vielmehr besteht ihr ganzer Gebrauch in ihrer Zeichenhaftigkeit. Bei Worten reduziert sich die Dinglichkeit des Zeichens auf ein Minimum, ohne je völlig zu verschwinden. Obgleich Zeichen im Unterschied zum Ding ein eindeutiger Begriff ist, läßt sich nun ein Mehr oder Minder von Zeichenhaftigkeit erkennen, minder beim Dingzeichen, mehr beim Wortzeichen, sodaß sich die Frage stellt: Steht die starke Reduktion der Dinglichkeit beim Wort in einem ursächlichen Verhältnis zu seiner maximalen Zeichenhaftigkeit?

Alle Worte sind Zeichen. Alle Zeichen sind Dinge. In dieser Richtung herrscht reiner Übergang. Aber wie nicht alle Zeichen Worte, so sind auch nicht alle Dinge Zeichen. In dieser entgegengesetzten Richtung zeigt sich eine zumindest teilweise Übergangslosigkeit. Man kann nicht sagen: Wie auf der einen Seite jedem Wort eine wenn auch noch so geringe residuale Dinglichkeit zukommt, so auf der andern jedem Ding eine wenn auch noch so geringe Zeichenhaftigkeit. Diese Umkehrung gilt nicht; hier herrscht Asymmetrie zwischen Wort und Zeichen, Zeichen und Ding. Man kann beim Zeichen die Worthaftigkeit nur so weit verfolgen, bis neben dem Gebrauch als Zeichen auch noch Gebrauch als Ding einsetzt. Und wiederum beim Ding ist von Zeichenhaftigkeit nur so lange zu sprechen, wie dies noch nicht bloß ist, dingt, erratisch herumstrackt. Wie sehr beim Rückwärtsgehen vom Wort zum Ding eines das andere ergibt, so sehr ist unerfindlich, wie es vorwärts vom Zeichen zum Wort, oder gar vom Ding zum Zeichen gekommen sein sollte.

Mit Beginn des zweiten Buches von De doctrina christiana dringt Augustin weiter in die Gliederung des Feldes ein, in dem ein Mehr oder Minder an Zeichenhaftigkeit herrscht, das also hart jenseits der Grenze des bloß dingenden Dinges beginnt und bis zum Wort reicht. Hier unterscheidet Augustin zwischen signa naturalia und signa data[24]. Zeichen sind viele; aber nicht alle sind menschliche Zeichen. Die signa naturalia sind dadurch charakterisiert, daß sie den spezifisch menschlichen Anteil ausschließen. Rauch ist Zeichen des Feuers; Spur Zeichen des vorbeigegangenen Tiers. Dagegen ist die Zeichenhaftigkeit der signa data durch menschliche Willkür vermittelt. Zwei Überschneidungen zeigen sich. Zum zornigen Menschen gehört die Zornesmiene, aber diese ist signum naturale. Zum Tier gehört Lock- und Brunstruf, aber dieser ist nur in ungewissem Maß signum datum. So daß aus der Unmenge von Zeichen sich signa data als spezifisch menschliche Zeichen hervorheben. Aber selbst sie sind nicht einfach Wort, sondern das Wort ist nur ein bestimmter Teil von ihnen[25].

---

[24] De doctr. chr. II, I–II, II (CChr. SL 32, S. 32f): [1] Quoniam de rebus cum scriberem [lb. I], praemisi commonens ne quis in eis adtenderet, nisi quod sunt, non etiam si quid aliud praeter se significant, uicissim de signis disserens [lb. II. III] hoc dico, ne quis in eis adtendat, quod sunt, sed potius, quod signa sunt, id est, quod significant. Signum est enim res praeter speciem, quam ingerit sensibus, aliud aliquid ex se faciens in cogitationem uenire, sicut uestigio uiso transisse animal, cuius uestigium est, cogitamus et fumo uiso ignem subesse cognoscimus et uoce animantis audita affectionem animi eius aduertimus et tuba sonante milites uel progredi se uel regredi et, si quid aliud pugna postulat, oportere nouerunt. [2] Signorum igitur alia sunt naturalia, alia data. Naturalia sunt, quae sine uoluntate atque ullo appetitu significandi praeter se aliquid aliud ex se cognosci faciunt, sicuti est fumus significans ignem. Non enim uolens significare id facit, sed rerum expertarum animaduersione et notatione cognoscitur ignem subesse, etiam si fumus solus appareat. Sed et uestigium transeuntis animantis ad hoc genus pertinet et uultus irati seu tristis affectionem animi significat etiam nulla eius uoluntate, qui aut iratus aut tristis est; aut si quis alius motus animi uultu indice proditur etiam nobis non id agentibus, ut prodatur. Sed de hoc toto genere nunc disserere non est propositum. Quoniam tamen incidit in partitionem nostram, praeteriri omnino non potuit; atque id hactenus notatum esse suffecerit. [3] Data uero signa sunt, quae sibi quaeque uiuentia inuicem dant ad demonstrandos, quantum possunt, motus animi sui uel sensa aut intellecta quaelibet. Nec ulla causa est nobis significandi, id est signi dandi, nisi ad depromendum et traiciendum in alterius animum id, quod animo gerit, qui signum dat. Horum igitur signorum genus, quantum ad homines attinet, considerare atque tractare statuimus, quia et signa diuinitus data, quae scripturis sanctis continentur, per homines nobis indicata sunt, qui ea conscripserunt. Habent etiam bestia quaedam inter se signa, quibus produnt appetitum animi sui. Nam et gallus gallinaceus reperto cibo dat signum uocis gallinae, ut accurrat; et columbus gemitu columbam uocat, uel ab ea uicissim uocatur; et multa huiusmodi animaduerti solent. Quae utrum, sicut uultus aut dolentis clamor sine uoluntate significandi sequantur motum animi, an uere ad significandum dentur, alia quaestio est et ad rem, quae agitur, non pertinet. Quam partem ab hoc opere tamquam non necessariam remouemus.

[25] De doctr. chr. II, III (CChr. SL 32, S. 33f): [4] Signorum igitur, quibus inter se homines sua sensa communicant, quaedam pertinent ad oculorum sensum, pleraque ad aurium, paucissima ad ceteros sensus. Nam cum innuimus, non damus signum nisi oculis eius quem uolumus per hoc signum uoluntatis nostrae participem facere. Et quidam motu manuum pleraque significant: et histriones omnium membrorum motibus dant signa quaedam scientibus, et cum oculis eorum quasi fabulantur; et uexilla draconesque militares per oculos insinuant uoluntatem ducum: et sunt haec omnia quasi quaedam uerba uisibilia. Ad aures autem quae pertinent, ut dixi, plura sunt, in uerbis maxime. Nam et

Menschliche Mitteilungsabsicht kann sich aller Sinne bedienen. Etwa des Geruchs-, Geschmacks- oder Tastsinns. Aber Zeichen daraus sind überaus selten. Oder des Gesichtssinnes, wobei so etwas wie verba visibilia entstehen. Oder schließlich des Gehörs, wozu Töne und Worte gehören. An dieser isolierten Stelle, im Gehör, bilden sich Wortzeichen, die alsbald alle anderen Zeichen in Rang und Zahl übertreffen. Denn das Wort hat unter den Mitteilungsmitteln absoluten Vorrang: vielseitigstes, universales Medium bei zugleich isoliertester Zeichenart. Indem Augustin diese ausgezeichnete Stellung des Wortes begründet, unterläuft ihm eine dritte Asymmetrie. Der absolute Vorrang des Wortes bestehe darin, daß zwar alle Zeichen – einerlei ob signa data oder signa naturalia – in Worten, keineswegs aber alle Worte in Zeichen ausgedrückt werden können.

Diese erstaunliche Asymmetrie bringt eine ganz neue Wendung der Dinge, indem sie das Gefälle der beiden bisherigen direkt umkehrt. Lauteten diese, daß (i) zwar alle Zeichen Dinge, nicht aber alle Dinge Zeichen sind, oder (ii) zwar alle Worte Zeichen, aber nicht alle Zeichen Worte, so formuliert die jetzige in umgekehrter Richtung, daß (iii) zwar alle Zeichen in Worte übersetzbar sind, nicht aber alle Worte in Zeichen, wozu außerhalb von Augustins Kontext die vierte zu erschließen wäre, daß (iiii) zwar alle Dinge in Zeichen, nicht aber alle Zeichen in Dinge übersetzbar seien. Wir hatten bisher ein Gefälle das Seins; dieses kommt in höchstem Maß dem Ding zu in seiner Substantialität, aber je sublimer der Zeichencharakter der Dinge, desto geringer der Anteil von Sein, ohne daß dieses je ganz verschwände. Im Sinne zunehmenden Seinsgefälles gilt: Alle Worte sind Zeichen, alle Zeichen sind Dinge, nicht umgekehrt. Jetzt aber tritt ein Gefälle des Mitteilbarseins in den Blick; dies kommt in höchstem Maß dem Wort zu dank derjenigen Kraft, mit der es leichthin alles in sich übersetzt; aber je archaischer der Dingcharakter des Zeichens, desto geringer der Anteil an Mitteilbarsein. Dann gilt im Sinn eines zunehmenden Gefälles von Mitteilbarsein: Alle Dinge sind Zeichen, alle Zeichen sind Worte, wobei „sind" für Übersetzbarkeit steht. Dem Prinzipat des Dinges hinsichtlich des Seins tritt jetzt das Wort entgegen, dem nach Augustin der Prinzipat der Zeichenhaftigkeit zukommt. Zeichenhaftigkeit ist beim Wort eine spezifisch menschliche Energie

---

tuba et tibia et cithara dant plerumque non solum suauem, sed etiam significantem sonum. Sed omnia uerbis conparata paucissima sunt. Verba enim prorsus inter homines obtinuerunt principatum significandi quaecumque animo concipiuntur, si ea quisque prodere uelit. Nam et odore ungenti dominus, quo perfusi sunt pedes eius, signum aliquod dedit et sacramento corporis et sanguinis sui per gustatum significauit, quod uoluit, et cum mulier tangendo fimbriam uestimenti eius salua facta est, nonnihil significat. Sed innumerabilis multitudo signorum, quibus suas cogitationes homines exerunt, in uerbis constituta est. Nam illa signa omnia, quorum genera breuiter attigi, potui uerbis enuntiare, uerba uero illis signis nullo modo possem. – Dazu A. *Schindler,* Wort und Analogie in Augustins Trinitätslehre, HUTh 4, 1965, S. 83: „Dieses Zeichen [sc. das verbum] umfaßt alle andern, während es selbst von den andern nicht bezeichnet werden kann. Daher ist es durchaus sachgemäß, wenn im folgenden [von De doctr. chr.] ,signa' und ,verba' promiscue gebraucht werden."

der Mitteilbarkeit, die dem puren Sein von Holz, Stein, Vieh so entgegengesetzt ist wie nur möglich.

Obgleich es scheinen könnte, als seien die vier asymmetrischen Sätze aufs ganze gesehen Glieder einer ausgeglichenen Symmetrie, tritt jetzt um so deutlicher das fundamentale Ungleichgewicht von Augustins res-signa-Lehre hervor. Auf der einen Seite steht das Wort, in das alles übersetzt werden kann wie in ein nie versagendes Medium, das aber seinerseits nicht zurückübersetzt werden kann in Zeichen allgemein und Dinge – aber auch dies Wort bleibt immer, um Wort sein zu können, von einer residualen Dinglichkeit. Dagegen auf der andern Seite das Ding, von dessen Substanz alle Worte und Zeichen zehren, bleibt in eigentlichem Sinn zeichenloses Ding, ohne jede residuale Zeichenhaftigkeit. Der vierte Satz (iiii) fehlt also nicht zufällig bei Augustin: denn daß alle Dinge Zeichen seien, dies ist von Anfang an ausgeschlossen. Dies verrät aber eine gefährliche Schwäche des Wortes und seiner sich anverwandelnden Übersetzungskraft. Schwäche des Wortes, Stärke hingegen des Dings, das sich dem Wort mit Erfolg entzieht. Damit ist das Grundproblem einer Symbolik am Tag. Es lautet: Wenn Symbolik zurückreicht bis in dunkelste Äußerungen vorsprachlicher Art, vermag sie dann jenes Ding sich einzugliedern, das bei Augustin reines Jenseits von Zeichen- und Sprachhaftigkeit bleibt? Dies ist offenbar einer Symbolik neuralgischer Punkt.

Aber von „Symbol" ist bei Augustin, wie gesagt, nirgends die Rede. Es bedarf unserer Umsicht, um diesen Terminus in seinen Zusammenhang einzuführen. An Vorschlägen hat es nicht gefehlt[26]. Davon ist auszugehen: Zwar sind alle Symbole Zeichen, aber nicht alle Zeichen sind Symbole[27]. Daher ist es die Aufgabe, das Symbol in zunehmender Präzisierung aus der Menge möglicher Zeichen herauszuisolieren. Dazu muß man einfach den bisherigen Weg Augustins nachvollziehen. Ein Symbol ist nicht signum naturale. Es ist wichtig, dieses naheliegende Mißverständnis von vornherein auszuschließen. Vor die Wahl

---

[26] Unbefriedigend J. *Chydenius,* The Theory of Medieval Symbolism, Helsinki 1960, der von Symbol teils eingeschränkt auf signa data spricht (S. 6f: St. Augustine ... distinguishes between the following kinds of signs: 1. natural signs, 2. intentional signs, given a. by animals, b. by men, c. by God through men. The last two kinds of signs may also be called *symbols*), teils allgemein als Zeichen schlechthin (S. 8f: signs, or symbols). Präziser R. A. *Markus,* St. Augustine on Signs, in: Phronesis 2, 1957, 60–83, der nur die unter Menschen getauschten signa data als Symbole bezeichnet (S. 73. 82f). Noch einmal präziser U. *Duchrow,* Sprachverständnis und biblisches Hören bei Augustin, HUTh 5, 1965, der nur die signa translata als Symbole bezeichnet (S. 154 Anm. 34).

[27] M. *Lurker,* Zur symbolwissenschaftlichen Terminologie in den anthropologischen Disziplinen, in: Ders. (Hg.), Beiträge zu Symbol, Symbolbegriff und Symbolforschung (BSIM Erg.Bd. 1), 1982, 95–108, S. 99: „Das Zeichen ist ganz allgemein etwas mit den Sinnen Wahrnehmbares, das für ein anderes steht... In Anlehnung an die Mehrzahl der Symbolforscher kann man festhalten, daß alle Symbole Zeichen sind, aber nicht alle Zeichen Symbole... Es sind demnach grundsätzlich zwei Arten von Zeichen zu unterscheiden: solche, die einfach nur Zeichen sind, und solche, die darüber hinaus noch symbolische Bedeutung haben."

gestellt: Auf welche Weise bedeutet das Symbol, willkürlich (θέσει) oder wesentlich (φύσει)?, würde jedermann das letztere bevorzugen. Die Symbolizität
ist immer nur so groß wie die Unwillkürlichkeit. Nur steht dies auf der Ebene
von Augustins signa naturalia gar nicht zur Debatte, da hier noch keine Sprache
in Sicht ist. Erst hinsichtlich der Sprache, d. h. aber im Rahmen dessen, was
Augustin signa data nennt, ist die gestellte Frage sinnvoll. Aber ein Symbol ist
auch nicht signum datum schlechthin. Dieses naheliegende Mißverständnis muß
ausgeschlossen werden, weil sonst das Symbol um seine spezifische Sprachlichkeit betrogen wird. Sondern von Symbol ist überhaupt erst zu reden, wenn die
signa präzis zu verba wurden. Hier ist eine letzte Unterscheidung Augustins
einzuführen, die vollends an das Symbol heranreicht: Es gibt verba propria und
translata[28]. Nur die letzteren sind Symbole, und zwar in dem Maß, wie über die
bloße Wortbedeutung hinaus eine Dingbedeutung evoziert wird. Zwar ist Wortbedeutung an sich immer auch Dingbedeutung, denn jedes Zeichen ist, wie zu
sehen, in gewisser Weise Ding. Allerdings beim Wort nur noch so, daß seine
Dinglichkeit über der reinen Zeichenfunktion beinahe zu vergessen ist. Beim
Wort verbinden sich maximale Zeichenhaftigkeit und minimale Dinglichkeit,
aber diese Verbindung und somit die Wortbedeutung ist immer willkürlich.
Nicht so die Dingbedeutung, wie sie beim verbum translatum durch die Wortbedeutung hindurch erscheint. Hier wird das Phänomen beschrieben, daß im
Hinsprechen der Sprache das Ding zurückspricht, also nicht nur passiv bedeutet
wird, sondern selbst aktiv bedeutet. Diese aus der Sprache des Menschen (und
nur aus ihr) hervorsprechende Sprache der Dinge ist die Sprache des Symbols.
Im Symbol erscheint durch die Willkürlichkeit der Sprache des Menschen hindurch eine Unwillkürlichkeit und Natürlichkeit: die Sprache des Dings, die
Sprache Gottes in der Sprache des Menschen ist[29].

Verhält sich dies so, dann wird das augustinische Ungleichgewicht recht
eigentlich zum theologischen Skandal. Daß nämlich alle Zeichen Dinge, aber
nicht alle Dinge Zeichen sind, hat zur Folge, daß die Sprache der Dinge durchaus
nicht alle Dinge erfüllt, und somit Gottes Sprache eine Sprache ist, die, eines

---

[28] De doctr. chr. II, X (CChr. SL 32, S. 41): [15] Sunt autem signa uel propria uel
translata. Propria dicuntur, cum his rebus significandis adhibentur, propter quas sunt
instituta, sicut dicimus bouem, cum intellegimus pecus, quod omnes nobiscum latinae
linguae homines hoc nomine uocant. Translata sunt, cum et ipsae res, quas propriis uerbis
significamus, ad aliquid aliud significandum usurpantur, sicut dicimus bouem et per has
duas syllabas intellegimus pecus, quod isto nomine appellari solet, sed rursus per illud
pecus intellegimus euangelistam, quem significauit scriptura interpretante apostolo dicens: bouem triturantem non infrenabis [1Kor 9,9; 1Tim 5,18]. – Zu signa im Sinn von
verba s. o. Anm. 25.

[29] Augustin hat Gottes Sprache den signa data zugeordnet und damit der Versuchung
widerstanden, zu den signa naturalia Zuflucht zu nehmen. Er redet daher von signa
diuinitus data, die per homines angezeigt werden (s. o. Anm. 24). Wie jedoch der Sinn des
Gegebenseins (,data') sich ändern muß, sobald gegeben von Gott und nicht von Menschen, wird erst durch die Einführung des verbum translatum deutlich.

Gottes unwürdig, am stummen Ding scheitert. Dies ist die theologische Pointe von Augustins Satz: omne signum etiam res aliqua est; ... non autem omnis res etiam signum est[30]. An dieser Stelle springt die im Akzent ganz anders geartete dionysische Tradition ein, die immer von der heiteren Vermutung beseelt ist, daß alle Dinge Zeichen seien, und somit die Sprache des Dinges einen Widerstand am Ding nicht ernstlich finde. Dies ist die Hypothese des universalen Symbolismus[31], die in der Tradition des Dionysius Areopagita ständig vorangetrieben wird.

Der universale Symbolismus führt zum Programm einer συμβολικὴ θεολογία. Dieser Terminus findet sich erstmals im Corpus Dionysiacum als Titel einer nicht überlieferten Schrift[32]. Symbolik als Lehrart reicht jedoch weiter in den Neuplatonismus zurück[33]. Hier liegen die Anfänge jeglicher Symbolik. Bei

---

[30] De doctr. chr. I, II, 2 (s. o. Anm. 23).

[31] Der universale Symbolismus ist, obgleich in De doctr. chr. alles darauf hinausläuft, ihn auszuschließen, auch Augustin nicht unbekannt (s. *Chydenius* [s. o. Anm. 26], S. 8 f; *Schindler* [s. o. Anm. 25], S. 83; *Duchrow* [s. o. Anm. 26], S. 149 ff): De lib. arb. II, 43; En. in ps. 142,10 und vor allem De trin. VI, X, 11 f; XV, IV, 6. Dagegen ist es die Pointe des Prooemiums von De doctr. chr.: Wenn alle Dinge Zeichen wären, dann wäre auch das Eremitentum gerechtfertigt. Daraus geht umgekehrt hervor: Der eigentlich auf den universalen Symbolismus Angewiesene ist der Anachoret. – Zum Verhältnis von augustinischem Zeichen und dionysischem Symbol s. P. *Michel,* „Formosa deformitas". Bewältigungsformen des Häßlichen in mittelalterlicher Literatur, 1976, 121–126.

[32] CH XV, 6 (MPG 3,336A); DN I, 8 (597B); DN IV, 5 (700C); DN IX, 5 (913B): hier jeweils ein Hinweis auf die noch zu verfassende Symbolische Theologie; DN XIII, 4 (984A): Ankündigung einer unmittelbar jetzt, am Ende von DN zu verfassenden Symbolischen Theologie; MT III (1032 f): Inhalt der Symbolischen Theologie im Referat; EP IX, 1 (1104B): Rückblick auf den Inhalt der Symbolischen Theologie; EP IX, 6 (1113B): Übersendung an den Adressaten. Der Titel einer συμβολικὴ θεολογία ist vor Dionysius Areopagita, d. h. vor der 2. Hälfte des 5. Jhs., nicht belegt. Falsch U. G. *Leinsle,* Res et signum. Das Verständnis zeichenhafter Wirklichkeit in der Theologie Bonaventuras, 1976, S. 72: „Mit Origenes haben wir ... den christlichen Ahnherrn der symbolischen Theologie genannt"; mißverständlich R. *Roques,* RAC 3, 1957, 1082, der für die symbolische Theologie Entsprechungen in der neuplatonischen und hermetischen Literatur nennt. Lediglich der Terminus σύμβολον erscheint im Titel der verschollenen Schrift des Proklos Περὶ τῶν μυθικῶν συμβόλων, auf die er In Plat. rem publ. comm. (ed. W. *Kroll,* 1899, Bd. II, 109,1 ff) verweist (s. P. *Crome,* Symbol und Unzulänglichkeit der Sprache, 1970, S. 159). Ob die ,Symbolische Theologie' bloß fiktiv (*Roques,* RAC 3, 1080) oder verschollen ist (O. *Semmelroth,* Die Θεολογία συμβολική des Ps.-Dionysius Areopagita, in: Scholastik 27, 1952, 1–11, S. 1), bleibt umstritten.

[33] Iamblich, De myst. VII, 3: ἡ συμβολικὴ διαδοχή (symbolischer Lehrvortrag); ὁ συμβολικὸς τρόπος τῆς σημασίας (symbolische Darstellungsweise); Vit. Pyth. XXIII: bei Pythagoras herrschte ein τρόπος διδασκαλίας ... ὁ διὰ τῶν συμβόλων (*Crome,* aaO. S. 54 f. 62 f). Proklos, Theol. Plat. I, 4: der symbolische Lehrvortrag als orphisch (Ἔστι δὲ ὁ μὲν διὰ τῶν συμβόλων τὰ θεῖα μηνύειν ἐφιεμένος, Ὀρφικός); dazu W. *Beierwaltes,* Proklos. Grundzüge seiner Metaphysik, 1979², S. 171 Anm. 23. Cf. CH I, 3 (MPG 3, 136A): die Mysterien werden uns symbolisch mitgeteilt (ἡμῖν δὲ συμβολικῶς παραδέδοται).

Dionysius Areopagita ist die symbolische Theologie das absolute Maximum an kataphatischer, affirmativer Theologie. Affirmative Rede von Gott entfaltet sich in absteigender Linie zuerst in den Theologischen Hypotyposen, die einige wenige Grundbegriffe der Gotteslehre entfalten, dann in den Göttlichen Namen, die Gottesprädikate entwickeln, sofern sie aus Ideen stammen, schließlich in der Symbolischen Theologie, die jedwedes Ding der sinnlichen Welt in symbolischer Beziehung zu Gott zu verstehen lehrt. Daher ist die symbolische Theologie wortreichste, affirmative Theologie; sie vollzieht den maximalen kataphatischen Abstieg, während der apopathische Aufstieg sich in Schweigen vollendet[34]. Von vornherein gehört es zur symbolischen Theologie, daß nichts ist, was nicht in sie Eingang fände, was nicht sprechendes Ding sein könnte und ist. Der Universalismus ist ihr eingeboren. Aber dies Maximum an affirmativer Rede ist anderseits nur ein Minimum an wahrer Gotteserkenntnis, solange die Dialektik des Symbols unbedacht bleibt. Jetzt bekommt die symbolische Theologie auch Teil an der apophatischen, negativen Theologie. In ein und demselben Moment ist nämlich am Symbol der Abstieg zu vollziehen, der das Ding völlig als Ding rezipiert, und sei es noch so niedrig, und ebenso der Aufstieg, der sich vom Ding löst und zu Gott gelangt, falls die Zeichenhaftigkeit des Dings diesen Weg weist[35]. Abstieg und Aufstieg gehören somit zum Symbol, wobei stillschweigend vorausgesetzt ist, daß diese beiden Bewegungen vom Symbol selbst gefordert und in Gang gehalten werden. Jedoch unterschiedlich bei unterschiedlichen Symbolen, je nach dem Grad ihrer Ähnlichkeit. Ähnliche Symbole bringen die Gefahr, daß der Betrachter an ihrer Dinglichkeit hängen bleibt; daher ist sinnvoller Gebrauch von ähnlichen Symbolen auf die Liturgie zu beschränken. Unähnliche Symbole dagegen haben den Vorteil, ihren Betrachter von sich fortzuweisen auf den durch sie bezeichneten Sinn. Daher die Grundkonvenienz: Ὅτι πρεπόντως τὰ θεῖα καὶ οὐράνια καὶ διὰ τῶν ἀνομοίων συμβόλων ἐκφαίνεται[36]. So ist festzuhalten: An der symbolischen Theologie sind Affirmation und Negation beteiligt. Affirmation durch Intensivierung der Ähnlichkeit, Negation durch Intensivierung der Unähnlichkeit. Erst die aus der Ähnlichkeit

---

[34] MT III (MPG 3, 1032f).

[35] R. *Roques,* RAC 3,1105f: „Dialektik der Symbole. ... Der Geist muß ... gegenüber dem Symbol zweierlei, allerdings streng gleichzeitig, tun. Die erste Handlung von mehr negativem Aspekt löst die sensiblen Bilder von jeglichem niedrigem, vulgärem oder einfach zu natürlichem Sinn, der die göttliche Belehrung, deren Träger sie sind, verdunkeln oder verändern könnte... Dabei entzieht u. verweigert sich der Geist. Aber diese Weigerung ist eng verbunden mit einem Engagement, u. das ist die zweite, u. zw. positive Handlung des Geistes. ... Die richtig eingespielte Symbolik erfordert, daß der Geist sich völlig u. ausschließlich dem intelligiblen Reichtum der sensiblen Bilder zuwendet." – *Semmelroth* (s. o. Anm. 32) spricht von einer Dialektik zwischen positiver und negativer Symboltheologie (11).

[36] CH II, Titel (MPG 3, 136C). Dieses Kapitel, vor allem CH II, 3, ist für die Unterscheidung von ähnlicher und unähnlicher Symbolik grundlegend. Cf. *Roques,* RAC 3, 1107. 1109f.

hervorzutreibende Unähnlichkeit verhilft der Ähnlichkeit zu ihrem wahren Sinn. Sie ist unähnliche Ähnlichkeit[37]. In diesem Begriff ist die Dialektik des Symbols zwischen kataphatischer und apophatischer Theologie präzis gefaßt.

Was die Wirkung des Dionysius Areopagita anlangt, so läßt sich behaupten: Wo immer im Mittelalter das Stichwort „Symbol" über den technischen Sinn des Glaubenssymbols hinaus gebraucht wurde – das geschah eher selten[38] –, da war es mit der Stoßkraft des universalen Symbolismus gegen die Restriktion, die vom Augustin der Doctr.chr. ausging. Somit weckt das pure Wort „Symbol" bereits die Erwartung, daß allen Dingen Bedeutung zukomme, so dinglich sie auch seien; ja, um dasselbe mit der nötigen Angriffigkeit auszudrücken, daß in der ganzen Welt nichts ist, das nicht auch Zeichen sei. Alles spricht. Nichts spricht nicht. Das ist Kern aller Symbolik und symbolischen Theologie[39]. Aber was ist dieser Grundsatz: Behauptung, Wunsch oder – je nachdem – angenehmer oder schrecklicher Wahn? Im Mittelalter fand die Auseinandersetzung mit solchen Fragen in der Überlegung statt, ob ausschließlich den res

---

[37] CH II, 4 (MPG 3, 141C. 144A); II, 5 (145A): ἀνόμοιος ὁμοιότης; ebenso CH XV, 8 (337B). Johannes Scotus Eriugena übersetzt mit dissimilis similitudo (Exp. in ier. coel. II, 4; CChr. CM 31, S. 39, 728f); ebenso Thomas von Aquin (Exp. s.lb. Boethii de trin. q. 6a. 3 resp.; ed. B. *Decker* S. 221). Cf. Lateranense IV, 1215, cap. 2 (DS 806).

[38] H. *Brinkmann,* Verhüllung (‚Integumentum') als literarische Darstellungsform im Mittelalter, in: MM 8, 1971, 314–339, S. 327: „Der uns geläufige Begriff des Symbols ist dem Mittelalter im allgemeinen fremd. Er begegnet aber in der Nachfolge des Dionysius Areopagita und unter den Prämissen seiner Gott- und Weltschau, der die Welt eine Manifestierung Gottes ist." Ders., Die Sprache als Zeichen im Mittelalter, in: Gedenkschrift f. J. *Trier,* hg. v. H. *Beckers* u. H. *Schwarz,* 1975, 23–44, S. 37; ders., Mittelalterliche Hermeneutik, 1980, S. 47: „Der Begriff des Symbols bleibt ... im 12. und 13. Jahrhundert auf den Bereich der symbolischen Theologie beschränkt, die das Universum als eine Manifestierung Gottes versteht."

[39] Einige Beispiele a. in *positiver* Formulierung: Johannes Scotus Eriugena (MPL 122, 633A): Omne namque, quod intelligitur et sentitur, nihil aliud est, nisi non apparentis apparitio ..., ineffabilis fatus (diesen Satz hat W. *Haug* so gerafft: „Alles, was nicht Gott ist, ist Theophanie." – Transzendenz und Utopie. Vorüberlegungen zu einer Literarästhetik des Mittelalters, in: FS R. *Brinkmann,* 1981, 1–22, S. 6; Das Gespräch mit dem unvergleichlichen Partner, in: Poetik und Hermeneutik 11, 1984, 251–286, S. 276); Hugo v. St. Victor (MPL 176, 805C): Omnis natura Deum loquitur. Omnis natura hominem docet. Omnis natura rationem parit, et nihil in universitate infecundum est; Alanus ab Insulis (MPL 210, 53A): Omnis creatura significans; (aaO. 579A): Omnis mundi creatura / Quasi liber et pictura / Nobis est et speculum; b. in *negativer* Formulierung: Johannes Scotus Eriugena (MPL 122, 865D): nihil enim visibilium rerum corporaliumque est, ut arbitror, quod non incorporale quid et intelligibile significet; Freidank (12, 9–12): Diu erde keiner slahte treit, / daz gar sî âne bezeichenheit. / nehein geschepfede ist sô frî, / sin bezeichne anderz, dan si sî.

Der Grundsatz der symbolischen Theologie findet sich wieder bei H. *Blumenberg,* Die Lesbarkeit der Welt, 1981, S. 234: „Alles spricht von sich aus, wenn ihm nur das Gehör nicht verweigert wird." „Alles spricht": Novalis, Allg. Brouillon 1798/9, Nr. 268 (*Kluckhohn/Samuel* Bd. 3, 268); M. *Mauss,* Die Gabe, Kap. II, 3: Tout parle (übers. E. *Moldenhauer,* 1968, S. 110: „Alles spricht" – s. u. Anm. 302).

scripturae Dingbedeutung zukomme oder auch den res mundi außerhalb und ohne Schrift.

Die Schwierigkeit des universalen Symbolismus liegt auf der Hand: Er liebt die umfassende Formel, weckt Erwartung und Sehnen, enthebt sich aber der Anforderung, im einzelnen und Schritt für Schritt einzulösen, was er verspricht. Daß alles spricht, hat zur Voraussetzung, daß dies einzelne Ding spricht – aber was heißt es, daß dies einzelne Ding oder gar die Welt spricht? Dionysius Areopagita behauptet: Symbolische Theologie nimmt von den Dingen der Welt göttliche Metonymien[40]; in seiner Tradition erklärt Johannes Scotus Eriugena das sprechende Ding, die sprechende Welt als göttliche Metapher[41]. Die göttliche Metapher ist leicht mißverstanden, wenn sie als bloß sprachimmanente Übertragung eines gegebenen Dingwortes auf Gott aufgefaßt wird, von dem nichts in eigentlichem, sondern nur in metaphorischem Sinn ausgesagt werden könne. Das ist ein Gemeinplatz, und zwar ein gefährlicher, weil er darstellt, wie es in jeder Hinsicht überflüssig sein muß, ein Wort, das auch schon besser gebraucht war, jetzt von Gott und also schlechter auszusagen. Warum es unter solchen Umständen zu Theologie überhaupt kommen soll, läßt sich nicht plausibel machen. Davon ganz zu schweigen, daß das vorausgesetzte Dingwort mit einem sprechenden Ding nicht verwechselt werden darf. In der göttlichen Metapher kehrt sich dies um: Metaphora ist jetzt kein überflüssiger Übergang von einem Erst- zu einem Zweitsinn; metaphora ist jetzt überhaupt nicht sprachimmanenter Vorgang, sondern derjenige Übergang, mit dem aus dem stummen Ding allererst Sprache hervorschlägt, herausbricht oder herausgebrochen wird, also Ursprung von Sprache, nicht sekundäres, sondern ursprüngliches Wort. In der divina metaphora wird ein Wort als Dingwort in jeder Hinsicht negiert, und dieser Vorgang negativer Theologie ist schlechthin wahr; soll es zu

---

[40] MT III (MPG 3, 1033A): αἱ ἀπὸ τῶν αἰσθητῶν ἐπὶ τὰ θεῖα μετωνυμίαι.

[41] Periphyseon (De div. nat.), ed. I. P. *Sheldon-Williams/L. Bieler*, Dublin 1968ff, lb. I, 62, 12f: nomina ... ex creatura per quandam diuinam metaphoram ad creatorem referuntur (MPL 122, 453B); s.a. I, 74,20 (mit Hinweis auf die Symbolica Theologia des Areopagiten 458 B/C); I, 82,3: das affirmative Gottesprädikat geschieht per metaforam a creatura ad creatorem (461C); lb. IV (757D); lb. V (864D). – W. *Beierwaltes,* Negati Affirmatio: Welt als Metapher, PhJ 83, 1976, 237–265, S. 253f: „Diesen Verweischarakter des Seienden insgesamt nenne ich – in einem gegenüber Eriugena umfassenderen Gebrauch des Wortes Symbol – dessen *Symbol*haftigkeit . . . ‚Symbol‘ steht als Aussage über die theophane Struktur des Seienden in nahem Bezug zu ‚Metapher‘: Da ‚Symbol‘ das verweisende Bild-Sein des Seienden intendiert, trifft es sich mit der unähnlichen Ähnlichkeit, die in der Metapher primär als Ähnlichkeit sich ausspricht und gleichwohl die Negativität oder Inkommensurabilität des Intendierten zu verstehen gibt. Die Sätze: ‚Welt (als das insgesamt durch creatio gesetzte Seiende) ist Theophanie‘, ‚Welt ist Symbol‘, ‚Welt ist Metapher‘ erhellen in verschiedenen Aspekten den selben Sachverhalt.“ Zum metaphorischen Charakter der affirmativen oder symbolischen Theologie des Johannes Scotus Eriugena s. W. *Beierwaltes,* Sprache und Sache. Reflexionen zu Eriugenas Einschätzung von Leistung und Funktion der Sprache, ZphF 38, 1984, 523–543, S. 531f.

einem Wort überhaupt noch kommen, dann nur als Metapher[42] – Metapher aber nicht mehr des Dingworts, sondern des Dinges selbst, das jetzt durch sie ursprünglich spricht.

Mit diesen Bemerkungen ist nicht der Anspruch verbunden, als sei Umfassendes zum Symbolbegriff vorgestellt worden. Denn dieser „ist schwierig, ein gestaltwechselnder Proteus, schwer zu packen und zu bannen"[43]. Wohl aber der Anspruch, das Symbol mit derjenigen originalen Kraft in die allgemeine Zeichenlehre eingeführt zu haben, die ihm speziell zukommt. Die Kraft des Symbols meldet sich, sobald im augustinischen Kontext der dionysische Oberton deutlich hervortritt. Allein schon das pure Vorkommen des Wortes „Symbol" ist im Mittelalter Signal hierfür. Symbolik und symbolische Theologie reichen so weit, wie Dinge Worte sind, und zwar mit der dem Symbolismus eigenen Hoffnung, daß *alle* Dinge Worte seien. Anders als so entsteht keine symbolische *Theologie*. Nur muß klar sein, daß symbolische Theologie nichts anderes ist als eine grandiose Hoffnung („Alles spricht"), die ihr gerades Gegenteil („Nichts spricht") ebenso ständig betreibt wie von ihm betroffen wird. Denn daß alles spricht oder daß nichts spricht, das ist die äußerste Spannung aller Erfahrung mit der Erfahrung, wie sie sich öffnet und wieder verschließt. Aber Aufsteigen und Absteigen, Erhobenwerden und Stürzen, Sprachwerden des Dinges und wiederum sein Verstummen – diese Grundphänomene der symbolischen Theologie werden in der Symbolik des Todes Jesu nicht an sich selbst betrachtet, was immer leer und haltlos bleiben müßte, obgleich auch sie sich – als Symbolik – jenen Grundphänomenen verdankt. Vielmehr stellt die Symbolik des Todes Jesu die generellen Sätze „Alles spricht" und „Nichts spricht" auf die Probe, indem sie sie dem einen und einzigen Widerstand aussetzt, der Jesu Kreuz ist. Im Rahmen einer symbolischen Theologie ist daher zu fragen, ob Jesu Kreuz stummes oder sprechendes Ding ist.

Der Verdacht, daß Jesu Kreuz nur Ding, nicht aber sprechendes Ding sei, liegt auf der Hand. Jetzt drängt die Frage, wie dieses Ding – das Kreuz – überhaupt dazu gelange, Zeichen zu sein und als Ding zu sprechen. Dies ist kein Problem absteigender Symbolizität wie in § 1.1, wo es darum ging, wie weit man es mit dem symbolischen Ausdruck treiben dürfe, immer mit der Mutmaßung, daß das Symbol nur unnötige Komplizierung sei für etwas, was an sich auch einfacher gesagt werden kann. Sondern im Bann des Dinges geht es darum, ob dieses überhaupt gesagt werden kann. Sprachwerdung des Dinges ist ein Problem aufsteigender Symbolizität. Jetzt ist unhintergehbar: Spricht Jesu Kreuz, dann wie jede Dingsprache als symbolische Sprache. Zwar ist nicht erwiesen, daß Jesu Kreuz spricht. Aber genau dieser Widerstand ist die Herausforderung des Sym-

---

[42] Joh. Scot. Eriugena, Exp. in ier. coel. II, 3 (CChr. CM 31, S. 34, 526f): si uera est negatio in diuinis rebus, non autem uera sed metaphorica affirmatio. Cf. II, 5 (S. 52, 1187ff).

[43] F. Th. *Vischer*, Das Symbol, in: Philosophische Aufsätze E. Zeller zu seinem 50jährigen Doctor-Jubiläum, 1887, 153–193, S. 154.

bols, von dem zu sehen war, daß es von sich aus gerne dahin strebt, daß alles spricht und nichts nicht spricht. Insofern gehören Symbol und Kreuz Jesu als seine Herausforderung aufs genaueste zusammen.

3. Umriß der Symbolik des Todes Jesu

Zwei Bewegungen haben sich als für eine Symbolik konstitutiv eingestellt. Die Symbolik durchläuft eine Bewegung des Absteigens (§ 1.1) und Aufsteigens (§ 1.2). Sie vollzieht damit, was in der Dialektik des Symbols zwischen kataphatischer und apophatischer Theologie gegeben war. Die absteigende Symbolik setzt als abstrakten Pol ihrer Bewegung die in sich klare, durchlässige, leichtmitteilende Sprache, die desto mehr Klarheit in sich trägt, je mehr sie im Begriff und nicht im Symbol einhergeht. Hier ist jedes Symbol an sich bereits Abstieg von diesem abstrakten Ideal, aber nicht nur durch Symbole der Zahl nach, weil allerdings mit jedem zusätzlichen Symbol die Denkenergie unaufhaltsam zum Erliegen kommt, sondern auch durch die unterschiedliche Tiefe bereits eines einzelnen Symbols. Nicht nur ist jedes neue Bild Ausdruck einer weiteren Störung des vorausgesetzten Sprachideals, die den Gedanken auf etwas stößt, was nicht er selber ist, sondern je nach Tiefe des Bildes entsteht Rasanz oder Hemmung, die den Gedanken in sich hineinzieht und ihn seine Ohnmacht spüren läßt. Es ist klar, daß ein Inhaber des abstrakten Sprachideals diesen Prozeß für steuerbar hält durch die Regel, vom Ideal weiter als unbedingt nötig in keinem Fall abzuweichen. Niemand setzt die im Symbol lauernde Materialisierung der Sprache durch Rasanz oder Hemmung um ihrer selbst willen. Anders die aufsteigende Symbolik. Sie setzt als abstrakten Pol ihres Gedankens das pure Ding, das jeglichem menschlichen Wesen abgewandt ist, keine menschlichen Züge trägt, nicht spricht, nur dingt, daher in seiner Stummheit nichts bedeutet, sondern den Kosmos der Bedeutung als bloßen Schein entlarvt, weil er überhaupt nur durch Gewährung und Selbstbeschränkung des Dinges besteht. Angesichts dieses Dinges, oder, um der Symbolik des Todes Jesu Nachdruck zu verschaffen, bei Fixion auf dieses Ding, ist dessen Symbolizität gänzlich bei Null. Das ist das Ding, das erratisch in der Gegend liegt, strackt und dem nichts weiter abgewonnen werden kann. Hier wagt die aufsteigende Symbolik die Behauptung, sie vermöge dies relationslose Ding in ein solches zu überführen, mit dem umzugehen sei, was immer heißt: in ein solches, dem eine wenn auch noch so geringe Zeichenhaftigkeit abzuringen ist. Jedermann strebt nach Versprachlichung des Dinges um des Menschen willen.

Daß Rede vom Tod Jesu weder als Rede vom *Tod* (§ 1.1) noch als *Rede* vom Tod (§ 1.2) anders als in symbolischer Sprache möglich ist, findet seine Bestätigung dadurch, daß dies in der Überlieferung vom Tod Jesu auch durchweg so ist. Diese Rede ist nicht von uns erst zu erzeugen, sondern sie ist von alters erzeugt, tradiert; sie liegt vor, wenngleich in anarchischem Zustand. Sobald es darum geht, die Heilswirkung des Todes Jesu zu schildern, kann es geschehen, daß ein womöglich bis dahin ganz vernünftiger Gedankengang abbricht und ein Mischstil von Bildersprache, Geschichtenerzählen samt eingestreuten Applikationen und Rationalisierungen an seine Stelle tritt. Es kann von Kreuz die Rede sein, von Loskauf, Stellvertretung, Liebes- oder Fluchtod, von Opfer, Blut und Wunden; es können auch Geschichten erzählt werden wie z. B. vom Teufelsbetrug durch einen Köder oder Zahlung eines Lösegeldes an ihn, oder vom Sieg des Enhydros. Oder die Heilswirkung des Todes Jesu findet Gestalt im Bild von der Höhlenbergung[44]. Man wird einwenden, hier sei zwischen Schlichtheit neutestamentlicher Symbolsprache und Blüten patristischer Predigtkunst ein deutlicher Trennstrich zu ziehen. Aber selbst auf der Ebene des Neuen Testaments findet sich nicht bloß elementarische Schlichtheit; Kol 2,14f beispeilsweise darf als wahre „Zusammenballung verschiedener Anschauungen" bezeichnet werden[45]. Symbolische Sprache erscheint aufs ganze gesehen als hemmungslose Vielfalt, in jedem einzelnen Bild aber als ungezügelter Tiefsinn, der womöglich just in dem Moment, da er die Last der Argumentation tragen sollte, an seiner Bildkraft verzweifelt und das nächste Bild herbeiruft – mit ähnlichem Erfolg.

In diesem anarchischen Zustand symbolischer Sprache gibt es kein Verweilen; hier kann sich kein Gedanke bilden, der nicht alsbald wieder verdämmerte in Disziplin- und Gedankenlosigkeit. Denn hier gilt ja: Wer dieses Bild nicht hat, hat eben jenes in der zufälligen Begrenzung, in die hinein er gebannt ist. Oder dieser hätte vom halbverstandenen Blut Jesu die eine, jener die andere Hälfte. Streit innerhalb der Gemeinde geht darauf zurück, daß aus tiefen Schichten einer Person oder Gruppe sich dieses und nicht jenes Bild vordrängt, während das andere mehr oder weniger aggressivem Unverständnis unterliegt. Soteriologie

---

[44] Zum *Ködergleichnis:* G. *Krause,* Luthers Vers ‚Eyn spott aus dem tod ist worden‘, in: Verifikationen [FS G. *Ebeling*], 1982, 121–141, S. 131. Zum dadurch ausgelösten *risus paschalis:* V. *Wendland,* Ostermärchen und Ostergelächter. Brauchtümliche Kanzelrhetorik und ihre kulturkritische Würdigung seit dem ausgehenden Mittelalter, 1980; A. *Hauser,* Das Osterlachen, NZZ, FA 79, 4./5. 4. 1980, S. 33. Zum *Sieg des Enhydros:* N. *Henkel,* Studien zum Physiologus im Mittelalter, 1976, S. 171 f; P. *Michel,* Tiere als Symbol und Ornament. Möglichkeiten und Grenzen der ikonographischen Deutung, gezeigt am Beispiel des Zürcher Großmünsterkreuzgangs, 1979, S. 34 ff. Zur *Lösegeld-Teufel-Theorie:* C. *Andresen,* Art. Erlösung, RAC 6, 1966, Sp. 142. 196; G. Q. *Reijners,* Das Wort vom Kreuz. Kreuzes- und Erlösungssymbolik bei Origenes, 1983, S. 66–70; R. *Schwager,* Der wunderbare Tausch, 1986, S. 34–44. Zur *Höhlenbergung:* F. *Ohly,* Schriften zur mittelalterlichen Bedeutungsforschung, 1977, S. 385 ff.

[45] G. *Friedrich,* Die Verkündigung des Todes Jesu im Neuen Testament (Bibl.-theol. St. 6), 1982, S. 92. Während Kol 2,15 den Heilserwerb im Bild des Sieges über die Mächte in der zusammenhängenden Sequenz Entwaffnung, Zurschaustellung und Triumph schildert, äußert Kol 2,14 sich zur Heilsmitteilung im ganz anderen Bild der Tilgung des Schuldscheines, das seinerseits eine Konglomeration von Geld- und Kreuzessymbol darstellt. Was als soteriologische Kraft immer nur aus der Disziplin eines einzigen Bildes, seiner inneren Bewegung und Grenze mitgeteilt werden kann, geht durch Montage eines zweiten Bildes kraftlos verloren.

entstünde dann, indem irgendjemandem irgendetwas wichtig wird: was dem einen sein Lösegeld, ist dem anderen sein Blut usw. Man sieht, daß in diesem ungezügelten Zustand von verdämmernden Gedanken, aufdämmernden Affekten das, was wichtig wird, vor allem dazu dient, daß einer in dem Maß, wie ihm etwas wichtig wird, selbst wichtig wird: sodaß ausgerechnet das Soteriologische in einer Perversion erschiene, gegen die sich die Soteriologie gerade erhebt. Eine Symbolik des Todes Jesu, die es nicht nur mit einem einzigen Symbol zu tun hat, dient dazu, die soteriologische Caprice des Einzelnen zu mäßigen, indem sie sie dem Ansichtigwerden anderer Capricen aussetzt. Doch nicht nur dies. Sondern soweit sie es vermag, Einzelsymbole in einen kraftvollen Zyklus zu versetzen, soweit bildet sie Gemeinde[46].

Allerdings ist mit Blick auf die soteriologische Sprache, sei es des Neuen Testaments, sei es der Frömmigkeitsgeschichte, die Rede von „Symbolen" keineswegs üblich. Es finden sich zwar Termini wie Begriff, Gedanke, Vorstellung, Analogie, Vergleich, Metapher, Bild, Motiv, Praktik, um Interpretamente des Todes Jesu wie Lösegeld, Sühne, Opfer zu bezeichnen[47]; aber von Symbol und Symbolik ist nur unter Einfluß von P. Ricœur die Rede[48]. Diese Rede legt sich aus dem einfachen Grund nahe, weil hier ein und dieselbe Sprachwurzel das Einzelne und zugleich das Ganze, das Disziplinierte und das Disziplinierende benennt. Kein Ausdruck der oben genannten Reihe eignet sich in derselben Weise. Man könnte allenfalls von „Bildersprache"[49], „Motivik" oder „Metaphorik" sprechen, aber dabei handelte es sich nur um quantitative Ausdehnungen des Einzelnen. Eine Symbolik betrachtet Einzelsymbole nicht auf gleicher Ebene, sondern so, wie sie sich mit Notwendigkeit auseinander hervortreiben; der Inhalt der Symbolik ist kein einförmiges Stratum, sondern vom ersten Symbol an entsteht innersymbolische Rasanz, die uns mit ihrer Kraft mitreißen wird, sodaß man auf die unsere getrost verzichten kann. Die Symbolik betreibt einen

---

[46] Hier ist die Stelle, wo sich eine Verbindung zwischen dem im Sinn des Symbolismus eingeführten Begriff des Symbols und seinem oben Anm. 22 hintangesetzten konfessionskundlichen Gebrauch nahelegt.

[47] Das meiste bei G. *Friedrich* (s. o. Anm. 45), S. 144 f. H. *Kessler* (s. o. Anm. 15), S. 21: „Motive, Elemente, Akzente und Aspekte."

[48] R. *Schnackenburg*, Ist der Gedanke des Sühnetodes Jesu der einzige Zugang zum Verständnis unserer Erlösung durch Jesus Christus?, in: K. *Kertelge* (Hg.), Der Tod Jesu. Deutungen im Neuen Testament, 1976, 205–230, S. 206 f, verweist auf G. *Theißen*, Soteriologische Symbolik in den paulinischen Schriften. Ein strukturalistischer Beitrag, KuD 20, 1974, 282–304, der sich seinerseits auf P. *Ricœur* bezieht (282 Anm. 2). *Ricœur* macht in seiner Symbolik des Bösen, 1971, S. 84. 107 Hindeutungen auf das Gegenstück einer „Symbolik der Erlösung" oder auch „Symbolik des Heils" (Die Interpretation. Ein Versuch über Freud, 1969, S. 52 f). Im Unterschied zu dieser Differenzierung *Ricœurs*, die zur Folge hat, daß die Symbolik des Heils aus anderen Symbolen als die Symbolik des Bösen besteht, ist die Symbolik des Todes Jesu von der Art, daß an ein und demselben Symbol alles Unheil und alles Heil in Erscheinung tritt.

[49] W. *Straub*, Die Bildersprache des Apostels Paulus, 1937.

Zyklus von Elementarsymbolen[50], ja wird vielmehr von ihnen im Maß ihres Steigens und Fallens fortgetrieben. Symbolik kann sich nicht mit einem Bildergestöber befassen, sondern bedarf der Elementarsymbole, die innersymbolische Rasanz entwickeln.

Welche Elementarsymbole gehören in unsere Symbolik? In welcher Reihe sind sie anzuordnen? Was die Reihenfolge anlangt, so ergibt sich der entscheidende Gesichtspunkt aus einer kritischen Betrachtung des entsprechenden Abschnitts aus G. Ebelings Dogmatik des christlichen Glaubens[51]. Es sind im Neuen Testament und in der Theologiegeschichte vier Vorstellungsbereiche, in denen Heilswirksamkeit des Todes Jesu ausgesagt wird. Erstens der kultische; hierzu gehören „Opfervorstellung", „Sühnegedanke", „Stellvertretungsgedanke". Dieser Bereich erscheint unserer Zeit besonders fremd, in eigentümlichem Kontrast zu der Tatsache, daß Opfern in unkultischer Form unvermindert andauert. Innerster Kern des Kultischen ist fließendes Blut. Außerdem gehören hierzu „Verdienstgedanke" und „Gedanke der Fürbitte". In den zweiten, juridischen Bereich fällt Anselms Satisfaktionslehre samt ihren lateinischen Wurzeln. Alle biblische, reformatorische oder neuzeitliche Kritik an ihr darf nie darauf hinauslaufen, das juridische Medium überhaupt zu eliminieren. Vielmehr ist beim Sammeln von Interpretationsmedien darauf zu achten, daß keines verlorengeht; jedes steht für gemachte oder zu machende Erfahrung. Mannigfach verzahnt mit dem Juridischen ist der dritte Bereich des Kämpferischen; dazu gehören „Loskaufgedanke" und Teufelsbetrug, und der Erfolg beider: victoria, risus paschalis[52]. Schließlich öffnet sich der vierte Bereich, das Personale, wozu

---

[50] Von einem „Zyklus" der Symbole spricht *Ricœur,* Symbolik des Bösen, (s. o. Anm. 48), S. 107 f, von einem „Netzwerk" ders., Interpretation Theory: Discourse and the Surplus of Meaning, Texas 1976, S. 64. *Theißen* dagegen bevorzugt die flächige Metapher „Feld", aaO. (s. o. Anm. 48), S. 284. 301.

[51] Dogmatik des christlichen Glaubens, Bd. II: Der Glaube an Gott den Versöhner der Welt, 1979, S. 23 ff: Die Hauptschemata der klassischen Christologie; S. 150 ff: Verstehensschwierigkeiten; S. 171 ff: Das Interpretationsmedium.

[52] AaO. II, 172–174. Der dritte Bereich des Kämpferischen entspricht dem von G. *Aulén* herauspräparierten und bevorzugten griechischen Typ der Versöhnungslehre. Unbefriedigt von der bisher gängigen Unterscheidung einer objektiven und subjektiven Versöhnungslehre, hinter der sich das Problem Alt- und Neuprotestantismus oder Mittelalter und Neuzeit verbarg, griff *Aulén* auf den klassischen griechischen Typ zurück, „der mit dem Christentum selbst geboren ist, der in der ganzen alten Kirche leitend war und der schließlich durch Martin Luther vertieft worden und zu neuem Leben hervorgewachsen ist" (Die drei Haupttypen des christlichen Versöhnungsgedankens, ZSTh 8, 1931, 501–538, S. 502). Hat auch die vereinfachende Einbeziehung Luthers in den klassischen Typ zu Recht Kritik gefunden (H. *Alpers,* Die Versöhnung durch Christus. Zur Typologie der Schule von Lund, 1964, S. 81 ff), so ist die Stoßrichtung *Auléns* nach wie vor von Interesse. Objektive und subjektive Versöhnungslehre hielten sich zugute, „die älteren ‚mythologischen' Vorstellungen verdrängt" zu haben (*Aulén* 501), indem an die Stelle von soteriologischen Bildern eine Versöhnungs*lehre* getreten sei. Von solchem Rationalitätsgewinn hält *Aulén* nichts: „Für die leitende Theologie der Neuzeit war schon die ‚mytho-

soteriologische Bilder gehören, die Heilsmitteilung in der Relation zwischen Jesus und den Glaubenden beschreiben. Das sind Bilder personaler Kommunikation, einerlei ob eher sakramental oder mystisch gefärbt: Teilhabe, Gegentausch. Gerade bei diesem überaus vertrauten Vorstellungsbereich stellt sich die anselmische Frage, „warum die Liebe Gottes nicht bloß als eine Idee der gedanklichen Mitteilung bedarf, um als solche wirksam zu werden, warum vielmehr der Tod am Kreuz als eine Tat Gottes erforderlich ist"[53].

Obgleich die vier Interpretationsmedien in ständige Bewegung versetzt werden, in der sie sich „überschneiden ... und ... sich gegenseitig korrigieren"[54], zeigt sich rasch, daß sie nicht auf einer Ebene liegen, sondern sich zum Tod Jesu als Heil in unterschiedlicher Nähe befinden. Es ist, wie es nicht anders sein kann, die letzte Kategorie des Personalen, die aus ihrem vierten Platz herausspringt. Denn das Medium des Personalen „durchzieht ... auch alle anderen Vorstellungsbereiche"[55], ist also zugleich Kategorie unter Kategorien wie Kategorie aller Kategorien. So weit jedoch führt dies nicht, daß das Personale zum Schnittpunkt der Interpretationsweisen wird, ist es doch seinerseits nur ein Medium unter vieren. Vielmehr ist es „der gemeinsame Skopus der verschiedenen Deutungen im kultischen, juridischen, kämpferischen oder personalen Erfahrungshorizont", daß sie den Gekreuzigten „vor Augen zu stellen" vermögen[56]. Hier scheint der Schnittpunkt der Interpretationsmedien sich in Wahrheit als neues Interpretationsmedium zu entpuppen, als fünftes. Kommt nämlich die Heilswirkung des Todes Jesu erst durch Betrachtung des Bildes des Gekreuzigten zustande, so durch die anderen Medien nur, sofern sie auch durch dieses Medium vermittelt werden. Es zeigt sich: Medien können mittelbarer und unmittelbarer sein; es gibt solche, die einen langen Umweg[57] oder die Zumutung von Fremdheit[58] voraussetzen, und wiederum solche, die beinah direkt mitteilen, wozu die Kategorie des Personalen und der Augenkommunikation sicher in hohem Maß gehört. Nur so direkt, daß sie des Mediums gar nicht mehr bedürfte, ist Heilsmitteilung nicht, denn sonst wäre sie bloß gedankliche Mitteilung, die den

---

logische' Sprache des klassischen Versöhnungstypus anstößig, besonders wenn die alte Kirche in drastischen und auch grotesken Bildern den Kampf Christi mit dem Teufel malte. Man beurteilte diese Darstellungen als offenbar minderwertig und wollte sie zur Rumpelkammer der Theologie verweisen" (504). Daher stößt *Aulén* zu Recht von den begrifflicheren Gestalten der Versöhnungslehre zurück zu den mythischen Bildern, um dort einer soteriologischen Kraft innezuwerden, die er sonst nicht verspürt. Die Bedingung hierfür ist: zunehmender Symbolizitätsgrad in absteigendem Sinn.

  [53] *Ebeling,* aaO. II, 176.
  [54] AaO. II, 176.
  [55] AaO. II, 174f.
  [56] AaO. II, 176. Außerdem: „vor Augen" II, 208; III, 215; „Anblick" II, 151. 153; III, 214. Zum Topos der Augenkommunikation im Zusammenhang mit Gal 3,1 s. u. Anm. 127ff.
  [57] AaO. II, 152.
  [58] AaO. II, 152. 171.

Tod Jesu zum unnützen Aufwand machte. Daraus folgt, daß Umweg und Fremdheit zur Heilsmitteilung nicht zufälligerweise gehören, sondern notwendig, denn in den Interpretationsmedien des Todes Jesu erscheinen Personalität und Gedanklichkeit nicht einfach als konstituiert, sondern als gegen die Macht des Apersonalen und Ungedanklichen allererst zu konstituierend. Deshalb sind die Interpretationsmedien des Todes Jesu gerade durch das, was an ihnen ungedanklich und depersonalisierend ist, von Bedeutung, und es ist nicht ratsam, sie vorschnell als Gedanken zu bezeichnen.

Sind also Opfer, Sühne, Loskauf usw. daraus zu entlassen, Gedanken sein zu sollen oder Vorstellungen, so ist an ihnen stark zu machen, was nicht Gedanke ist. Beim Umgang mit dem Tod Jesu stoßen wir schnell auf vordenkerische Schichten von Erfahrung, ja auf das, was in schrecklicher Weise nur noch factum brutum oder Ding ist. Aber gerade weil wir in Zonen des Nicht-Denkens von unterschiedlicher Dichte geraten, wird es des Denkens um so heftiger bedürfen zu ihrer Bestimmung und Aussonderung. Im Rückblick auf die vier, ja fünf genannten Interpretationsmedien ergibt sich jetzt Tiefenplastizität. Sie sind nicht Gedanken in homogenem Sinn, sondern gehören in das Mehr oder Minder des Symbolischen. Das Symbolische liegt nicht in einer homogenen Schicht von Bewußtsein, sondern der Dichte des Symbols entspricht ein Absinken von Bewußtsein. Sicher ist das Vor-Augen-Treten eine helle Art des Bewußtseins, wie auch die Kategorie des Personalen ohne gelingendes Selbstbewußtsein nicht denkbar ist. Aber die Interpretationsmedien sind nicht nur sublim, sondern sie sind vor allem auch krudel, denn beim Tod Jesu fließt Blut, bei dessen Ansichtigwerden das Bewußtsein leicht schwindet. Es ist nicht der Gedanke des Blutes, sondern das vergossene Blut selbst und vieles andere, wogegen Gedanken vergeblich rasen, worauf sich der Gedanke richten muß und sich dabei verliert – und allenfalls dieser Vorgang ist dann wieder in einem Moment der Distanz als Gedanke faßbar. Nun wird deutlich, weshalb das Personale und das Vor-Augen-Haben als eine Art Überkategorie aus der Reihe der übrigen heraussprang. Denn sobald das Personale da ist, ist zugleich auch Heil da. Mehr, als daß Selbstbewußtsein und Personalität sich bilden und behaupten, allen Mächten der Depersonalisierung zum Trotz, ist von einer Soteriologie nicht zu verlangen. Daraus ergibt sich, daß Personalität und Augenkommunikation nicht so sehr Medien für ein darüber hinaus zu vermittelndes Heilsgut sind, sondern Präsenz des Heils in einer durchaus schönen Weise. Diejenige Person aber, die fließendem Blut, Opfer, dem Kampf der Mächte oder Gekauft- und Verkauftwerden ausgesetzt ist, ist insoweit depersonalisiert und befindet sich in dem, woraus sie allererst zu erlösen ist.

Zeigte sich das Symbol eines ökonomisch handzuhabenden Mehr oder Minder fähig (§ 1.1.), oder einer Dialektik, wie die symbolische Theologie lehrte (§ 1.2), so gehört zu ihm eine doppelte Bewegung. Das Symbolische erstreckt sich bis zum Archaischen, das im Fall des Todes Jesu etwas Krudeles ist, und wiederum vom Archaischen bis zum Sublimen. Die Symbolik durchläuft also

eine Bewegung A und Bewegung B; nur tut sie das nicht leichthin, sondern: ob
sie es auch kann, ob sie es zuwege bringt, das ist die Probe auf Mitteilbarkeit von
Heil. Somit wirkt in einer Symbolik großer Druck auf Vollbringung, Vollendung. Da wir aber, wenn wir natürlicherweise immer schon am Ende der
Bewegung B wären, einer Symbolik als einem nun tatsächlich Überflüssigen gar
nicht mehr bedürften, so müssen wir zuerst in der Bewegung A dem Zug in
Richtung Archaik folgen, und daher die einzelnen soteriologischen Symbole
nach dem Grad ihrer zunehmenden Fremdheit und depersonalisierenden Be-
wußtlosigkeit anordnen, um mit Anselm zu ermessen, quanti ponderis die zu
überwindende Gegenkraft des Heils ist, oder quanti pretii sein Erwerb. Daher ist
Symbolik A eine Bewegung von der vermeintlichen Gegenwart des Heils hinein
in den Kern des Unheils; Symbolik B dagegen eine Bewegung durch die
Peripetie des Kreuzes hindurch zur Mitteilung von Heil angesichts der in A
gesammelten Unheilserfahrung.

Während zur Architektonik einer Symbolik des Todes Jesu hieraus das meiste
hervorging, bleibt die zweite Frage offen: Welche Einzelsymbole gehören dazu?
Dafür ergeben sich die Hauptgesichtspunkte aus einer Kritik von G. Theißens
Versuch einer soteriologischen Symbolik in den paulinischen Schriften[59]. Ihm
zufolge bezieht die paulinische Soteriologie ihre Symbole aus den zwei großen
Bereichen Natur und Geschichte. Was zunächst die physiomorphe Verwand-
lungssymbolik anlangt, so wird Heilsmitteilung vollzogen in durchgängiger
Symmetrie von Erlöser und Erlöstem: wie er, so sie – im Unterschied zum
anderen Kapitel der soziomorphen Interaktionssymbolik, in der Asymmetrie
herrscht. Physiomorph ist erstens die Gestaltwandelsymbolik, die Heilsmitteilung durch eine Art Mutation menschlichen Wesens sich vollziehen läßt, indem
die von Sünde, Teufel, Tod geprägte menschliche Gestalt gewandelt wird gemäß
Eikon, Morphe oder Doxa des Erlösers: Gestaltwandel durch Aufnahme in die
Wesensgemeinschaft mit dem Erlöser. Physiomorph ist zweitens die Symbolik
von Tod und Leben; das sind soteriologische Aussagen, die ihre Bildlichkeit aus
der mysterienhaften Einheit der Kultteilnehmer mit Leben und Tod des Kult-
herrn beziehen: Schicksalsgemeinschaft zwischen Erlöser und Erlösten, die zur
Überwindung von Endlichkeit führt. Drittens die Vereinigungssymbolik, die
auf zwei fundamentale Bedürfnisbefriedigungen des Mangelwesens Mensch
Bezug nimmt, um Heilsmitteilung zu schildern, nämlich Hunger und Sexualität[60]. Aus dieser Tabelle ergibt sich: Zum Zweck einer Symbolik des Todes Jesu
ließe sich ohne weiteres die ganze physiomorphe Symbolik ausschließen, wenn
nicht die Symbolik von Tod und Leben darunter fiele[61]. Es sind aber zwei

---

[59] G. *Theißen,* Soteriologische Symbolik (s. o. Anm. 48).

[60] AaO. 294–301. Belegstellen zur *Gestaltwandelsymbolik:* 2Kor 3,18–4,6; 1Kor
15,35–57; Röm 5,17–21; zur *Symbolik von Tod und Leben:* 2Kor 4,10f; 13,4; Röm 6,6ff;
8,17; Phil 3,10f; unerwähnt Gal 2,19; zur *Vereinigungssymbolik:* 1Kor 10,16f (Essen); 1Kor
6,13ff; 2Kor 11,2 (Sexualität).

[61] Nach *Theißen* entspricht der Gestaltwandelsymbolik eine Christologie des Wesens

Gründe, diese Symbole vom jetzigen Kontext auszuschließen. Der erste liegt darin, daß Theißen sie zu Recht als „bio- und physiomorphe Symbolik" bezeichnet[62]. Aber die Symbolik des Todes Jesu betrachtet diesen nicht als natürliches Ereignis, denn je mehr er dies ist – was sich gar nicht bestreiten läßt –, desto ununterscheidbarer wird er von allen anderen Toden. Es genügt nicht, vom Tod Jesu ohne Präzisierung durch das Kreuz zu sprechen. Sobald das Kreuz erscheint, rückt Jesu Tod aus dem gleichmacherischen Licht eines Naturereignisses hervor und steht in seiner Menschengefertigtheit da. Aus diesem Grund ist es immer die soziomorphe Symbolik, die nach Theißen die physiomorphe vertieft und nicht umgekehrt[63]. Der zweite Grund liegt darin, daß die Symbolik von Tod und Leben nicht direkt auf Jesu Tod bezogen ist, sondern nur durch Vermittlung der Taufe, die den Transport des Bildes leistet. Daher handelt es sich bei ihr in erster Linie um Taufsymbolik[64], die von Tod und Leben nur in sehr übertragener Weise spricht, zumal es sich beim Tod Jesu am Kreuz um Tod handelt, beim Tod durch Taufe jedoch um modifiziertes Fortleben. Somit entsteht keinerlei Nötigung, in der Symbolik des Todes Jesu, die es dem Symbolluxus zuwider mit der anselmischen Sparsamkeit hält, davon Gebrauch zu machen.

Es bleibt die soziomorphe Interaktionssymbolik, jedoch schwerlich in der bei Theißen vorliegenden Gestalt. An erster Stelle steht bei ihm die Befreiungssymbolik, in der durch Bilder sozialer Macht ein heilsamer Machtwechsel und also Befreiung geschildert wird. Hier findet eine Interferenz zweier Bilder statt, der Sklavenmetaphorik und des Bildes der Sohnschaft. Die Wende zum Heil löst darüber hinaus zwei supplementäre Bilder aus: dem Sklavenbild folgt der Loskauf, dem Bild der Sohnschaft die Erhöhung[65]. An zweiter Stelle findet sich die Rechtfertigungssymbolik, die als Mischgebilde theologischer Rationalisierungen einerseits, bildlicher Urbrocken anderseits dargestellt wird. An ihrem Grund liegt das Symbol des Fluchtodes Jesu, des passiv erlittenen stellvertreten-

---

des Erlösers (296), der Vereinigungssymbolik eine solche des Leibes Christi (301), der Symbolik von Tod und Leben eine Christologie von Kreuz und Auferstehung (298). Letzteres fällt in den Bereich einer Symbolik des Todes Jesu. Auch G. *Friedrich* zählt den „Vergleich mit dem Sterben in den Mysterien" (aaO. [s. o. Anm. 45] 87 ff) zur Verkündigung des Todes Jesu im Neuen Testament.

[62] AaO. 297.

[63] AaO. 295 f. „Das soziomorph vorgestellte erlösende Handeln hat sachlich eine Prioritätsstellung inne" (303).

[64] G. *Friedrich:* „Paulus verdeutlicht mit der Anschauungswelt und den Begriffen der Mysterien, welche Bedeutung Karfreitag und Ostern für den Christen durch die Taufe haben" (aaO. [s. o. Anm. 45] 87). E. *Dinkler,* Kreuzzeichen und Kreuz. Tav, Chi und Stauros (1962), in: Ders., Signum Crucis. Aufsätze zum Neuen Testament und zur christlichen Archäologie, 1967, 26–54, S. 42f; Die Taufterminologie in 2Kor 1,21 f (1962), in: aaO., 99–117, S. 109 ff. Ferner u. Anm. 149.

[65] *Theißen,* aaO. 285–287. Sklavenmetaphorik: z. B. Gal 4,31–5,1; Röm 8,15–21; Sohnschaft: z. B. Gal 4,3–5. Der Loskauf vollzieht, wie eben Gal 4,3–5 zeigt, *Theißens* Unterscheidung nicht mit; Erhöhung ist aus Phil 2,9 weit hergeholt.

den Opfertodes, wie er in der Dahingabeformel erfaßt wird[66]. Komplementär dazu wird drittens die Versöhnungssymbolik genannt, die ihren Kern in der Sterbensformel hat, in der Jesu Tod als freiwillige Lebens- und Liebeshingabe interpretiert wird. Daraus entstehen Heilsgüter wie Liebe, Friede, Versöhnung[67]. Aus dieser Aufstellung ergibt sich: Statt mit Symbolen hat es Theißen mit Symboliken als Elementen seiner Symbolik zu tun, genauer mit Teilsymboliken, die an sich bereits komplexe Gebilde sind. Weder sind sie im jetzigen Zustand deutlich voneinander unterschieden, noch ist die vollzogene Unterscheidung jederzeit begründet. Selbst wenn ein Symbol, wie zu erwarten, unscharfe Ränder hat, so ist dies nicht Einladung zu unscharfem Denken, weil damit die eigentümliche Kraft des Symbols verpufft. Als obersten Satz der soziomorphen Symbolik notiert Theißen: „Erlösung wird als Befreiung, Freispruch und Versöhnung dargestellt"[68]. Erlösung steht hier als abstrakter Gattungsbegriff; dagegen gilt: sie ist ihrerseits, wie Schleiermacher sagt, „nur bildlich", gehört also selbst in die Symbolik, und zwar, wie es klingt, in die des Lösegeldes; dort aber fehlt sie bei Theißen. Disziplin in der Symbolik stellt sich erst ein bei Geltung dieses elementaren Satzes: Es ist jedes Symbol, und erscheine es noch so geringfügig, in methodischer Sequestration unbarmherzig einzeln festzuhalten und mit dem Vollgewicht zu belasten, es müsse die ganze Heilsaussage leisten, um dann genau zu prüfen, ob und aus welchem Ungenügen die Nötigung entsteht, zu einem weiteren Symbol überhaupt fortzugehen[69].

---

[66] *Theißen*, aaO. 287–291. Zur Dahingabeformel s. u. Anm. 239.3. Hauptbelege außerdem: Gal 3,13f; 2Kor 5,21; Röm 8,3f.

[67] *Theißen*, aaO. 291–293. Hauptbelege: 2Kor 5,14–21; Röm 5,1–11; 8,31–39 (wobei im letztgenannten Text contra propositum die Dahingabe-, nicht die Sterbensformel regiert). Zur Sterbensformel s. u. Anm. 161.

[68] AaO. 285. Cf. auch „Soteriologie ist Rede von Erlösung" (282). Dahinter wirkt wohl *Ricœurs* Rede von einer „Symbolik der Erlösung" als Gattungstitel. Schleiermacher dagegen nennt „Erlösung" „nur bildlich" (CG^2 § 11.2). S. u. Anm. 179.

[69] *Theißen* erwägt in geistreicher Kombination die Gliederung der beiden Hauptsymboliken in ein „sechsgliedriges Feld soteriologischer Symbolik" (303). Ein Ordnungsinstrument scheint sich zu ergeben, indem von der „Logik" eines Symbols gesprochen wird. Das symbolische Feld konstituiert sich gemäß der „Logik" einer jeden Teilsymbolik, die in verschiedenen Präpositionen zum Ausdruck kommt (285. 287. 291. 293. 297. 301. 304). Teils aber ist die Präposition für zwei Symboliken dieselbe (ὑπέρ in der Rechtfertigungs- und Versöhnungssymbolik), teils finden sich noch soteriologische Präpositionen über die erwähnten hinaus (ἀντί, διά). Noch prekärer wird es in dem Moment, wo heilsamer und unheilsamer Gebrauch ein und desselben Symbols sich in zwei verschiedenen Präpositionen niederschlägt: so in der Befreiungssymbolik, wo das Sein unter den Mächten durch ὑπό, die Befreiung von ihnen mit ἀπό und ἐκ ausgedrückt wird. An dieser Stelle gingen dann zwei entgegengesetzte Logiken durch ein Symbol, was die Rede von der Logik des Symbols nicht erleichtert. Gerade ein soteriologisches Symbol sollte *eine* Logik haben, um die Kraft des Heils ja nicht zu brechen. Die ungeprüfte und vorschnelle Einführung einer „Logik" des Symbols verdirbt den entscheidenden Gesichtspunkt, daß angesichts des im Symbol andrängenden Unlogischen von Logik überhaupt sprechen zu können ja bereits Präsenz des Soteriologischen ist. Cf. u. Anm. 116.

Unser eigener Versuch wird sich daher einer möglichst geringen Zahl von Elementarsymbolen zuwenden, die so lange in methodischer Isolation gehalten werden, bis sie zum Fortgang nötigen. Die Art der Reihenfolge muß aus ihnen selbst hervorgehen. Fügen wir den Symbolen insoweit nichts hinzu, veranstalten wir auch nichts weiter mit ihnen, so müssen wir erwarten, daß das Heil aus ihnen selbst hervorspringt. Es wäre immer die übelste Figur einer soteriologischen Symbolik, das beim einen Symbol nachgebliebene Unheil mittels Beschwörung durch ein weiteres korrigieren zu wollen; was beim einen Symbol nicht gelernt wurde, lernen wir bei allen ferneren nicht mehr. Indem wir also auf das Elementare ebenso dringen wie auf sparsame Vielzahl, befassen wir uns nicht mit soteriologischen Symbolen überhaupt, sondern bloß mit denjenigen, die sich auf Jesu Kreuzestod beziehen. Anderseits können wir uns in diesem Umkreis auf das paulinische Schrifttum um so weniger beschränken, als dieses ja selbst vorpaulinische Symbolik in reichem Maß enthält, die neben und über Paulus hinaus fortwirkte. Ist von Symbolen ein hohes Maß transsubjektiven Daseins zu erwarten, so sind sie auch nicht auf den Bereich einer Individualität einzuschließen. Dabei bewegen wir uns, schon aus Gründen des zu vermeidenden Aufwands, in den Grenzen des Kanons, die nur im Fall des Tauschsymbols teilweise überschritten werden.

Scheint das Kreuz charakteristischstes Symbol von Jesu Tod zu sein, so wollen wir mit ihm die Symbolik beginnen. Dem kommt entgegen, daß das Kreuz, nämlich als Wort vom Kreuz, eine deutlich lozierbare Schicht paulinischer Rezension der vorpaulinischen Überlieferung vom Tod Jesu darstellt, zudem eine der ältesten literarisch faßbaren Schichten des Neuen Testaments. Also können wir wohl beim Kreuz beginnen. Aber was heißt: mit dem Kreuz beginnen? Mit dem Kreuz beginnt kein Mensch und also wir auch nicht. Höchstens können wir beginnen mit dem Wort vom Kreuz, oder – noch vorsichtiger – mit dem Wort „Kreuz". Damit zu beginnen steht frei, einfach weil dies Wort parat liegt. Vom Wort „Kreuz" über das Wort vom Kreuz zum Kreuz ist es ein langer, umständlicher Weg – und zurück sollten wir erst auch noch kommen gemäß der Architektonik dieser Symbolik, vom Kreuz zurück zum Wort vom Kreuz; aber auch dies ist ein langer, umständlicher Weg. Denn das Kreuz ist bekanntlich Kreuz und nicht Wort. Und dies in einem Ausmaß, daß man sagen muß: um so mehr ist das Kreuz Kreuz, je weniger es Wort ist, und umgekehrt: kein Wort kann in dem Maß Kreuz sein, wie das Kreuz Kreuz ist. Von einem Zyklus innersymbolischer Rasanz sprachen wir. Hier ist sein äußer-

---

Theißen nimmt sich vor, „die ganze paulinische Soteriologie zu behandeln" (284 Anm. 4). Es ist daher erstaunlich, daß das Kreuz fehlt. Nicht, daß es nicht erwähnt würde, aber es findet keinen symbolischen Rang. Es ist nämlich weder physiomorph noch soziomorph (letzteres noch eher); das Kreuz ist vor allem factum brutum, es ist reines Ding. Mit dieser Dinghaftigkeit steigert sich seine Qualität als Symbol. Es scheint, als ob das Kreuz hätte Modell sein können, um zu zeigen, was Symbol in elementarem Sinn ist, noch bevor die Arbeit an den halbrationalisierten Teilsymboliken beginnt.

ster Umriß. Wenn die Symbolik des Todes Jesu gelingt, wenn sie etwas Ganzes, Vollendetes und insoweit Heilsames wird, dann sollten wir vom Wort vom Kreuz zum Kreuz gelangen, und vom Kreuz wiederum zurück zum Wort. Das wäre dann das Ganze. Deshalb teilt sich die Symbolik in die genannten Bewegungen A und B. Die Bewegung A in zunehmender Materialisierung, Protologisierung, Archaisierung von der Sprache zum Ding, präziser für eine Symbolik des Todes Jesu: vom Wort vom Kreuz zum Kreuz. Die Bewegung B – falls sie überhaupt zustande kommt, denn ihr Zustandekommen ist Heil – in zunehmender Spiritualisierung, Eschatologisierung, Sublimierung vom Ding zur Sprache, oder präziser: vom Kreuz zum Wort vom Kreuz. Dieser Teil B handelt vom Ursprung der Sprache in fernsten sprachlosen Zonen menschlichen Lebens. Den Weg A beginnen wir beim Wort vom Kreuz, einer Formel, welche die Illusion nährt, als befinde man sich damit schon beim Kreuz. Mit dieser Illusion beginnen auch wir. Es wird sich zeigen: Mit dem Wort vom Kreuz haben wir längst nicht alles. Wir müssen hinter die rezente paulinische Schicht zurück. Auf diesem Weg begegnet zuerst noch einmal Wort, Wort von der Versöhnung, dann aber kein Wort mehr, sondern, geleitet vom innersymbolischen Faden, stoßen wir in der tiefsten Schicht von Versöhnung auf den Tausch, vom Tausch aufs Geld, vom Geld zum Opfer[70]. Das Opfer bildet, wie sich zeigen wird, die Peripetie der Symbolik. Denn Opfer ist fernste sprachlose Zone menschlichen Lebens, gegen die der Ursprung der Sprache sich bewähren muß. Dieser ist Opfer als Gebet.

---

[70] Ist das Projekt einer solchen Symbolik vollständig? Die Probe darauf läßt sich machen durch einen Vergleich mit G. *Friedrich*s Katalog aaO. (s. o. Anm. 45) 7. Die „Befreiung von der Schulddurkunde" (92 ff zu Kol 2,14) bleibt unberücksichtigt wegen mangelnder Reduzierbarkeit aufs Elementare (s. o. Anm. 45), der „Vergleich mit dem Sterben in den Mysterien" (87 ff) aus den bei Anm. 63 f genannten Gründen. Stellen wir jetzt *Friedrich*s Katalog auf den Kopf, so ergibt sich bis auf den Tausch der Aufriß der Symbolik A: „Das Kreuz" (119 ff), „Die Versöhnung" (95 ff), „Der Loskauf" (82 ff), „Der Opfertod Jesu" (77 ff – ein Abschnitt, der seinerseits fünf vorangegangene opfertheologische Detailthemen zusammenfaßt).

Der biblische Stoff ist in folgenden Anmerkungen gesammelt: Kreuz (s. u. Anm. 71); καταλλαγή (Anm. 153); Sterbensformel (Anm. 161); ἱλασμός (Anm. 163); Tausch, Dahingabeformel (Anm. 239); Blut als Sühnemittel (Anm. 309); Lösegeld/Loskauf (Anm. 310); Opfer (Anm. 416); Gebet (Anm. 500–502); Einmaligkeit des Opfers Jesu (Anm. 548); Selbstopfer Jesu (Anm. 550).

Symbolik A

Von der Sprache zum Ding

§ 2 Das Wort vom Kreuz

Der Beginn der Symbolik des Todes Jesu mit der paulinischen Formel „Wort vom Kreuz" enthält die übliche Vexation eines Anfangs: alles zu haben und doch fast nichts. Denn durch diesen Anfang hindurch scheint bereits das Ziel. Das Kreuz als Wort vom Kreuz zu haben: das ist allerdings das Ziel. Daher hat, wer das Wort vom Kreuz hat, schlechthin alles. Aber als Wort, nicht bloß als Formel: das ist das Ziel. Auch nicht bloß als Wort, sondern als Wort vom Kreuz. Wie aber das Kreuz als Wort zu haben sein soll, da es doch Kreuz ist und nicht Wort: das ist die Frage dieser Symbolik. Für den Anfang erscheint das „Wort vom Kreuz" noch in seiner leeren Formelhaftigkeit und blassen Unerfahrenheit. Wer diese Formel hat, hat in der Tat nahezu nichts. Er hat nur das Wort „Kreuz".

1. Das Kreuz

Die in einer Symbolik anzustrengende Suche nach einem Elementarsymbol scheint beim Kreuz am leichtesten durchführbar zu sein. Noch bevor Interpretamente wie Erlösung oder Versöhnung hinzutreten, scheint im Kreuz das christliche Heilswerk ganz elementar und real zu sein. Doch man muß darauf achten: Im jetzigen Stand ist das Kreuz präsent ausschließlich im Medium des Wortes „Kreuz". Das Wort „Kreuz" ist zunächst ein Wort wie alle anderen, zeigt keinerlei besondere Auffälligkeit. Indem wir aber unsere Aufmerksamkeit darauf wenden, nehmen wir wahr, wie das Wort „Kreuz" alsbald einen Terror zu entfalten beginnt, bis es schließlich unter dem Andrängen des realen Kreuzes aus der Sprache nahezu herausfällt. Dies sei in zwei Schritten absolviert, von denen der erste sich auf das Wort „Kreuz" im Neuen Testament bezieht, der zweite aber versucht, die Sache des Kreuzigens ins Auge zu fassen.

a) „Kreuz" im Neuen Testament

Selbstverständlich hat die Symbolik überall eine schlichte wortstatistische Grundlage. Es geht nicht um Konstruktion eines neuen, sondern um Rekonstruktion des gegebenen Sprachgebrauchs. Gegenüber einem freien Gebrauch des Stichwortes Kreuzestheologie etwa in systematischer Absicht gilt hier der Maßstab, nur dann von Kreuzestheologie zu sprechen, wenn das Kreuz wenigstens genannt ist[71]. Der Überblick zeigt durchaus keine Omnipräsenz von Kreuz

[71] „Kreuz" (σταυρός κτλ.) im Neuen Testament (nach: H.-W. *Kuhn,* Jesus als Gekreuzigter in der frühchristlichen Verkündigung bis zur Mitte des 2. Jahrhunderts, ZThK 72, 1975, 1–46; teilweise ergänzt):

1. *Verba ipsissima* (?): Wort vom Kreuztragen und Nachfolge. Q: Mt 10,38//Lk 14,27; Mk: Mk 8,34//Mt 16,24//Lk 9,23; Mk 10,21 v. l. (überall σταυρός). Außerdem: ThomEv log. 55. Hierbei handelt es sich um die einzige potentiell vorpaulinische und vorsynoptische kreuzestheologische Aussage außerhalb der Passions- und Ostererzählungen. Cf. E. *Dinkler,* Jesu Wort vom Kreuztragen (1954), aaO. (s. o. Anm. 64) 77–98; H.-W. *Kuhn,* aaO. 41 ff.

2. *Synoptiker:* Weder in der ältesten Passionserzählung nach Ps 22 (auch nicht aus Anlaß von Ps 22,17) noch in der vormarkinischen Passionsgeschichte noch durch Einwirkung von Dt 21,22f noch in der Endredaktion der drei Evangelien spielt der Tod Jesu in seiner besonderen Gestalt als Tod am Kreuz in kreuzestheologischer Hinsicht eine Rolle. Es handelt sich um Passions-, nicht um Kreuzestheologie (*Kuhn,* aaO. 22f: „Für das Markusevangelium ist statt von einer theologia crucis sachgemäßer von einer ‚Passionstheologie' zu sprechen. ... Kreuzestheologie hebt sich ... bei Markus ... nicht als eigenständiger Sachzusammenhang von seiner Passionstheologie ab." Dagegen ist für U. *Luz,* Theologia crucis als Mitte der Theologie im Neuen Testament, EvTh 34, 1974, 116–141, S. 117 das Markusevangelium der einzige pointierte Zeuge für Kreuzestheologie außer Paulus.) In diesem Sinn: σταυρός Mt 27,32.40.42; Mk 15,21.30.32; Lk 23,26; σταυροῦν Mt 20,19; 23,34; 26,2; 27,22f.26.31.35.38; Mk 15,13ff.20.24f.27; Lk 23,21.23.33; 24,7.20; συσταυροῦν Mt 27,44; Mk 15,32. Ausnahme: Mk 16,6//Mt 28,5 ἐσταυρωμένος: hier klingt paulinische Kreuzestheologie an (Gal 3,1; 1Kor 1,23; 2,2).

3. *Acta:* Sog. Kontrastschema; unsoteriologischer Gebrauch von „Kreuz". In Petrusreden: 2,23 (προσπήγνυμι); 2,36; 4,10 (beidesmal σταυροῦν; 5,30; (beidesmal κρεμάζειν bzw. κρεμαννύναι ἐπὶ ξύλου; Anklang an Dt 21,22?). In einer Paulusrede: 13,29 (καταιρεῖν ἀπὸ τοῦ ξύλου; Anklang an Dt 21,22?).

4. *Paulus:* Während das Kreuz in 1Thess und Phlm fehlt, kommt es in den anderen Paulusschriften in unterschiedlicher Häufigkeit vor. Nach *Kuhn,* aaO. 29, sind drei Zusammenhänge zu unterscheiden:
   a) Christi Kreuz und die neue Existenz der Glaubenden: Gal 2,19; Röm 6,6 (συσταυροῦν); Gal 5,24 (σταυροῦν); Gal 6,14 (σταυρός; σταυροῦν) – hier keine unverwechselbar kreuzestheologische Rede, da mit „töten", „mitgetötetwerden" austauschbar –;
   b) Kreuz und Weisheit: 1Kor 1,13 (Pls!); 1Kor 1,17.18.23; 2,2.8; 2Kor 13,4; Phil 2,8; 3,18;
   c) Kreuz und Gesetz: Gal 3,1.13 (ξύλον Dt 21,23); 5,11; 6,12.

5. *Deuteropaulinen:* Kol 1,20; 2,14; Eph 2,16 (jeweils σταυρός).

6. *Johannes:* Keine Erwähnung in den joh. Briefen. In der Passionsgeschichte: σταυρός 19,17.19.25.31; σταυροῦν 19,6.10.15.16.18.20.41; συσταυροῦν 19,32. Kreuzestheologisch relevant sind die Ausdrücke ὑψωθῆναι 3,14; 8,28; 12,32.34; δοξασθῆναι 7,39; 11,4; 12,16.23; 13,31(2x).32; 14,13; 15,8; 17,10. Reflexion auf die spezielle Todesart am Kreuz (ποίῳ θανάτῳ): 12,33; 18,32; von Petrus: 21,19.

7. *Hebräer:* 6,6 (ἀνασταυροῦν); 12,2 (σταυρός).

8. *Kath. Briefe:* 1Petr 2,14 (ξύλον).

9. *Apokalypse:* 11,8 (σταυροῦν).

10. *Pastoralbriefe:* keine Erwähnung.

im Neuen Testament. Nicht nur fehlt die Rede vom Kreuz teils ganz (Past), teils nahezu (kath. Briefe, Apk) am Rand des Kanons, sondern selbst von Paulus gibt es Briefe ohne (1Thess, Phlm) oder mit nur marginaler Erwähnung des Kreuzes (Röm). Wiederum ist intensive Beschäftigung mit dem Tod Jesu nicht auch schon Intensität der Rede vom Kreuz (Hebr). Und schließlich ist selbst das pure Erscheinen des Wortes „Kreuz" noch nicht Anzeichen für ausgeführte Kreuzestheologie. Dieser Befund führt zu zwei in ihrer Bedeutung schwer zu überschätzenden Unterscheidungen. Die erste betrifft einen aus der neutestamentlichen Rede vom Kreuz auszusondernden speziellen kreuzestheologischen Gebrauch. Hier gilt die Definition: „Von ‚Kreuzestheologie' im strengen Sinn ist dann zu sprechen, wenn Jesus als Gekreuzigter und sein Kreuz nicht nur genannt werden, sondern die Darstellung immer wieder theologisch bestimmen." Dieser Unterscheidung zwischen kreuzestheologisch relevanter und kreuzestheologisch nicht relevanter Rede vom Kreuz geht die noch fundamentalere andere voraus: „Nicht überall dort, wo vom Kreuz Jesu gesprochen wird, ist unbedingt auch die tatsächliche Weise des Vollzugs seiner Hinrichtung reflektiert, jedoch so gut wie sicher *nicht* reflektiert über Jesus als Gekreuzigten ist dort, wo nur allgemein Jesu Tod genannt wird"[72]. Diese beiden Unterscheidungen gilt es zu entfalten.

Was die erste anlangt, daß nicht jede Erwähnung des Kreuzes auch bereits kreuzestheologisch erheblich ist, so läßt sie sich in zwei entgegengesetzten Richtungen auffassen. Teils so, daß die Reihe bis zu einer immer spezielleren Kreuzestheologie fortgeschritten wird. Diese könnte so aussehen: theologischer, aber gänzlich unsoteriologischer Gebrauch (Apg); soteriologischer, aber von einer theologia gloriae noch nicht zu unterscheidender Gebrauch (Joh); schließlich spezifischer Gebrauch im Sinne von theologia crucis (Pls, Deuteropaulinen). Definitionen sind eine Frage der Zweckmäßigkeit; ohne Zweifel ist es zweckmäßig, eine Definition bis zum Elementarsten und Identischen zu steigern. Kreuzestheologie läge dann ausschließlich bei Paulus vor. Von den drei dort thematischen Bereichen fällt aber der erste aus; die neue Existenz des Christen als Mitgekreuzigtsein ist durch die Rede vom Mitgetötetsein austauschbar[73], also nicht kreuzestheologisch in unverwechselbarem Sinn. Sodaß als Kern der Kreuzestheologie die Themen Kreuz und Weisheit (1Kor), Kreuz und Gesetz (Gal) übrigbleiben, die in die Symbolik des Todes Jesu (§ 2.2a: 1Kor; b: Gal) aufge-

---

[72] H.-W. *Kuhn,* aaO. 26.

[73] Nur im Themenbereich ‚Christi Kreuz und die neue Existenz der Glaubenden', „der religionsgeschichtlich an sich von der ‚Tötung' des alten Menschen handelt und in dem Paulus im Galaterbrief statt dessen speziell von ‚kreuzigen' spricht, sind beide Ausdrucksweisen austauschbar". Nur hier „spricht Paulus unmittelbar nebeneinander sowohl speziell vom Kreuz als auch allgemein vom Tod Jesu". Für die beiden anderen Themenbereiche gilt dagegen: „Wo Paulus auf die Kreuzigung abhebt, spricht er im gleichen Zusammenhang nicht auch noch in anderer Weise vom Tod Jesu" (*Kuhn,* aaO. 39). Hier handelt es sich um „Kreuzestheologie in strengem Sinn".

nommen werden. Teils aber so, daß die Reihe zurückgeschritten wird zu einer gemessen an Kreuzestheologie immer unspezifischeren Rede vom Kreuz. Und zwar bis dahin, wo theologische Reflexion gänzlich zurücktritt hinter der bloßen Nennung des Kreuzes (Synoptiker). Bilden also bloße Nennung und spezifisch kreuzestheologische Reflexion die Pole des neutestamentlichen Sprachgebrauchs, dann ist zu sagen: Theologische Reflexion muß hier so viel sein wie Fähigkeit zu Distanzgewinn, theologisch damit umgehen, etwas aus dem Kreuz machen können; dagegen Nennung des Kreuzes signalisiert dessen ungebremste dumpfe Präsenz; das bloß genannte Kreuz bleibt stumpfes Ding. Nennung evoziert Gegenwart.

Was die zweite Unterscheidung anlangt, so zeigt sich: Die Rede vom Kreuz ist nur Teil der von einer Symbolik des Todes Jesu ins Auge zu fassenden neutestamentlichen Überlieferung; hinter und neben ihr findet sich die Rede vom Tod Jesu. Die Rede vom Kreuz ist zum ersten Mal bei Paulus in die Tradition vom Tod Jesu eingetreten. Dieser historische Fixpunkt ist Ausgangspunkt der Symbolik des Todes Jesu[74]. Daran fällt auf: Der in der Überlieferung einigermaßen lozierbare Ausgangspunkt, des Paulus Beginn mit der Rede vom Kreuz, lozierbar auch als eine der frühesten literarischen Schichten des Neuen Testaments, ist in anderer Hinsicht geradezu Endpunkt, da das Interpretament des Kreuzes bereits andere, vorpaulinische Interpretamente im Rücken hat. Dies versetzt in die denkwürdige Situation, daß der zuverlässigste Ausgangspunkt unserer Symbolik, die spezifisch paulinische Kreuzestheologie (aus 1Kor/Gal), indem er Endpunkt ist, die Symbolik zu ständigem Rückwärtsgehen antreibt, um endlich auf das Kreuz selbst zu treffen, das Anfang und Ursprung der gesamten Interpretationsbewegung war. Nun haben wir „Kreuz" in verschiedenem Sinn gebraucht. Das erste Mal als Interpretament: bei Paulus wird die vorpaulinische Tradition vom Tod Jesu durch das Interpretament des Kreuzes in Richtung Heilsbedeutung intensiviert[75]. Das andere Mal ist Kreuz das Kreuz selber, allenfalls Interpretandum, nicht Interpretament. Das Kreuz, bei dem die Symbolik ihren Ausgang nimmt, ist als Teil der paulinischen Schicht das des Wortes vom

---

[74] Im Anschluß an H. *Weder,* Das Kreuz Jesu bei Paulus. Ein Versuch, über den Geschichtsbezug des christlichen Glaubens nachzudenken, FRLANT 125, 1981, S. 42f: „Zum Ausgangspunkt nehmen wir den exegetischen Sachverhalt, wonach die Rede vom Kreuzestod Jesu zum erstenmal bei Paulus in pointierter Weise an die Stelle derjenigen vom Tod Jesu (oder seinem Blut) gesetzt wird. In dieser Hinsicht unterscheidet sich Paulus deutlich von der vorpaulinischen Gemeindetradition. ... Die Eindeutigkeit des exegetischen Sachverhaltes, wie er sich in den paulinischen Briefen darstellt, verbietet ... die Annahme, es handle sich bei der Einführung des Kreuzes um eine mehr oder weniger zufällige Variation des Redens vom Tode Jesu."

[75] H. *Weder,* aaO. 43, vermutet, „daß die Betonung der Faktizität des Todes Jesu keinen zureichenden Grund für den paulinischen Rückgriff auf das Kreuz darstellen kann." Vielmehr gilt, „daß das Kreuz als paulinische Korrektur nur im Rahmen des Glaubens an Christus zur Sprache kommt. Die Rede vom Kreuzestod Jesu ersetzt die vorpaulinischen traditionellen Formeln nicht, *sondern interpretiert sie!"*

Kreuz, in jedem Fall Interpretament des Kreuzes, nicht Kreuz selber. Historisch gesehen: In dieser Spanne eines Vierteljahrhunderts zwischen Kreuz als Interpretandum und Kreuz als Interpretament bewegt sich größtenteils die Symbolik, und durch die Tatsache, daß das Kreuzesinterpretament nur wiederum andere vorpaulinische Interpretamente in erstaunlicher Geschwindigkeit ablöst, erhält die Symbolik schon äußerlich innersymbolische Rasanz und Dynamik. Der Umriß der Symbolik des Todes Jesu läßt sich jetzt so präzisieren: Vom Ausgang beim paulinischen Kreuzesinterpretament als demjenigen Symbol, das im ganzen Symbolgeschiebe am sichersten lozierbar ist, müssen wir zurück zum Interpretandum desselben Namens, zum wirklichen Kreuz, aber nicht unvermittelt, sondern durch die vermittelnden vorpaulinischen Überlieferungen zum Tod Jesu hindurch (Symbolik A); nur ist es mit einem Zurück allein nicht getan; schwieriger dürfte es sein, vom Ausgang an sich, dem wirklichen Kreuz, wieder vorwärts zum Wort „Kreuz" und zum Wort vom Kreuz zu gelangen als demjenigen Interpretament, das Ausgang für uns war (Symbolik B). Daß dies auch faktisch so geschah, mag den Mut stärken.

Symbolik als Disziplin wird in dem Moment erforderlich, da ein Wort steigt und sinkt. Was das Kreuz anlangt, so macht sich dies an irgendeiner zufälligen Stelle seiner Bewegung bemerklich durch die Beobachtung, daß nicht einmal Kreuz mehr Kreuz ist: Symbolisierung ist eingetreten, Verflüchtigung, Doketisierung, wie sofort assoziiert wird. Daß nicht einmal mehr Kreuz Kreuz ist, das ist einerseits semantischer Skandal, andererseits aber Präsenz allen Heils. Der semantische Skandal steht im Hintergrund solcher klassischer Diastasen wie historisches Kreuz einerseits, verkündigtes andererseits, oder Kreuz als factum brutum einerseits, Heilstatsache andererseits. Diese Diastasen lassen sich reduzieren auf die grundlegende Unterscheidung zwischen Kreuz in wörtlichem und Kreuz in metaphorischem Verstand. Was ist zu tragen für den, der gemäß dem Herrenwort das Kreuz auf sich nimmt? Reales Kreuz und Kreuzesbalken? Oder metaphorisches? Wobei letzteres die ganze Bandbreite von jeglicher zu tragender Last bis zum bloßen Versiegeltsein mit dem Kreuzeszeichen aufweist[76]. Oder was bedeutet Mitgekreuzigtsein? Mitgekreuzigt sind die Glaubenden kraft Taufe, mitgekreuzigt sind aber auch die Schächer, und sie real. Spürbar drückt das Wort „Kreuz" das eine Mal nach unten, das andere Mal läßt es erleichternde Sublimierung erkennen, die Kreuzigung geradezu ausschließt. Daß so etwas wie Kreuzestheologie überhaupt entstehen kann, wird ohne Zweifel erst durch Kreuz in metaphorischem Verstand ermöglicht, während Kreuz in wörtlichem Verstand, aus dem nichts weiter zu machen ist, mit dem sich auch nicht reflektierend oder theologisch umgehen läßt, immer dazu tendiert, bloß noch genannt werden zu können: O crux! Treffen wir in der ersten Unterscheidung auf den Hiat zwischen Kreuz und „Kreuz", zwischen Kreuz in wörtlichem und meta-

---

[76] Kreuztragen als Kreuzzeichentragen: E. *Dinkler,* Jesu Wort vom Kreuztragen (1954), in: Ders., Signum Crucis (s. o. Anm. 71.1) 77–98. Außerdem H.-W. *Kuhn,* aaO. 41–43.

phorischem Sinn, so tut sich dahinter die noch grundlegendere, erst recht
gähnende zweite Unterscheidung auf, nämlich der Hiat zwischen Kreuz als
Kreuzesrealität und einer jeglichen Weise des Redens vom Kreuz, es mag so
metaphorisch oder wörtlich sein, wie es will. Hinter dem nennbaren Kreuz
meldet sich unnennbare Kreuzesrealität. Der erste Hiat ist eine Differenz innerhalb der Sprache[77], der zweite hingegen eine solche zwischen Sprache und
Ereignis oder dem Ding, das an sich nicht Sprache ist. Ist somit bereits die
wörtliche Nennung ein milderer Fall von Kreuz, so drängt alles aus der Sprache
hinaus zur Kreuzigung selbst.

b) Kreuzigung

Macht das bloße Sein des Kreuzes in der Sprache aus Kreuz etwas anderes als
Kreuz, nämlich etwa das Nomen „Kreuz" oder das „Wort vom Kreuz", so ist
jetzt umgekehrt die Kraft zu ermessen, mit der das Kreuz durchaus es selbst sein
will und daher mit Macht aus der Sprache hinausdrängt. Das ist Fortgang vom
„Kreuz" zu Kreuz und Kreuzigung. Zwar treten wir auch jetzt nicht (und mit
Bücherschreiben gleich gar nicht) aus dem Medium der Sprache heraus, aber uns
obliegt zu beobachten, was geschieht, wenn wir über dem Drängen der Kreu-
zeskraft aus der Mitte der Sprache an ihren Rand getrieben werden. Die einfachste Beobachtung hierzu ist diese: Man kann falsch vom Kreuz reden, dann ist es
sicher falsch; man kann aber auch richtig von ihm reden, dann ist es sicher
richtig; redet man aber schließlich sehr richtig von ihm, dann ist die Entleerung
des Kreuzes perfekt. Die Rede vom Kreuz ist nicht aus der Apophantik als
ruhiger Mitte der Sprache zu leisten, sondern, um dem mit aller Macht es selbst
sein wollenden Kreuz nachzusetzen, muß die Sprache an den Rand gehen und
also exzentrisch werden. In diesem Abschnitt geht es jedoch ausschließlich
darum, das Versagen der apophantischen Sprache angesichts des Kreuzes evident werden zu lassen.

---

[77] Diesen „Hiatus" hat H.-W. *Kuhn* im Blick, wenn er feststellt, „daß das Kreuz ...
leicht einen Symbolcharakter anzunehmen vermochte, der sich von der geschichtlichen
Wirklichkeit lösen konnte" (aaO. 27). Theologische Sprachbildung als Ablösung beobachtet *Kuhn* gerade auch bei Paulus. „Schon bei Paulus hat sich das Nomen ‚Kreuz' von
der bloßen Bezeichnung des Hinrichtungsmittels Jesu sprachlich gelöst und ist zu einer
theologischen Chiffre geworden. ... Ob das Nomen ‚Kreuz' als Chiffre verwendet wird,
läßt sich durch den einfachen sprachlichen Test einer Paraphrase feststellen: Das ‚Wort
vom Kreuz' 1Kor 1,18 läßt sich eben nicht paraphrasieren: ‚das Wort von dem antiken
Hinrichtungsmittel Kreuz', sondern ‚Kreuz' steht hier für einen theologischen Sachverhalt ... Die sprachlichen Beobachtungen ... zeigen – und das sollte man sich bewußt
machen –, daß vom historischen Kreuz kein direkter Weg zur theologischen Rede vom
‚Kreuz' führte" (aaO. 29). Dieser Hiat wird durch den fundamentaleren radikalisiert, daß
nicht nur zur theologischen Rede kein direkter Weg führt, sondern nicht einmal zur Rede
(Nennung). Allerdings: gibt es überhaupt keinen Weg, dann auch keine Theologie, oder –
gemäß dem radikaleren Hiat – auch keine Sprache.

Kreuzigung ist für uns, Angehörige eines z. Zt. nicht kreuzigenden Volkes, eine antike Hinrichtungsart. Aber im Blick auf die Geschichte des Menschengeschlechts darf die Antike als etwas Jüngstvergangenes bezeichnet werden. Das läßt leichter begreifen, daß die Antike sich selbst als neu gegenüber einem dunklen, längstvergangenen Leben verstehen konnte. Die Antike ist nicht nur unser Gedächtnis, sondern hatte selbst eines, und in diesem Gedächtnis des Gedächtnisses findet sich der Ort von Kreuz und Kreuzigung. Nicht, daß Griechen oder Römer damit begonnen hätten; auch die Nachricht der Griechen, die Perser seien es gewesen, ist historisch naiv. Jedes Volk war sich im Kreuzigen eines von außen und früher bestimmten und also barbarischen Tuns bewußt. Im Kreuzigen tat ein Volk archaischer als es war: anachronistische Eruption eines längst Vergangenen mitten in der jeweiligen Gegenwart[78]. Anders steht es mit der Kunde vom Ende des Kreuzigens, das in die Zeit Konstantins fällt[79]; es schafft Platz für Kreuzesverehrung und Rezeption des Kreuzes in der Kunst. Somit zeigt sich: Das Ende des Kreuzigens ist klar datierbar, aber der Anfang schiebt sich immer weiter ins Dunkle zurück.

Offenbar ist Kreuzigung etwas, was Bewußtsein flieht, auch das Bewußtsein der Urheberschaft. Dies kommt daher, daß das Böse des Kreuzigens seinem Gesetz nach dahin tendiert, immer noch böser als böse zu sein, d. h. daß in der Kreuzigung das Böse sich ungehemmt darbietet. Das Bewußtsein bedarf der Kontur seines Gegenstandes. Töten ist bereits böse und gestaltlos; aber Töten als Kreuzigen ist potenzierte Gestaltlosigkeit, der die Sprache mit immer leereren Superlativen vergeblich nachsetzt. Kreuzesstrafe ist extremum summumque supplicium, ἀνωτάτω τιμωρία[80]. Sie war Gelegenheit, den Tod eines Menschen geradezu ganz in Menschenwerk zu überführen. Sie bot nicht nur Handhabe zu Verzögerung oder Beschleunigung des Todes, sondern war meist nur letzte Station eines Leidensweges, auf dem zunehmende Grausamkeiten wie Folterung, Schändung, Marterung Platz hatten. Platon hat in der Schilderung des leidenden Gerechten ein fünfgliedriges Grundmodell von Passionsgeschichte gegeben, das aus einem einzigen Katalog sich steigernder Greueltaten besteht[81]. Passionsgeschichte tendiert ihrem Formgesetz nach nicht nur dazu, alle Übel

---

[78] J. *Schneider*, Art. σταυρός, ThWNT VII, 572–584, nimmt die Mitteilung Herodots (Hist. I, 128; III, 132.159) als historischen Sachverhalt: „Es scheint, daß die Perser diese Hinrichtungsart erfunden oder erstmals wenigstens angewendet haben" (573). Dagegen zurecht H.-W. *Kuhn*, Die Kreuzesstrafe während der frühen Kaiserzeit. Ihre Wirklichkeit und Wertung in der Umwelt des Urchristentums, ANRW II, 25.1, 1982, 648–793: „Über Alter und Herkunft der Kreuzesstrafe lassen sich keine genauen Angaben machen" (682).

[79] H.-W. *Kuhn*, aaO. (s. o. Anm. 78) 685: Das Kreuzigen wurde „wegen des Kreuzes Christi abgeschafft; das wird nach den ältesten Zeugnissen Konstantin zugeschrieben...", was aber erst nach 320 erfolgt sein kann." (cf. 652).

[80] M. *Hengel*, Crucifixion in the ancient world and the folly of the message of the cross, London 1977, S. 33–38.

[81] Platon, Gorg. 473bc (über den leidenden Ungerechten); Rep. 361e (über den leidenden Gerechten). S. u. Anm. 430.

(πάντα κακά) zu erleiden zu geben, sondern auch dazu, kein einziges in der Anonymität zufälligen Ursprungs zu belassen, vielmehr sie insgesamt auf menschliche Tat zurückzuführen. Das bloße Übel wird somit Böses. Passionsgeschichte, gipfelnd in Kreuzigung, ist daher menschengefertigtes Böses mit geradezu keinem Anteil an bloßem Übel. Daher wundert nicht, wenn das Kreuz zu Realitätsverweigerung Anlaß gibt. Der von der Geschichtszeit unabhängige Kern der Kreuzigung ist die gänzliche Proportionslosigkeit zwischen menschlichem Bewußtsein und menschengefertigtem potenzierten Bösen.

Daß das Kreuz von Sprache und Bewußtsein fortstrebt, ergibt sich beim einfachen Versuch, so reell wie möglich von ihm zu sprechen. Gelingende Realienkunde ist sicherste Vermeidung von Symbolik. Gerade dem realen Kreuz gegenüber gilt es, die Besprechungssprache, Realien angemessen, so glasklar, kalt und unbeteiligt wie nur möglich zu machen. Dann wird Kreuzigung etwa in ihrer „genormten" Form[82] betrachtet: gänzliche Perversion des Enormen! Dann ist ein Kompendium aller antiken Äußerungen zu sammeln, Rechtssetzungen, Variationen, Details: es fragt sich, welche Art von Interesse sich allenfalls darauf heftet oder wiederum durch solches Sich-Heften gebannt werden soll. Dann hat der Neutestamentler zum „Versuchskreuz" ins anatomische Institut zu gehen[83]: sogleich beginnt dies Reale durch seine korrekte Beschreibung hindurch und quer zu ihr mit um so peinigenderer Obszönität zu sprechen. In denkwürdiger Mißproportion steigert sich mit der Zunahme des korrekt Gesagten zugleich das Ungesagte des Kreuzes. Je realer die Rede vom Kreuz wird, desto mehr zieht dieses sich ins Ungesagte zurück und ist gerade da höchst wirksam. Sicher ist das Kreuz kein literarisch mögliches Thema[84], aber selbst bei Absenkung des Standards bis zur Sprache von Anatomen und Neutestamentlern stellt sich heraus: das Kreuz ist der Sprache fremd, und die Sprache dem Kreuz. Je realitätskundiger wir vom Kreuz sprechen, desto mehr tritt es hervor mit seiner stumm redenden widerlichen Macht. Symbolik wird in dem Moment unvermeidlich, da beim Versuch ausschließlicher Realienkunde sich dieses Reale plötzlich in einer von ihr unerfaßten Gestaltlosigkeit erhebt[85]. Aber das Kreuz flieht nicht nur

---

[82] M. *Hengel,* Mors turpissima crucis. Die Kreuzigung in der antiken Welt und die ‚Torheit' des ‚Wortes vom Kreuz', in: Rechtfertigung [FS E. *Käsemann*], 1976, 125–184, S. 139. 142.

[83] H.-W. *Kuhn,* Der Gekreuzigte von Givʿat ha-Mivtar. Bilanz einer Entdeckung, in: Theologia crucis – signum crucis [FS E. *Dinkler*], 1979, 303–334, schildert den erleuchtenden Moment mit den Worten: „Die [...] Rekonstruktion im Detail ergab sich..., als Herr und Frau Tambour ... die seitliche Kreuzigung vorschlugen und daraufhin Herr Kollege Kriz zusammen mit mir den Versuch an einem Skelett machte" (333). Cf. *Kuhn,* aaO. (s. o. Anm. 78) 711–717.

[84] M. *Hengel,* Crucifixion (s. o. Anm. 80) S. 38.

[85] Z. B. ein Panzer ist in hohem Maß Gegenstand von Realienkunde; H. R. *Luginbühl,* Leiter des Sozialmedizinischen Dienstes auf dem Waffenplatz Thun, schildert, wie dies Reale plötzlich aus sich heraustritt und beginnt, Terror zu veranstalten, der ihm als Gegenstand von Realienkunde nicht zusteht. In diesem Moment ist der Panzer zum

den Sprachzusammenhang; es flieht – um dem Ganzen die Spitze aufzusetzen – bereits das bloße Wort, die bloße Nennung, gemäß dem Diktum Ciceros: nomen ipsum crucis absit[86]. Nur die Sprache spricht; aber das Ding dingt.

2. Das Wort vom Kreuz

Bis zu diesem Ausspeien des nomen crucis aus der Sprache mußten wir gelangen, um jetzt vor das verbum crucis mit dem gehörigen Staunen zu treten. Scheut die Sprache schon, dem Kreuz in der bloßen Nennung den Namen zu geben, um wieviel mehr muß sie sich scheuen, ihm mehr als den Namen zu geben: „Wort vom Kreuz". Hier ist zu erinnern: Wenn wir mit dem Übergang vom Wort zum Kreuz und vor allem vom Kreuz wiederum zum Wort fertig sind, dann ist das Pensum der Symbolik absolviert. Daher müssen wir uns klarmachen, daß wir bisher nicht vom Kreuz zum Wort vom Kreuz weitergehen, sondern lediglich vom „Kreuz" zum Wort vom „Kreuz". Der Unterschied ist klar: Im Wort vom Wort „Kreuz" stößt das Wort wiederum auf Wort; im Wort vom Kreuz dagegen stößt das Wort auf etwas, was nicht seinesgleichen ist, dies ist erst recht ein Stoßen, und zwar kein schlechtes. Ist das Wort vom Wort „Kreuz" jederzeit Sekundärtext, so ist das Wort vom Kreuz nur als Primärtext möglich. Primärtext ist derjenige Text, dem keine Sprache mehr vorangeht, sondern in und mit dem Sprache allererst entspringt. Wobei zu präzisieren ist: Das Problem des Ursprungs der Sprache stellt sich in unserer Situation nicht als Fortschritt vom Primär- zum Sekundärtext, sondern umgekehrt als Rückgang vom Sekundär- zum Primärtext, was ohne Durchbruch durch den allseits umschließenden Sekundärtext nicht gelingt. Stößt die Sprache im Primärtext nicht mehr auf ihresgleichen, so stößt sie auf das Ding.

Was ist das Ding? Platon unterscheidet im Ion[87] innerhalb des hermeneutischen Geschäftes: Rezitatoren, Rhapsoden sind lediglich Hermeneuten der Hermeneuten, wenn sie dichterische Texte darbieten. An Hermeneuten der Hermeneuten ist ständiger Bedarf, nur ist ihr Tun nichts Ursprüngliches, sondern lediglich Wiedergabe des Ursprünglichen. Wer sind dann die Hermeneuten, die dies sind, ohne wiederum Hermeneuten der Hermeneuten zu sein? Platons Antwort: das

---

„Symbol" geworden (Symbole im militärischen Alltag, in: Symbolforschung. Akten des 1. Symposions der Gesellschaft für Symbolforschung, 1984, 79–86, S. 84).

[86] Cicero, Pro Rabirio 5,16: mors denique si proponitur, in libertate moriamur, carnifex vero et obductio capitis et nomen ipsum crucis absit non modo a corpore civium Romanorum, sed etiam a cogitationibus oculis auribus. H.-W. *Kuhn* (s. o. Anm. 71) S. 7f; M. *Hengel* (s. o. Anm. 80) S. 41f.

[87] Platon, Ion 533c–536d. Rhapsoden als Hermeneuten der Hermeneuten: 535a; Dichter als Hermeneuten der Götter: 534e. Das Magnetgleichnis zur Erklärung der θεία δύναμις: 533dff. Der innerste Kern alles Ziehens (ἕλκειν 536a) und Abhängens (ἀρτᾶσθαι 533e. 536ab) als θεός: 536a. Zum Ganzen: H. *Flashar,* Der Dialog Ion als Zeugnis platonischer Philosophie, 1958, S. 54–77.

sind Dichter, sie vermögen Sprache nicht nur aus Sprache, sondern aus dem und
gegen das zu schöpfen, was nicht Sprache ist. Das Hermeneuein des Dichters ist
aber nicht freischwebend, sonst würde er ja bloß dichten, sondern es hat seinen
Gegen- und (wie wir über Platon hinaus hinzufügen) Widerstand, an dem es sich
versuchen muß. Geschieht das hermeneutische Geschäft nach Platons Gebrauch
des Magnetgleichnisses im Bild ineinandergreifender Ringe, das den Zuhörer
vom Rhapsoden, den Rhapsoden vom Dichter abhängen läßt, so ist der Dichter
als Ring, der keines anderen Ring mehr ist, in seiner Abhängigkeit von ganz
eigener Art. Was den Zuhörer am Rhapsoden und diesen wiederum am Dichter
anzieht, ist die jeweils überwältigend erfahrene Sprachkraft; was aber den Dichter anzieht, ist seinerseits keine Sprachkraft mehr, sondern rein überwältigende
Kraft, ϑεία δύναμις. Im innersten Kern des Magnetgleichnisses steht der ma-
gnetische Stein, nicht Sprachring, sondern Ding. Worauf ist die Rede des Dichters bezogen? Wenn nicht ihrerseits auf Sprache wie alle Ringe der Ringe, dann
auf Nicht-Sprache. Ja die Kraft, die auf Dichter und durch sie hindurch auf
Rhapsoden und Hörer wirkt, scheint in ihrem Kern dadurch mächtig zu sein,
daß sie nicht Sprachkraft ist, und sei sie noch so stark, sondern Kraft eines
Dinges, d. h. wesentlich Nicht-Sprache. Aber Nicht-Sprache, indem sie die
Reihe der von Mensch zu Mensch tradierten Sprache überschreitet, steht immer
in der Vermutung, sie sei von göttlicher Art. Nicht-Sprache, das Ding oder die
Kraft, werden von Platon als ϑεός bezeichnet. Was ist das Ding? Das Ding ist der
Gott.

Daß das Ding dingt und die Sprache spricht: diese Banalität zweier Banalitäten
ist der Normalzustand der unerlösten Welt. Die sprechende Sprache als Gott zu
bezeichnen: Gefahr einer Theologie des Wortes. Das dingende Ding als Gott zu
bezeichnen: Gefahr einer Theologie des Dinges. Beides ist nur Ausdruck fort-
dauernder Unerlöstheit. In die Banalität des Alten tritt erst in dem Moment
Neues ein, da gesagt werden kann: Das Ding spricht. Wenn Platons Ion auf die
Spitze hinausläuft: Das Ding ist der Gott, so ist dies gänzlich identisch damit:
Das Ding spricht. Nur sofern das Ding spricht, ist es der Gott[88]. Daß also das

---

[88] Dies meint H. *Usener* mit dem zentralen Satz der „Götternamen": „das eine ding, das
du vor dir siehst, das selbst und nichts weiter ist der gott" (Götternamen. Versuch einer
Lehre von der religiösen Begriffsbildung [1896], 1948³, S. 280). Das ist der Augenblicksgott. Der Augenblicksgott aber ist nichts anderes als vernommener und wiederum
hinausgesprochener elementarer Göttername. Daher gilt: das Ding ist der Gott, insofern
das Ding spricht. – Dieselbe Wendung vollzieht in der Interpretation *Usener*s B. *Liebrucks,*
Sprache und Bewußtsein I, 1964, S. 411: „Es begegnen wohl auch Dinge, ja als Dinge. ...
Aber der Unterschied liegt darin: was uns heute *nur* noch als Ding begegnet, begegnete
damals zugleich als Gott. Aber diese Formulierung reicht nicht zu." Sie muß, wie
Liebrucks unter Zuhilfenahme von Herder ausführt, bis zum sprechenden Ding präzisiert
werden. Dann ergibt sich der fundamentale Satz: „*Die Erfahrung des Augenblicksgottes war
Ursprung der Sprache*" (415). Zum selben Resultat gelangt unabhängig von *Liebrucks* in
seiner *Usener*-Interpretation C. *Bonifazi,* Eine Theologie der Dinge. Der Mensch in seiner
natürlichen Welt, 1977, S. 85: „Der Geburt der ,Augenblicksgötter' entspricht also genau

Ding spricht: dies ist wirksame Verhinderung der nach wie vor virulenten Pseudotheologie der sprechenden Sprache und des dingenden Dings.

Zwar ist alle Sprache in gewisser Hinsicht, wenngleich unwesentlich, auch Ding, aber das Ding ist an sich nicht Sprache von Art. Es wirkt als drängende, stoßende, nichtsprachlich-bedingende vor- und außermenschliche Kraft, die als solche immer im Schein des Göttlichen steht[89]. Dagegen obliegt es den Dichtern als Schöpfern der Sprache, diese wirkenden Dinge und diese dingliche Kraft in Sprache zu fassen, um damit, falls es je gelingt, aus Kraft Sprachkraft zu machen, die als solche dann nicht mehr Dichter, sondern Rhapsoden und Hörer anzieht. An dieser Stelle liegt die quaestio crucis: Was geschieht mit dem Ding, wenn es Sprache wird? Hier unterscheidet sich die Antwort des Aristoteles von der Platons in charakteristischer Weise. Platon erzählt das Gleichnis der magnetischen Ringe und weckt damit die Konsequenz: was für Rhapsoden die Dichter, das sind für Dichter die Götter. Im Bild der magnetischen Ringe entsteht der Eindruck eines homogenen, von innen immer mehr nach außen wirkenden poetischen Kraftfeldes. Danach leihen die Götter den Dichtern das Wort in derselben Weise wie diese den Rhapsoden. Platon „unterstellt ... eine sozusagen gradlinige Wirkungsmechanik"[90], als ob sich Sprachkraft einfach proportional bis in die Götter hinein verfolgen ließe, und neidloses göttliches Gönnen am Anfang stünde. Dagegen –

„Wenn ers weigert und doch gönnet den Kindern zulezt"[91] –

gilt, daß es nicht statthaft ist, der reinen dinglichen Kraft zu unterschieben, sie sei an sich bereits Sprachkraft. Anders wenn wir zugeben, daß das Auftauchen von Göttern in den inneren homogenen Verhältnissen der Sprache die Eruption von Nicht-Sprache in der Sprache bedeutet. Sie treten nicht auf als Sprache in oder vor der Sprache, sondern als erratische Mächte, Urgeschehen von Kraft, Herausplatzen eines Dinges aus sich selbst, das als solches ebenso sehr auf Sprache drängt, wie sie durch Unmaß des Drängens zerstört. Daher ist eine entgegengesetzte Lesart des Magnetgleichnisses zu erwägen, die ein aristotelisches Element mitten in Platons Poetik einsetzt. Ihr zufolge entstehen durch das dichterische Wort „keine gradlinigen, sondern gleichsam entgegengesetzte Wirkungen"[92].

---

die Geburt der Sprache." S. u. Anm. 196.

Zum Ding als religiösem Phänomen, d. h. kräftig und zugleich sprechend, s. G. v. d. *Leeuw*, Phänomenologie der Religion, 1956[2], S. 19ff.

[89] Nach H. *Usener*s teilweise an Fichte erinnernden Termini wirkt das Ding als reiner „anstoß" (aaO. 3; 321), gar „zusammenstoß" (aaO. 3). Auch das Wort „eindruck" (aaO. 3; 290; 301 ff) ist nicht impressionistisch mißzuverstehen. Außerdem „niederschlag" (aaO. 4; 325), wobei vorzüglich an den Blitz gedacht ist (aaO. 286f; H. *Usener*, Kleine Schriften IV: Arbeiten zur Religionsgeschichte, 1913, 471–497; G. v. d. *Leeuw*, aaO. 161).

[90] M. *Fuhrmann*, Einführung in die antike Dichtungstheorie, 1973, S. 85.

[91] Hölderlin, Der Gang aufs Land, (StA [*Beisser*] II, 84,10).

[92] M. *Fuhrmann*, aaO. 85. Die Differenzen zwischen Platon und Aristoteles faßt *Fuhrmann* in den Satz: „Dichtung ... steckt nicht an [Platon], sondern impft [Aristoteles]"

Diese Auseinander- und Entgegensetzung spielt sich offenbar zwischen Göttern und Dichtern ab. Hier geht es nicht darum, Sprachkraft durch Sprachkraft weiterzugeben, sondern die wirksame Kraft allererst in Sprache zu zwingen und sie dadurch zu verwandeln. Dichter haben ihre Aufgabe erst getan, wenn die göttliche Kraft, soweit es ihr Dichten anlangt, als erratisch wirkende fortgeschafft und ins Wort, in Sprachkraft gebannt ist.

Hier hat das Symbol seinen Ort. Im Symbol stoßen Kraft und Sprache aufeinander. Sprache läßt sich bis zu dem Punkt ausdünnen, wo ihr überhaupt keine Kraft mehr zukommt; dann ist das Symbol zum reinen Zeichen geworden. Dem Zeichen muß alle Kraft erst imputiert werden, indem es gesetzt wird. Umgekehrt läßt sich Kraft bis zu dem Punkt stark machen, wo ihr überhaupt keine Sprache mehr zukommt; dann ist das Symbol zum reinen Ding geworden. Das Ding ist sprachlose Mächtigkeit; ihm kommt es im höchsten Maß zu, schrecklich stumm und so zugleich wirksam zu sein. Über die genaue Art des Zusammentreffens von Sprache und Ding im Symbol muß die Symbolik des Todes Jesu selber belehren. Wir sagen weder: im Bereich des Symbolischen befinde sich das Ding in zunehmendem Übergang zur Sprache, noch behaupten wir: das Wort gehe zunehmend über ins Ding. Auch gibt es bisher keinerlei Hinweis, ob dieser Übergang als Kontinuum zu denken ist, in dem sich das Wort ebenso materialisiert, wie das Ding beginnt zu sprechen, oder ob es sich um Schock und Aufeinanderstoßen handelt, in dem das Ding die Sprache oder die Sprache das Ding besiegt. Im innersten Kern einer Symbolik steht die Frage, was geschieht, wenn im Ursprung der Sprache zur Welt der Dinge und ungeschlachten Kräfte die Welt der Sprache hinzutritt: verlängert sich gleichsam die Welt der Dinge einfach in die der Sprache hinein, oder läßt Sprache die Dinge nicht, wie sie waren?

Nichts anderes spielt sich beim Wort vom Kreuz im Gelenk zwischen Wort und Kreuz ab. Die Symbolik des Todes Jesu hat ihre Probe darin, ob man vom Wort zum Kreuz, aber vor allem auch wieder vom Kreuz zum Wort gelangen kann. Das Kreuz ist erratisches Ding, in seinem Horror[93] unfehlbar Wirkweise eines Gottes. Wie läßt sich der Weg von diesem Ding zur Sprache finden? Nach

---

(85). Während nach Platon die Dichtung Triebe und Leidenschaften abbildhaft weitergibt und, weil sie keine moralische Besserung bewirkt, aus der Polis auszuschließen ist, erlaubt Aristoteles der Dichtung, Triebe und Leidenschaften freizusetzen, um sie desto wirksamer abzuführen. Die κάθαρσις παθημάτων ist nach der These von J. *Bernays* (Grundzüge der verlorenen Abhandlung des Aristoteles über Wirkung der Tragödie [1857], hg. v. K. *Gründer,* 1970, S. 144. 153) nicht platonisierend als genitivus obiectivus, sondern als genitivus separativus zu verstehen (so M. *Kommerell,* Lessing und Aristoteles. Untersuchung über die Theorie der Tragödie, 1940 (1984⁵), S. 265). Zum Diskussionsstand: H. *Flashar,* Die medizinischen Grundlagen der Lehre von der Wirkung der Dichtung in der griechischen Poetik, Hermes 84, 1956, 12–48, S. 12–18. Aus dem gen. sep. entstehen die von *Fuhrmann* sogenannten ungradlinigen, entgegengesetzten Wirkungen.

[93] Kreuz als horrendum: M. *Hengel,* Mors (s. o. Anm. 82) 163; als deterrent horror: M. *Hengel,* Crucifixion (s. o. Anm. 80) 61.

Platon liegt die Aufgabe bei den Dichtern. Wir maßen uns – „evangelische Rhapsoden"[94], die wir günstigstenfalls sind – nicht an, wir müßten das Wort vom Kreuz erst finden. Setzen wir aber das Wort vom Kreuz als bereits gegebenes Götterwort[95] voraus, und zwar nicht als Titel und Leerstelle, sondern als Primärtext, so ist alsbald festzustellen: diesen gibt es nicht, weder als mündliche noch als schriftliche Tradition. Sonst müßten wir das Neue Testament aufschlagen und konstatieren können: dies ist ein Text des Titels „Wort vom Kreuz". Müssen wir also auch als Rhapsoden den ursprünglichen Text des Wortes vom Kreuz erst suchen, so sind wir aus der Rolle von Dichtern noch nicht in jeder Hinsicht entlassen. Bisher war Wort vom Kreuz präsent bloß als kompilatorische Statistik (§ 2.1a) und anatomische Realienkunde (§ 2.1b). Dahinter wirkt aber der Horror, der in der überwältigenden Gestaltlosigkeit des Kreuzes anwesend ist. Die beiden bisherigen Versuche zu einem Wort vom Kreuz waren Vorschläge zur Güte, ob sich wohl dieser Horror fügen möge. Er tut es nicht. Hier zeigt sich, daß wir Symbolik nicht betreiben, ohne selbst Getriebene zu sein. Um Anwesenheit von Kraft müssen wir uns in der Symbolik nicht sorgen, müssen auch keine Kraft nachträglich importieren; Sorge ist vielmehr, ob nicht deren zuviel sei. Taugen die bisherigen sachkundigen und apophantischen Reden nicht zum Wort vom Kreuz, so ist darüber hinaus zu suchen.

a) Das Wort und das Wort vom Kreuz

Der Suche nach dem Wort vom Kreuz stehen zwei Wege offen. Man kann – ausgehend vom Wort – zusehen, was aus dem Wort wird, wenn es sich immer mehr auf das Kreuz bezieht, und wiederum – ausgehend vom Kreuz –, was aus dem Kreuz wird, sobald es ins Wort gebannt ist. Beide Wege werden im folgenden komplementär begangen. Von den Elementen Wort und Kreuz liegt das erste näher. Man könnte vielleicht meinen: Es gibt Worte, und unter ihnen auch Wort vom Kreuz. Dagegen ist hier intensiv zu fragen: Was wird aus dem Wort, wenn es Wort vom Kreuz wird? Dies sei am Kontext des Wortes vom Kreuz durchbuchstabiert, an 1Kor 1f. Hier erscheint das Wort vom Kreuz in polemischem Zusammenhang: Evangelium ist nicht Wortweisheit (σοφία λόγου), sondern Wort vom Kreuz (λόγος τοῦ σταυροῦ), „damit das Kreuz Christi nicht entleert werde" (1,17f). Die entgegengesetzten Begriffe berühren sich im Gesichtspunkt des λόγος, jedoch so, daß dieser im zweiten Fall nicht mehr Genitiv der Qualität ist, sondern sich Qualität erst verleihen lassen muß, nämlich durch das Kreuz. Solange die Weisheit durch den λόγος qualifiziert wird, ist das Kreuz Christi entleert, Rede, die nicht ihrerseits durch das Kreuz qualifiziert wird. Das negative Kriterium des Wortes vom Kreuz – es solle das Kreuz Christi nicht entleeren – läßt sich mit aller Deutlichkeit formulieren: Es geht nicht um

---

[94] Herder, SW *(Suphan)* XIX, 214: „. . . (wenn mir dieser Name erlaubt ist. . .)".

[95] Götterwort als Wort, das dadurch göttlich ist, daß es diesen Gott in seinem sprachlosen Andrängen los wird, indem und insoweit es ihn ins Wort bannt.

Entleerung der Bedeutung eines Wortes, sondern um Entleerung eines Dinges, oder: gewarnt wird vor der Referenzlosigkeit, daß sich statt des Bezugs auf das Ding bloß Bezug auf das Wort eines Dinges einstellt[96]. 1Kor 1,17 ist nicht nur entscheidend für den Passus vom Wort vom Kreuz (1,18–2,16), sondern zugleich auch für die Einführung dieses Passus in den Zusammenhang dieser Symbolik. Nach 1Kor 1,17 ist eine fundamentale Unterscheidung zwischen Sprache und Sprache zu treffen: Es gibt Sprache als Wortweisheit, es gibt aber auch Sprache als Wort vom Kreuz. Nur das Wort vom Kreuz ist Primärtext, mit Platon zu sprechen: unmittelbare Hermeneia des Kreuzes, analog zum Wort der Dichter, das die Sprachwerdung der erratischen göttlichen Kraft (θεία δύναμις) vollzieht. Kein Wunder ist das Wort vom Kreuz δύναμις θεοῦ[97], jedoch nicht Kreuz an sich selbst als Kraft, sondern Kreuz als Sprachkraft. Wie im Wort des Dichters göttliche Kraft nicht sprachloser Horror bleiben kann, sondern Sprachkraft wird, so wird das Kreuz im Wort vom Kreuz heilsames Evangelium. Die Warnung vor Entleerung des Kreuzes ist offenbar nicht bis zu dem Punkt auszudehnen, wo seine Berührung mit Sprache überhaupt auch schon Entleerung wäre, sonst gäbe es kein Wort vom Kreuz. Daß Entleerung des Kreuzes durchaus nicht bloß durch Beharren auf seiner puren Dinglichkeit zu vermeiden ist, sondern sogar Sprachwerdung des Kreuzes stattfinden kann ohne Gefahr der Entleerung: das ist das Erstaunliche, um nicht zu sagen Wunderbare, das das Wort vom Kreuz von Anfang an umgibt. Nicht jeder Art von Sprache kommt dies zu; daher ist zwischen Sprache und Sprache zu unterscheiden wie zwischen σοφία λόγου und λόγος τοῦ σταυροῦ. Denn die *Sprach*werdung des Kreuzes ist nur dann keine Entleerung, wenn sie Sprachwerdung des *Kreuzes* ist.

Sprachwerdung des Kreuzes im Wort vom Kreuz sticht ab von bloßer Wortweisheit. Was ist Wortweisheit (σοφία λόγου)? „Wortweisheit" ist Charakterisierung eines verfehlten, da entleerenden Umganges mit dem Kreuz. Die Erschließung der Gegenposition ist nicht unabhängig von der leitenden Vorstellung des unentleerten Kreuzes Jesu. Liegt dabei der Akzent auf Einmaligkeit und Geschichtlichkeit des Ereignisses, dann wird wohl in der weisheitlichen Gegenposition eine Denkweise herrschen, die dies nicht zuläßt: Weisheit als Umgang mit Welterfahrung, in der das Geordnete dem Zufälligen, das Typische dem Einzelnen, das Sich-Wiederholende dem Einmaligen und Geschichtlichen vorgezogen wird[98]. Und dementsprechend eine weisheitliche Christologie, die an

---

[96] Zutreffend H. *Weder,* Das Kreuz Jesu (s. o. Anm. 74), S. 126: „Zu beachten ist, daß Paulus hier nicht von einer Entleerung des *Wortes* vom Kreuz, sondern von derjenigen des Kreuzes selbst spricht." S. 128 Anm. 28: κενοῦν heißt bei Paulus „Vernichtung des mit dem Bezugsnomen Bezeichneten, nicht … Aufhebung von dessen Bedeutung."

[97] Platon, Ion 533d; 1Kor 1,18.24.

[98] Während H. *Conzelmann,* Der erste Brief an die Korinther (MeyerK 5, 1969) resigniert („Der Ausdruck οὐκ ἐν σοφίᾳ λόγου kann kaum präzise bestimmt werden" 52), versucht H. *Weder* weisheitliches Denken wenigstens als Modell zu konstruieren, das als Gegenposition zu Paulus verstanden werden *kann.* „Aus dem Vergleich ergibt sich: durch die Wortweisheit wird das ‚Kreuz' als geschichtliches Ereignis insofern vernichtet, als es

Einmaligkeit und Geschichtlichkeit des Kreuzes Jesu vorbeigeht. Es fragt sich aber, ob das Entscheidende damit getroffen ist. Eine erste Schwierigkeit liegt bereits in der Inkonzinnität der Kategorien Einmaligkeit und Geschichtlichkeit. Denn der Gesichtspunkt der Wiederholung, der nach der angenommenen weis-heitlichen Weltsicht der Einmaligkeit opponieren müßte, ist keineswegs der konstitutiven Geschichtsschwäche zu zeihen. Im Gegenteil: Jesu Kreuz wird desto geschichtlicher gefaßt, je mehr es seiner Singularität entkleidet und als Glied einer unzählbaren Kette von Kreuzigungen begriffen wird; Jesu Kreuz ist singulär nur im Rahmen der Wiederholung, ja ist, wie sich zeigen wird[99], Produkt eines Wiederholungszwanges, der aber nichtsdestoweniger geschicht-lich wirkt. Die begrifflichen Oppositionen des Typischen und Einmaligen, des Sich-Wiederholenden und Geschichtlichen sind also nicht an sich bereits zur Analyse des korinthischen Gegensatzes geeignet. Die zweite Schwierigkeit: Wie soll überhaupt das geschichtliche Ereignis des Kreuzes Jesu durch Anhänger von Wortweisheit vernichtet werden können? Wird aber zugestanden, daß dies bei diesem wie bei allen geschichtlichen Ereignissen nie geht, so bleibt ihnen nur die gefährliche Selbsttäuschung, sie könnten durch ihr Sein im Wort sich vor dem Ansturm des Ereignisses retten. Die dritte und entscheidende Schwierigkeit: Was sollen Einmaligkeit und Geschichtlichkeit dem Anhänger des Wortes vom Kreuz Heilsames bringen? Gelangt man doch im Verfolg der Einmaligkeit und Einzigartigkeit eines geschichtlichen Ereignisses immer nur zur Erkenntnis: individuum est ineffabile. Unsagbarkeit des Kreuzes ist dem Wort vom Kreuz so weit wie nur möglich entgegengesetzt, ja ist vexierenderweise das, was Jesu Kreuz gerade nicht in seiner Singularität zukommt, sondern soweit es mit allen sich wiederholenden, auch unsagbaren Kreuzen übereinstimmt.

Die entstandenen Schwierigkeiten lösen sich erst, wenn im Gesichtspunkt der Einmaligkeit unterschieden wird. Die historische, geschichtliche Einmaligkeit, eingeführt als vorgebliche Kritik an Wortweisheit, ist weder mit Allgemeinheit noch mit Wiederholung unverträglich; sucht man mit ihrer Hilfe gegen die Ausdünnung des Kreuzes in der Wortweisheit auf die eigentümliche Dichte und Schwere des realen Kreuzes Jesu hinzuweisen, so sind Dichte und Schwere nur dasjenige, worin Jesu Kreuz mit den x-mal wiederholten Kreuzen überein-kommt. Dagegen ist von soteriologischer Einmaligkeit des Kreuzes Jesu dann zu sprechen, wenn diesem realen Kreuz, da es zugleich Wort vom Kreuz war, Einzigartigkeit zukommt. Ungeprüfte Übernahme philosophischer Kategorien führt dazu, soteriologische Einmaligkeit als Verlust von historischer Einmalig-

---

kraft der in jener Sprachform eingelassenen Denkweise seiner Einmaligkeit entkleidet und in einen größeren Zusammenhang aufgehoben wird. Das Kreuz wird entweder als Symbol für eine *allgemeine* Wahrheit oder (was m. E. in Korinth wahrscheinlich ist) als bloßes Durchgangsstadium im mythologischen Erlösungsdrama... verstanden. In der ‚Wortweisheit' wird das Kreuz so bewältigt, daß es ‚entleert', aufgehoben ist" (Das Kreuz Jesu [s. o. Anm. 74], 132).

[99] S. u. Anm. 436f. 447.

keit zu deuten: als Symbolisierung, Chiffrierung und also Ausdünnung der
dichten einmaligen Realität. Dies liefe darauf hinaus, ein historisch einmaliges
Kreuz nur solange zu haben, als es ohne Heilsbedeutung ist. Dann wäre Jesu
Kreuz einmalig, unentleert nur, solange es – individuum est ineffabile – unsag-
bar ist. Kommt aber Ineffabilität allen Kreuzen zu, so besteht die Einzigartigkeit
von Jesu Kreuz darin, daß es nicht unsagbar war, sondern Wort vom Kreuz.
Gerade das Symbolwerden des puren Kreuz-Dinges kann, wenn darunter ein
Irgendwie-zu-sprechen-Beginnen verstanden wird, nicht von vornherein in den
Verdacht der Entleerung gezogen werden, weil darin erscheint, was Jesu Kreuz
in soteriologischer Hinsicht einzigartig macht. Daher ist in den bisherigen
Kategorien die Opposition von Wortweisheit und Wort vom Kreuz noch gar
nicht erfaßt. Diese tritt erst hervor, wenn der Unterschied zwischen den Bezugs-
nomina in beiden Formeln bedacht wird. In der σοφία λόγου findet der Bezug
statt auf λόγος, im λόγος τοῦ σταυροῦ aber ist dieser nicht letzter Bezugspunkt,
sondern ist selbst noch bezogen auf etwas außerhalb seiner. Dies führt zu der
Vermutung, daß das Wort vom Kreuz, obgleich Sprache, das Kreuz nicht
entleert, weil es die bloße Sprachimmanenz der Wortweisheit meidet, um sich
als Sprache aus dem zu empfangen, was nicht Sprache ist, sondern Kreuz.

Die Auseinandersetzung um Präzisierung von „Wortweisheit" wiederholt
sich natürlich als Auseinandersetzung um Präzisierung des „Wortes vom
Kreuz". Was ist Wort vom Kreuz? Hierzu sind einige Gesichtspunkte zu mu-
stern. Das Wort vom Kreuz sei eine Frage der dem Inhalt angemessenen Sprachform[100]. Das Kreuz sei Inhalt, das Wort vom Kreuz Form, und zwar richtige, die
Wortweisheit dagegen falsche. Sprache als Form scheint Sache der Rhetorik zu
sein, sodaß zu vermuten ist: Wortweisheit sei dem Kreuz unangemessene rhetorische Kunst; Wort vom Kreuz dagegen zeichne sich durch Verzicht auf Rhetorik
aus. Aber teils ist Verzicht auf Rhetorik und antirhetorische Polemik bereits
sokratische Tradition und also nicht speziell dem Wort vom Kreuz zuzeigen[101],
teils sind Gebrauch und Verzicht in jedem Fall innerrhetorische Unterscheidungen, denn nicht nur die Vorführung rhetorischer Kunst, sondern auch ihr
gekonntes Zurücknehmen wird von der Rhetorik gelehrt[102]. Impliziert das Wort

---

[100] Während *Conzelmann,* aaO. zu 1Kor 1,17, als „Inhalt" das Wort vom Kreuz bezeichnet, als „Form" die Predigt vom Wort vom Kreuz, geht *Weder* davon aus: „Der vorliegen-
de Satz [1,17] stellt ... einen Zusammenhang zwischen dem Inhalt (Kreuz) und der Form
(nicht in Wortweisheit) fest" (aaO. 126) und präzisiert dann: es ist „etwas unpräzis zu
sagen, daß das *Wort vom* Kreuz *Inhalt* der Predigt sei ... Inhalt der Predigt ist vielmehr das
Kreuz" (aaO. 126 Anm. 24).

[101] Die sokratische Antirhetorik, greifbar vor allem in Platons Apologie, hat nicht nur
auf die Apologie des Paulus 2Kor 10–13 kräftig eingewirkt, sondern auch auf 1Kor 1–4.
Dazu H. D. *Betz,* Der Apostel Paulus und die sokratische Tradition, BHTh 45, 1972, 57 ff.

[102] E. *Auerbach,* Sermo humilis, in: Ders., Literatursprache und Publikum in der lateinischen Spätantike und im Mittelalter, 1958, 25–53, geht vom Grundsatz der antiken
Rhetorik aus, das Hohe sei in einem erhabenen, das Niedere in einem submissen Stil
darzustellen. „Die [antike] Tradition ist auf der Anschauung von den Rede- und Dich-

vom Kreuz als Sprachform keinerlei Verzicht auf rhetorische Mittel und ermä-
ßigt sich seine Differenz zur Wortweisheit auf den Unterschied zwischen ange-
messener und unangemessener Rhetorik, so scheint sich die Differenz zwischen
beiden Sprachen auf den Gesichtspunkt der Wahl zu reduzieren[103]. Kann aber die
Sprachform gewählt werden, dann war der Inhalt bereits vorher Sprache, apo-
phantisch sagbar noch jenseits stilistischer Probleme. Dagegen beim Wort vom
Kreuz ist Kern des Problems nicht die zu wählende Sprachform, sondern es steht
auf dem Spiel, ob dieser reale Inhalt, das Kreuz, es überhaupt je zu einer Form
bringen kann, ob das Kreuz je zur Sprache kommt. Beim Wort vom Kreuz geht
es nicht um das Wie-Sagen eines Sagbaren, sondern um Sagbarkeit eines Unsagbaren. Nicht in der Angemessenheit der Sprachform unterscheiden sich Wortweisheit und Wort vom Kreuz, sondern darin, daß nur im Wort vom Kreuz das
Kreuz spricht, in der Wortweisheit dagegen nicht.

Das Wort vom Kreuz, so wird weiter gesagt, löse das Problem der Angemessenheit von Form und Inhalt dadurch, daß es beide in eine Relation der Entsprechung bringt[104]. Zwar läßt sich Entsprechung in einem formalen Sinn nie leug-

---

tungsarten aufgebaut, in welcher, nach Stufen der Würde, die Gegenstände mit der
Ausdrucksweise übereinzustimmen haben; somit war es wesentlich, auch die Gegenstände nach ihrer Würde zu ordnen" (32). Aber dies tut Paulus an unserer Stelle keineswegs. Es
bezeichnet gerade die Wende zur christlichen Rhetorik – zu ihren Anfängen zählt *Auerbach*
(40) auch 1Kor 1,18–21 –, daß die Parallelität von Gegenstandshöhe und Stilhöhe aufgehoben wurde: dem christlichen Glauben ist nach Augustin De doctr. chr. IV, 19 alles
Christliche groß und erhaben, und dennoch kann davon je nach rhetorischer Absicht auf
ganz verschiedenen Stilebenen geredet werden. „Das ist eine so bedeutende Abweichung
von der rhetorischen und überhaupt literarischen Tradition, daß es nahezu die Zerstörung
ihrer Grundlage bedeutet" (32).
    [103] H. *Weder*, Das Kreuz Jesu (s. o. Anm. 74), S. 127: „Die Frage ist nicht, ob rhetorische
Kunst eingesetzt werden müsse oder aber nicht angewendet werden dürfe, sondern die
Frage ist, *welche Sprachform* gewählt werden müsse, damit der Inhalt sachgemäß (und dann
auch mit der gebotenen rhetorischen Kunstfertigkeit!) zur Sprache gebracht werden
könne." „Wahl" (S. 128). Zur rhetorischen Qualität des paulinischen Wortes vom Kreuz
s. u. Anm. 129.
    [104] H. *Weder*, aaO.: „Inhalt der Predigt ist ... das *Kreuz*, bzw. der Gekreuzigte..., und
die diesem Inhalt entsprechende Form der Predigt heißt sachgemäß λόγος τοῦ σταυροῦ.
Die Art und Weise, wie im paulinischen λόγος τοῦ σταυροῦ das Kreuz zur Sprache
kommt..., entspricht eben dem Inhalt selbst" (126 Anm. 24). „Entsprechung" (127);
„Einheit von Inhalt und Sprachform" (127 Anm. 27). Auch E. *Jüngel* neigt hierzu: „Die
den Kreuzestod Jesu Christi zur Sprache bringende Rede von Gott wird hier [1Kor 1,18] in
ihrer Seinsweise als Rede in das Geschehen einbezogen, von dem sie redet. Der Ereignis-
charakter dieses Geschehens, seine δύναμις, teilt sich der Sprache mit, die davon redet"
(Gott als Geheimnis der Welt, 1977, S. 391 f). Es ist ein geradezu klassisches Mißverständnis, das Wort vom Kreuz so zu erläutern, daß Paulus „im Kreuz das ganze Heilsereignis
zusammenzufassen, mit ‚Wort vom Kreuz' das ganze Evangelium zu charakterisieren"
suche (E. *Dinkler*, Signum crucis [s. o. Anm. 64], S. 37); dann wäre in der Tat Entsprechung am Platz: wie das Ding, so auch die Sprache. Aber mit einer adaequatio rei et
intellectus ist die eigentliche Entstehung von Heil preisgegeben; dies rächt sich als Kraftlo-

nen, weil sonst an die Stelle des Zusammenhangs von Sprache und Ding Zusammenhangslosigkeit träte. Aber Angemessenheit der Sprache ist nicht nur als Entsprechung denkbar, und im Fall des Wortes vom Kreuz darf der Zusammenhang von Kreuz und Sprache niemals so aufgefaßt werden, daß die Sprache dem Kreuz entspricht. Setzen wir reales Kreuz als unheilvollen Horror, so wäre das Wort vom Kreuz, sofern es entspricht, Sprachhorror, statt Evangelium zu sein. Daher muß beim Wort vom Kreuz der Zusammenhang der Sprache mit dem Ding, ihre Angemessenheit, geradezu als Widerspruch qualifiziert werden. Das Wort vom Kreuz ist nicht wiederum Kreuz, fortgesetzt, nachgeahmt, mitgeteilt durch Sprache, sondern im Wort vom Kreuz kann das Kreuz nicht Kreuz bleiben. Daher trifft hier Entsprechung von Sprache und Ding nicht zu; vielmehr sistiert die Sprache das Ding in seiner Mächtigkeit, und dies ist Heil, inmitten allen übrigen Unheils. Das Kreuz an sich ist stummes Ding[105]; daß es dennoch als Wort vom Kreuz spricht, geschieht dadurch, daß Sprache dem Kreuz widerspricht.

Das Wort vom Kreuz unterscheidet sich, so ein weiterer Präzisierungsversuch, von Wortweisheit dadurch, daß es angesichts des Kreuzes von Gott und seiner Macht spricht[106]. Das Problem ist: Spricht das Wort von der Macht Gottes oder ist es Gottesmacht? Damit ist die Frage identisch: Woher kommt Gott? Die Gefahr ist, die Rede von Gott könnte entstanden sein, um die soteriologische Einzigartigkeit des Kreuzes Jesu leichter behaupten zu können. Dies wäre sicherste Verhinderung des Emoluments des Kreuzes Jesu. Dagegen ist zu fordern: Gott ist nicht zum Kreuz hinzuzubringen, vielmehr: wenn etwas in diesem Kreuz ist, so möge es herauskommen, wenn nichts, dann nichts. Aber ein Gott ist in jedem, nicht nur in Jesu Kreuz. Wir sprechen von Gott nicht als von einem so lautenden Wort, sondern einer real mächtigen Erscheinung. Ist Kreuz – jedes Kreuz – etwas Schreckliches, dann ist dies auch bereits Erscheinung eines Gottes. Gott muß nicht zum Kreuz hinzugebracht werden, vielmehr wirkt er ungesucht in jedem Kreuz. Das Problem ist nicht ein Zuwenig an Gott, sondern

---

sigkeit der soteriologischen Sätze und als ständiger Bedarf an Nachvitalisierung. Daß nämlich die θεία δύναμις des erratischen Dinges (Platon) zur δύναμις eines λόγος sich wandelt, d. h. Kraft in Sprachkraft, das geht ohne Widerspruch der Sprache gegen das Ding nicht ab.

[105] W. *Schrage*, Das Verständnis des Todes Jesu im Neuen Testament, in: E. *Bizer*, J. F. G. *Goeters* (Hgg.), Das Kreuz Jesu Christi als Grund des Heils, 1967, 49–89, S. 76 Anm. 82: „Das Kreuz . . . ist stumm und zweideutig, was selbst dort nicht zu bestreiten ist, wo man auf die ,Sprache der Tatsachen' hören möchte." Dagegen im Wort vom Kreuz spricht das Kreuz selbst: „der λόγος τοῦ σταυροῦ [ist nicht] Botschaft *vom* Kreuz, bloßer historischer Bericht oder ,Kulterzählung', sondern Wort, in dem das Kreuz hier und jetzt freisprechend und richtend . . . seine Wirkung erweist" (76 f).

[106] H. *Weder*, Das Kreuz Jesu (s. o. Anm. 74), S. 139: „Das Wort vom Kreuz ist . . . dadurch konstituiert, daß angesichts des Kreuzes Jesu *von Gott* gesprochen wird. Das Wort vom Kreuz bringt Gott mit Jesus so in Zusammenhang, daß es angesichts des Todes Jesu von der Macht Gottes spricht."

leicht ein Zuviel. Deshalb steht die Hermeneia des Gottes (bei Platon durch den Dichter) mit der Hermeneia des Kreuzes (bei Paulus durch das Wort vom Kreuz) in genauer Parallele. Wie der Dichter seinen Dingen einen Gott nicht etwa hinzudichtet oder angesichts ihrer auch noch von Gott redet[107], sondern den dort bereits übermächtig wirkenden Gott zu Worte bringt und somit seinen Horror faßt, so ist das Wort vom Kreuz nicht dadurch entstanden, daß in bezug auf eines unter den unzähligen Kreuzen auch noch von Gott gesprochen wurde (woher sollte ein solcher Gott kommen und wozu!), sondern indem der in jedem Kreuz sich übermächtig und schrecklich kundtuende Gott sich an diesem einen ins Wort begeben hat und damit sein Horror faßbar wurde: so ist, wenn überhaupt, ein Wort vom Kreuz entstanden. Es ist durchaus nicht so, daß einem an sich untheologischen Gegenstande Gott allererst appliziert werden müßte, sondern: ob der Gott, der in einem jeden Kreuz sich meldet, auch bereits der wahre Gott ist, das ist die soteriologisch entscheidende Frage. Die anfängliche Annahme, daß *von Gott* nur angesichts des Kreuzes Jesu gesprochen werde, muß sich ändern, indem der Akzent einfach weiterwandert: Daß angesichts des Kreuzes von Gott *gesprochen* wird, das ist Ursache des Wortes vom Kreuz und seiner einzigartigen soteriologischen Dynamik.

Unterscheidet sich also das Wort vom Kreuz von Wortweisheit, wie sich allseits erwies, durch den einzigen Gesichtspunkt der Sagbarkeit des Kreuzes[108], so ergibt sich die These: Die soteriologische Einzigartigkeit des Kreuzes Christi besteht darin, daß dieses Kreuz als stummes Ding zugleich Sprache war durch und durch und somit sagbar als sprechendes Ding. Sagbarkeit des Kreuzes als Wort vom Kreuz ist der einzige Grund von Soteriologie.

Nachdem mit diesen kritischen Annäherungen der systematische Ort des Wortes vom Kreuz bestimmt ist, entsteht der Wunsch, nun endlich dieses Wort sagen zu können, wenn es schon Sagbarkeit ist. Dazu stellen wir die rigide Forderung auf: Hierher setze man uns ein Textcorpus „Wort vom Kreuz"! Durchaus können wir uns nicht bei dieser Formel beruhigen, die ja nur Titel ist, Beschreibungssprache, aber nicht selbst Wort vom Kreuz. Was sagt das Kreuz von sich selbst her? Welche Textstelle des Neuen Testaments oder einerlei welcher Text ist als Sprache des Kreuzes zuverlässig zu identifizieren? Zumindest aus 1Kor 1f läßt sich kein Text isolieren, der dieser Anforderung entspräche[109]. Sodaß als Skandal zu nennen ist: 1Kor 1f ist nicht Sprache des Kreuzes,

---

[107] Das wäre die licentia vatum (Am. III, 12,41), durch die sich Ovids Dichtung in charakteristischer Weise von der klassischen unterscheidet.

[108] H. *Weder* streift daran mit der ähnlich klingenden These, das Kreuz werde „durch die Auferweckung überhaupt erst als Machterweis Gottes *sagbar.*" Obgleich das Mißverständnis abgewiesen wird, „die Auferweckung Jesu überhole das Ereignis seines Kreuzes" (aaO. 140), so ist doch die Einführung der Auferweckung unter dem Sparsamkeitsprinzip ‚nulla pluralitas sine necessitate' problematisch. Soteriologie erfordert sogar höchste Sparsamkeit: das Kreuz, dieses Unheilsereignis, zeige sein ihm eigenes Heil! Daß es außer und neben dem Kreuz allerhand Heil gibt, ist unbestritten. S. u. § 3.2a und Anm. 194.

[109] 1Kor 1,18–25 ist Beschreibung des Wortes vom Kreuz und seiner Wirkung, das

sondern Sprache der Sprache des Kreuzes, Sekundär- nicht Primärtext. Seine unmittelbare Sprachebene scheint eher Logik des Kreuzes als Logos des Kreuzes zu sein. Was ist das Wort vom Kreuz: Logik oder Logos des Kreuzes? Damit berührt sich die Unterscheidung von argumentativer und narrativer Kreuzestheologie[110]. Versuche, das Wort vom Kreuz mit einer dieser Textsorten zu identifizieren, liegen vor.

Was zunächst die Logik des Kreuzes anlangt, so kann sie natürlich mit Dialektik identifiziert werden; nur wozu Dialektik des Kreuzes bedarf, ist schwerlich aus ihr selbst herauszufinden[111]. Und ebensowenig, weshalb des reale Kreuz Jesu hätte Sprache werden sollen in ursprünglicher Gestalt als Dialektik. Die durchaus dialektische Gestalt der Kreuzestheologie des Paulus läßt sich nicht als Gegeninstanz nennen. Hier handelt es sich höchstens um Logik des λόγος τοῦ σταυροῦ, nicht aber um diesen selbst[112]. Die paulinische Dialektik einzig und allein auf das Ereignis des Kreuzes zurückzuführen, ist ein historischer Mißgriff.

---

ursprüngliche Wort vom Kreuz bleibt vor und jenseits dieses Textes; 1,26–31 und 2,1–5 sind Illustrationen desselben teils an der korinthischen Gemeinde, teils an der Erscheinungsweise des Apostels, wobei das Wort vom Kreuz als bereits ergangen im Hintergrund bleibt (κλῆσις 1,26; καταγγελία 2,1), ohne daß auch nur ein Zitat daraus durchdränge.

[110] U. *Luz*, Theologia crucis (s. o. Anm. 71.2), S. 135: „Die *Unterschiede* zwischen Markus und Paulus liegen in der Gestalt ihrer Kreuzestheologie. Doch sollte m. E. zwischen der vorwiegend narrativen Kreuzestheologie des Markus und der vorwiegend argumentativen Kreuzestheologie des Paulus keine exklusive Alternative konstruiert werden. ... Der Unterschied zwischen beiden Formen der Kreuzestheologie wird dann noch kleiner, wenn wir bedenken, daß Markus ein Verkündigungsbuch schreiben wollte, während die paulinischen Briefe ausnahmslos die geschehene Verkündigung voraussetzen und ihre Konsequenzen erörtern." Das ist eben das Problem!

[111] W.-D. *Marsch*, Logik des Kreuzes. Über Sinn und Grenzen einer theologischen Berufung auf Hegel, EvTh 28, 1968, 57–82, nennt die Aufgabe, das Kreuzesereignis „denkend weiterzuverfolgen", und fährt fort: „Eben dies hat Hegels dialektische Theorie zu leisten beansprucht" (80). Hegel „will die Welt als Geschichte verstehen – eine Geschichte, in der Gott als das Sinnganze eines in sich höchst dialektischen Werdens erkannt werden kann: der Gott, der sich in der jüdisch-christlichen Geschichte eben so – in der Logik von Kreuz und Auferstehung – zu erkennen gegeben hat...: Identität des Lebens als ganzem in der Differenz seiner Nichtverfügbarkeit" (81).

[112] E. *Stauffer*, Vom λόγος τοῦ σταυροῦ und seiner Logik, in: ThStKr 103, 1931, 179–188, wendet sich „sieben Paulusworten vom Kreuz" (188) zu: 2Kor 8,9; Gal 4,5; Gal 3,13; 2Kor 5,21; Röm 8,3f; Gal 2,19; Röm 7,4. Vor allem am Hauptparadigma 2Kor 8,9 findet er einen präzis durchgeführten Chiasmus mit Austausch der Prädikate (arm/reich) sowohl in sich wie auf den einzelnen Seiten, so daß aus Reichtum Armut wird und aus Armut Reichtum in einer vollkommen dialektischen Vermittlung des Gegensatzes. „Das ist die Logik des Paulus – die Logik Gottes, wie Paulus sie verstand. Es ist die Logik des λόγος τοῦ σταυροῦ" (181). Und zwar als Sprachform paulinischer Predigt ebenso wie begleitender theologischer Reflexion. Paulus hat im „Ereignis des Kreuzes" ein „Prinzip des Kreuzes" gefunden (184), das in jeder Hinsicht unvergleichlich einzig und allein aus dem Kreuzesereignis zu erklären sei (181). „In den besprochenen Sätzen ... begegnet uns eine Form des Denkens, der man vor Paulus kaum etwas Vergleichbares an die Seite

Man kommt um die Vermutung nicht herum: Der Zusammenhang zwischen Ereignis des Kreuzes und Logik des Kreuzes ist lediglich der, daß sich bei beiden etwas überkreuzt. Daß sich aber in Gedanken etwas überkreuzt, ist bereits beim einfachsten Ansatz zu einer Argumentation nicht zu vermeiden, ist also mit dem Denken selbst gegeben und nicht durch das Kreuz. Leicht unterlegt sich einem geschliffenen Chiasmus die Vorstellung von der Chi-Gestalt des Kreuzes; aber hier ist zu bedenken, daß das Kreuz σταυρός ist, senkrechter Holzpfahl[113]. So ist etwa der paulinische Chiasmus von Armut und Reichtum kein kreuzesspezifisches Produkt; daß arm reich ist und reich arm und daß dieser Wechsel geschieht zwischen Gott und Mensch: das ist bereits eine Figur sokratischer Ironie[114], ebensowenig zu vermeiden wie die Weisheit des Törichten und die Torheit des Weisen. Es ist ein Text des Sokratikers Paulus, in dem das Wort vom Kreuz Entfaltung findet[115]. Aber so erfreulich dies ist, so ist die sokratische Dialektik um so weniger Kreuzestheologie, als sie sich der inneren Ironie der Sprache verdankt und daher der Wortweisheit näher steht als dem Wort vom Kreuz. Kann, wie zu sehen, in die Beschreibung des Wortes vom Kreuz allerdings Dialektik einfließen, so setzt dies um so mehr die Frage in Gang, welcher Art das primärsprachliche Wort vom Kreuz sei, das im Untergrund dieser Logik liegt.

Strenggenommen kann es nur eine Logik des Logischen geben; Logik von anderem als Logischem nur, sofern im Unvernünftigen auch eine Art Vernunft zu finden ist. Erscheint das Andere der Vernunft immerhin als Sprache, und sei sie noch so vorwissenschaftlich, so läßt sich in übertragenem Sinn durchaus von einer Logik vorwissenschaftlicher Gebilde reden. Oft genug aber ist das, worauf sich diese Logik beziehen soll, nicht mehr von der Art der Sprache, sondern, wie im Fall der Logik des Kreuzes, Ding. Von der Logik eines Dinges zu reden, impliziert die stillschweigende, jedoch meist nicht eigens reflektierte Bedingung, daß dieses Ding spreche oder sich äußere wie eine Sprache. Jetzt ist

---

stellen kann ... Es gibt nur eine Erklärung für diese Denkform: Sie ist durch den Gegenstand bedingt" (186).

[113] E. *Dinkler,* Kreuzzeichen und Kreuz, aaO. (s. o. Anm. 64) 35 f: „Im griechischen Wort σταυρός klingt nichts von dem an, was wir im Wort ‚Kreuz‘ sofort hören, nämlich das Kreuzen von zwei Linien oder von zwei Balken. Vielmehr bezeichnet σταυρός zunächst den Pfahl, den senkrecht in die Erde eingelassenen Holzstamm."

[114] Cf. 2Kor 8,9 mit Platon, Apol. 23b. 31c.

[115] Obgleich die Themenstellung „1Kor 1 ff und die sokratische Tradition" auf der Hand liegt, wurde sie bislang nicht monographisch bearbeitet. U. *Wilckens,* Weisheit und Torheit, BHTh 26, 1959, schließt dies aus seiner Betrachtung aus (3f). Für 2Kor 10–13 liegt die exemplarische Studie von H. D. *Betz* vor (s. o. Anm. 101). In welchem Maß Paulus in sokratischer Tradition spricht, wird durch folgende Bezüge deutlich: σοφία ἀνθρώπων, ἀνθρωπίνη σοφία (1Kor 2,5.13) Apol. 20d. 23a (zu κατ' ἄνθρωπον σοφία cf. Gal. 1,1.11); σοφώτερος, σοφία (1Kor 1,25; 2,6ff) Apol. 21a.c; überhaupt 20dff; ἀποκρύπτειν τὴν σοφίαν (cf. 1Kor 2,7) Apol. 22e; σύνοιδα (1Kor 4,4) Apol. 21b; δοκεῖν (1Kor 3,18) Apol. 21c. 22a u. ö.; τί εἰδέναι (1Kor 2,2) Apol. 21d. 22a; πείθειν κτλ., antirhetorisch (1Kor 2,4) Apol. 17a.

„Logik" nur noch ein vornehmeres Wort für „Sprache"[116]. Was keinerlei Sprache hat, hat auch keinerlei Logik. Somit ist die Frage nach der Sprache des Dinges fundamental; um von einer Logik des Kreuzes reden zu können, müßte zuerst der Logos des Kreuzes gefunden sein. Der Logos des Kreuzes gehört ohne Zweifel in die Gattung der Sprache der Dinge, da in ihm laut werden soll, was das Kreuz von sich selbst her sagt. Welcher Unterschied zwischen Logos des Kreuzes und Logos der Weisheit[117]! Der Logos der Weisheit[117] ist selbstgenügsame Sprachimmanenz. Der Logos des Kreuzes dagegen gehört in die Nähe der Sprache des Blutes, die beim Mittler Jesus mächtiger spricht als bei Abel[118]. Aber daß das Kreuz Sprache habe, wo doch anderseits gilt, daß es dumm und stumm ist, das ist die Denkherausforderung. Wir halten sie fest, indem wir sagen: λόγος τοῦ σταυροῦ ist eher Dingsprache als Sprachsprache, eher Dingweisheit als Wortweisheit.

Kann also das Wort vom Kreuz niemals ein Text von der Sorte der Logik des Kreuzes sein, so bleibt schließlich die Frage zu prüfen, ob ein narrativer Text Wort vom Kreuz sein kann, wenn schon der argumentative versagt. Erzählung ist eine Sprachform, in der das nicht systemimmanente, kontingente und unvorhersehbare Ereignis zur Sprache kommt, und diese allgemeine Charakterisierung trifft natürlich auch auf das Ereignis des Kreuzestodes Jesu zu. Aber einerseits ist es schwierig, einen soteriologischen Text dieser Sorte bei Paulus überhaupt ausfindig zu machen, falls man sich nicht auf verbale Spurenelemente von Narrativität zurückzieht[119], anderseits reicht der Gesichtspunkt der Narrati-

---

[116] Man verfolge eine Reihe wie diese: Logologik; Logik des Mythos, der Phantasie, des Herzens, des Unbewußten, Wahnlogik, Logik des Leibes, Schicksalslogik. Dabei nimmt mit zunehmender Reduktion der Sprachartigkeit des Bezugnomens auch der übertragene Sinn des Logischen zu. Wenn wir die Symbole dieser Symbolik daneben stellen: „Logik des Kreuzes" (W.-D. *Marsch*), „Logik der Versöhnung", „Logik des Tausches" (F. *Stentzler*), „Logik des Geldes" (B. *Moll*; F. *Wagner*), „Opferlogik" (B. *Janowski*), dann zeigt sich leicht, daß alle diese Ausdrücke die Sprachartigkeit ihres Gegenstandes stillschweigend voraussetzen, ohne sie einzuführen. S. o. Anm. 69. Die damit gestellte Denkherausforderung zeigte sich leichter, wenn überall statt von „Logik" von „Sprache" die Rede wäre. Was keine Sprache hat, hat auch keine Logik, sondern ist ein ἄλογον.

[117] λόγος σοφίας (1Kor 2,4.13; 12,8), sich mit σοφία λόγου (1Kor 1,17) im Kreise drehend.

[118] Hebr 12,24.

[119] H. *Weder*, Das Kreuz Jesu (s. o. Anm. 74), legt großen Wert auf die Narrativität des Wortes vom Kreuz; er findet sie aber bei Paulus nur in geringen Spurenelementen, nämlich verbalen Formulierungen wie z. B. 1Kor 1,20f.23 (S. 155 Anm. 126) oder in 1Kor 15,3–5 (S. 139), ausführlicher dagegen in der Passionserzählung der Evangelien. Obgleich einerseits sehr pointiert gesagt werden kann: „Christus als Gotteskraft und Gottesweisheit kann nicht anders als durch die Erzählung der Geschichte seines Kreuzes und seiner Auferweckung zur Sprache kommen" (155), endet die Suche nach der Sprache des Kreuzes enttäuschend: „Wie die angemessene Rede von Christus, eben der λόγος τοῦ σταυροῦ ..., hinsichtlich seiner Sprachform ausgesehen hat, ist nicht mehr zu erheben" (136 Anm. 66).

vität nicht zur Qualifizierung des Wortes vom Kreuz aus, vielmehr ist Passionserzählung eine individuelle Art von Narration[120]. Daraus folgt aber, daß Wort
vom Kreuz sich bisher nur als unerfüllter Titel eingestellt hat, als Text aber allen
bisher ausgelegten, zu grobmaschigen Fangnetzen entschlüpft. Es ist die Hoffnung auf Erfüllung dieses Titels, die diese Symbolik antreibt.

Der Weg vom Wort zum Wort vom Kreuz endet an dieser Stelle. Es hat sich
gezeigt: die bisherigen Vorschläge konnten die Individualität des Wortes vom
Kreuz nicht treffen. Es gibt Sprachformen, die durchaus nicht ohne Affinität
zum Wort vom Kreuz sind. Etwa die sokratische Dialektik in ihrer Neigung zum
Chiasmus, vor und außerhalb des Kreuzes entstanden; nicht deshalb schon ohne
kreuzestheologische Kraft, aber nicht Sprachwerdung des Kreuzes in frühester
Schicht. Oder die Narration, die dem Sprache verleiht, was unableitbar geschieht, auch vor und außerhalb des Kreuzes entstanden, aber deshalb nicht
schon ohne kreuzestheologische Kraft, wie sich am puren Dasein von Passionserzählungen zeigt. Und dennoch ist auch Passionserzählung noch nicht Wort
vom Kreuz in ursprünglichster Schicht. Diese beiden Formen – Formen natürlich auch von Kreuzestheologie – ergeben sich bereits aus dem puren Dasein von
Sprache, denn Dialektik und Narrativität sind Formen, die die Sprache von sich
aus unterhält. Gipfel einer Kreuzestheologie, die sich beim Gang vom Wort zum
Wort vom Kreuz aus dem puren Dasein von Sprache ergibt, ist – bei Wendung
der gesprochenen Sprache in die buchstäbliche – die literarische Kreuzfiguren-
komposition und das akrostichische Figurengedicht[121]. So ist „De signaculo
sanctae crucis" von Venantius Fortunatus ein Text, der vollzieht, was er ver-
heißt, indem sich durch Quer-, Schräg- und Längslesen einer zweiten Hymne
durch den Text der ersten hindurch die sichtbare Gestalt eines Kreuzes ergibt.
Hier wird das Problem des Wortes vom Kreuz gelöst, indem dieses im Medium
der Buchstabenschrift zum reinen Kreuzwort wurde. Das Kreuzwort ist als
vollkommenste Realisierung des Kreuzes in der Sprache zugleich gänzliche
Entleerung des Kreuzes und Verkehrung des Wortes vom Kreuz in Wortweisheit.

b) Das Kreuz und das Wort vom Kreuz

Nachdem der bisherige Weg – vom Wort zum Wort vom Kreuz – zu unserer
Enttäuschung und Erheiterung zugleich beim bloßen Kreuzwort geendet hat, ist
nach der Ursache des Scheiterns zu fragen. Das Kreuzwort ist nur die äußerste,
bereits skurrile Spitze des Versuchs, das Kreuz so vollkommen wie nur möglich
in Sprache nachzubilden. Ein ähnliches Bestreben war in Dialektik und Narra-

---

[120] S. u. bei Anm. 428 ff.

[121] Zu Kreuzfigurenkompositionen: M. *Wehrli,* Literatur im deutschen Mittelalter,
1984, S. 230–233. Venantius Fortunatus, De signaculo sanctae crucis (carm. II, IV) – ein
Kreuzwort, das keine schwarzen Quadrate enthält–, findet sich bei R. *Assunto,* Die
Theorie des Schönen im Mittelalter, 1982, S. 171.

tion am Platz: Versuche, das Kreuz durch Kreuzförmigkeit der Sprache zu wiederholen. Resultat: Jetzt ist das Kreuz in der Sprache da, aber als Kreuz vollständig entleert. Ja es gilt geradezu: Je vollkommener das Kreuz in Sprache nachgebildet ist, desto mehr wird es als Kreuz entleert. Das Wort zum Wort vom Kreuz dadurch machen zu wollen, daß es immer kreuzartiger wird: das ist ein Weg, der zu Enttäuschung führt, aber auch erheitert. Etwa die bekannte These, daß Kreuzestheologie in ursprünglichem Sinn immer polemisch sei[122]: hier ist der naive Abbildungseifer am Werk, Polemik vermöge, wohl weil sich in ihr etwas kreuzt, Nachahmung des Kreuzes zu sein. Das Problem ist nur: wie soll Polemik, in der wir immer schon sind, überhaupt sinnvoll unterlassen werden? Wodurch läßt sich Kreuzes-Polemik von derjenigen unterscheiden, in der wir immer schon sind? Ähnliche Fragen wie bei Dialektik und Narration! Die Gefahr besteht, daß Kreuzestheologie nur der Ideologisierung von Polemik dient, zumal sie ja, letztes Wort das sie ist, immer mit dem letzten Wort je dieses Theologen verwechselt wird (der meist ich bin). Daß Kreuzestheologie Polemik auslöst, kann nicht sinnvoll bestritten werden, schon weil Polemik sich nie ausschließen läßt; aber daß Polemik in die ursprüngliche Sprachschicht des Wortes vom Kreuz gehöre, ist auf keinen Fall zuzugeben, sonst wäre der letzte Polemiker jeweils der erste Kreuzestheologe. Fazit: Das Wort vom Kreuz wird nicht konstituiert durch Kreuzähnlichkeit des Wortes. Oder die andere bekannte These, die von Theologie fordert, nicht nur vom Kreuz zu reden, sondern selber gekreuzigte Theologie zu sein[123]: Intensivierung von Mimesis mit dem Resultat einer vollständigen Perversion von Kreuzestheologie. So schätzbar die transzendentale Wende an ihrem Ort ist, so ist sie nicht an sich Kreuzestheologie. Selbstrückbezüglichkeit der Sprache gibt es auch vor und außerhalb der Kreuzestheologie. Die kreuzestheologisch ideologisierte Selbstrückbezüglichkeit steht aber in Gefahr, Selbstgenügen und – da Kreuzestheologie! – Selbstmitleid zu produzieren, was in Verbindung mit dem – kreuzestheologisch sich leicht einstellenden – elitären Bewußtsein in unvermutetem Sinn das Kreuz einer Theologie ohne Zweifel erhöht. Mit einem Wort: Eine Theologie mag sich so gekreuzigt gebärden wie sie will, sie ist deshalb noch nicht Kreuzestheologie. Das Wort vom Kreuz impliziert keine Selbstrückbezüglichkeit der Sprache, sondern ist ein ganz an seinen Gegenstand hingegebenes Wort. Sodaß gilt: Um Wort vom Kreuz zu sein, bedarf dieses Wort keiner Kreuzähnlichkeit.

---

[122] E. *Käsemann* behauptet, „daß das Stichwort ‚Kreuzestheologie' in unpolemischem Gebrauch seinen ursprünglichen Sinn verliert" (Die Heilsbedeutung des Todes Jesu bei Paulus, in: Ders., Paulinische Perspektiven, 1969, 61–107, S. 67).

[123] K. *Rahner,* Art. Theologia crucis II, LThK 10², 1965, Sp. 61: „Theologia crucis kann ... das Stichwort eines wesentl. formalen Charakteristikums der Selbstkritik (also hier nicht Gegenstandsbereich, obwohl diese beiden Momente sich gegenseitig bedingen) in jeder wirklich christl. Theologie sein. Die Theologie ist selber gekreuzigte Theologie u. redet nicht nur vom Kreuz." Der Wanderung dieses *Rahner*-Diktums von Mund zu Mund (und daher auch von Qualität der jeweiligen Theologie zu Qualität der jeweiligen Theologie) vermag der Leser nur mit Heiterkeit zu folgen.

Natürlich steckt hinter solchem Ab- und Nachbildungszwang das Ernst- und Gutmeinen, die Sprache so weit wie möglich in Übereinstimmung zu ihrem Gegenstand zu bringen; aber Sprache tut anders, als es das Meinen will. Gerade wenn sie genötigt wird, das Ding noch einmal zu sein – Sprache als „zweites Ding"[124] –, verfehlt sie es gründlich. Abbilden kann sie nur durch Kreuzförmiges, das sie schon vor und außerhalb des Kreuzes in sich trägt: Dialektik, Polemik, Selbstrückbezüglichkeit, Narration[125]. Aber sprachimmanentes Kreuz ist immer Ausdruck von Wortweisheit. So sehr die Sprache Anlaß gibt zur Auffindung eines Kreuzes auch in ihr, so ist dies nicht das Kreuz Christi, vielmehr Entleerung, Verschonung vor dem Kreuz durch Anrufung eines sprachimmanenten Kreuzes. Dies wäre ein Mißbrauch der reformatorischen Parole solo verbo[126]. Das Kreuz mutet der Sprache zu, sich nicht mehr auf sich, sondern auf die Dinge zu beziehen. Dazu muß Öffnung auf die Dinge stattfinden, die sinnvollerweise Öffnung der Augen ist. Vor die Augen treten Kreuz und Gekreuzigter.

Daß das Wort vom Kreuz den Gekreuzigten vor Augen malt: das ist die tiefstmögliche Qualifizierung des Wortes vom Kreuz, die Paulus über 1Kor 1f hinaus in Gal 3 vorträgt. Unbestritten war den Galatern „Jesus Christus vor die Augen gemalt ... als der Gekreuzigte" (3,1)[127]. Selbstverständlich ist damit nicht Andacht vor dem Passionsbild gemeint, die in der Tradition der frommen Sprache immer anklingt, wenn vom Bild des Gekreuzigten die Rede ist, in dem er dem Betrachter vor Augen tritt[128]. Sondern das Vor-Augen-Malen des Ge-

---

[124] B. *Liebrucks,* Sprache und Bewußtsein I (s. o. Anm. 88), 13. 46.

[125] Von der crux interpretum ganz zu schweigen: Die Abbildungstheorie der Sprache verlangte, daß das Kreuz desto besser zur Sprache käme, je größer die cruces interpretum.

[126] Die gekreuzigte Kreuzestheologie wäre ohne Zweifel in hohem Maß eine Theologie solo verbo, falls dies eine Bequemlichkeitsparole wäre. Solche Sätze Luthers wie z. B.: „Das wort, das wort, das wort..., das wort thuts, Denn ob Christus tausentmal für uns gegeben und gecreutzigt würde, were es alles umb sonst, wenn nicht das wort Gottes keme" (WA 18; 202, 37ff; cf. 23; 189, 28ff) berechtigen keinesfalls zu einer selbstgenügsamen Sprachimmanenz. Bezeichnenderweise lautet Luthers Hauptsatz zur Kreuzestheologie „CRUX sola est nostra theologia" (WA 5; 176, 32f; AWA 2/II, 1981, 319). Nicht das Wort vom Kreuz ist Gottesrede (ϑεο – λογία), sondern das Kreuz: erst die Widersinnigkeit, daß dieses Ding und Ereignis Gotteswort ist und also spricht, treibt so etwas wie theologia crucis hervor.

[127] ἐσταυρωμένος nur hier und 1Kor 1,23; 2,2. Außerdem Mk 16,6par (s. o. Anm. 71.2). Das Vor-Augen-Gemaltsein des Gekreuzigten als Wirkung der paulinischen Missionspredigt ist zwischen Galatern und Paulus unbestritten.

[128] Zum Bild des Gekreuzigten: E. *Panofsky,* ‚Imago Pietatis'. Ein Beitrag zur Typengeschichte des ‚Schmerzensmanns' und der ‚Maria Mediatrix', in: FS M. J. *Friedländer,* 1927, 261–308, S. 264: „Der Begriff des ‚Andachtsbildes' in dem spezifischen Sinn, wie wir das Wort vor allem angesichts bestimmter Neuschöpfungen des 14. Jahrhunderts zu brauchen gewöhnt sind, läßt sich ... nach zwei Seiten hin abgrenzen: zum einen gegen den Begriff des szenischen ‚Historienbildes', zum andern gegen den des hieratischen oder kultischen ‚Repräsentationsbildes'. Von beiden ... Formen unterscheidet sich das ‚Andachtsbild' in

kreuzigten ist rein sprachlicher, rhetorischer Vorgang. Die Qualifizierung als rhetorisch heißt nicht, daß der Rede noch etwas hinzugefügt würde, damit sie wirksam sei, sondern bedeutet unmittelbar gegenwärtige Wirksamkeit – in diesem Fall: des Gekreuzigten – in der Rede. Das Vermögen, ohne Bild, allein durch Worte den Gekreuzigten vor Augen zu stellen: das ist die bisher ursprünglichste Qualität des Wortes vom Kreuz – eines Wortes also, das, indem es spricht, malt. Vor-Augen-Malen durch Worte ist ein Topos der klassischen Rhetorik[129]. Aufgabe des Rhetors ist es, den Hörern die Dinge dadurch lebendig zu machen, daß er sie ihnen vor Augen malt. Dies ist nicht ein rezeptionsästhetischer Vorgang, vielmehr eine Frage der rhetorischen Produktion. Zwar scheint Quintilian durchaus auf Wirkung zu blicken: das Vor-Augen-Malen ist Entstehen eines Phantasiebildes oder einer Vision beim Hörer, durch die abwesende Dinge wie gegenwärtig zu sehen sind. Aber seinen Grund hat dies darin, daß eine Metapher gesetzt wurde, und Zweck der Metapher ist größtenteils der, Dinge vor Augen zu stellen[130]. Cicero und Aristoteles dagegen konzentrieren sich ganz auf den Ursprung der vor-Augen-malenden Rede in der Metapher. Nach Ari-

---

einem ähnlichen Sinn, wie etwa die Lyrik sich auf der einen Seite von der Epik und Dramatik, auf der andern von der liturgischen Dichtung unterscheidet: durch die Tendenz, dem betrachtenden Einzelbewußtsein die Möglichkeit zu einer *kontemplativen Versenkung* in den betrachteten Inhalt zu geben, d. h. das Subjekt mit dem Objekt seelisch gleichsam verschmelzen zu lassen." Gegen die Identifizierung mit dem Andachtsbild gelten beim Kultbild „Niveauunterschied", beim erzählenden Bild „Abstand". – A. *Reinle,* Art. Andachtsbild, LMA 1, 1980, 582–588. H. *Belting,* Das Bild und sein Publikum im Mittelalter. Form und Funktion früher Bildtafeln der Passion, 1981, S. 69 ff.

[129] So nach J. J. Wettstein (1752) H. D. *Betz,* Galatians. A Commentary on Paul's Letter to the Churches in Galatia, Philadelphia 1979, S. 131 Anm. 36. Zum Glück ergab sich bei 1 Kor 1 (s. o. Anm. 102 f) kein Zwang, die Rhetorik vom paulinischen Wort vom Kreuz abzuweisen, denn Gal 3,1 duldet nicht bloß, sondern fordert geradezu rhetorische Qualität.

[130] Quintilian, Inst.or. VI, 2,29 (ed. *Rahn* I, 708 f): at quo modo fiet, ut adficiamur? neque enim sunt motus in nostra potestate. temptabo etiam de hoc dicere. quas φαντασίας Graeci vocant (nos sane visiones appellemus), per quas imagines rerum absentium ita repraesentantur animo, ut eas cernere oculis ac praesentes habere videamur. Dieser Gesichtspunkt aus der Wirkung findet seine Ergänzung, indem zur Produktion auf die Metapher verwiesen wird (Inst.or. VIII, 6,19 [ed. *Rahn* II, 224]): nam translatio [= metaphora] permovendis animis plerumque et signandis rebus ac sub oculos subiciendis reperta est.

Am Rande bemerkt: Der Terminus visio, den Quintilian hier gebraucht, erlaubt es, dasjenige, was die Galater bei ihrer Berufung (Gal 1,6) durch die vor-Augen-malende Wirkung des paulinischen Wortes vom Kreuz sahen, versuchsweise in Analogie zu setzen zu dem, was Paulus selbst gesehen hat im Ereignis seiner Berufung (Gal 1,15 f). Diese Hypothese befreit nicht nur von den Peinlichkeiten der Religionspsychologie, sondern ebenso von der Peinlichkeit der Vision (die durch Audition gezügelt werden muß; die anderen Menschen nicht mitteilbar sei: s. C. *Dietzfelbinger,* Die Berufung des Paulus als Ursprung seiner Theologie, WMANT 58, 1985, S. 43–64), indem sie die Vision in jeder Hinsicht als durch Audition hervorgerufen zu denken gestattet. S. u. Anm. 203.

stoteles gehört Vor-Augen-Führen in die rhetorische Metaphernlehre, genauso wie das Bild zur Metapher gehört; das Bild ist Metapher. Vor-Augen-Führen kann dadurch geschehen, daß Unlebendiges lebendig, Unbeseeltes beseelt geschildert wird[131] – oder Stummes redend, wie wir hinzufügen möchten, falls es nur redet. Schließlich erinnert Cicero daran, daß Vor-Augen-Stellen nur eine unter anderen Übertragungsweisen ist, die prinzipiell von und zu allen Sinnen stattfinden, zum Sehsinn aber besonders[132]. Daraus folgt: Die Metapher ist derjenige Ort der Sprache, an dem nicht nur das visuelle Bild – wenngleich dies zumeist und besonders – ankommt und wiederum vor Augen gestellt wird, sondern die anderen Sinnesarten und -gegenstände ebenso, sodaß eine rhetorisch gekonnte Rede nicht nur malt, um gesehen, sondern auch schmeckt, um verschlungen zu werden, wie es alter prophetischer und poetischer Worterfahrung entspricht. Aber das Sehen des Vor-Augen-Gestellten ist nicht Sehen eines zu Sehenden, sondern Sehen des Gehörten, ebenso wie das Verschlingen des Schmeckenden nicht Schmecken eines zu Schmeckenden ist, sondern Schmekken des Gehörten. Die Metapher transferiert Sinn, Gefühl oder Affekt nicht unmittelbar, sondern über eine Brechung seiner Direktheit durch Sprache. Ist also metaphorische Rede keinesfalls Rede über Sinne und Affekte[133], sondern in und mit der Rede geschehender Transfer und Verwandlung dieses Affekts, so eröffnet sich hinter der bloßen Beschreibungssprache eine frühere Sprachschicht, in die das Wort vom Kreuz gehört, wenn es vor Augen stellt. Der rhetorische Topos des Vor-Augen-Stellens qualifiziert die dazugehörige Rede als metaphorisch. Metaphern sind offenbar Affekte, oder genauer: waren Affekte, da Affekte in der Rede nicht mehr von blinder Kraft sind, sondern so, daß ihre Kraft zugleich von Bedeutung erleuchtet ist. Damit ist eine erste Charakterisierung des Wortes vom Kreuz hinsichtlich seiner rhetorischen Gestalt gegeben.

Die rhetorische Interpretation des Vor-Augen-Stellens ist aber noch nicht stabil genug gegen Mißbrauch. Wie immer droht dem Rhetorischen ein bloß

---

[131] Aristoteles, Rhet. III, 10f. Der Grundsatz: Ἔστιν δὲ καὶ ἡ εἰκὼν μεταφορά (Rhet. 1406b20) findet sich wieder Rhet. 1410b15ff. Vor-Augen-Führen (πρὸ ὀμμάτων ποιεῖν) heißt: etwas in seiner ihm eigenen Wirksamkeit zum Ausdruck kommen lassen (Rhet. 1411b24f), d. h. das Tun ist in diesem Fall ein Lassen. Es ist ein und dasselbe: πρὸ ὀμμάτων ποιεῖν und τὰ ἄψυχα ἔμψυχα ποιεῖν: beides geschieht διὰ τῆς μεταφορᾶς (Rhet. 1411b31ff).

[132] Cicero, De orat. III, 40, 160f: omnis translatio ... ad sensus ipsos admovetur, maxime oculorum, qui est sensus acerrimus. Nam et odor urbanitatis, et mollitudo humanitatis, et murmur maris, et dulcedo orationis, sunt ducta a ceteris sensibus; illa vero oculorum multo acriora quae ponunt paene in conspectu animi, quae cernere et videre non possumus. – Man beachte, daß Cicero eine Übertragungsrichtung sowohl ad sensus wie a sensibus nennt.

[133] G. *Kurz*, Metapher, Allegorie, Symbol, 1982, S. 23f: „Die Metapher ‚stellt vor Augen‘, sagt Aristoteles. Bei der Metapher assoziieren wir jedoch nicht notwendig ein visuelles ‚Bild‘, oft besteht ihre Wirkung einzig darin, eine affektive Einstellung zu erzeugen. ... Die Metapher redet nicht über Gefühle, Eindrücke oder Gedanken, sie verkörpert sie, sie will sie erleben lassen...“

instrumenteller Gebrauch der Sprache zum Bewirken des gewünschten Affektes, und zwar möglichst ohne dessen Verwandlung. Die gegebene günstige Interpretation des Rhetorischen wird dadurch stabilisiert, daß beim πϱὸ ὀμμάτων ποιεῖν das Verb in starkem Sinn genommen wird. Der Vorgang des Sich-Öffnens der Sprache auf Wirklichkeit, und zwar so, daß sie diese nicht nur beschreibt, sondern durch sich selbst transferiert und verwandelt, erfordert poetische Interpretation. In der Tat gehört das Vor-Augen-Stellen zur Dichtersprache, die die dichterische Metamorphose vollzieht, daß sich Lebendiges in Unlebendiges und wiederum Unlebendiges in Lebendiges verwandelt[134]. Natürlich kann dieses dichterische Tun bloß subjektiv gedeutet werden; dann entspringt es dichterischer Phantasie und Lizenz und ruft die vermeintlich objektive Gegenforderung nach strenger dichterischer Mimesis auf den Plan. Oder es wird dieser Gegensatz samt seinem Prinzip, der Forderung nach Abbildung durch Sprache, überhaupt preisgegeben: dann ist dichterisches Tun in seiner höchsten Aktivität einzig und allein darauf gerichtet, die Aktivität der Dinge zu wecken und wirken zu lassen. Wenn im Handeln des Dichters reines Selbst-Handeln der Dinge hervortritt, dann ist Präsenz bei den Dingen eingetreten, reine Evidenz. In der Evidenz vollendet sich das ante oculos ponere[135]. Es zeigt sich: Diese Formel gehört nicht nur in eine rhetorische, sondern in eine poetische Metaphernlehre, ja das Wirksame im rhetorischen Vor-Augen-Stellen ist im Grund das Poetische. Im Vor-Augen-Stellen ereignet sich, daß die Dinge durch das dichterische Erzeugtsein hindurch in ihrem reinen Sich-Erzeugen erscheinen, als handelten sie aus sich selbst heraus[136]. Ein Handeln ohne Zweifel, in dem der Dinge dingliches Handeln ganz in sprachliches überführt und verwandelt wurde. Diese Erkenntnis der poetischen Natur der Sprache zerstört gründlich die naive Vorstellung, als vermöge eine Beschreibungssprache die Dinge einfach in sich einzusaugen oder sich an ihnen auszuhauchen; nur hochaktivem poetischen Handeln erscheinen die Dinge in ihrem Selbsthandeln. Damit gelingt eine zweite Charakterisierung des Wortes vom Kreuz: Weder ist das Wort vom Kreuz das Wort „Kreuz", noch Kreuzwort, noch Beschreibung des Kreuzes usw., sondern

---

[134] G. *Lieberg,* Poeta Creator. Studien zu einer Figur der antiken Dichtung, Amsterdam 1982, hat es anläßlich von Vergil, Ecl. VI, 62f damit zu tun, daß im dichterischen Gesang menschliche Wesen zu Erlen werden (τὰ ἔμψυχα ἄψυχα ποιεῖν), was natürlich auch den umgekehrten Vorgang in die Macht des Dichters legt (τὰ ἄψυχα ἔμψυχα ποιεῖν). Ποιεῖν im Sinn des Tuns des Dichters, „daß er – nach Servius zur Stelle – die geschehene Begebenheit nicht zu besingen, sondern sie selbst durch sein Singen gleichsam zu erschaffen scheint" – ut quasi non factam rem cantare, sed ipse eam cantando facere videatur (*Lieberg* 8f).

[135] H. *Lausberg,* Handbuch (s. o. Anm. 14), § 810.

[136] Evidenz (ἐνέϱγεια oder ἐνάϱγεια) „führt uns die Dinge so vor Augen..., als handelten sie aus sich heraus" (G. *Lieberg,* aaO. 10). *Lieberg* zitiert aus einem Kommentator: quod poeta imitandis rebus tantum polleat, ut eas ipsas ante oculos ponere videatur, quae virtus ἐνέϱγεια vel ἐνάϱγεια a Graecis dicitur, quasi dicas operationem ipsarum rerum.

es ist dasjenige, was das Kreuz von sich selbst her sagt. Diese Formulierung ist genau so sinnig oder unsinnig wie Verwandlung eines Unlebendigen in Lebendiges – die aber in dichterischer Sprache tatsächlich geschieht. Den Gekreuzigten vor Augen zu stellen im Wort vom Kreuz, hat nach poetischer Interpretation den Sinn, vom Kreuz so zu sprechen, daß es von sich selbst her spricht.

An dieser Stelle ist eine dritte Charakterisierung des Wortes vom Kreuz aus Gal 3,1 einzuführen, die zugleich weiterweist auf Gal 3,13. Daß das einstmals wirksam vor Augen gemalte aus den Augen wiederum verloren wird: dies kann nur auf Zauber zurückgehen. Zauber bedeutet hier diejenige Faszination, die durch die Macht des Wortes geschieht[137]. Nun aber war, wie zu sehen, Macht auch vom Wort des Paulus ausgegangen, so daß Macht gegen Macht steht, damit aber auch Zauber gegen Zauber. Keineswegs gelingt es, den Zauber bloß der gegnerischen Rede zuzuweisen, vielmehr Zauber sind beide. Zauber einer Rede, die den Boden unter den Füßen verloren hat, auf der einen, Zauber einer Rede, in der das Ding von sich selbst her spricht, auf der anderen Seite. Diese Vermutung eines bezaubernden Charakters auch des paulinischen Wortes vom Kreuz liegt ganz im Rahmen der Auffassung des Galaterbriefs als eines magischen Briefes[138]. Rhetorisches Überzeugenwollen ist nur Oberfläche, Kern des Rhetorischen ist das Poetische, Kern des Poetischen ist das Magische. Das Wort vom Kreuz ist erst richtig verstanden, wenn es in einer dritten Charakterisierung als magisch erkannt wird. Dabei ist jeder Uferlosigkeit des Wortes Magie dadurch eine scharfe Grenze gesetzt, daß es sich bei der Magie des Poetischen ausschließlich um Sprachmagie handelt[139]. Von Sprachmagie in Hinsicht auf das Wort vom Kreuz zu reden, läßt sich um so weniger vermeiden, als diesem Gotteskraft zukommt. Und zwar als Segen und Fluch. Hier führt Gal 3,13 einen Schritt weiter von der Sprache des Paulus in die Sprache des Kreuzes hinein. Diese Stelle, durch die Erwähnung des „Holzes" zur Rubrik „Kreuz" gehörend, hat eine überaus komplexe Symbolstruktur mit mehrfachen Schichten. In der Art, wie eine Schicht zur andern und schließlich zum Kern fortweist, ist Gal 3,13

---

[137] H. *Weder,* Das Kreuz Jesu (s. o. Anm. 74), S. 184: Die Galater „haben sich von Worten bezaubern lassen, die einen andern Jesus als den Gekréuzigten zum Inhalt hatten. Dieser unauffällige Zauber, der von Worten ausgeht, die den Boden der Tatsachen unter den Füßen verloren haben, ist gerade wegen seiner Unauffälligkeit so mächtig." Auf die gemeinsame Etymologie von βασκαίνειν und fascinare hat *Weder* in seiner ungedruckten Antrittsvorlesung vom 11. 2. 1980 hingewiesen (Über die Verzauberung der Galater. Anmerkungen zum Verständnis von Gal 3,1).

[138] H. D. *Betz,* Galatians (s. o. Anm. 129), S. 25: Gal als magical letter. Paul does not simply rely on the ‚art of persuasion' and its system of rational argumentation, although this system is used to yield as much as it can. ... He also introduces the dimension of magic, that is, the curse and the blessing, as inescapable instruments of the Spirit, in order to confront the Galatians with the choice between salvation and condemnation. – Gal beginnt mit Fluch gegen die Verzauberer der Gemeinde (1,8 f) und endet mit Segen für die Gemeinde (6,16).

[139] G. *Lieberg,* Poeta Creator (s. o. Anm. 134), S. 34–39.

geradezu Modell dieser Symbolik[140]. Im innersten Kern findet sich in einzigartiger Weise Antwort auf die Frage: Was sagt das Kreuz von sich selbst her? Die
Auskunft: Es flucht, und zwar als Gegenfluch zum Fluch des Gesetzes als dem
Status, aus welchem erlöst werden muß. Der Fluch des Gesetzes ballt sich darin
zusammen, daß der Gekreuzigte Verfluchter ist, und zwar als Objekt des Fluches, ebenso dahinverflucht wie dahingekreuzigt. Überraschend daher die Formulierung, daß Christus Fluch ist, nicht nur Verfluchter. Ist aber der Gekreuzigte nicht nur in jeder Hinsicht Verfluchter, sondern selbst Fluch, so ist damit ein
Wechsel von Passivität zu Aktivität verbunden, und dieses aktive Fluchen vom
Kreuz her ist als Fluch des Fluches die soteriologische Wende[141]. Ist dies richtig,
so büßt das Gesetz seine Wirkung nicht nur dadurch ein, daß es sich am Kreuz
Jesu ausgeflucht, ausgewirkt, ausgelaufen und also in innerer Teleologie erschöpft hat, so daß das Kreuz die ganze herausgefluchte Masse darstellt, sondern
dadurch, daß dem Fluch des Gesetzes ein Gegenfluch entsteht, der das Ende des
Gesetzes vollzieht. Das Kreuz ist heilsam nicht als Erschöpfung und Passivität,
sondern durch gegenkräftige Aktivität. Dies ist ein Hinweis auf die Sprache des
Kreuzes, die, in Präzisierung des Rhetorischen und Poetischen durch das Magi-

---

[140] Die äußerste Schicht von Gal 3,13 hat zum Leitwort „Kreuz" („Holz"); dies wird
außerdem signalisiert durch die ringartige Komposition des Mittelteils (Gal 3,1 /
5,11.24). Analog zu 1Kor 1 f (das Kreuz und seine Wirkung auf die Weisheit) geht es in Gal
3–5 um das Kreuz und seine Wirkung auf das Gesetz. Evidenz über diesen Zusammenhang schafft Gal 3,13, jedoch nicht so, daß Kreuz und Gesetz in direkte Konfrontation
gebracht würden, sondern durch Vermittlung anderer Symbolschichten mit je eigener
Bildwelt. In charakteristischer Weise steht hier die Kreuzessymbolik nicht allein, sondern
gewinnt ihre soteriologische Kraft durch Sukkurs älterer, vorpaulinischer Schichten.
„Nur an dieser einen Stelle in 3,13 ... verbindet sich in sachlich bedeutsamer Weise direkt
das ,für uns' der traditionellen Formulierung aus der vor- und nebenpaulinischen Überlieferung mit den zweifellos spezifisch paulinischen Aussagen über das Kreuz Christi; d. h.
die Relevanz des Kreuzes wird in dieser Schlüsselstelle mit dem traditionellen ὑπέρ der
Deutung des *Todes* Jesu gewonnen!" (H.-W. *Kuhn,* Jesus als Gekreuzigter [s. o. Anm. 71],
S. 35). Als Schicht jenseits des Kreuzes findet sich zunächst die vorpaulinische Aussage
vom Loskauf, aber wiederum ruht auch diese nicht in sich selbst (s. H. *Weder,* Das Kreuz
Jesu [s. o. Anm. 74], S. 187), sondern weist zurück auf die letzte Schicht: den Fluch, von
dem Christus durch das Kreuz losgekauft hat.
[141] Der Fluch des Gesetzes (singulär in Gal 3,13) besteht darin, daß diejenigen, die dem
Tun des Gesetzes leben, nicht wie verheißen das Leben, sondern den Tod empfangen
(3,10). Dies in der Zuspitzung, daß nicht nur Mißbrauch das Gesetz zum Fluch macht,
sondern daß es Fluch bereits an sich ist. Der Fluch des Gesetzes, diese Formel immer als
aktives Sprechen des Gesetzes verstanden, wird zweimal im Wortlaut zitiert (allgemein
Gal 3,10/Dt 27,26; speziell auf den, der am Holze hängt Gal 3,13/Dt 21,23). Dementsprechend ist das Fluchsein Christi als aktives Fluchen aufzufassen. Dazu präzis H. *Weder,* Das
Kreuz Jesu (s. o. Anm. 74), S. 188: „Der Wechsel von Verfluchtem zu Fluch ... ist ... aus
dem Grunde schwer zu verstehen, weil sich in ihm der Wechsel von der Sichtweise des
Gesetzes zur Sichtweise des Evangeliums verbirgt." Die Formeln „ausgewirkt", „ausge-
laufen" in dem Sinn, daß es jetzt mit Wirkung und Laufen des Gesetzes aus ist, gebraucht
Weder S. 189. 191. 193.

sche, als Fluch des Fluches beschrieben wird. Normalerweise wird als magisch derjenige Punkt bezeichnet, an dem die Sprache übergeht in nahezu rein wirkende Kraft, Wirkung der Sprache unter Abzug aller Sprachlichkeit ganz nach der Weise des Dings. Ist dies Art und Wirkung des Fluchs des Gesetzes, so setzt die Wendung zum Fluch des Fluches reine Sprachkraft des Evangeliums frei, wie es für eine Poetik der nicht gradlinigen, sondern entgegengesetzten Wirkungen angemessen ist[142]. Anders als die Gesetzesflüche findet sich der Fluch des Fluches nicht im Wortlaut zitiert. Sondern wie in 1Kor 1 f bleibt es auch hier bei einer Bezeichnung der Sprache des Kreuzes, ohne daß sie als Text erschiene. Daraus folgt, daß die Sprache des Kreuzes immer noch aussteht. Immerhin war nicht totale Dunkelheit des Kreuzes zu finden, rein stumme Todesmasse. Sondern etwas, was das Kreuz von sich selbst her spricht, der Fluch des Fluches. Ist der Fluch Sprache nahezu ganz als Ding, so der Fluch des Fluches Ding nahezu ganz als Sprache.

3. Symbolik des Kreuzes

Vom Wort vom Kreuz zum Kreuz zu gelangen: das war die erklärte Absicht dieses Teils der Symbolik. Auf diesem Weg sind wir nach dem bisher Betrachteten noch in der Nähe des Anfangs, keineswegs am Ziel. Denn was unser unmittelbares Sein angelangt, so befinden wir uns zu Beginn der Symbolik noch in komfortablen Textcorpora von ansprechender dialektischer und rhetorischer Qualität, allenfalls bei cruces interpretum, nicht aber beim Kreuz. Obgleich die Rede vom Wort vom Kreuz nicht Wort vom Kreuz ist, so vermochte sie doch Charakterisierungen zu geben, was dieses sei (§ 2.2b) und was nicht (§ 2.2a): in der Negation deutlich, in der Position kryptisch. Das Wort vom Kreuz selber hat sich noch nicht eingestellt. Dies Ziel steht noch aus. „Symbolik des Kreuzes" kann daher an dieser Stelle keinen End-, sondern nur einen Durchgangspunkt markieren. Erst dann hat sich die Symbolizität des Kreuzes in Tat und Wahrheit erfüllt, wenn das Kreuz nicht Ding, sondern sprechendes Ding ist, und somit Wort vom Kreuz vernehmbar wird als dasjenige Wort, das das Kreuz von sich selbst her sagt.

Ein elementarer Konflikt läßt sich gleich von vornherein beruhigen: Ist Symbolizität des Kreuzes theologisch zulässig, wünschbar – oder nicht? Deutlich genug klingt die Klage in den Ohren, das Kreuz dürfe, um nicht entleert zu werden, niemals zur bloßen Chiffre und Metapher werden, daher auch nicht Symbol[143]. Hier ist Symbolizität des Kreuzes Ende des theologisch wirksamen

---

[142] S. o. Anm. 90 und 92.

[143] Z. B. H.-W. *Kuhn*, Jesus als Gekreuzigter (s. o. Anm. 71), gegen Kreuz als Chiffre: S. 29; gegen Kreuz als Symbol: S. 12. 15. 24. 27; G. *Ebeling*, Dogmatik (s. o. Anm. 51) II, 151; H. *Weder*, Das Kreuz Jesu (s. o. Anm. 74), S. 132. 138. 146. Dagegen ist U. *Luz*ens Frage: „Was würde an der Wahrheit der Kreuzestheologie zerstört, wenn sich das Kreuz

Kreuzes. Das Unternehmen einer Symbolik wäre also an sich abwegig. In der Tat gibt es eine Art von Symbolisierung des Kreuzes, mit der diese Symbolik nichts zu tun hat. Was etwa die Bildwerdung des Gekreuzigten anlangt, so liegt sie sachlich und zeitlich außerhalb unseres Bereichs[144]. Ebenso das Symbolwerden im Sinne des Kreuzzeichens[145]. Auch die Entstehung des Kreuzes als Siegeszeichen (Tropaion) befindet sich außerhalb des dieser Symbolik zugrundeliegenden Zeitraums eines Vierteljahrhunderts nach Jesu Tod[146]. Weiter zurück als bis gegen Ende des 2. Jahrhunderts n. Chr. läßt sich das Kreuz Jesu als Symbol nicht verfolgen[147]. Während somit einerseits das Kreuzzeichen als Symbol erst lange nach der hier zentralen Epoche auftaucht, reicht es andererseits zurück bis in die jüdische Zeit, von seiner langen Vor- und Nachgeschichte bei nichtchristlichen Völkern ganz zu schweigen[148]. Daraus ergibt sich die merkwürdige Situation, daß einerseits das Kreuz als Symbol erst sehr spät auftaucht, andererseits aber geradezu immer dagewesen ist und sich zu Jesu realem Kreuz in gänzlicher Beliebigkeit befindet. Ist in diesem Sinn das Kreuz Ursymbol, dann ist mit einer selbständigen Vitalität des Kreuzsymbols zu rechnen, die des Kreuzes Jesu nicht weiter bedarf. Vom Kreuzsymbol zur Realität des Christuskreuzes führt kein

---

als ein von der Geschichte auch lösbares religiöses Symbol erwiese...?" (Theologia crucis [s. o. Anm. 71.2], S. 141) hinsichtlich der Symbolisierung vorschnell zuversichtlich.

[144] A. *Grillmeier,* Der Logos am Kreuz. Zur christlichen Symbolik der älteren Kreuzigungsdarstellung, 1956, S. 2: „Die erste Imago Christi crucifixi, die wir eindeutig datieren können, ... stammt ... aus dem Jahre 586 n. Chr."

[145] E. *Dinkler,* Das Kreuz als Siegeszeichen (1965), in: Ders., Signum crucis (s. o. Anm. 64), S. 74: „Die Geschichte des Kreuzes als christliches Symbol beginnt also – nach einer Vorgeschichte im Triumphkreuz der Passionssarkophage – in theodosianischer Zeit und – soweit die erhaltenen Denkmäler ein Urteil erlauben – wahrscheinlich in Byzanz."

[146] E. *Dinkler,* aaO. 73: „Es fügt sich in diesen Kunstkanon der Antike und Spätantike sinnvoll ein, daß die Aufnahme des Christus-Kreuzes als Symbol gerade über den *Sieges*-Gedanken ermöglicht wurde. Mag dabei auch die Erinnerung an die Kreuzesvision Konstantins d. Gr. im Jahre 312 und die innerweltliche Bewährung des Kreuzes im Sieg über Maxentius an der Milvischen Brücke mitgewirkt haben, Tatsache ist, daß im Siegesgedanken die Passion verklärt, ja sublimiert wird und damit das Kreuz als Tropaion in die Kunst eingeführt wurde." Noch weiter zurück weist die Tatsache, „daß die seit Justinus Martyr und besonders seit Tertullian und Minucius Felix verbreitete metaphorische Verwendung des Begriffs τρόπαιον für das Kreuz ‚als größtes Symbol von Christi Macht und Herrschaft‘ [Apol. I, 55,3] die τρόπαιον-ähnliche Komposition des Triumphkreuzes auf den Passionssarkophagen veranlaßt hat" (aaO. 65).

[147] H.-W. *Kuhn,* Jesus als Gekreuzigter (s. o. Anm. 71), S. 15: „Nirgends ist bis gegen Ende des 2. Jahrhunderts mit Sicherheit oder auch nur Wahrscheinlichkeit ein auf Jesus sich beziehendes Kreuz(zeichen) zu finden."

[148] E. *Dinkler,* Zur Geschichte des Kreuzsymbols (1951), in: Ders., Signum crucis (s. o. Anm. 64), mit Blick auf Gen 4,15; Ez 9,4; 1 Kön 20,41; Jes 44,5: „Nach der auf Grund der literarischen Quellen gegebenen Interpretation der monumental bezeugten Zeichen [+ und ×] zögere ich jetzt nicht, diese als *Symbole* zu bezeichnen" (S. 23). Zur nichtchristlichen Antike aaO. 27. Das Kreuz als „Ursymbol": A. *Rosenberg,* Einführung in das Symbolverständnis. Ursymbole und ihre Wandlungen, 1984, S. 40 ff. 128.

direkter Weg[149]. Es ist somit deutlich, von welcher Art von Symbolik sich die unsere von vornherein verabschiedet. Unsere Symbolik ist keine Symbolik des Kreuzzeichens, was ja auf eine Symbolik der Symbolik hinausliefe, sondern sie ist Symbolik des Kreuzes, d. h. des Kreuzestodes Jesu. Sie bewegt sich nicht im Rahmen einer Zeichenhermeneutik, sondern einer Ding- und Ereignishermeneutik, fragt nach Bedeutung nicht von Zeichen, sondern von Dingen, falls diese zu einer solchen bereit sind. Eines ist es, wenn ein Zeichen Symbol wird, ein anderes, wenn ein Ding. Das Symbolischwerden des Kreuzes Jesu, dieses Dinges, ist nicht nur nicht zu beargwöhnen, sondern theologisch sogar zu fordern. Nur wenn Jesu Kreuz zugleich Sprache ist, ist es von allen anderen Kreuzen heilsam unterschieden; nur dann wird Theologie Soteriologie. Das Kreuzzeichen dagegen geht seiner eigenen Wege in Ablösung von der Realität des Kreuzes[150].

Besteht also das Ziel in einer Symbolik des Kreuzes, nicht des Kreuzzeichens, so treten wir vor das Kreuz in Erwartung des Wortes vom Kreuz. Aber dieser Erwartung begegnet nur etwas dunkel Sprechendes. Von diesem war soviel in Erfahrung zu bringen, daß es nicht nicht spricht und dennoch nicht spricht. An dieser Stelle hat das Magische seinen ursprünglichen Sitz. Denn was dadurch spricht, daß es gerade nicht spricht: das ist das Magische, das vor allem stumm wirkt. Im Magischen kann der Aspekt des Sprachlichen beliebig zurücktreten gegenüber dem Aspekt der Kraft. Fluch und Segen: das sind Sprachen, bei denen sprachliche Artikulation zurücktritt hinter dem, was sie bewirken. Dagegen initiiert die Formel vom Fluch des Fluches eine Wendung, die gegenüber der geradezu zur bloßen Kraft gewordenen Sprache erst Sprachkraft freisetzt. Das ist das erste, was vom Wort vom Kreuz zu sagen ist: es ist Sprache als Kraft und Kraft ganz als Sprache[151]. Hier liegt die tiefste Schicht dessen, was das Kreuz von

---

[149] E. *Dinkler,* Kreuzzeichen und Kreuz (1962), in: Ders., Signum crucis, S. 35, spricht von einem „Bruch" zwischen Realität des Kreuzes und Kreuzzeichen; vom einen zum andern „führt kein direkter Weg". Die Behauptung: „eine aufweisbare Kontinuität liegt nicht vor" (35) wird anderseits eingeschränkt: „Wir haben an dieser Stelle ... formal eine Kontinuität" (43). „An dieser Stelle": das ist die urchristliche Taufpraxis, Kultsignierung oder Versiegelung mit dem als Name Christi verstandenen Kreuzzeichen – die einzige Stelle, an der nach *Dinkler* die Substanz des wirklichen Kreuzes Jesu und das Kreuzsymbol umittelbar aufeinander bezogen sind („liturgische Wurzel für die Verbindung von Tav und Chi mit dem Stauros" [41]). Auf diese vage Verbindung die Symbolik zu gründen, wurde schon oben bei Anm. 64 und 76 abgewiesen.

[150] Die Realität des Kreuzes wurde unter den alten Völkern so drückend empfunden, daß unter ihnen sich schwerlich eine metaphorische, abgelöste Rede vom Kreuz bilden konnte, in der römischen Welt nur zögernd, in der griechischen gar nicht (M. *Hengel,* Crucifixion [s. o. Anm. 80], S. 32. 68 ff. Dem steht die Behauptung gegenüber, das Kreuz sei in der Gefahr, „leicht einen Symbolcharakter anzunehmen..., der sich von der geschichtlichen Wirklichkeit lösen konnte" (H.-W. *Kuhn,* Jesus als Gekreuzigter [s. o. Anm. 71], S. 27). Die Differenz erklärt sich daraus, daß das eine Mal vom Kreuz, das andere Mal vom Kreuzzeichen die Rede ist.

[151] 1Kor 1,18.24: δύναμις θεοῦ, θεοῦ δύναμις.

sich selbst her sagt. In einer zweiten Schicht erschien das Wort vom Kreuz als poetische Sprache. Damit ist gegenüber dem Magischen nicht einfach ein neuer Gesichtspunkt im Spiel; das Poetische dient dazu, das Magische in seiner hier einzig interessierenden Art und Weise als eines Sprachcharakters vollkommen durchsichtig zu machen. Im Poetischen ist Kraft völlig und ganz Sprachkraft geworden. Natürlich ist gegenüber der Erwartung, daß das Normale normal gesagt werden könne, das Poetische ein auffälliges Verhalten von Sprache. Die Abweichung vom Normalen deutet an, daß ein Widerstand wirksam ist, der außergewöhnlichen Aufwand verlangt. Mit diesem Widerstand ist auch bereits Kraft in der Sprache, nämlich im Maß ihrer Deviation vom Normalen und Unauffälligen. Setzen wir nun, ein Sprecher sei nicht nur im genannten Ausmaß des Poetischen abweichend vom Normalen, sondern sei sogar θεο-λόγος, also Gott-Sager, dann muß dies zur Folge haben, daß der Widerstand, dem er sich ausgesetzt findet, sogar von göttlicher Art ist. Die Worte unserer Sprache, die sich gewöhnlich in einem Normalmaß von Bedeutung befinden, in dem das Selbstbewußtsein sich bergen kann, werden dann plötzlich zum Schauplatz von Unerhörtem und Absurdem: die Metapher läßt eine von Selbstbewußtsein nicht erleuchtete Gebanntheit erkennen, hier bricht mitten in der normalen Sprache ein tieferes Sprachvermögen auf, das den unerhörten Grad seiner Deviation vom Normalen durch den unerhörten Grad der Metaphorizität und Poetizität seines Redens verrät. J. G. Hamann nannte als Organ dieses Sprachvermögens Sinne und Leidenschaften, was um so mehr einleuchtet, als gerade sie die natürlichen Feinde des Selbstbewußtseins sind. „Sinne und Leidenschaften reden und verstehen nichts als Bilder[152]." In der Sprache kommen Bilder immer nur bildlich vor, d. h. Bilder der Sprache sind Metaphern. Jetzt ist der zentrale Satz zu formulieren: Der Grad der Bildlichkeit einer Sprache, der Grad ihrer Metaphorizität, weil er den Grad des in ihr wirkenden Widerstandes und damit der wirksamen Kraft zu erkennen gibt, ist zugleich der Grad ihrer Theologizität. Deshalb ist die soteriologische Rede des Wortes vom Kreuz bildreiche, metaphorische, poetische Sprache. Ihre Urworte liegen im Neuen Testament vor als Herausforderung zu einer Symbolik. Noch eine dritte Schicht des Wortes vom Kreuz war zu finden, die rhetorische, vor Augen malende. Rhetorische Sprache steht nicht in sich selbst, sondern auf dem Grund der beiden bisherigen Schichten, auf dem sie sich um so freier bewegt, je mehr sie, was zu sagen ist, mit der gebotenen Kunstfertigkeit sagt.

Damit nähern wir uns zunehmend derjenigen Sprachschicht, in der wir uns in diesem § tatsächlich befanden: wohlkomponierte Textzusammenhänge, Makrotexte, wie sie im Lauf der Symbolik A nur noch am Anfang vorkommen. Die Aufgabe wird sein, diese hohe Ebene der Sprache immer mehr abzusenken, bis sie auf das niedere Ding trifft, welches das Kreuz ist, das bisher schon einen

---

[152] J. G. Hamann, Aesthetica in nuce (1762), in: Schriften *(Nadler)* II, 197,22 f; cf. 206,1; 208,11 ff.

Nimbus abstrahlte, in dem Grausamkeit und Heiligkeit sich vermischten. Es ist ja nur die äußerste Sprachschicht, die des Paulus, in der wir uns bisher befanden. Obwohl einerseits früheste literarische Schicht in der Überlieferung vom Tode Jesu, ist sie anderseits geradezu Ende einer ganzen Sprachentwicklung: glanzvolles Ende, in dialektischer wie in rhetorischer Hinsicht. Auf dem bevorstehenden Weg der Symbolik zum Kreuz dunkelt sich dieser Glanz bis zu jenem Nimbus ein; Makrotexte werden Mikrotexte, ja Stotterwörter, um deren Aufhellung sich die Symbolik bemüht. Aber nicht nur vom Literarischen zum Vorliterarischen in seiner verschiedenerlei Dichte geht der Weg, sondern vom Gekonnt-Sprechen zum Kaum-mehr-sprechen-Können; aber dies nicht nur innerhalb verschiedener Zustände von Sprache, sondern hinaus aus der Sprache zum Ding: das ist der Weg der Symbolik A.

§ 3 Das Wort von der Versöhnung

Dem Wort vom Kreuz tritt, noch im paulinischen Kontext, das Wort von der Versöhnung zur Seite. Beide kommen darin überein, daß sie Bezeichnungen von Evangelium sind. Allerdings klingt „Wort von der Versöhnung" freundlicher als „Wort vom Kreuz". Wort und Versöhnung scheinen sich in jeder Hinsicht zugeneigt: Wort ist ja angemessenstes Medium von Versöhnung. Im Gang der Symbolik ist das Wort von der Versöhnung nach dem Wort vom Kreuz das letzte explizit Wortartige. Tausch, Lösegeld, Opfer, die noch folgen, sind zwar in unterschiedlichem Maß nicht ohne jede Beziehung zum Wort, aber sie sind nicht Wort von Art. Allerdings war auch die Wortartigkeit des Wortes vom Kreuz bisher nur als Postulat präsent. Die Vermutung liegt nahe, dies könne beim Wort von der Versöhnung ganz ähnlich sein. Dem Wort haftet ein dinglicher Untergrund an, dies trat in weiter Diastase beim Wort vom Kreuz zutage. Auch das Wort von der Versöhnung, obwohl es in hohem Maß ausgewogen und vollendet klingt, macht davon keine Ausnahme. Die Symbolik läßt sich Schritt für Schritt tiefer in diesen Untergrund führen.

1. Die Versöhnung

Versöhnung ist teils biblischer, teils dogmatischer Begriff. Aber dem Begriffeinwollen von Versöhnung widerstrebt sowohl die biblische wie die dogmatische Sprache. Im Neuen Testament verbergen sich hinter dem deutschen Einheitswort Versöhnung zwei recht verschiedenartige griechische Wortstämme: καταλλάσσειν und ἱλάσκεσθαι. In der dogmatischen Sprache leidet der monolithische Begriff Versöhnung unter der Konkurrenz durch die Erlösung, die auch gern monolithischer Begriff sein wollte. Beide Konkurrenzen, neutestamentliche wie dogmatische, vereinigen sich darin, das Wort „Versöhnung" an der Begriffwerdung zu hindern, es vielmehr in einer Angefochtenheit und Relativität festzuhalten, die dazu zwingt, seine Bedingtheit in keinem Fall zu vergessen.

a) „Versöhnung" im Neuen Testament

Während der erste Klang des Wortes „Versöhnung" erwarten läßt, es handle sich um einen Kardinalbegriff christlicher Sprache mit entsprechend reichem Gebrauch, zeigt sich faktisch ein bemessenes, sparsames Reden von Versöhnung, das sich zudem auf wenige Stellen verdichtet. καταλλαγή, καταλλάσ-σειν[153] findet sich ausschließlich bei Paulus, nahezu nur in soteriologischem Sinn, konzentriert im wesentlichen auf die beiden versöhnungstheologischen Haupttexte 2Kor 5 und Röm 5. Ein erster Blick auf das Wortfeld zeigt: Hier wird ein Statuswechsel (ἀλλαγή) in der Sprache eschatologischer Neuschöpfung beschrieben[154]. In seiner Universalität betrifft er nicht ein Ich, sondern stets ein Wir, ja die Menschenwelt[155]. Ist das Versöhnungswerk allein auf Gott zurückzuführen, so ist Gott sein Subjekt; von „uns" ist ausschließlich in der passiven Form des Versöhntwerdens die Rede[156]. Der wörtliche Sinn von Versöhnung findet im Kontext ein genaues Echo, indem der Zustand vor der Versöhnung als Feind-

---

[153] „Versöhnung" (καταλλαγή κτλ.; zu ἱλασμός κτλ. s. u. Anm. 163) im Neuen Testament (die griechischen Formeln werden durch lateinische und deutsche Übersetzungen aus Vulgata und Luther 1522/1545 ergänzt):
1. *Paulus* (abgesehen von 1Kor 7,11: unsoteriologisch):
   a) 2Kor 5,18: [θεοῦ] τοῦ καταλλάξαντος ἡμᾶς ἑαυτῷ διὰ Χριστοῦ; reconciliavit (vg); versunet (L 1522); versönet (L 1545)
   2Kor 5,18: διακονία τῆς καταλλαγῆς; ministerium reconciliationis (vg); ampt/das die versunung prediget (L 1522); ampt .../das die Versönung prediget (L 1545)
   2Kor 5,19: θεὸς ἦν ἐν Χριστῷ κόσμον καταλλάσσων ἑαυτῷ; reconcilians (vg); versunet (L 1522); versönet (L 1545)
   2Kor 5,19: λόγος τῆς καταλλαγῆς; verbum reconciliationis (vg); wort von der versunung (L 1522); Wort von der versönung (L 1545)
   2Kor 5,20: καταλλάγητε τῷ θεῷ; reconciliamini deo (vg); last euch versunen mit Got (L 1522); Lasset euch versönen mit Gott (L 1545)
   b) Röm 5,10: ἐχθροὶ ὄντες κατηλλάγημεν τῷ θεῷ διὰ τοῦ θανάτου τοῦ υἱοῦ αὐτοῦ; reconciliati sumus (vg); so wyr Gotte versunet sind (L 1522); so wyr Gott versünet sind (L 1545)
   Röm 5,10: καταλλαγέντες σωθησόμεθα; reconciliati (vg); versunet (L 1522); versünet (L 1545)
   Röm 5,11: τὴν καταλλαγὴν ἐλάβομεν; reconciliationem accepimus (vg); versunung (L 1522); Versünung (L 1545)
   Röm 11,15: καταλλαγὴ κόσμου; reconciliatio mundi (vg); der welt versunung (L 1522); der Welt versünung (L 1545)
2. *Deuteropaulinen:*
   a) Kol 1,20: ἀποκαταλλάξαι; reconciliare (vg); versunet (L 1522); versönet (L 1545)
   Kol 1,22: ἀποκατήλλαξεν; reconciliavit (vg); versunet (L 1522); versönet (L 1545)
   b) Eph 2,16: ἀποκαταλλάξῃ; reconciliet (vg), versunete (L 1522); versönete (L 1545)
3. *Sonstiges:*
   a) Mk 8,37//Mt 16,26: ἀντάλλαγμα τῆς ψυχῆς αὐτοῦ; commutatio pro anima sua (vg); da mit[t] er seyn[e] seel[e] [widder] losze (L 1522); da[/]mit er seine seele [wider] löse (L 1545)
   b) Hebr 2,15: ἀπαλλάξῃ; liberaret (vg); erlosete (L 1522); erlösete (L 1545).
[154] 2Kor 5,17.
[155] 2Kor 5,19; Röm 11,15: κόσμος. O. *Hofius,* ‚Gott hat unter uns aufgerichtet das Wort von der Versöhnung' (2Kor 5,19), ZNW 71, 1980, 3–20, S. 8 Anm. 23.
[156] 2Kor 5,18: τὰ δὲ πάντα ἐκ τοῦ θεοῦ; Versöhntwerden: 2Kor 5,20; Röm 5,10f.

schaft, der versöhnte als Friede und Liebe erscheint[157]. Es handelt sich um einen Vorgang im Medium des Wortes, wie ja an sich schon das Wort von der Versöhnung vom Wort vom Kreuz durch größere Wortfreundlichkeit absticht. Deshalb findet sich bei der Versöhnung jeweils der Übergang zur Rechtfertigung; diese ist als Vorgang des Zurechnens bzw. Nichtzurechnens eminent worthaftes Geschehen[158]. Daß jedoch der Versöhnung überhaupt nichts Kultisches anhafte, folgt daraus noch nicht[159]. Vielmehr deuten die Formeln von Lebenshingabe, Tod und Blut Christi auf einen kultischen Hintergrund, der das Wort nicht nur bei sich selbst sein läßt[160]. Daher gehört die Sterbensformel Χριστὸς ἀπέθανεν ὑπὲρ [τῶν ἁμαρτιῶν] ἡμῶν fest in den Umkreis der Versöhnungsaussagen[161]. Diese im Neuen Testament singuläre paulinische Redeweise von Versöhnung entwickelt sich allein in den Deuteropaulinen fort, und zwar in

---

[157] Feindschaft: Röm 5,10; cf. 8,7; Friede: Röm 5,1; cf. 8,6; Liebe (als Ursache von Versöhnung ebenso wie als Zustand von Versöhntsein): 2Kor 5,14; Röm 5,5.8.

[158] Rechtfertigung: 2Kor 5,21; Röm 5,9; Zurechnen: 2Kor 5,19.

[159] E. *Käsemann*, Erwägungen zum Stichwort „Versöhnungslehre im Neuen Testament", in: Zeit und Geschichte (FS R. *Bultmann*), 1964, 47–59, steigert seine anfängliche Behauptung, daß καταλλάσσειν „kultische Beziehung nicht notwendig anhaftet" (48), dazu, Versöhnung sei „ganz unkultisch" (49) zu denken.

[160] Lebenshingabe (διὰ Χριστοῦ): 2Kor 5,18; cf. 5,14; Tod (διὰ τοῦ θανάτου): Röm 5,10; Blut (ἐν τῷ αἵματι): Röm 5,9.

[161] Die „Sterbensformel" (erstmals so benannt von K. *Wengst*, Christologische Formeln und Lieder des Urchristentums, 1973², 78–86; danach M.-L. *Gubler*, Die frühesten Deutungen des Todes Jesu, OBO 15, 1977, 217–224; M. *Hengel*, The Atonement. The Origins of the Doctrine in the New Testament, London 1981, S. 36 [‚dying-formula']. 49f) enthält als Elemente: Subjekt (artikelloses Χριστός – Name oder Titel?), Prädikat (aoristisches ἀπέθανεν), Präposition (meist ὑπέρ). Die Formel stammt aus dem frühesten

Röm 5,6:	Χριστὸς	ἀπέθανεν	ὑπὲρ	–	(ἀσεβῶν)
Röm 5,8:	Χριστὸς	ἀπέθανεν	ὑπὲρ	–	ἡμῶν
Röm 14,9:	Χριστὸς	ἀπέθανεν	–	–	–
Röm 14,15:	Χριστὸς	ἀπέθανεν	ὑπὲρ	–	(οὗ)
1Kor 1,13:	(Παύλος)	(ἐσταυρώθη)	ὑπὲρ	–	ὑμῶν
1Kor 8,11:	Χριστὸς	ἀπέθανεν	(διὰ)	–	(ὅν)
1Kor 15,3:	Χριστὸς	ἀπέθανεν	ὑπὲρ	τῶν ἁμαρτιῶν	ἡμῶν
2Kor 5,14:	(εἷς)	ἀπέθανεν	ὑπὲρ	–	(πάντων)
2Kor 5,15:		ἀπέθανεν	ὑπὲρ	–	(πάντων)
2Kor 5,15:	–	ἀποθανόντι	ὑπὲρ	–	(αὐτῶν)
2Kor 5,21 (?):	–	–	ὑπὲρ	–	ἡμῶν
Gal 2,21:	Χριστὸς	ἀπέθανεν	–	–	–
Gal 3,13:	Χριστὸς	–	ὑπὲρ	–	ἡμῶν
1Thess 5,10:	(Ἰησοῦ) Χρ.	ἀποθανόντος	ὑπὲρ	–	ἡμῶν
1Petr 2,21:	Χριστὸς	ἀπέθανεν (v.l.)	ὑπὲρ	–	ὑμῶν
1Petr 3,18:	Χριστὸς	ἀπέθανεν (v.l.)	(περὶ)	ἁμαρτιῶν	–

plerophorischer Gestalt[162]. καταλλάσσειν steht (ἐξ)ἱλάσκεσθαι[163] zur Seite: in der Septuaginta durch und durch mit Sühnekult verbunden, im Neuen Testament in formelhaften Wendungen gebraucht[164]. Die beiden griechischen Wortgruppen für Versöhnung lassen sich unterscheiden wie (deutero)paulinisch einerseits, vor- und außerpaulinisch anderseits.

Es ist die befremdliche, nicht glatt zu trennende Doppelheit dieser beiden Wortstämme, die zu weiteren Beobachtungen Anlaß gibt. Auf beide stützt sich die deutsche Rede von „Versöhnung", soweit sie durch Luthers Bibelübersetzung bestimmt ist. Luther hat beide Wortstämme unterschiedslos mit Versöh-

---

hellenistischen Judentum *(Wengst),* oder, da ausschließlich mit griechischem Hintergrund, aus dem Kreis der Hellenisten *(Hengel)* und deutet auf den Tod Jesu als Sühnetod.

[162] Die Plerophorie der Deuteropaulinen (s. o. Anm. 153.2) tritt schon äußerlich am Wechsel von καταλλάσσειν zu ἀποκαταλλάσσειν zutage. Hier wird man davon sprechen dürfen, daß eine durch Paulus noch in den Grenzen der Rechtfertigung gehaltene Versöhnung ohne diese Grenzen als kosmische Friedensstiftung deutlicher zu sprechen beginnt (D. *Lührmann,* Rechtfertigung und Versöhnung, ZThK 67, 1970, 437–452, S. 444ff). Versöhnung ist jetzt kosmischer Vorgang, indem die Menschenwelt noch erweitert wird durch die Welt der überirdischen Wesen (Kol 1,20). Teils gilt die Versöhnung wie bei Paulus „uns" (Kol 1,22), teils aber geschieht sie zwischen Himmel und Erde (Kol 1,20), zwischen Juden und Heiden (Eph 2,16). Während bei Paulus reine, wenngleich kunstreiche Prosa vorliegt (O. *Hofius,* aaO. [s. o. Anm. 155] S. 3 Anm. 3), sind die deuteropaulinischen Texte hymnisch zu nennen. Die Hinweise auf den Kreuzestod Jesu nehmen etwas Formelhaftes an (διὰ τοῦ αἵματος Kol 1,20; διὰ τοῦ θανάτου Kol 1,22; διὰ τοῦ σταυροῦ Eph 2,16; cf. Kol 1,20), was sie dem Verdacht sekundärer Interpolation aussetzen mag. E. *Käsemann* vermutet daher liturgischen Hintergrund, aaO. (s. o. Anm. 159), S. 48. 52.

[163] „Versöhnung" (ἱλασμός κτλ.; zu καταλλαγή s. o. Anm. 153) im Neuen Testament:
1. ἱλασμός
   1Joh 2,2: ἱλασμός ... περὶ τῶν ἁμαρτιῶν ἡμῶν; propitiatio pro peccatis nostris (vg); versunung (L 1522); versöhnung (L 1545)
   1Joh 4,10: ἱλασμὸν ... περὶ τῶν ἁμαρτιῶν ἡμῶν; propitiationem pro peccatis nostris (vg); versunung (L 1522); versönung (L 1545)
2. ἱλάσκεσθαι
   Hebr 2,17: εἰς τὸ ἱλάσκεσθαι; ut repropitiaret (vg); zu versunen (L 1522); zu versönen (L 1545)
3. ἱλαστήριον
   Röm 3,25: ἱλαστήριον; propitiatio (vg); gnade stuel (L 1522); Gnadenstuel (L 1545)
   Hebr 9,5: τὸ ἱλαστήριον; propitiatorium (vg), gnaden stuel (L 1522); Gnadenstuel (L 1545).

[164] E. *Käsemann,* aaO. (s. o. Anm. 159) S. 48, sieht bei ἱλασμός κτλ. „von vornherein ein Geschehen im kultischen Bereich anvisiert". Der säuberlichen Trennung von καταλλάσσειν als unkultisch und ἱλάσκεσθαι als kultisch widerspricht 1. daß Röm 3,25, obgleich vorpaulinisch, immerhin von Paulus rezipiert wurde; 2. daß das in den kultischen Bereich gehörende Lösegeld, das *Käsemann* (48) sogleich zum ἱλασμός ziehen will, mit diesem Wortstamm überhaupt nichts zu tun hat, denn es ist teils (ἀντί)λυτρον, teils ἀντάλλαγμα, wobei die letztere Wortgruppe gerade unkultisch hätte sein sollen; 3. daß der Hebr, dem man gewiß eine Nähe zum Kultischen bescheinigen wollte, ausgerechnet auch ἀπαλλάσσειν in soteriologischem Sinn gebraucht (2,15).

nung übersetzt und gebraucht umgekehrt dieses Wort nicht über diese Wortstämme hinaus. Anders die Zürcher Bibel, die bei καταλλαγή von Versöhnung, bei ἱλασμός von Sühnopfer spricht. Sodaß sich beim ersten Wortstamm solche Assoziationen wie „worthaft", „personal" einstellen, beim zweiten aber „kultisch", „dinglich", „sachlich"[165]. Dieser nicht unerheblichen Differenz, zumal sie im Griechischen am Tag liegt, auch im Deutschen Ausdruck zu verschaffen, hat Luther die Möglichkeit durchaus gehabt, indem er teils von Versöhnen, teils von Versühnen hätte reden können. Aber die Differenz zwischen den beiden Wörtern reduziert sich bei ihm auf eine Differenz zwischen zwei Redaktionsstufen seiner Bibelübersetzung. Somit setzt sich Luther auch über den Traditionsdruck der Vulgata hinweg, die sich mit reconciliatio/propitiatio streng an die Zweiheit καταλλαγή/ἱλασμός hält. Aber selbst wenn im Sinn dieser Zweiheit terminologisch zwischen „versöhnen" und „versühnen" differenziert würde, ist es ein Unterschied, ob, wie in Urtext und Vulgata, zwei verschiedene Wortstämme zur Anwendung kommen, oder, wie im Deutschen, ein einziger beide hervorbringt. In diesem Fall genügt zur Begriffsänderung eine bloße Abtönung des Vokals. Sühnen ist ein Vorgang im Bereich der Sachen, Versöhnen dagegen im Bereich der Worte[166]. „Sühnen", so meint man zu spüren, klingt dunkler, „versöhnen" heller. Daher empfiehlt der Geist der deutschen Sprache, kultisches Sühnen und unkultisches Versöhnen als Schichten am Selben zu betrachten, nämlich als ältere und rezentere, je nach Eindunkelung oder Aufhellung des Vokals, was gestattet, sich geradezu dem Vokal entlang von einer unaufgeklärten zu einer aufgeklärteren Bedeutung fortzumodulieren. Dann zeigt sich endlich auch die Süh-

---

[165] M. *Hengel*, Der Kreuzestod Jesu Christi als Gottes souveräne Erlösungs[!]tat. Exegese über 2. Korinther 5, 11–21, in: Theologie und Kirche. Reichenaugespräch der Ev. Landessynode Württemberg, 1967, 60–89, S. 73 f: „Das entsprechende Wort für ‚Versöhnung' καταλλαγή und das dazugehörige Verbum ‚versöhnen' καταλλάσσειν meint Versöhnung zwischen zwei Partnern im personalen Sinne; die kultische Versöhnung durch Opfer verwendet dagegen den Begriff ἱλασμός oder das Verb ἱλάσκεσθαι ... In der Regel bedeutet ‚Versöhnung' und ‚versöhnen' für ihn [sc. Pls] keinen kultischen Sühneritus, sondern einen personalen Akt Gottes." *Käsemann*, aaO. (s. o. Anm. 159) 48, fragt daher im Blick auf ἱλάσκεσθαι, „ob und wie weit die Übersetzung ‚versöhnen' überhaupt an die Stelle des sicher angemesseneren ‚sühnen' treten darf."

[166] G. *Friedrich*, Die Verkündigung des Todes Jesu (s. o. Anm. 45), S. 96: „Sich versöhnen wird charakterisiert als: sich wieder vertragen, sich vergleichen, sich einigen, den Streit beilegen, sich die Hände reichen, Frieden herstellen. Damit ist die Wortbedeutung von ‚versöhnen' im deutschen Sprachgebrauch deutlich herausgestellt: Versöhnung wird als ein Akt der Übereinkunft zwischen zwei zerstrittenen Parteien verstanden, der den Streit beendet und den Zustand eines friedlichen Verhaltens herbeiführt. Bei Sühne dagegen geht es nicht um eine partnerschaftliche Einigung, sondern Sühne erfordert einen Akt der Wiedergutmachung an der Person, gegen die man schuldig geworden ist. Sühnen wird nach dem gegenwärtigen Sprachgebrauch mit folgenden Worten verdeutlicht: gut machen, Ersatz leisten, ersetzen, entschädigen, begleichen."

ne von einer versöhnlichen Art, indem sie, dem spekulativen Geist der Sprache folgend, einer schönen Sublimation fähig wird, die nicht wenig Lust erregt.

Aus diesen terminologischen Bedingtheiten entstehen zwei Gefahren. Die eine, daß Sühne und Versöhnung in einen völlig natürlichen Zusammenhang spekulativer Art treten, etwa so, daß einstmals erforderliche Sühne im Laufe der Zeit zu Versöhnung ganz von selbst werde. Die andere, daß sich Sühne und Versöhnung in einer unauflöslichen Diastase befänden. Sühnen ist nicht denkbar ohne ein Etwas, mit dem Sühne geschieht. Dieses Etwas kann dem, wofür gesühnt wird, ähnlich sein bis zur völligen Gleichheit, muß es aber nicht. Jedoch so weit unähnlich darf es nicht sein, daß ihm der Charakter eines Etwas gar nicht mehr zukommt[167]. Die Bezeichnung „kultisch" in Opposition zu „personal" wird meist gebraucht, um die störende Einwirkung eines Etwas zu bezeichnen. Doch kann der Begriff des Kultischen nie so weit ausgedehnt werden, daß er das Etwas in seinem ganzen Spektrum umfaßt. Man muß beim Etwas zurückgehen bis zu der wie durch magischen Zwang geforderten Talionssühne als Äquivalent der Fehltat[168]. Aber genau dies gehört nicht mehr in den Kult. Von Kult ist erst in dem Moment zu reden, da das Etwas der Sühne eine wenn auch noch so geringe Ablösung oder Ersatzleistung darstellt, also Übertragung stattgefunden hat. Deutlich ist: Sühne, sofern kultisch, gehört ins Heiligtum. Dagegen Versöhnung gehört auf den Markt. ἀλλάττειν/ἀλλάττεσθαι ist anders machen/anders werden, in Tausch geben/in Tausch nehmen. Natürlich wird man zu der Behauptung neigen, Versöhnung werde nicht durch Handlungen, sondern durch Verhandlungen zuwege gebracht, aber daß ihr Medium nur das Wort sei, ist durch ihren Sitz im Markt sogar unwahrscheinlich. Auch hier geht es um ein Etwas. Und zwar ebenso wie Kult erst zustandekommt, wenn das Talionsverlangen des Etwas nachgelassen hat, so entsteht Markt erst in dem Moment, da die Güter in ihrem Identitätsverlangen nachlassen und Waren werden. Im selben Maß wie Kult und Markt ihre gemeinsame Voraussetzung in der Anwesenheit eines Etwas haben, allerdings eines solchen, das als übertragenes und übertragbares nicht mehr darauf beharrt, mit sich substantiell identisch zu bleiben, nähern sich auch Sühne und Versöhnung einander an. Zu meiden ist die Gefahr ihrer bloßen Diastase[169]; zu meiden ist aber auch die Gefahr ihrer wesenhaften

---

[167] G. *Friedrich,* aaO. 96ff: In der griechischen Tradition finden sich als Sühneleistungen Opfer von verschiedener Dichte, sei es von Menschen, Tieren oder von Vegetabilien, oder Bußgelder, oder – schließlich – der Gesang beim Opfermahl. In der alttestamentlichen Tradition ist die Sühnehandlung in erster Linie mit Lebenshingabe verknüpft, dann aber auch mit Hingabe wenigstens von Wertgegenständen und Speiseopfer, mit Fasten und Darben.

[168] K. S. *Bader,* Schuld – Verantwortung – Sühne als rechtshistorisches Problem (1964), in: Ders., Schriften I, 1984, 590–608, S. 595: magischer Strafmechanismus; zum Problem seiner zunehmenden Begrenzung und Eindämmung S. 597.

[169] G. *Friedrich,* aaO. 96.100: „Die Wortgruppen ἱλάσκομαι und ἀλλάττω charakterisieren ganz verschiedene Vorgänge. ... Trotz ... Berührungen sind beide Wörter in keiner Weise als Synonyma anzusehen. ... Wo im Neuen Testament von Sühne gesprochen

Identität[170]. Beim einen wie beim andern wäre die eigentliche Spannung des Todes Jesu verfehlt. Denn im Fall ihrer abstrakten Zweiheit kann nicht mehr erklärt werden: weshalb überhaupt Kreuz? Warum nicht Versöhnung solo verbo? Im Fall ihrer abstrakten Einheit aber ist vom Kreuz nichts Heilsames mehr auszusagen. Kurz: Das spannungsreiche Feld Sühne-Versöhnung (oder in Luthers Sprache: das eine Wort Versöhnung) trägt den ganzen Streit in sich: In ihm toben die alten Gegensätze wie kultisch/personal, Handlung/Verhandlung, archaisch/sublim, blutig/unblutig, also dinglich/sprachlich. In diesen Antithesen meldet sich im Grund die eine Frage: Warum Kreuz? Warum Blut? Hätte es dem großen Gott nicht angestanden, seinem Liebeswillen eine schicklichere Gestalt zu geben? Aber diese Frage ist noch nicht auf dem Grund. Hinter ihr liegt die tiefere: Woher setzen wir eigentlich voraus, zu wissen, wer Gott ist?

b) Versöhnung und Erlösung

Die Vielfalt der soteriologischen Sprache des Neuen Testaments schlägt sich auch in der Dogmatik nieder, wenngleich abgeschwächt[171]. Aus der Reihe unserer Symbole ist Versöhnung das einzige Wort, das es unstreitig zum Rang eines dogmatischen Hauptbegriffes gebracht hat; jedoch nie so, daß es konkurrenzloser Hauptbegriff geworden wäre. Sondern es konkurriert die Erlösung, wie die Versöhnung ein dogmatischer Hauptbegriff. Aber während Erlösung in unserer Symbolik nicht eigens auftritt, sondern durch Lösegeld vertreten ist wie ein abstractum durch das concretum, scheint Versöhnung von vornherein zur Abstraktheit zu neigen, weil sie sich durch kein concretum vertreten lassen kann. Die Konkurrenz dieser beiden soteriologischen Hauptbegriffe auf der Sprachebene der Dogmatik stellt sich nicht als Frage dar, ob eine Option für diesen oder für jenen zu treffen sei, sondern vielmehr, ob durch stattgehabte Option für den einen der andere überhaupt loszukriegen ist. Fällt die Option auf Versöhnung, so entspringt aus dem Begriff der Erlösung ein neuer nicht einfach schon mitbedachter Gesichtspunkt. Fällt umgekehrt die Option auf Erlösung, so bleibt mit der Versöhnung ein noch unbedachter Rest.

Letzteres bei Schleiermacher, der, ganz Klassizist, sich gegen die barocke, eigentlich rokokohafte Allegorie im Gebiet der Passionstheologie mehr als

---

wird, fehlt das Wort Versöhnung, und wo das Wort καταλλάσσω steht, ist ursprünglich nicht an Sühne gedacht."

[170] P. *Stuhlmacher,* Sühne oder Versöhnung? Randbemerkungen zu Gerhard Friedrichs Studie: ‚Die Verkündigung des Todes Jesu im Neuen Testament', in: U. *Luz*/H. *Weder* (Hgg.), Die Mitte des Neuen Testaments [FS E. *Schweizer*], 1983, 291–316, vertritt S. 295 die „Ansicht, daß Sühne und Versöhnung bei Paulus wesenhaft zusammengehören". S. 296f: „Zusammengehörigkeit von Sühne und Versöhnung."

[171] E. *Käsemann,* aaO. (s. o. Anm. 159) 55: „Es gibt keinen einheitlichen Oberbegriff für die soteriologischen Termini und Motive des Neuen Testamentes." *Käsemann* fährt, wie um die Suche nach einem dogmatischen Oberbegriff ad absurdum zu führen, fort: „σώζειν und seine Derivate kämen dafür am ersten in Betracht."

einmal wendet[172]. Indem er die christliche Religion als Erlösungsreligion bezeichnet, will er nicht etwa den Begriff der Erlösung verallgemeinern, sondern
ihn streng aus der durch Jesu Tod vollbrachten Erlösung definieren[173]. Erlösend
war das Gesamtwerk des Erlösers, nicht nur sein Kreuz. Und dementsprechend
scheint das Gesamtwerk, seine erlösende Tätigkeit, sich den Gläubigen mitzutei-
len ausschließlich als Erlösung, die der Versöhnung nicht bedarf. „Der Erlöser
nimmt die Gläubigen in die Kräftigkeit seines Gottesbewußtseins auf, und dies
ist seine erlösende Tätigkeit"[174]. Das ist Mitteilung des Heils durch Aufnahme in
die Gemeinschaft mit dem Erlöser, die auf dem Wege innerer Erfahrung – als der
wahren Mitte zwischen Magischem und Empirischem – vonstatten geht. Über-
raschenderweise steht diesem Hauptsatz alsbald ein zweiter zur Seite: „Der
Erlöser nimmt die Gläubigen auf in die Gemeinschaft seiner ungetrübten Seligkeit, und dies ist seine versöhnende Tätigkeit"[175]. Wozu diese Doppelung der
Ausdrücke?[176] Sie geht darauf zurück, daß Soteriologie sich nicht nur gegen die
Sünde, sondern auch gegen das Übel der Welt entfalten muß, und dies tut sie als
Erlösung und Versöhnung. Als Versöhnung wird die Erlösung konkret im Blick
auf den wirklichen Weltzustand, der sich als Eintönung des sinnlichen Bewußtseins durch Unseligkeit kundtat. Zu Seligkeit wird Erlösungsbewußtsein erst
durch Versöhnung. Auch bei ihr ist die wahre Mitte zwischen empirischer und
magischer Mitteilung einzuhalten. Während im ersten Fall das Übel in direkter
Proportion zur Sünde betrachtet wird, also gegenwärtiges Erlösungsbewußtsein sich rein als Genuß niederschlagen müßte, wird in letzterem Fall jede
Vermittlung zwischen beiden aufgelöst, und dann gewinnt Christi Leiden, sei es
als Strafleiden, sei es als Stellvertretung, eine magische Wirkung, in der es,
unvermittelt durch die Lebensgemeinschaft mit dem Erlöser, direkt wirken
soll[177]. Muß also Versöhnung, um in der wahren Mitte zu bleiben, immer durch

---

[172] F. Schleiermacher, Der Christliche Glaube, hg. v. M. *Redeker, 1960* [= CG², ed.
Redeker], § 101.4 (II, 103,15); § 104.4 (II, 128,25).
[173] CG², ed. Redeker, § 11 (I, 74 ff). Die Verallgemeinerung, jede Heilsreligion als
Erlösungsreligion zu bezeichnen, geht zurück auf H. *Siebeck,* Lehrbuch der Religionsphilosophie, 1893, S. 51. 101 ff.
[174] CG², ed. Redeker, § 100 LS (II, 90,2 ff).
[175] CG², ed. Redeker, § 101 LS (II, 97,7 ff).
[176] CG², ed. Redeker, § 101.2 (II, 98,2 f): „so daß sie [sc. die beiden soeben genannten
Leitsätze] an und für sich betrachtet füglich hätten in *einen* zusammengeschmolzen werden
können..."
[177] Der § 101 (Versöhnung) weicht von seiner sonstigen genauen Parallelkonstruktion
zu § 100 (Erlösung) dadurch ab, daß er noch einen 4. Abschnitt speziell zum Leiden Christi
anschließt. Denn während in die Erlösung die ganze Tätigkeit Christi zum Heil einfließt,
hat die Versöhnung ihre Spitze im Tod Jesu (§ 104 LS). Die Erlösung ist ganz, die
Versöhnung aber nur bis zu diesem Punkt so darstellbar, „daß ... das Leiden Christi gar
nicht zur Sprache kommt" (CG², ed. Redeker, § 101.4 [II, 101,35 f]). Kommt es nun aber
endlich zur Sprache, so doch nur in der Weise, daß es als ursprüngliches Element weder
zur Erlösung noch zur Versöhnung, als sekundäres „aber unmittelbar zur Versöhnung,
und zur Erlösung nur mittelbar" gehört (§ 101.4 [II, 102,8 f]).

Erlösung vermittelt sein, wie sie dieser auch immer nur folgen, nie aber vorausgehen kann, so vermag auch das in ihr thematische Leiden Christi das Gottesbewußtsein im Kern nicht mehr zu stören. Es ist dieses nie ernsthaft bedrohte allgegenwärtige Bewußtsein, das die Bevorzugung der Erlösung vor der Versöhnung bewirkt[178]. Bewußtsein, auch christliches, ist tendentiell der Leidentlichkeit eines Bildes, ja seiner Leidenschaftlichkeit nicht mehr ausgesetzt. Nun sind zwar Versöhnung und Erlösung auch für Schleiermacher bildlich, jedoch in verschiedener Dichte, Erlösung weniger, Versöhnung mehr. Das stärkere Bild aber dem schwächeren ein- und unterzugliedern, ist keine Tugend, die aus Betrachtung des Leidens Christi stammt. Die Symbolik drängt daher auf das stärkere Bild, weil sie aus größerem Widerstand größere Heilskraft gewinnt. Dann wäre die Versöhnung der Erlösung vorzuziehen, zumal wenn Erlösung nur Übergang von einem Zustand der Gebundenheit in einen besseren ist[179] und somit von der ursprünglichen Pathologie des Lösegeldes nichts mehr durchscheint.

Es ist natürlich, daß Schleiermachers Antipode F. Chr. Baur die Versöhnung ins Zentrum rückt. Die christliche Lehre von der Versöhnung entwickelt ihren Gegenstand polemisch gegen Schleiermacher so, daß „vielmehr genau das umgekehrte" dabei herauskommt[180]. Jetzt fällt der Akzent auf die „Frage, wie der aus dem Zustand der Sünde herausgetretene Mensch sich auch seiner Befreiung von der Schuld der Sünde bewußt seyn könne." Dies hatte Schleiermacher immer noch als Äußeres bezeichnet, das dem Inneren wie ein Zweites dem Ersten folgt. Indem Baur das Zweite vorzieht, verbinden sich die Termini so, daß Erlösung nur das Tatsächliche der Aufhebung der Sündenschuld bezeichnet, wie es in der Sendung des Erlösers geschehen ist; dagegen bezieht sich Versöhnung auf die dahinter liegende „so zu sagen . . . metaphysische Frage: wie sich aus der Idee Gottes die Möglichkeit der Aufhebung der mit der Sünde, ihrer Natur nach, verbundenen Schuld begreifen läßt". Während Schleiermacher Erlösung in der ungehinderten Präsenz von Gottesbewußtsein am Werke sieht, das sinnliches Bewußtsein erst als Versöhnung wird und sich auf zunehmend härtere Fakten bezieht, fragt Baur als erstes nach dem Faktum der Versöhnung durch Jesu Tod als der metaphysischen Voraussetzung alles sonstigen Erlösungsbewußt-

---

[178] W. *Lütgert*, Der Erlösungsgedanke in der neueren Theologie, BFChTh 32/2, 1928, S. 10: „Diese Bevorzugung des Erlösungsgedankens vor dem Begriff der Versöhnung folgt . . . aus der Begründung der Theologie auf das christliche Bewußtsein. Denn nach der Tradition verstand man unter Versöhnung einen objektiven Vorgang zwischen Jesus und Gott, unter Erlösung aber ein Erlebnis des christlichen Bewußtseins."
[179] CG², ed. Redeker, § 11.2 (I, 76,32–35): „Der Ausdruck selbst ist auf diesem Gebiet nur bildlich, und bedeutet im allgemeinen einen Übergang aus einem schlechten Zustande, der als Gebundenheit vorgestellt wird, in einen bessern . . ." Zur Aufgabe, den eigentlichen Ausdruck an die Stelle des bildlichen zu setzen, und ihr Nichtgelingen s. § 17.2 (I, 114,9–15).
[180] F. Chr. Baur, Die christliche Lehre von der Versöhnung in ihrer geschichtlichen Entwicklung von der ältesten Zeit bis auf die neueste, 1838, S. 6.

seins. Daher die Umkehrung des Akzents. „Die Versöhnung ist somit eigentlich das Innere, das die Erlösung, als das Aeussere, zur nothwendigen Voraussezung hat. Als erlöst kann sich der Mensch nur betrachten, sofern er sich auch mit Gott versöhnt weiß." Man könnte vermuten, daß diese Differenz schließlich auf völlige Beliebigkeit der Begriffe Erlösung und Versöhnung hinausläuft. Aber das ist nicht der Fall. Vielmehr bleibt zwischen beiden unbestritten: „Ist Christus Erlöser durch seine ganze Erscheinung und Wirksamkeit, so ist er Versöhner durch seinen Tod."[181] Beide sind somit geleitet von einem Sich-selbst-Aussprechen der Begriffe, das sie weder erzeugen noch einholen. Dieser bereits vor der dogmatischen Wissenschaftssprache wirksamen Sprache spürt die Symbolik nach bis dahin, wo, entgegen der Schleiermacher-Baurschen Voraussetzung, Erlösung als Symbol erscheint, das Versöhnung sogar an Dichte noch übertrifft.

2. Das Wort von der Versöhnung

So weit waren die inneren Spannungen von Sühne und Versöhnung anzudeuten, um jetzt mit der gehörigen Erleichterung konstatieren zu können: hier geht es um das Wort von der Versöhnung. Sogleich entsteht die alte Frage: Wie gelangt man vom Wort von der Versöhnung zur Versöhnung, und umgekehrt von dieser wieder zum Wort? Dazu ist der einschlägige Text 2Kor 5 (Röm 5) zu befragen. Hierfür liegt eine profunde Interpretation von O. Hofius vor[182]. Im Mittelpunkt steht die geschlossene Einheit der Verse 18–21, ein Text aus der paulinischen Schicht[183]. Dieser Abschnitt gewinnt systematische Kraft, sobald

---

[181] Baur, aaO. 7. Die Definition von Erlösung durch die Gesamttätigkeit Christi, diejenige von Versöhnung durch den Tod Christi geht, was die Erlösung anbelangt, darauf zurück, daß das deutsche Wort „Erlösung" bereits in der Lutherbibel weit über seinen eigentlichen bildlichen Kern hinaus gebraucht wird, der sich ausschließlich auf den Tod Jesu bezieht. S. u. Anm. 307 f.

[182] O. *Hofius,* aaO. (s. o. Anm. 155); außerdem: Erwägungen zur Gestalt und Herkunft des paulinischen Versöhnungsgedankens, ZThK 77, 1980, 186–199.

[183] Der Passus 2Kor 5,14–21 steht im Zusammenhang einer Apologie des Apostelamts 2,14–7,4. Hier fallen die Stichworte: Apostelamt als διαϰονία τοῦ πνεύματος und διαϰονία τῆς διϰαιοσύνης (2Kor 3,8f; cf. 4,1; 6,3). Hierher gehört aus unserem Text die διαϰονία τῆς ϰαταλλαγῆς (2Kor 5,18). Man kann 2Kor 5,14–21 einen Exkurs nennen (M. *Hengel,* aaO. [s. o. Anm. 165] 65), wenn man darunter versteht, daß hier die begründende Hauptsache formuliert wird. Angelpunkt ist die ἀγάπη τοῦ Χριστοῦ, die als wirksame Kraft des Apostelamtes angerufen wird (5,14). Damit diese nicht nur ein Wort bleibt, sondern als Kraft wirkt, schließt Paulus Ausführungen zu solchen Fragen an: Wie wirkt die Liebe Christi? Wie kommt sie zustande? Worin besteht ihr Antreiben (συνέχειν)? Die Antwort, eingeführt durch ϰρίναντες τοῦτο (5,14), umfaßt den ganzen Abschnitt 5,14–21. Die letzte Begründung liegt in der Versöhnung, die ab 5,18 mit der plerophorischen Formel τὰ δὲ πάντα ἐϰ τοῦ θεοῦ eingeleitet wird; diese ist auf dem Hintergrund der eschatologischen Neuschöpfung (5,14–17) zu verstehen. 5,18–21 ist „eine in sich geschlossene Einheit…, die als ganze von Paulus selbst formuliert worden

mit Hofius erkannt wird, daß er in drei sich gegenseitig erläuternden Schritten das Versöhnungshandeln Gottes schildert.

Der erste Schritt: Gott „hat uns mit sich selbst versöhnt durch Christus / und uns den Dienst der Versöhnung gegeben" (5,18bc). Der erste Teilsatz beschreibt Versöhnung als Geschehen durch Gottes Tat, der zweite nennt den apostolischen Dienst der Versöhnung als Geschehen durch das Wort. Das Versöhnungsgeschehen wird also geschildert als Versöhnungstat und Versöhnungswort. Die Erkenntnis dieser fundamentalen sowohl zu unterscheidenden wie verbindenden Zweiheit leitet das Verständnis des ganzen Textes[184].

Der zweite Schritt geht hinter den ersten zurück, indem er der bloßen Setzung eine Begründung hinzufügt; einerseits für die Versöhnungstat: „Denn Gott war in Christus – die Welt mit sich selbst versöhnend, indem er ihnen ihre Übertretungen nicht anrechnete" (5,19ab); andererseits für das Versöhnungswort: „und er hat unter uns aufgerichtet das Wort von der Versöhnung" (5,19c). Auch hier dieselbe Struktur: zuerst Versöhnungstat, dann Versöhnungswort. Wodurch unterscheidet sich der zweite vom ersten Schritt? Dieser beschreibt Versöhnung im Blick auf „uns", jener im Blick auf Menschenwelt insgesamt. „Unsere" Versöhnung hat ihren Grund in der Universalität von Versöhnung (2Kor 5,14f); diese reicht in eine Vergangenheit und Unbewußtheit zurück (Röm 5,10), die jeweils erst „uns" bewußt und gegenwärtig wird. – Hinsichtlich der Versöhnungstat geht der zweite über den ersten Schritt hinaus, indem zu ihrer Charakterisierung ein zusätzliches Satzglied (5,19b) eingeführt wird: Versöhnungstat als Nicht-Anrechnen von Sünde. Aber diese Aussage darf nicht isoliert werden[185]; vielmehr steht Nicht-Anrechnen im Zusammenhang mit einem Anrechnen dem, der keine Sünde kannte und als Sündloser zur Sünde gemacht wurde (5,21). Vergebung als Nicht-Anrechnung hat also zum Untergrund den Kreuzestod als stellvertretende Sühne; diese Gedankenverbindung steckt in den knappen Formeln διὰ Χριστοῦ (5,18b) und ἐν Χριστῷ (5,19a). Keinesfalls gehört Sühne bloß auf eine vorpaulinische Stufe, sondern im versöhnlich klingenden Begriff der Versöhnung ist sie wiederum präsent. Selbst wenn man gerne „Versöhnung" auf die Verhandlungslösung im Unterschied zur Sühnelösung beschränken wollte, deckt doch der in 2Kor 5,18–21 geschilderte Vorgang das Ganze, nicht nur die Verbalschicht von καταλλαγή, sondern auch Sühne, Stellvertretung und Tod. Sodaß der καταλλαγή in unserem Kontext dasselbe widerfährt wie dem deutschen Wort „Versöhnung": es lädt sich mit archaischen Vorstellungen und Kräften auf, die wir lieber von vornherein ausgeschlossen

---

ist. ... In drei Schritten, die sich gegenseitig ergänzen und erläutern, ist von dem Versöhnungshandeln Gottes die Rede..." (O. *Hofius,* Erwägungen aaO. 187).

[184] O. *Hofius,* ‚Gott hat unter uns aufgerichtet...', aaO. (s. o. Anm. 155) 4–6; Erwägungen aaO. 187.

[185] Sonst hätte A. *Schlatter* recht: „Die Versöhnung der Menschheit mit Gott geschieht dadurch, daß Gott vergibt" (Paulus der Bote Jesu, 1934, S. 566; bei *Hofius* aaO. [s. o. Anm. 155] 9).

sähen. Daß umgekehrt die Versöhnungstat als Nichtanrechnen geschildert wird, dieses aber neben seiner Geprägtheit durch den Sühnkult ein eminent sprachliches Phänomen ist[186]: darauf sei nur hingezeigt. – Hinsichtlich des Versöhnungswortes verbirgt sich eine parallele Steigerung in dem unscheinbar aussehenden Fortschritt vom „Dienst der Versöhnung" zum „Wort von der Versöhnung"[187]. Entgegen der gängigen Auffassung ist „Wort von der Versöhnung" nicht die gegenwärtige apostolische Verkündigung, die bereits vorher mit dem „Dienst der Versöhnung" im Blick war. Sondern bei der Aufrichtung des Wortes von der Versöhnung handelt es sich in präzisem Sinn um Gottes Wort, das in der Gemeinde aufgerichtet wird, aber als Gottes eigenes Wort von der apostolischen Predigt unterschieden bleibt, ebenso wie diese von der nachgeordneten kirchlichen Verkündigung. Das Wort des Apostels im „Dienst der Versöhnung" wäre also dem sich in jeder Hinsicht selbst offenbarenden Gotteswort im „Wort der Versöhnung" zugeordnet, wie in Platons Ion das Wort des Rhapsoden dem des Dichters. Ist also das „Wort von der Versöhnung" die ursprünglichste aller drei Sprachschichten, so muß an ihm – analog zum Wort vom Kreuz – etwas zutage treten vom Ursprung der Sprache und ihrer dichterischen Qualität, was offenbar nicht möglich ist, ohne daß bereits im Wortaspekt der Tataspekt sich meldet[188]. Sodaß hinsichtlich der Versöhnungstat wie des Versöhnungswortes die Formulierung des zweiten Schrittes (5,19) als Spitzensatz bezeichnet werden darf[189].

Der dritte Schritt verkehrt das bisherige Nacheinander von Versöhnungstat und Versöhnungswort; dadurch entsteht eine chiastische Figur (5,20f). An erste Stelle tritt jetzt die Versöhnungspredigt (5,20). Was liegt vor: aktuelle Ausübung von Verkündigung oder ihre Beschreibung?[190] Unbestreitbar ist, daß wenigstens

---

[186] G. v. *Rad,* Die Anrechnung des Glaubens zur Gerechtigkeit (1951), in: Ders., Ges. Studien zum Alten Testament, 1965³, 130–135. Die Anrechnung der Opfergabe im Kultbescheid ist eine Elementarszene der Sprachwerdung des Dings.

[187] Den Paulus einen Gesichtspunkt bloß wiederholen zu sehen, läßt *Hofius* keine Ruhe. Dabei eilt seine Interpretation ihrem Höhepunkt zu (,Gott hat unter uns aufgerichtet...', aaO. [s. o. Anm. 155] 10–18). Keineswegs ist das Wort von der Versöhnung die apostolische Verkündigung – „im Gegenteil" (13). Mit der Aufrichtung des λόγος τῆς καταλλαγῆς lehnt sich Paulus vielmehr antithetisch an die alttestamentliche Formel von der Aufrichtung des Gesetzes durch Mose in Israel an (Ps 77,5 LXX: ἔθετο → θέμενος 5,19c). „Das ‚Wort von der Versöhnung', das Gott in der Kirche ‚aufgerichtet' hat, ist mit der apostolischen Predigt *nicht* identisch, sondern es ist als *Gottes eigenes Wort* seiner Bezeugung durch die Apostel prinzipiell vorgegeben" (16). Wort des Apostels ist ein jenem Gotteswort „sekundär zugeordnetes Wort" (17f), von dem dann die kirchliche Predigt „noch einmal zu unterscheiden" ist (19 Anm. 71). Wort von der Versöhnung als „Gottes eigenes Wort" auch O. *Hofius,* Erwägungen (s. o. Anm. 182), 192.

[188] Tataspekt im Wortaspekt: „Gott hat aufgerichtet" (θέμενος).

[189] O. *Hofius,* ‚Gott hat unter uns aufgerichtet...' (s. o. Anm. 155) 18, nach Karl *Barth.*

[190] E. *Dinkler,* Die Verkündigung als eschatologisch-sakramentales Geschehen. Auslegung von 2Kor 5,14–6,2, in: Die Zeit Jesu [FS H. *Schlier*], 1970, 169–189, S. 178: „Während der Apostel in den letzten Versen über das Amt der Verkündigung der Versöhnung sprach, übt er es jetzt [5,20–6,2] aktuell aus." Genauer S. 182f: „... bis V.19 reicht

ein Fragment apostolischer Verkündung zitiert ist, nämlich: „Lasset euch versöhnen mit Gott!". Sodaß sich durch die drei Schilderungen des Versöhnungswortes hindurch diese Gliederung ergibt: 1. Aufrichtung des Wortes von der
Versöhnung als Gottes ursprüngliches, selbstoffenbarendes Wort, Grund aller
sonstigen Worte (5,19), 2. Beauftragung des Apostels mit dem Dienst der
Verkündigung durch sein menschliches Wort, soweit es des göttlichen fähig ist
(5,18), und 3. die in actu geschehende Versöhnungspredigt in ihrem Originalton
(5,20), der sich diesmal – anders als beim Wort vom Kreuz – als Zitat erhalten
hat. – An zweiter Stelle abschließend eine Beschreibung der Versöhnungstat:
„Den, der die Sünde nicht kannte, hat er für uns zur Sünde gemacht, damit wir
würden Gottes Gerechtigkeit in ihm." Hier wird in Aufnahme von 5,14f,
speziell von 5,18 und 19 dargestellt: Versöhnung kam durch den stellvertretenden Sühnetod Jesu zustande, und zwar in Gestalt des Todes eines Sündlosen. Ob
sich die drei Aussagen über die Versöhnungstat ähnlich gliedern lassen wie
diejenigen über das Versöhnungswort, bleibt ungewiß; immerhin erfährt die Tat
der Versöhnung in der letzten Aussage ihre maximale Explikation. Diese besagt:
Versöhnung geschah durch Sühne. Sodaß Hofius summiert: „Wie unser Überblick zeigt, schließt das als ‚Versöhnung' beschriebene Heilshandeln Gottes nach
2Kor 5 *zwei* konstitutive Momente in sich: zum einen Gottes versöhnende *Tat*
im Kreuzestod Jesu Christi, zum andern die Kundgabe dieser Tat im ‚*Wort* von
der Versöhnung'. Beide Momente sind in ihrem differenzierten Zusammenhang
das *eine* Heilsgeschehen, in dem die Neuschöpfung des sündigen Menschen
begründet ist."[191]
Es ist dieses Summarium, das durchaus nicht zur Beruhigung, sondern zum
Anstoß wird. So unbezweifelbar die Doppelheit der Aspekte Wort und Tat auch
ist, so undeutlich bleibt, was wohl „differenzierter Zusammenhang" heißt.
Bisher zeigte sich, daß diese Aspekte nicht nur im Nebeneinander stehen,
sondern auch in chiastischer Verschränkung, ja nicht nur in ihr, sondern daß sich
in der Beschreibung des Tataspektes der Wortaspekt noch einmal findet, und
umgekehrt (5,19bc). Aber eben wenn diese Zweiheit sich nach rückwärts immer
als dieselbe wiederholt, so wird sie erst recht anstößig. Denn dieses Sich-
Wiederholen läßt nicht erkennen, wie sie von innen heraus entsteht. Wenn
nämlich, wie es in 5,20d als Text im Text erscheint, Versöhnung in ihrer
Wirkung und Wirklichkeit tradierbar ist als Wort von der Versöhnung, so ist gar
nicht einzusehen, weshalb diese Wirkung nicht allein durch das Wort entstand

---

die theologische ... Rede über die aus dem Kreuzesereignis folgende ‚neue Schöpfung'
und das ‚Amt der Versöhnung', ... während mit V.20 die Verkündigung, der λόγος τῆς
καταλλαγῆς selbst einsetzt." Dagegen O. *Hofius,* aaO. (s. o. Anm. 155) 9 Anm. 31: „v.20
ist *Beschreibung* der apostolischen Verkündigung, nicht ihre faktische und aktuelle ‚Ausübung' gegenüber den Korinthern."

[191] O. *Hofius,* Erwägungen, aaO. (s. o. Anm. 182) 188. Der „differenzierte Zusammenhang" findet sich noch einmal im Blick auf Röm 5 (S. 192). Weitere summarische Formel,
umfassend Tat und Wort: S. 198.

und somit auch ursprünglich dieselbe ist wie später. Bedurfte es aber umgekehrt im Ursprung einer Tat wie der, die faktisch geschah, damit das Wort wirksam sei, so ist nicht abzusehen, wie es als wirksames Wort tradiert werden soll ohne begleitenden Sukkurs und ständige Wiederholung dieser Tat. Dies ist bei Paulus offenbar nirgends vorausgesetzt. Ist aber das Wort von der Versöhnung als Wort bereits seinem Zweck angemessen, dann wäre es ratsam, in äußerster Sparsamkeit dabei zu verbleiben, denn selbst göttlicher Luxus im Spiel mit geliebtem Menschenleben ist kaum mitanzusehen. Hier scheint die in der Regel illusionäre Maxime am Werk: Jetzt noch dies eine Blut als gewiß letztes, dann wird Friede sein. Das Neben-, ja Ineinander von Wort und Tat, sonst willkommen, wird jetzt zum Anstoß, weil das Wort allein eine günstigere Lösung böte[192]. Die alten anselmischen Fragen: Cur deus homo, crucifixus, mortuus? drängen sich wieder auf. Ist kein Heilswerk als Tat nötig, dann ließe sich gleich von vornherein sagen: „Lasset euch versöhnen mit Gott!" Das wäre Ersparnis einer Symbolik.

Aber an dieser Stelle ist Anselm sinnvollerweise einmal umzukehren. In der Frage: Cur deus homo? ist ja „deus" nur Anrufung des Einfachsten, Allersimpelsten und Sparsamsten, was sich – einerlei wie kindlich oder spekulativ gedacht – vor jeder Störung bewahren und daher Wort bleiben möchte. Nun kehren wir die Frage um und stellen sie in Wahrheit vom Kopf auf die Füße: Offenbar ist diese blutige Tat selbst das Erste, und sie ist immer schon da als ein Schreckliches am Grunde des Lebens, nicht einfach, sondern sogar vielfach. Dieses Schreckliche ist der eigentliche Widerstand, gegen den Sprache sich bildet und von dem sie sich losreißt, weswegen sie symbolische Sprache ist. Das Symbol haftet ihr an wie ein Stigma zur Erinnerung an ihre Arbeit und Vergangenheit. Aufgabe des Theologen ist es nicht, angesichts des Schrecklichen, des Kreuzes, von Gott zu reden. Dies Schreckliche ist schon Gott genug und übergenug. Sondern Aufgabe des Theologen ist es, angesichts des Schrecklichen Sprache zu finden, und diese Sagbarkeit des Schrecklichen, falls sie je Wirklichkeit wird, ist Anwesenheit Gottes – gegen Gott. Aus dieser Spannung des Sagens, was nicht zu sagen ist, entsteht symbolische Sprache: Wort vom Kreuz ebenso wie Wort von der Versöhnung. Damit kehrt sich die kindliche Frage Anselms um bis zu einer Frage aus letzter Resignation: Wie können wir angesichts der schrecklichen Wirklich-

---

[192] Lautet der Text der Versöhnungspredigt: „Lasset euch versöhnen mit Gott!", so mag unerfindlich erscheinen, weshalb das „Wort von der Versöhnung" anders „aufgerichtet" worden sein soll, als dadurch, daß es gesagt und noch einmal gesagt wird. Oder lautet das Evangelium im Kern: „Gott ist die Liebe" (1Joh 4,16), so ist mit diesem Satz alles gesagt. Daß anders als in 1Joh 4,16 die Liebe Gottes in 1Joh 4,10 durch die Formel erläutert wird: „und er sandte seinen Sohn zum Sühnopfer für unsere Sünden (ἱλασμὸν περὶ τῶν ἁμαρτιῶν ἡμῶν)", wird jetzt zur kirchlichen Redaktion (R. *Bultmann*, MeyerK 14, 1967, zu 1Joh 2,2 und 4,10). Aber was wird dann aus „Gott ist die Liebe?" Daraus wird der Kindervers „drum sag ich's noch einmal, drum sag ich's noch einmal." An diesem kindlichsten Pol des bloß noch eiernden und leiernden Wortes bedarf es des göttlichen Heilsaufwandes als Tat ebensowenig wie einer Symbolik.

keit, für die das Kreuz steht – wie können wir angesichts des Unsäglichen[193] noch reden? Über dem Schrecken des bei Sühne fließenden Blutes wird die Kraft ermeßbar, die zur Aufrichtung eines Wortes erforderlich sein mußte, eben weil *Wort* von der Versöhnung sich durchaus nicht von selber einstellen wollte.

So rückt das Wort von der Versöhnung in den Fragehorizont ein, der mit dem Wort vom Kreuz eröffnet wurde. Beide Formeln klingen parallel; aber Kreuz ist ein Wort mit Odium, Versöhnung nicht. Das Wort vom Kreuz trägt bereits in dieser Sprachgestalt die ganze rohe Spannung in sich, daß etwas, was sich dem Wort entzieht, zu diesem kommen soll. Im Wort von der Versöhnung hingegen versteckt sich die Spannung hinter dem freundlich klingenden Wort „Versöhnung". In Wahrheit schleppt die Versöhnung den Schatten der Sühne hinter sich her. Dies ist nun als Wort- und Tataspekt von Versöhnung eigens zu thematisieren.

a) Der Wortaspekt: Versöhnung

Beim Wortaspekt ist zu beginnen; dieser liegt nah, das Ereignis selbst fern. Der λόγος τῆς καταλλαγῆς, das Wort von der Versöhnung sei Gottes eigenes Wort, Evangelium in strengstem Sinn, vor und über allem apostolischen Wort. Wie kommt diese früheste, älteste und unergründliche Sprachschicht zustande, von der alle andere Sprache abhängt? Wie entsteht dieser Primärtext? Hier sind einige Hypothesen zum Ursprung dieser Sprache zu prüfen.

Die Aufrichtung des Versöhnungswortes, wird behauptet, sei identisch mit dem Osterereignis, wie es sich in der frühesten Schicht als Ostererscheinung den Jüngern darstellte[194]. Aber hier wird ein obscurum per obscurius erklärt, indem die Frage nach dem allerersten Entstehen eines Wortes aus Jesu Kreuz durch eine Ostervision beantwortet wird, einer Vision zudem, von der nicht geklärt ist, wie

---

[193] Ineffabilität im Sinn von Unsagbarkeit kommt in der philosophischen und theologischen Tradition Gott als dem unaussprechlich Einen zu. Indem aber hier allein vom Gott dieses Kreuzes die Rede ist, wandelt sich der Sinn der Ineffabilität von der Unsagbarkeit zur Unsäglichkeit und wird damit erst in strengem Sinn theologisch.

[194] O. *Hofius*, Erwägungen (s. o. Anm. 182) 192: „In der ‚Aufrichtung' des Versöhnungswortes haben wir m. E. jenes Geschehen zu erblicken, das in 1Kor 15,3ff mit dem vierfachen ὤφθη umschrieben wird: die Selbstbekundung des gekreuzigten und auferweckten Kyrios in den Ostererscheinungen. Bei diesen Erscheinungen, in denen die Apostel ihre Berufung und Autorisierung erfuhren, handelt es sich entscheidend um das Ereignis eines *Wortempfangs*. ... Im Zentrum der Begegnung mit dem Auferstandenen stand demnach die Proklamation, in der Gott selbst enthüllt hat, was im Kreuzestod Jesu geschehen ist. ... Die in den Ostererscheinungen von Gott her ergangene, bei den Zeugen Erkenntnis und Glauben wirkende Proklamation der Versöhnungstat ist der λόγος τῆς καταλλαγῆς, den der Versöhner in der Kirche ‚aufgerichtet' hat." – Ebenso in ‚Gott hat unter uns aufgerichtet...' (s. o. Anm. 155) 16f: „Diese das Kreuzesgeschehen erschließende und bei den Auferstehungszeugen Erkenntnis und Glauben wirkende Proklamation der Versöhnungstat durch den Versöhner selbst ist der λόγος τῆς καταλλαγῆς, den Gott in der Kirche ‚aufgerichtet' hat."

sie Audition sein soll. Durch Anrufung der Auferstehung ein Problem lösen zu wollen, kann nur auf Skepsis stoßen. Paulus hat vielmehr die Aufrichtung des Versöhnungswortes einzig und allein an den Kreuzestod gebunden: Hier wurde aufgerichtet, hier oder gar nicht. Entweder war Ostern dies, wenn aber nicht, dann ist es wieder etwas anderes als das Wort von der Versöhnung. Wer, weil er Heil nicht im Kreuz findet, schnell bis zum dritten Tag vorrückt, hat den status quaestionis verschoben und läßt im übrigen das Kreuz so unheilvoll, wie es ist. Deshalb ist dem Gedanken äußerste Sparsamkeit aufzuerlegen: nicht ohne äußerste Not sollte Ostern dem Kreuz etwas Neues hinzufügen, vielmehr ist denkbar, Ostern sei ausschließlich Explikation dessen, was im Kreuz bereits Heilsames lag. Kreuz und Ostern bilden ein geschlossenes Denksystem, das desto besser gefügt ist, je weniger stillschweigende Verschiebung oder Zufuhr von außen stattfindet. Wenn der Extrakt von Ostern nicht aus dem Kreuz gleichsam hervorspringt, dann ist Ostern umsonst, weil es an der gestellten Frage vorbeigeht; dann ist aber auch Jesu Kreuz umsonst, weil es immer noch aussieht wie alle anderen Kreuze auch. Wer nicht Kreuz und Auferstehung in einer einzigen kräftigen Fügung des Gedankens umfaßt, hat möglicherweise Heil, nur leider das, was gar nicht den Kern seines Unheils berührt. Deshalb ist lockeres Denken nicht gestattet. Paulus sagt nicht: Hier haben wir das Kreuz; das Wort vom Kreuz haben wir dann in der Auferstehung[195]. Und ebenso nicht: Hier haben wir das Versöhnungs- oder Sühnereignis im Kreuz; die Aufrichtung des Wortes geschieht dann an Ostern. Hier werden Theologie und Zynismus verwechselt. Sondern: Entsteht das Wort vom Kreuz nicht mit, durch und gegen das Kreuz, und entsteht das Wort von der Versöhnung nicht mit, durch und gegen das Ereignis der Sühne, dann ist es mit Versöhnung nichts. Daß das Wort von der Versöhnung eine von Gott her in Ostererscheinungen ergangene Proklamation der Versöhnungstat sei: davon ist bei Paulus keine Rede. Um solch lockeres Denken angesichts der Stringenz der Aufrichtung göttlichen Wortes vollends auf die Spitze zu treiben: Durchaus ist es nicht so, daß Gott an Ostern enthüllt, was im Kreuzestod Jesu geschehen ist. Dagegen ist festzuhalten: Wenn der Kreuzestod Jesu nicht selbst fähig war zu sagen, was er zu sagen hat, dann steht jede nachgesetzte Rede von Auferstehung und Gott in der Gefahr der Blasphemie, weil von Gott geredet wird wie von einem Schulbuben, der sagen soll, was er getan hat. Das Kreuz muß also von sich selbst her reden. Entsteht das Wort nicht in seinem Ursprung, springt es nicht daraus hervor, dann entsteht es nicht, soviel im übrigen gesprochen wird. Theologische Disziplin zeigt sich unseres Ortes darin, von Auferweckung, von Gott nichts, aber auch gar nichts nebenher und von außerhalb zu wissen – so sehr wir dies natürlich immer tun im Zustand der Nichtdisziplin. Wenn Gott, Wort, Auferweckung nicht aus dem Kreuz selbst hervorspringt[196], herausfedert wie eine Wildkatze, dann können wir

---

[195] S. o. Anm. 108.

[196] Das Wort „hervorspringen", das zur Schilderung des Ursprungs der Sprache jetzt bereits zum dritten Male gebraucht wird, vereinigt die beiden Aspekte: Aus dem Ding

Jesu Kreuz in die Reihe aller sonstigen Kreuze zurückstellen – eine theologia crucis hat sich dann nicht ergeben. Kreuzestheologie als Disziplin, von Gott nichts außerhalb des Kreuzes zu wissen, weder vorher noch nachher, ist Wiederholung der paulinischen Denkdisziplin, nichts zu wissen außer Jesus Christus, und den als Gekreuzigten[197]. Die Errichtung dieser Denkbredouille steigert zugleich die Erwartung, das Kreuz sei von sich selbst her mächtig genug, Gott und Wort aus sich hervorspringen zu lassen. Als erster Gesichtspunkt ist daher festzuhalten: Der Wortaspekt der Versöhnung kann der Versöhnungstat in keiner Weise nachfolgen; entweder ist die Aufrichtung des Wortes von der Versöhnung mit der Aufrichtung des Kreuzes gleichzeitig, oder weder Wort noch Kreuz ist etwas nütze. Das Versöhnungswort ist kein zum Geschehen sekundäres Phänomen, so daß man unterscheiden könnte: hier Tat, dort Kundgabe der Tat[198], sondern Versöhnungstat und Versöhnungswort müssen am selben sein und im selben Moment.

Eine zweite These ist zu erwägen: das Versöhnungswort sei Zueignung der im Kreuzestod Jesu vollzogenen Versöhnungstat[199], sodaß sich eine Differenz zwischen dem An-sich der Versöhnung und einem Für-uns ergäbe: das erste Versöhnungstat, das zweite Versöhnungswort. Dies läßt sich begründen mit Hinweis auf Röm 5, wo die Versöhnungstat in die ferne, unbewußte Zeit gelegt wird, als wir noch schwach, Sünder und Feinde waren, wogegen wir jetzt, durch das

---

springt hervor der Gott, und: Aus dem Ding springt hervor die Sprache. Zur Doppelheit dieser Aspekte s. o. Anm. 88. Der erste findet seine Erläuterung durch E. *Cassirer,* Sprache und Mythos. Ein Beitrag zum Problem der Götternamen (1925), in: Ders., Wesen und Wirkung des Symbolbegriffs, Oxford 1956, 71–167, S. 104: „Es ist, als ob sich durch die Isolierung des Eindrucks, durch seine Herausgehobenheit aus dem Ganzen der gewöhnlichen, der alltäglichen Erfahrung an ihm neben seiner gewaltigen intensiven Steigerung zugleich eine äußerste *Verdichtung* geltend machte und als ob kraft dieser Verdichtung nun die objektive Gestalt des Gottes resultierte, als ob sie aus ihr geradezu heraussspränge." – Der zweite findet seine Erläuterung durch W. v. Humboldt und J. G. Herder. Humboldt, Ueber die Verschiedenheiten des menschlichen Sprachenbaues (1827/29), in: Werke in fünf Bänden (hg. A. *Flitner*/K. *Giel*) III, 144–367, S. 252: „Die Berührung der Welt mit dem Menschen ist der elektrische Schlag, aus welchem die Sprache hervorspringt, nicht bloß in ihrem Entstehen, sondern immerfort, so wie Menschen denken und reden." Herder, Abhandlung über den Ursprung der Sprache (1772), hg. H. D. *Irmscher,* 1975, S. 33: Die „Seele sucht ein Merkmal – das Schaf *blöket!* Sie hat Merkmal gefunden. Der innere Sinn würket. Dies Blöken, das ihr am stärksten Eindruck macht, das sich von allen andern Eigenschaften des Beschauens und Betastens losriß, hervorsprang, am tiefsten eindrang, bleibt ihr."

[197] 1Kor 2,2: οὐ γὰρ ἔκρινά τι εἰδέναι … εἰ μὴ Ἰησοῦν Χριστὸν καὶ τοῦτον ἐσταυρωμένον. Zur sokratischen Gestalt dieses Satzes s. o. Anm. 115.

[198] O. *Hofius,* Erwägungen (s. o. Anm. 182) S. 188: „zum einen Gottes versöhnende *Tat…,* zum andern die Kundgabe dieser Tat…"; S. 192: „die Proklamation, in der Gott selbst enthüllt hat, was im Kreuzestod Jesu geschehen ist."

[199] O. *Hofius,* aaO. 192: „In Röm 5, wo der differenzierte Zusammenhang von Versöhnungs*tat* und Versöhnungs*wort* ebenfalls sichtbar wird, beschreibt Paulus das Wortgeschehen als die Zueignung der im Kreuzestod Jesu vollzogenen Versöhnung."

Versöhnungswort, Versöhnung empfangen haben. An dieser Unterscheidung ist schon deshalb nichts auszusetzen, weil jedes Innewerden der Versöhnung seit Paulus bis auf uns mit ihr zu tun hat: unsere Einsicht kommt, gemessen an der Unvordenklichkeit der Versöhnungstat, immer zu spät. Was dagegen auszusetzen ist, ist die Beschränkung des Begriffs der Zueignung auf jenen späteren Akt. Wenn nämlich Zueignung erst stattfindet in jenem Für-uns, d. h. in dem Augenblick, da wir es auch bemerken, was war dann Versöhnung vorher? Etwa nicht Zueignung? Dann offenbar auch keine Versöhnung! Oder Versöhnung, die noch gar nicht versöhnlich ist? Hier zerfällt der Gedanke und mit ihm Versöhnung. Obgleich Paulus zwischen der Zeit des Für-uns und der Zeit des An-sich der Versöhnung unterscheidet, so gilt nach ihm, daß bereits die Zeit des An-sich der Versöhnung eine Zeit des Für-uns war: „Christus ist ‚für uns' gestorben, als wir noch Sünder waren" (Röm 5,8). So ist im deutschen „Für-uns" ein erkenntnistheoretisches πρὸς ἡμᾶς von einem soteriologischen ὑπὲρ ἡμῶν zu unterscheiden. Ist nach jener These das An-sich der Versöhnung Tat, ihr Für-uns Wort, so ist für Paulus festzuhalten, daß, wenn das An-sich der Versöhnung bereits das Für-uns war, dann auch die Versöhnungstat bereits Versöhnungswort war und nichts anderes. Schon der innerste Kern der Versöhnung muß Zueignung von Versöhnung gewesen sein. Zueignung ist nicht zweiter, nachklappender Akt, der über göttliche Versöhnung hinaus noch göttliche Homiletik und Katechetik verlangte, sondern – dies ist der zweite Gesichtspunkt – Versöhnung ist in ihrem Kern Zueignung, und Zueignung ist in ihrem Kern Versöhnung. Folglich muß die Tat bereits Wort sein.

Sind Versöhnungstat und Versöhnungswort in der bisherigen Weise unterschieden, so folgt daraus, daß die Kraft der Versöhnung in der Tat liegt; aber dann ist der Gesichtspunkt der Kraft beim Wort schon vergeben. Jetzt kommt nur noch Erkenntnis, aber diese folgt dem Ereignis und seiner Kraft bloß nach. Mit Recht wird dagegen eingewandt, Erkenntnis und Offenbarung seien „keineswegs bloß noëtische Sachverhalte... – als wäre das verkündigte Wort lediglich eine formale Information über Gottes Versöhnungstat, die der Mensch unverbindlich zur Kenntnis nehmen und zu der er beliebig Stellung beziehen könnte"[200]. In diesem Sinn wäre offenbar die Auffassung des Versöhnungswortes als „Kundgabe" und „Proklamation" zu präzisieren: sie sollte Erkenntnis wirkendes Geschehen sein, nicht bloß Angebot, kraftloser Appell. Sondern: „Das gepredigte Evangelium ist – weil es das Wort *Gottes* ist – ein schöpferischer Ruf, der schafft, was er gebietet, und wirkt, wozu er einlädt"[201]. Hierbei kommt jedoch alles darauf an, ob solches Versöhnungswort eingeführt wird als Anspruch („weil es das Wort *Gottes* ist") oder als ansprechend: im ersten Fall bleibt die gewünschte Verbindlichkeit immer gesetzlich, und nur im zweiten entsteht ein evangelischer Satz. Dies führt zum dritten Gesichtspunkt: Wünscht man, daß

---

[200] O. *Hofius,* aaO. 193.
[201] O. *Hofius,* aaO. 194.

das Versöhnungswort als Sprache zugleich von göttlicher und ansprechender Kraft sei, so rückt in Reichweite, daß eben deshalb die Versöhnung als Tat und Kraft bereits Sprache gewesen sein muß. Was hinterher beim Wort gerne in Anspruch genommen wird, daß es kräftig sein möge, das ist sogleich zu Anfang bei der Tat in der Gestalt mitzubedenken, daß sie Sprache sei. Wenn Sprache kräftig sein soll, dann muß auch Kraft bereits Sprache gewesen sein.

Noch eine vierte Überlegung ist anzuschließen, die die bisherigen umfaßt. Nicht nur die Gestalt des paulinischen Versöhnungsgedankens, sondern auch seine Herkunft ist für den Status des Wortes von der Versöhnung ausschlaggebend. Hat, wie gesagt, die paulinische Rede von Versöhnung keine innerneutestamentliche Vorgeschichte, sondern geht sie auf Paulus selbst zurück, so stellt sich die Frage: Befindet sie sich etwa in Relation zu ähnlichen Formulierungen der römischen, hellenistischen oder jüdischen Welt? Einerlei wie man sich dabei entscheidet – Hofius plädiert mit guten Gründen für deuterojesajanische Herkunft[202] –, so bleibt doch auf diesem Wege die stillschweigende Voraussetzung übrig, Jesu Versöhnungstod am Kreuz habe an sich selbst kein Wort gehabt, sondern bedürfe eines anderswoher gebrachten Zitats. Das hieße: Jesu Kreuz sei an sich stumm und stumm geblieben, zur Rede fähig nur durch einen sekundären Akt von außen. Hier zeichnet sich der Skandal ab, daß es eine Sprache des Kreuzes und der Versöhnung in ursprünglichem Sinn und von innen heraus gar nicht gibt. In diesem Fall entsteht keine Theologie, so viel Theologie auch betrieben wird. Hofius formuliert als Resultat: „Der paulinische Versöhnungsgedanke ist ... entscheidend durch die Botschaft Deuterojesajas geprägt. Sein *Fundament* liegt allerdings an einer anderen Stelle: in der Begegnung mit dem Auferstandenen, in der Gott dem Verfolger das Kreuz als seine Versöhnungs*tat* enthüllte und ihn selbst zum Boten des Versöhnungs*wortes* berief." Hier ist zu fragen: Wenn die Berufung des Paulus tatsächlich worthaft war, warum stattete sie ihn nicht mit solcher Sprachmacht aus, daß er der deuterojesajanischen Vermittlung nicht bedurfte? Oder hörte er sprachlose Sprache? Hofius fährt fort: „Was Paulus in diesem Ereignis erschlossen wurde, hat er dann [!] durch das prophetische Zeugnis der Schrift bestätigt und ausgelegt gefunden. Er hat damit zugleich aus dem Alten Testament die Sprache empfangen, in der er das Heilshandeln Gottes in Jesus Christus auszusagen vermochte."[203] Hat Paulus aber Sprache aus dem Alten Testament empfangen, so hat er sie nicht aus dem Kreuz empfangen, als ob die Versöhnungstat stumm gewesen wäre und das Heilsereignis keine originale Sprache gehabt hätte. Hat es das nicht, dann ist es nicht Heilsereignis, sondern Heilsereignis ist dann Auffindung des Alten Testaments, das dem Sprachlosen sekundär Sprache leiht. Nun spricht aber Paulus von einem

---

[202] O. *Hofius,* aaO. 196.

[203] O. *Hofius,* aaO. 199. Die Ostervision des Paulus bleibt also gerade in ihrem Charakter als „Wortempfang" (192) ungeklärt, wenn das Wort anderswoher und dann ohne Vision kommt. Zum Zusammenhang zwischen Wort und der ihm eigenen Kraft des Sehenlassens (visio) s. o. Anm. 130 und 194.

Wort vom Kreuz und von der Versöhnung, und von diesem verlangen wir und müssen verlangen, es solle ursprüngliches Wort sein, nicht in einem zweiten Akt suppliert. Natürlich kann keine undialektische Auffassung vom Ursprung der Sprache angestrebt werden, als könnten wir in genealogischem Sinn zurück zu ihm; vielmehr sind wir immer schon in der Sprache und können den Ursprung immer nur in diesem Bereits-in-der-Sprache-Sein aufsuchen. Was dieses Immer-schon-in-der-Sprache-Sein anlangt, so gelten im übrigen Altes Testament, Deuterojesaja und Alltagssprache gleich viel. Ihnen allen steht erst noch bevor, der christologischen Wende ausgesetzt zu werden. Selbstverständlich ist nicht auszuschließen, daß das ursprüngliche Wort von Kreuz und Versöhnung Ähnlichkeit mit Deuterojesaja oder der pax Romana oder der sokratischen Tradition annimmt, einfach deshalb, weil unsere Sprache immer schon irgendwoher kommt und auch als Sprache des Kreuzes nicht supranaturalen Ursprungs ist. Aber eben auch nicht naturalen Ursprungs, was der Fall wäre, wenn das Alte Testament tel quel dem Wortempfang unterschoben würde. Lassen wir also im Drängen auf Ursprung des Wortes von Kreuz und Versöhnung nicht nach, so muß gefordert werden, daß Versöhnungstat Versöhnungswort ist und umgekehrt. Daraus ergibt sich als vierter und letzter Gesichtspunkt: War das Kreuz nicht an sich Heilsereignis, dann wirst du es auch mit einem herbeigezogenen Zitat nicht zum Leben erwecken; und tust du dies, dann staunst du zu Recht, daß dein Wort schwach bleibt, von dem du wohl empfindest, daß es hätte stark sein sollen. War aber das Kreuz Heilsereignis, warum behinderst du durch deine ungefügten Gedanken seine Kraft? Kreuz ist Heilsereignis dann, wenn es seine eigene Sprache spricht.

b) Der Tataspekt: Sühne

Versöhnung wird üblicherweise als Geschehen verstanden, das ausschließlich durch Sprache vermittelt ist; sie ereignet sich durch die glückliche Formel, welche zerstrittene Selbstbewußtseine nach einer Zeit der Sprachlosigkeit wieder zur Kommunikation instandsetzt. Wer unversöhnt ist, redet nicht. Sprachliche Kommunikation ist an sich bereits Versöhnung. Gilt dies, dann ist zu behaupten: Versöhnung hat einzig und allein einen Wortaspekt, nicht aber einen Tataspekt, es sei denn den, der nichts als Taten aus purer Versöhnlichkeit beschreibt. Ja rigoroser: Ist Versöhnung wesentlich reziproke Sprachfähigkeit, so kann ein Tataspekt mit Blut und Sühne schon gar nicht dazwischentreten, denn dieser machte zunichte, was gewünscht wird: einigermaßen zivile Konversation. Diese gänzliche Ungehörigkeit ist beim Übergang zum Tataspekt klar ins Auge zu fassen: Hat Versöhnung außer dem Wortaspekt auch noch einen Tataspekt, dann geht genau das zugrunde, was bisher Wirklichkeit von Versöhnung war. Nie neigen wir leichter dazu, daß das Wort schaffe, wirke, die Welt mit Versöhnlichkeit durchdringe, und zwar möglichst das Wort allein. Aber indem wir auf den Tataspekt stoßen, treffen wir auf Neues: διὰ Χριστοῦ (2Kor

5,18), ἐν τῷ αἵματι (Röm 5,9) und διὰ τοῦ θανάτου (Röm 5,10). Hier dringt
Gewalt ein, brutale Interruption des Sprachzusammenhangs, der nur solange
Versöhnung ist, als kein Blut fließt. Nicht nur ist nicht zu sehen, was ein an
Versöhnung Interessierter mit dem Gekreuzigten anfangen soll, sondern, was
noch gravierender ist, es ist nicht einmal abzusehen, wie mit dem Gekreuzigten
Versöhnung zu halten ist. An dieser Stelle stehen schmerzliche Entdeckungen
bevor. Nicht etwa, um Jesu Kreuz besser zu erkennen. Dann könnten wir uns
jene Entdeckungen zugleich mit dem Kreuz ersparen. Sondern umgekehrt
stellen sich solche Entdeckungen ganz von selbst ein, und darüber gewinnt Jesu
Kreuz immer mehr Kontur. Das Kreuz, sei vermutet, ist Gipfel und Ende
solcher Entdeckungen. Eine Vermutung, die allein dem Zweck dient, einen
Erkenntnisprozeß einzuleiten, der in strengster Empirie den Bedingungen versöhnten Selbstbewußtseins nachgeht. Anselm hat, um die Aufwendigkeit des
Heilswerkes zu erklären, auf ein pondus verwiesen; dieser Kraftausdruck ist im
jetzigen Zusammenhang erforderlich, denn Last und Gewicht stellen sich ein
beim Nachbuchstabieren von Bedingtheit. Wie ja bereits der Ausdruck „Bedingtheit" die ganze Spannung enthält: Ich sprachförmiges Bewußtsein soll bedingt sein, wo doch Ding durch gänzlichen Mangel an Bewußtsein und Selbstbewußtsein qualifiziert und also disqualifiziert ist. Das Ding ist somit Tod des
Selbstbewußtseins, und diese Zumutung macht sich als Last und Gewicht
bemerklich. Auf dem Untergrund des Dinglichen und Bedingenden ist Entstehenkönnen von Selbstbewußtsein und Sprache nahezu etwas Wunderbares.
Genau zwischen Dinglichem und Nichtdinglichem, zwischen gänzlich Unbe-
wußtem und Selbstbewußtem stand das Wort vom Kreuz von Anfang an. So
jetzt auch das Wort von der Versöhnung, bei dem sich das alte Problem in dieser
Gestalt wiederholt: Versöhntes Selbstbewußtsein ist nicht zu klären, ohne die
Reihe seiner Bedingtheiten zu durchlaufen. Deshalb ist beim Wort von der
Versöhnung, das sogar exklusiv worthaft klingt, Versöhnung nicht allein unter
dem Wortaspekt zu behandeln, sondern es sind die Bedingtheiten versöhnten
Selbstbewußtseins in Betracht zu ziehen. Daher ist der Tataspekt wichtig, der,
wie zu sehen, im Grund Dingaspekt ist.

Die jederzeit zu vermutende Bedingtheit von Versöhnung tritt schon dadurch
in den Blick, daß das Wort „Versöhnung" sich öffnet über seinen rezenten Sinn
hinaus. Bewegt sich dieser auf der Verbalschicht, so schlägt seine Etymologie
alsbald aus bis zum Dinglichen. „Versöhnung" kommt durch „Sühne" zustande[204]; dies gilt in sprachlicher wie sachlicher Hinsicht. Im selben Moment springt
als Medium nicht nur Wort, sondern ein Etwas in die Mitte. „Versöhnung"
ahndet eine Vergangenheit, die als sinnliche Dingschicht aus der Tiefe des
Wortes hervorspricht. Man kann daher leicht sagen, Versöhnung vollziehe sich
als Sühne, und noch leichter, Sühne werde zu Versöhnung ganz von selber – eine

---

[204] F. *Kluge*/W. *Mitzka*, Etymologisches Wörterbuch der deutschen Sprache, 1967[20],
Sp. 763[b]. 818[a].

Leichtigkeit, die durch die spekulative Kraft des deutschen Wortes „Versöhnung" insinuiert wird. Was dagegen die paulinischen Versöhnungstexte anlangt, so ist dieser Zusammenhang zwar gefordert[205], aber schwerlich in spekulativer Leichtigkeit. Hofius hat in klassischer Strenge formuliert: „Zwischen Sühne und Versöhnung kann … nicht so unterschieden werden, daß man eine der beiden Größen zum sekundären Interpretament der jeweils anderen erklärt. Weder hat die *Sühne*aussage lediglich dienende Funktion im Rahmen einer völlig unkultisch gedachten Versöhnungsanschauung, noch dient umgekehrt die *Versöhnungs*aussage bloß der Erläuterung des Sühnegedankens. Versöhnung und Sühne sind im Gegenteil die zwei zusammengehörigen Seiten *ein und derselben* Sache – der Sache des Kreuzesgeschehens. Sie sind in ihrer untrennbaren Zusammengehörigkeit die Sache selbst und keineswegs nur ‚Vorstellungen‘, die von der Sache als solcher abgelöst werden könnten"[206]. Wie wir diesem Kanon vorhin beim Wortaspekt Nachachtung zu schaffen suchten[207], indem wir das Versöhnungswort so nahe wie nur möglich an die Versöhnungstat heranführten und dabei das Wort immer mehr materialisierten, so ist jetzt offenbar umgekehrt das der Sühne, diesem Dinglichen, eigene Wort in einem Sublimationsversuch ans Licht zu befördern.

Was die Seite der Sühne anlangt, den Tataspekt, so erhebt sich die Frage, wie von ihr als einem Dinglichen der Weg zum Wort überhaupt zu finden sei. Das Ding ist stumm. Nun ist zu vermuten: Sobald wir wissen, wie das Sühne-Ding wirkt, kennen wir die Logik der Sühne. Oder: Kennen wir die Funktion des Sühne-Dinges, dann auch seine Sprache. – Ist Sühne etwas Dingliches, so erwarten wir primär eine Analyse in Kategorien des Dinglichen. Sie wird nicht die einzige bleiben. Der äußerste Interpretationshorizont, in dem Sühne als dingliches Etwas funktioniert, ist der Tun-Ergehen-Zusammenhang oder die schicksalwirkende Tatsphäre[208]. Diese stellt sich als geschlossenes System hochliquider Dinglichkeit dar, unsichtbar-sichtbar, unstofflich-stofflich, allgegenwär-

---

[205] O. *Hofius,* Erwägungen (s. o. Anm. 182) 190: „Daß sich Gottes Versöhnungstat als *Sühnegeschehen* vollzog, wird in 2Kor 5 ausdrücklich gesagt und in Röm 5 von 3,25 her vorausgesetzt."

[206] O. *Hofius,* Erwägungen aaO. Ferner: Ders., Sühne und Versöhnung, Zum paulinischen Verständnis des Kreuzestodes Jesu, in: W. *Maas* (Hg.), Versuche, das Leiden und Sterben Jesu zu verstehen, 1983, 25–46, S. 31: „Sühne und Versöhnung sind *beide* die Tat und das Werk Gottes und somit in ihrer unlöslichen Zusammengehörigkeit die zwei Seiten *ein und desselben* Geschehens – des Kreuzesgeschehens."

[207] Mit dem Kanon von *Hofius* gegen die Einzelausführungen von *Hofius.* Die Inkonsistenz findet ihren Ausdruck darin, daß *Hofius* einerseits Wort- und Tataspekt der Versöhnung unterscheidet (Wortaspekt: 2Kor 5,18c.19c.20; Tataspekt: 5,18b.19ab.21), andererseits aber zur Unterscheidung von Versöhnung und Sühne noch einmal ganz neu ansetzt (Versöhnung: 2Kor 5, 18ff; Sühne: 5,14–17 und 21; Sühne und Versöhnung [s. o. Anm. 206] S. 39–41). Aber warum sollen die Unterscheidung von Wort und Tat und die Unterscheidung von Versöhnung und Sühne voneinander getrennt werden?

[208] Termini nach K. *Koch* (s. u. Anm. 211). Guter Überblick in: K. *Koch*/J. *Roloff,* Art. Tat-Ergehenzusammenhang, in: Dies. (Hgg.), Reclams Bibellexikon, 1978, S. 486–488.

tig-räumlich. Der Tun-Ergehen-Zusammenhang wirkt als System aller Systeme, folglich ist alles was ist in diesem System, nichts außer ihm, außer ihm nichts. Damit ist systemtheoretisch eine Form letzter Unentrinnlichkeit konstruiert, in der mit höchster systemimmanenter Rationalität alles mit allem vermittelt wird. Die Welt als einzig mögliche Welt wird zum Dorf: alles mit allem auf unvermutete Weise verwandt, das Ganze eine hochsensible, jede Aussicht darüber hinaus verschließende Masse. Während es zur differenzierten spezialisierten Welterfahrung gehört, auf Eines blicken zu können, entlastet davon, zugleich auf unbegrenzt viel Anderes blicken zu müssen, bildet der Tun-Ergehen-Zusammenhang eine gänzlich undifferenzierte, unspezialisierte und also archaische Schicht am untersten Grund von Erfahrung, in der nichts ist, was nicht reagierte, und sei die auslösende Kraft noch so gering. Solches Absinken ins Archaische vollzieht sich durch zunehmende Materialität und Dichte; was immer an Kommunikation stattfindet, ist wesentlich durch Materialität vermittelt, und daher wird Kommunikation zum unfehlbaren Kommunikationszwang. Hängt also in dieser Schicht alles mit allem zusammen, so geht auch in Ewigkeit nichts verloren; es sei denn, daß ein zeitliches und räumliches Fernesein eintritt, aber nur auf Zusehen, ohne die Unfehlbarkeit im Kern zu lösen[209]. Deshalb hat in einer unspezialisierten Gesellschaft die menschliche Fehltat keine Chance zur Verkrümelung, sondern löst ihre entsprechende Antwort unfehlbar aus. Der Transport solcher unfehlbarer Kraft geht über die allgegenwärtige Dinglichkeit, die alles mit allem vermittelt. Denn alles ist in sie übersetzbar wie in ein letztes nie versagendes Medium. Den Täter umgibt ein Kraftfeld von materieller Dichte, das sein Ergehen reguliert. Dieser Zusammenhang von unfehlbarer, göttlicher Stringenz ist schon deshalb nicht zu unterbrechen, weil außerhalb seiner überhaupt nichts ist; umgekehrt aber ist alles, was ist, in ihm, also schon längst von ihm ergriffen und besetzt, sodaß es zur Unterbrechung der Tatfolge vollständig am Zeug fehlt.

Ist also der Tun-Ergehen-Zusammenhang in keiner Weise zu unterbrechen, so ist er in dieser seiner Unfehlbarkeit höchstens abzulenken auf ein anderes, stellvertretendes Subjekt und Objekt. Im Kult auf das Tier; dieses leidet den Tod, die Sündenfolge, anstelle des Sünders[210]. In diesem Fall ist der Tun-Ergehen-Zusammenhang durch das Tier resorbiert. Hier hat kultische Sühne ihren Platz, die – als kultische – in jedem Fall durch Substitution definiert ist. Erst von diesem Moment an läßt sich überhaupt von Kultus sprechen. Auf jener untersten archaischen Schicht findet noch kein Kultus statt. Kultus ist erst möglich unter der Bedingung einer wenn auch noch so geringen Übersetzbarkeit jenes archaischen Kommunikationszwanges. An zwei Stellen des Ritus steht die Übersetz-

---

[209] Räumlich: Mich 7,19 (EKG 230,9; 231,5); zeitlich: Ps 103,12 (EKG 188,2).

[210] U. *Wilckens,* Der Brief an die Römer I–III (EKK VI, 1–3), Bd. I (1978), 237: „Das Tier trifft der Tod, der eigentlich als Folge der Sünde die Sünder treffen muß. So vollzieht sich zwar der Sünde-Unheil-Zusammenhang, der durch das sündige Tun in Kraft getreten ist; aber er vollzieht sich statt an den Sündern selbst am Tier."

barkeit auf Probe: in der Handaufstemmung und im Blutritus. Diese sind exemplarische Fälle des Problems einer Sprache der Dinge.

Was die Handaufstemmung aus dem Sündenbockritual des Versöhnungstages (Lev 16, 10.20 ff) anlangt, so wird sie als kultische Wiederholung des Tun-Ergehen-Zusammenhangs desto einsichtiger, je mehr die Worte nicht bloß bildlich, sondern in kultischer Dichte und Bindung verstanden werden. Hier trifft die Interpretation von K. Koch das Wesentliche[211]. Durchsichtigkeit der Handaufstemmung entsteht nur bei Annahme eines stoffähnlichen Mediums, Undurchsichtigkeit dagegen bei Annahme eines bloß geistigen. Handaufstemmung dient daher der Realübertragung der im Bekenntnis ausgesprochenen Sünde auf das Tier wie eine materiale Last; die anschließende Austreibung oder Tötung ist dann Sündenbeseitigung, Elimination. Jedoch: Wie weit ist die Entbildlichung in Richtung Substantialisierung zu treiben? Weiter als zum Stoff-*ähnlichen* nicht. Das Stoffähnliche ist weder nicht-stofflich noch stofflich. Ein letztes „Wie", ein ungesucht sich einstellendes „Quasi" begleitet alle Aussagen: Übertragung geschieht quasimateriell, wie eine stoffähnliche Last. Diese Wort-temperierungen eröffnen einen Spielraum, den Koch nach der dinglichen Seite hin auszunützen entschlossen ist. Nicht so H. Gese; zwar bestreitet er nicht die gegebene Interpretation des Sündenbockrituals, bestreitet aber, daß kultisches Sühnopfer generell als Sündenbockritus zu verstehen sei. Haftet doch der magischen Übertragung eines quasistofflich verstandenen Bösen und seiner quasiräumlichen Entfernung allzusehr der Charakter des Volkstümlichen an[212]. Da-

---

[211] K. *Koch,* Gibt es ein Vergeltungsdogma im Alten Testament? (1955), in: Ders. (Hg.), Um das Prinzip der Vergeltung in Religion und Recht des Alten Testaments, 1972, 130–180, S. 150: „Zur Auffassung von schicksalentscheidender Tat gehört notwendig hinzu, daß die menschliche Tat nicht nur eine Begebenheit ist, die zusätzlich nach einem geistigen Maßstab bewertet werden kann, auch nicht bloß ein Geschehen, das in der Sphäre des Persönlichen bleibend nachwirkt, sondern daß sie einem *machthaltigen Ding* ähnelt." S. 153: die „*raumhafte, sphärenhafte* Art der Tat"; S. 155: die „dingähnliche Tatsphäre." Ders., Sühne und Sündenvergebung um die Wende von der exilischen zur nachexilischen Zeit, EvTh 26, 1966, 217–239, S. 229: „Frevel ist ... stoffähnlich gedacht, eine unsichtbare, raumhafte Sfäre." Ders., Der Spruch ‚Sein Blut bleibe auf seinem Haupt' und die israelitische Auffassung vom vergossenen Blut (1962), in: Um das Prinzip... 432–456, S. 434: „jede Tat ... bleibt ... als eine Sphäre, ... eine *dingliche, raumerfüllende Substanz.*" Man beachte die Häufung von Formulierungen, die statt Dinglichkeit eine Ding*ähnlich*keit aussagen.

[212] H. *Gese,* Die Sühne, in: Ders., Zur biblischen Theologie, BEvTh 78, 1977, 85–106, S. 102: „Das in Lev 16 überlieferte Ritual kann nur am reinen Ablauf der rituellen Vorgänge interessiert sein und muß deshalb Wesentliches und Unwesentliches einfach nebeneinanderstellen. Wir können aber ohne weiteres erkennen, daß der zentrale Sühnakt von dem Azazel-Bock-Ritus zu trennen ist, der keine kultische Sühne im Sinn des priesterschriftlichen Begriffs darstellt, sondern ein Wegschaffen, Wegtragen von Sünde; es ist ein Eliminationsritus recht volkstümlicher Art..." (Zur Volkstümlichkeit s. R. *Warning,* Ritus, Mythos und geistliches Spiel, in: Poetik und Hermeneutik 4, 1971, 211–239, S. 226ff.) Diese Differenzierung *Geses* steigert P. *Stuhlmacher,* Sühne oder

von sei die Handaufstemmung im priesterlichen Sühnopfer wohl zu unterscheiden, die, fern von laienhafter Dinglichkeit, sich zur Höhe priesterlicher Theologie erhebt. Der Sündenbockritus sei kein kultisches Sühnopfer, wiederum das
Sühnopfer kein Sündenbockritus[213], und dementsprechend bedeute Handaufstemmung das eine Mal etwas Stoffähnliches, das andere Mal aber etwas Geistiges[214]. Sodaß sich in der jetzt eher zum Gestus gewordenen Handaufstemmung
„gleichsam eine Subjektübertragung, aber keine Objektabladung" ausdrückt[215].
Wie kommt das „gleichsam" in den Text? Aus gelehrter Vorsicht? Oder weil es
ohne „gleichsam" Subjektübertragung nicht gibt? Wenn aber „gleichsam", dann
auch Objektabladung, der jene gleicht? Es ist deutlich: Die Diaphonie der
Interpretationen ist aus dem Spielraum der bildlichen Begriffe entstanden, die
einmal mehr in Richtung des Dinglichen und dann als Abladung, Abwälzung
verstanden werden, das andere Mal in Richtung des Quasihaften und Gleichsa-
men, dann sind sie Bilder innerer Vorgänge und deuten auf Subjektübertragung
und Existenzstellvertretung. Läuft dies darauf hinaus, das erste dem Volk, das
zweite den Priestern zuzumessen, dann stellt sich die Frage: Was tun Priester für
das Volk? Und was sucht das Volk bei Priestern? Analog läuft die Anerkenntnis
der Antithese von exkludierender volkstheologischer und inkludierender prie-
stertheologischer Stellvertretung mit innerer Konsequenz auf Verunmögli-
chung von Stellvertretung hinaus. Ist sie exkludierend, dann neigt sie dazu,

---

Versöhnung? (s. o. Anm. 170), S. 302, zu der Idee, dem priesterlichen Sühnopfer in der
Verborgenheit des Allerheiligsten als dem eigentlich wirksamen Sühnakt werde das
Sündenbockritual nur für die „anwesenden Laien" zur Veranschaulichung hinzugefügt.
Dies weckt die Frage: Sind Laien als Laien unversöhnbar?

[213] H. *Gese,* aaO. 96. B. *Janowski,* Sühne als Heilsgeschehen. Studien zur Sühnetheologie der Priesterschrift und zur Wurzel KPR im Alten Orient und im Alten Testament,
WMANT 55, 1982, 219f.

[214] Nach *Gese*s und *Janowski*s Sprachgebrauch geschieht beim Sühnopfer im Unterschied zum Sündenbockritual nicht Objektabladung, sondern Subjektübertragung; nicht
Eliminierung des Opfers vom Opfernden, sondern Identifizierung des Opferers mit
seinem Opfer.

[215] H. *Gese,* aaO. 97. Die Differenzierung *Gese*s und *Janowski*s erfordert, ein und
denselben Vorgang der Handaufstemmung einmal, im Fall von Lev 16,21 f, dem einzigen
Sündenbocktext des Alten Testaments, dem Volk und den Laien zu überweisen, das
andere Mal dem priesterlichen Handeln im Tempel: d. h. dieselbe rituelle Handlung, in
ihrer Substanz unverändert, erfährt eine priesterliche Interpretation, die „etwas grundsätzlich anderes ist" (*Janowski,* aaO. 221). Dagegen ist mit H. *Hübner,* Sühne und Versöhnung. Anmerkungen zu einem umstrittenen Kapitel Biblischer Theologie, KuD 29, 1983,
284–305, S. 295 zu fragen, „ob die von *Janowski* vorgenommene Differenzierung wirklich notwendig im Sinne einer Antithese zu verstehen sei. Ist nicht viel eher anzunehmen,
daß *unsere* begriffliche Unterscheidung das damalige Wirklichkeitsverständnis gar nicht
trifft, weil eben damals gar nicht so analytisch gedacht wurde? . . . Von welchen Denkvor-
aussetzungen her ist diese Begrifflichkeit ausgesagt? Wenn ich *Gese* und *Janowski* richtig
verstanden habe, so ist mit dem Gegensatz Objektabladung – Subjektübertragung der
bereits angedeutete Gegensatz dinglich-kategoriales Denken – personal-existenziales
Denken gemeint."

denjenigen gar nicht mehr dasein zu lassen, für den Stellvertretung geübt wird; ist sie aber inkludierend, so neigt sie dazu, dasjenige zu verdünnen, womit Stellvertretung geleistet wird. Droht auf jeder Seite, sobald sie zu Ende gedacht wird, das Ende von Stellvertretung, so wird deutlich, daß die entstandene Diaphonie aus einem Mangel der Kategorien Stellvertretung und Übertragung hervorgeht.

Im Gang des kultischen Sühnopfers hat die Handaufstemmung ihren Ort in der Hinführung zum Zentrum der Handlung, welches der Blutritus ist. Dieser ist eigentlicher Sühnakt[216]. Hier treibt die verhandelte Diaphonie auf ihre Spitze. Ersetzbarkeit des je eigenen, unvergleichlichen und daher unersetzlichen Lebens, also des Lebens dieses Menschen durch Leben dieses Tieres, besteht nur, wenn es ein Medium gibt, in dem die Unersetzlichen immer schon kommunizieren, weil zumindest dies Medium ihnen gemeinsam ist. Ein solches Medium ist Blut. Hier erklärt das Heiligkeitsgesetz (Lev 17,11): „Denn das Leben des Leibes – es ist im Blut. Und ich selbst habe es euch für den Altar gegeben, damit es für euch Sühne bewirke. Denn das Blut – es sühnt durch das (in ihm enthaltene) Leben"[217]. Dies ist die Summe der kultischen Sühnetheologie[218]. Hier kommt der Tun-Ergehen-Zusammenhang in elementarer Weise zum Zuge. Wird dieser durch so etwas wie zwangskommunizierende Dinglichkeit hergestellt, so kann dafür das Blut als eine letzte hochsensible, hochliquide Materie vorzüglich gelten. Hier wiederholt sich die Fallazität des Handaufstemmungsritus. Wie vermittelt Blut die Ersetzbarkeit des Unersetzlichen? Als Stoff? Oder Stoffähnliches? Die Fähigkeit zur stellvertretenden Sühne hat das Blut nicht als bloßer Stoff, aber wiederum gibt es Stellvertretung nicht ohne diesen Stoff. Zwischen diesem Nicht-mit und Nicht-ohne liegt die Stoffähnlichkeit des Stoffes Blut. Stellvertretend wirkt Blut kraft einer doppelten Konversion: Leben ist Blut, sonst bleibt Leben unersetzbar, da unübersetzbar je eigenes Leben, unfähig, sich stellvertreten zu lassen. Und wiederum: Blut ist Leben, weil die reine stumpfe Dinglichkeit nicht genügt. Sühnewirkung hat das Blut nicht durch seine materiale Substanz, sondern durch seine Hochsensibilität und weil es Träger des Lebens ist[219]. Daraus ergibt sich: Sühne schafft das Blut nicht als Ding, sondern als redendes Ding (Hebr 12,24), ebenso wie umgekehrt die Rede allein nicht genügt, sondern es zur wirksamen Übertragung des Dinges bedarf. Übertragbarkeit von Sünde ebenso wie von Sühne gibt es nur unter Voraussetzung dieser doppelten Konversion. Hier entsteht wahrhaft ein Enantidrom von Gedanken. Blut genügt nicht an sich selbst, sondern nur, sofern es Leben ist. Dem

---

[216] K. *Koch,* Sühne (s. o. Anm. 211) S. 231; B. *Janowski,* Sühne (s. o. Anm. 213) S. 229f.

[217] Übersetzung von Lev 17,11 nach *Hübner,* aaO. 289.

[218] B. *Janowski,* aaO. 242; cf. H. *Gese,* Sühne (s. o. Anm. 212), S. 98.

[219] G. v. *Rad,* Theologie des Alten Testaments I, 1962[4], S. 283: „Sühnend wirkt ... nicht das Blut an sich, sondern das Blut, sofern in ihm das Leben enthalten ist. Die Sühnewirkung liegt also nicht im Blut, sondern im Leben, dessen Träger das Blut ist." Cf. B. *Janowski,* Sühne, aaO. 11. 246.

entspricht, daß das pure Ding an sich nicht zum Heil taugt, sondern nur, sofern es zugleich Nicht-Ding ist. Auf der anderen Seite gilt: Das bloße Nicht-Ding genügt nicht an sich, sondern nur, sofern es auch Ding ist, oder: Leben wird erst kommunizierbar im Medium des Blutes. Sodaß im Zentrum des Sühnegeschehens „Blut für Leben steht"[220], aber dies genügt nicht, sondern erfordert ebenso, daß „Leben für Blut steht", und diese Konvertibilität und wechselseitige Stellvertretung (die in Lev 17,11 als Gottgegebenheit mehr gesetzt als eingeführt wird) ist erst die Basis, auf der die Stellvertretung des Fehltäters durch ein Tier besteht. Was sich als Stellvertretung des Fehltäters vollzieht, läuft seinerseits wieder über Stellvertretung, nämlich Leben durch Blut und Blut durch Leben, die wie eine Urwährung Kommunikabilität und Übersetzbarkeit gewährleistet. Stellen wir uns eine Flucht von Stellvertretungen vor: wo hat Substituierbarkeit ihr Ende? Oder woraus bezieht sie letzte Gültigkeit und Kraft? Hier entsteht die bisherige Diaphonie noch einmal. K. Koch muß erklären: Blut ist Leben. Aber wie wird die bloße Blutmaterie sensible, redende Materie, wie zieht sie Leben an sich? An sich tut sie es nicht, sondern nur, indem nach der Erklärung von Lev 17,11 Gott diese Konvertibilität ausschließlich am Altar stiftet[221]. Umgekehrt muß H. Gese dafür sorgen, wie Leben Blut ist, denn seine Gefahr ist es, in Richtung Unmittelbarkeit und Unersetzlichkeit abgetrieben zu werden. Seine Antwort: Leben ist Blut nur im Kultus[222]. Beide also rekurrieren zur Stabilisierung je ihrer Währung auf ein und dasselbe: den Kultus an Altar und Heiligtum als eine nach Lev 17,11 von Gott gesetzte Konvertibilität. Nur ist die Inanspruchnahme Gottes an dieser Stelle nichts anderes als Signal eines noch ausstehenden Denkpensums. Blieb bisher die Konversion von Blut in Leben und Leben in Blut, deren es zur stellvertretenden Sühne elementar bedarf, an das Heiligtum und also an rituelles Töten gebunden, so tut sich hinter dem rituellen Töten, das

---

[220] H. *Hübner,* aaO. (s. o. Anm. 215) 289.

[221] K. *Koch,* Sühne (s. o. Anm. 211) 229: Dem Teufelskreis des Tun-Ergehen-Zusammenhangs „entgeht der Israelit einzig durch einen Sühneritus am Heiligtum. Dort nämlich wird es möglich, kraft göttlicher Heiligkeit die Sündensfäre abzuwälzen auf ein Tier, das statt des Sünders verdirbt. ... *Am Heiligtum* wird möglich, was im Alltag undenkbar ist, nämlich die *Übertragbarkeit der Schuld.* Daß Schuld abgewälzt wird, völlig und restlos, ist gottgewirktes Wunder." M. a. W.: daß das Blut Leben ist, und also *redendes* Blut, ist ausschließlich durch den Ritus am Heiligtum vermittelt. S. u. Anm. 388.

[222] H. *Gese,* Sühne (Anm. 212), S. 97 f: „Die besondere Bedeutung des Blutes liegt nicht darin, daß es eine dynamisierte und damit dynamisierende Materie ist, sondern daß es bei der Opferung auftritt, dem rituellen Töten. Unter normalen Umständen ist ein menschlicher Eingriff in das Leben, das animalische Leben, nur im Opfer möglich. Das Tötungsritual der Schlachtung, der kultisch legitimen Tötung, ist eine durch den Schächtschnitt erzwungene Blutausgießung. Verschwindet hier das Leben im rituellen Tod, so wird Blut frei. Blut tritt also normalerweise und ‚legitim' nur auf beim rituellen Töten. So bildet sich ein sachgemäßer kultisch-funktionaler Substanzbegriff des Blutes aus: Rituelle Freisetzung des Blutes ist Freisetzung des (individuellen) Lebens, der *näpäš,* und das Blut ist im kultischen Sinne die freigelegte Lebenssubstanz." M. a. W.: daß das Leben Blut ist, und also *redendes* Blut, ist ausschließlich durch den Ritus am Heiligtum vermittelt.

niemals etwas Ursprüngliches sein kann, unrituelles Töten auf, bloßes Töten, das früher war als jenes. Es scheint, als ob die Konvertibilität der rituellen Schicht des Tötens bereits vorausgeht, daß also durch bloßes Töten Blut zu Leben und Leben zu Blut wird.

3. Symbolik der Versöhnung

Jetzt ist der Ertrag des Bisherigen in den Duktus der Symbolik einzuordnen und gleichzeitig die Frage zu stellen, was darüber hinaustreibt. Das Wort von der Versöhnung ist mit dem vorangegangenen Wort vom Kreuz darin verbunden, daß es im Lauf der Symbolik das einzige explizite Wort ist, und daher überliefert in einer Textqualität, die schon früher Makrotext genannt wurde. Mit Wortartigem hat die Symbolik mehr oder weniger auch ferner zu tun, aber nicht mit explizitem Wort. Und auch nicht mehr mit Makrotexten.

Nun scheint das Wort von der Versöhnung sich einfach so an das Wort vom Kreuz anzureihen, daß von Wort zu Wort und von Kreuz zu Versöhnung die Beziehung zu knüpfen ist. Aber so fügt sich dies nicht. Im Wort vom Kreuz sind ja die extremsten Elemente genannt, weiteste Diastase und tiefster Hiat, die in der Symbolik des Todes Jesu sich auftun, nämlich die zwischen Sprache und Ding. Im Wort von der Versöhnung fallen aber Hiat und Diastase ganz dahin. Denn Versöhnung ist nicht stummes Ding, sondern an sich schon sprachartig, sodaß sogar die Illusion geweckt wird, das Wort von der Versöhnung führe bereits jetzt das im Wort vom Kreuz noch klaffende Problem zu einer freundlichen Synthese. Nun hat sich aber die Versöhnung abgedunkelt zur Sühne, das Wort war nur Aspekt von etwas, was in anderer Hinsicht Tat war. Dadurch wird in eindringlicher Weise deutlich, daß das Wort von der Versöhnung anders, als es der Gleichklang der Formeln suggeriert, an das Wort vom Kreuz anschließt. Gehört Versöhnung allerdings auf die Wortseite, so gehört auf die Seite des Kreuzes die Sühne, sodaß strenggenommen dem Wort vom Kreuz das Wort von der Sühne folgen müßte. Das Wort vom Kreuz findet im jetzigen § seine Entsprechung so, daß Versöhnung präzisiert, was Wort, und Sühne, was Kreuz heißt. Wie Sühne der Tat-, ja Dingaspekt ist, so ist Versöhnung Wortaspekt, und zwar als Aspekte ein und desselben Geschehens, wie hier zum ersten Mal zu vernehmen war. Daraus läßt sich ein erster Ertrag formulieren: Der klaffende Hiat zwischen Wort und Kreuz findet hier die Präzisierung, daß das Wort an sich selbst bereits Medium und Präsenz von Versöhnung ist, das Kreuz aber Mittel und Präsenz von Sühne.

Eine Bemerkung zum Fortgang der Symbolik ist hier einzuschalten. Die Eröffnung der ganzen Bandbreite von Versöhnung bis Sühne gelingt nur, wenn die beiden neutestamentlichen Wortstämme καταλλαγή und ἱλασμός herangezogen werden, zumal sie ja hinter dem einen deutschen Wort „Versöhnung" stehen. Dies ist aber, so biblisch oder gut kompiliert es auch ist, immer ein aufwendigeres Verfahren, als sich in sparsamster Beschränkung einem Bildwort zu überlassen. Bisher haben wir die καταλλαγή auf die Wortseite beschränkt, da der danebengestellte ἱλασμός bereits die Dingseite repräsentierte und blockierte. Auf das eigentliche paulinische Wagnis, καταλλαγή allein sprechen zu lassen, sind wir noch nicht eingegangen. Statt sogleich immer aus gesamtneutestamentlicher oder gesamtbiblischer Fülle den ἱλασμός als Dingseite bloß danebenzustellen, ist nach der der καταλλαγή eigenen Dinglichkeit erst noch in sparsamer Reduktion zu fragen. Auf diesem Wege entsteht aus dem Thema Versöhnung das Thema Tausch.

Der zweite Ertrag der Symbolik der Versöhnung ist hierin zu finden: Indem durch den Fortschritt vom Wort vom Kreuz zum Wort von der Versöhnung das Wort nicht mehr einfach als Wort, sondern als Versöhnung erscheint, das Kreuz nicht mehr einfach als Kreuz, sondern als Sühne, steht die Diastase zwischen Wort und Kreuz nicht mehr in reiner Unvermitteltheit gegenüber, sondern jeder der beiden Seiten ist ein Interpretament hinzugefügt, und zwar ein solches, das etwas vom andern an sich trägt. Dies ist der Grund, weshalb die Symbolik des Kreuzes die Symbolik der Versöhnung aus sich hervortreibt. Hier ist eine Ebene erreicht, die nicht nur gestattet, das Ding in der Sprache nachzuweisen, sondern auch die Sprache im Ding. Wie das Versöhnungswort nicht denkbar war ohne eine diesem Wort zukommende Kraft, so die Sühnewirkung nicht ohne eine diesem Ding wenn auch noch so gering eigene Sprache. Sodaß sich abzeichnet: Wenn der Wortaspekt nicht stattfindet, ohne mit innerer Konsequenz zum Tataspekt zu führen und umgekehrt, dann sind auch beide zugegen an der einen Stelle des Kreuzes. Offenbar ist die Symbolik über die bloße Diastase von Wort und Kreuz im letzten § einen Schritt hinausgelangt, indem eine Vermittlung sich andeutet – vom Angebot der deutschen Sprache zu schweigen, die Diastase geschwind in die spekulative Einheit des Wortes Versöhnung aufzuheben. Dieser Fortschritt ist nach beiden Seiten zu präzisieren. Was die erste anlangt, so ist Versöhnung Sprache, und folglich ist das Wort von der Versöhnung nicht bloße Information, aber auch keine Kundgabe oder Proklamation von etwas Dahinterliegendem, sondern ist Versöhnung in actu, weil bereits die reine Tatsache des Redens versöhnend ist, also wirkt, was sie verspricht. Das Wort von der Versöhnung ist daher entgegen dem Klang der deutschen Formel kein Wort über…, sondern ist performative Rede. Denn λόγος τῆς καταλλαγῆς ist Genitiv der Qualität und ersetzt ein Eigenschaftswort[223]. „Versöhnen" ist sogar in ausgezeichneter Weise Tätigkeit von Sprache. Zwar konnte auch „Kreuzen" als Tätigkeit der Sprache bezeichnet werden, wie in Dialektik oder Kreuzwort, und insoweit spricht das Wort vom Kreuz nicht bloß über das Kreuz, sondern

---

[223] Das griechische Äquivalent des „Wortes von der Versöhnung" ist nicht λόγος περὶ τῆς καταλλαγῆς („Versöhnungslehre"), sondern λόγος τῆς καταλλαγῆς. Hegel übersetzt dies richtig mit „Wort der Versöhnung" (Phänomenologie des Geistes, GW 9 *[Bonsiepen/ Heede]*, 1980, S. 361, 22. Vom λόγος τοῦ σταυροῦ läßt sich nichts Paralleles sagen, d. h. hier liegt kein gen. qual. vor.

vollzieht es in actu. Aber dies war ein hoher Abstraktionsgrad von Kreuz, zu dem es des Crucifixus nicht bedurfte. Nur entsteht jetzt zu unserem Erstaunen dasselbe Problem noch einmal: Wir können uns auch die versöhnende Natur des Wortes ohne Crucifixus vorstellen, ja ohne ihn sogar besser. Je mehr wir gestatten, daß Sprache und Versöhnung kurzschlüssig ineinanderschießen, desto unversöhnlicher die blutige Wirklichkeit, die davon unberührt bleibt. Denn dies ist die zweite Seite, die sich wie ein Bodensatz in der Einheit desselben Wortes verbirgt: Versöhnung ist Sühnung und insofern keine Beschreibung einer Qualität von Sprache, sondern von Nicht-Sprache. Sühne ist Interruption des Sprachzusammenhangs, Brechen des Stabs, Lösen des Beils, Hämmern der Nägel in sprachloser Irreversibilität. Auf solches der Sprache in nicht zu überbietender Weise entgegengesetztes Geschehen weist der Untergrund von Versöhnung, die Sühne. Mit ihr wird einerseits zu bedenken gegeben, wie in die Versöhnung durch Sprache, die sich schon beinah vollendet hätte, ein furchtbares Etwas einbricht (falls nicht in Wahrheit dieses furchtbare Etwas das Frühere ist): ein Mensch auf Etwas reduziert, zu Fleisch und Blut, diesen Dingen. Aber anderseits, wie dies Etwas, falls es sühnende Kraft haben soll, nicht schlechthin Ding bleiben darf, sondern eine von ihm selbst her sprechende Sprache in einem wenn auch noch so geringen Maß entwickeln muß.

Standen beim Wort vom Kreuz zu Anfang dieser Symbolik Wort und Kreuz in reinem Hiat, so arbeitet das Wort von der Versöhnung auf Vermittlung hin; ist das Wort versöhnend und das Kreuz sühnend, so schmeichelt bereits der Klang der Worte, Versöhnung und Sühne seien als zwei zusammengehörige Seiten ein und derselben Sache zu begreifen[224]. Und dies ist richtig: Um die anstößige Zweiheit der Sache des Kreuzes Jesu zu erfassen, müßte zuerst deren Einheit begriffen werden, was bisher noch nicht geschah und allein durch den Klang der Worte auch nicht geschieht. Immerhin läßt sich jetzt deutlicher sagen, worin die Aufgabe besteht, die Einheit des Kreuzes zu denken. Dies ist dritter Ertrag der Symbolik der Versöhnung. Mit Sühne und Versöhnung als zwei Seiten ein und derselben Sache steht die Differenz von kultisch und unkultisch zur Diskussion. Wie wäre die eine Sache zu nennen? Ein Kultisch-Unkultisches offenbar – um den Widerspruch in ein Oxymoron zusammenzuspannen. Aber hier ist ja nur im Vokabular einer bestimmten religionsphänomenologischen Schicht der weit fundamentalere Gegensatz von dinglich und sprachlich zugegen, sodaß in Fortformulierung des Oxymoron die Einheit des Kreuzes Sprach-Ding oder Ding-Sprache genannt werden müßte. Über solcher Monstrosität des Ausdrucks ist nicht zu vergessen, daß genau dies in der Einheit des Wortes „Versöhnung"

---

[224] O. *Hofius,* s. o. Anm. 206, cf. Anm. 191. Müssen demnach Versöhnung und Sühne als zwei Seiten ein und derselben Sache betrachtet werden, ebenso aber auch konsequenterweise das Unkultische und das Kultische, das Sprachliche und das Dingliche, so ist nicht begreiflich, weshalb diese richtige Erkenntnis von 1980 1983 wieder verlassen wird, indem *Hofius* sich auf eine der beiden Seiten begibt (Sühne und Versöhnung [s. o. Anm. 206], S. 32–37 und Anm. 21).

enthalten ist, sobald hinter seiner unblutigen Oberfläche blutige Vergangenheit zum Vorschein kommt. Versöhnung ist Dingsprache, und wiederum: Sühne ist Sprachding. Offenbar darf keines zugunsten des anderen aufgegeben oder eines zum Epiphänomen des anderen gemacht werden. Aber wie kann beides zugleich sein? Komplementär oder antithetisch? Als Synthese oder als Oxymoron? – Der Sinn dieser Frage läßt sich durch zwei Phänomene erhellen, die im Zentrum von Versöhnung standen: Stellvertretung und Übertragung.

Was Übertragung anlangt, so war umstritten, ob sie als Objektabladung oder Subjektübertragung, als Übertragung von materia peccans oder von Ich-Individualität aufgefaßt werden soll, also ob sie dinglicher oder personaler Vorgang ist[225]. Daß sich diese antithetischen Kategorien einstellen, ist nicht verwunderlich, wenn Sühne und Versöhnung zwei Seiten ein und derselben Sache sind. Aber welchen Sinn hat diese Antithese? Offenbar nicht den, daß sie nach einer der beiden Seiten aufzulösen ist. Wir können zwar die Annahme der dinglichen Übertragung stark machen, aber immer nur bis zu dem Punkt, dessen Überschreitung die Entsühnung des Sünders in äußerster Kontraproduktivität zunichte machte, indem dieser als Sünder von einem mechanisch prozedierenden Kultus gar nicht tangiert wird, weil dieser mit dem zu lösenden Problem nicht mehr zusammenhängt. Auf der anderen Seite können wir die Annahme einer Subjektübertragung oder Existenzstellvertretung nicht über den Punkt hinaus zu sich selbst kommen lassen, wo sie unabhängig würde von Ersatztier oder sonst einem substituierenden Sühne-Ding, weil bei gänzlicher Unvergleichlichkeit zwischen menschlicher Personalität und jenen substituierenden Dingen auch keine Übertragbarkeit mehr gegeben ist und damit das zu lösende Problem in Richtung Unlösbarkeit gravitiert. Besteht im ersten Fall problemlose Übertragung, dafür aber mangelndes Subjekt, so ist im zweiten Subjekt übergenug vorhanden, dafür aber Unübertragbarkeit. Was ist Übertragung? Warum ist sie nur möglich als Ding-Übertragung und Subjekt-Übertragung zugleich? Warum hört sie mit ihrer Wirkung auf, sobald eines von beiden allein regiert? Ist Übertragung in der erforderten Weise zu leisten weder durch Ding noch durch Sprache allein, und ist zu postulieren, daß Sprache in gewisser Weise zum Sprach-Ding und Ding in gewisser Weise zu Dingsprache werden müsse, damit Versöhnung und Mitteilung von Versöhnung sei, so rückt damit die Metapher in den Blick, die ja nur anderes Wort für Übertragung ist. Die zur Metapher

---

[225] K. *Koch,* Sühne (s. o. Anm. 211), S. 229: „Durch das feierlich gesprochene Sündenbekenntnis ... wird die Schuld ... auf den Sündenbock abgeladen. ... Neben der worthaften Übertragung steht – nicht minder bedeutsam – die körperliche Übertragung der Sünde-Unheils-Sphäre durch das Aufstemmen der Hand.“ H. *Hübner,* Sühne (s. o. Anm. 215), S. 293: „Läßt sich vielleicht der Gegensatz der unterschiedlichen Ansatzpunkte bei *Koch* und *Gese* auf die Formel bringen: dingliche (kategoriale) Begrifflichkeit – personale (existenziale) Begrifflichkeit?“ *Hübner* ist bestrebt, den kontradiktorischen, nicht nur konträren Gegensatz in der Auffassung der Übertragung zwischen *Gese* und *Koch* zu vermitteln (295f). Sein Resultat, daß man „nur metaphorisch von Subjektübertragung sprechen“ kann (296), ist um so weniger erstaunlich, als Übertragung ja Metapher ist.

gehörige Spannung liegt an zwei extremen Polen ganz darnieder. Faßt man Sünde als dinglich-reale Last, ihre Übertragung also als Realübertragung, dann werden die Sünden dem Tier „buchstäblich"[226] auf den Kopf gelegt. Wenn aber buchstäblich, dann hat die metaphorische Spannung noch gar nicht angehoben, was um so weniger verwunderlich ist, als Mitteilung von bloßer dinglicher Last des Mediums der Sprache nicht bedarf. Faßt man umgekehrt Sünde als subjektiven Zustand einer Person, dann geschieht ihre Übertragung nur noch in zeichenhafter[227] und bildlicher Sublimität. Wenn aber nur sublim, dann ist die metaphorische Spannung schon wieder zerrissen, weil ein zugespitzter Begriff von Subjektivität und Geisthaftigkeit nur Unvergleichlichkeit mit allem Nicht-Subjektiven und Nicht-Geisthaften hinterläßt. Wenn aber Unvergleichlichkeit, dann auch keine Übertragbarkeit und Metaphorizität. Sodaß deutlich wird, wie Versöhnung und Sühne, diese beiden Repräsentanten von Sprache und Ding, nach einer Theorie des Metaphorischen verlangen, während jede Seite für sich zum Verlust der Metapher führt[228]. Wenn aber Verlust der Metapher, dann auch

---

[226] U. *Wilckens,* Der Brief an die Römer (s. o. Anm. 210), zum Asasel-Ritus in seiner Doppelung von Handaufstemmung und Sündenbekenntnis, S. 237: „So werden die im Bekenntnis ausgesprochenen Sünden dem Tier buchstäblich auf den Kopf gelegt (…), so daß es diese, in die Wüste getrieben, als dinglich-reale Last ‚forträgt' (…). Es findet also eine reale Übertragung der Sünde als der dinglich vorhandenen, Böses ausstrahlenden Tatsphäre von den Tätern auf einen stellvertretenden Träger statt." Wenn buchstäblich übertragen, dann ist Sprache überflüssig.

[227] H. *Gese,* Sühne (s. o. Anm. 212), S. 100: „zeichenhafte[.] Sühne". Wenn zeichenhafte Übertragung, dann ist das Ding überflüssig. Zum Zeichenhaften s. u. Anm. 229 f.

[228] Luther hat implizit 2Kor 5,21 so paraphrasiert: Christus dum offerretur pro nobis, factus est peccatum metaphorice, quam peccatori ita fuerit per omnia similis, damnatus, derelictus, confusus, ut nulla re differet a vero peccatore, quam quod reatum et peccatum, quod tulit, ipse non fecerat (Rationis Latomianae confutatio, 1521; WA 8; 86, 31–34). Damit wird deutlich, daß das allgemeine Problem der metaphorischen Übertragung in der Theologie sein Paradigma in der Sündenübertragung hat, d. h. Blutritus und Handaufstemmung sind die Modelle von Metaphora. Im übrigen ist zu tragen immer nur eine Last, die als getragene insoweit leichter wird. Daher gehören Anselms pondus peccati und die Metapher als Tragen der Last eng zusammen. Zum Metaphorischen anläßlich der Sündenmetaphora führt Luther korrekt aus: Oportet autem in metaphora aliquam differentiam esse a re vera, quia similitudo (ut aiunt) non identitas est. Et quae transferuntur, secundum similitudinem se transferunt, alioqui ne translatio quidem esset (87, 2–4). Soll aber Übertragung sein, d. h. Sündlosigkeit des Sünders und Sündhaftigkeit des Sündlosen, so muß die mit sich selbst identische Sünde (res vera; Sündensubstanz) in similitudo treten können und also ihre Identität aufgeben. Dies geschieht, wenn Sünde metaphorische Sünde wird: im selben Moment hebt ihre Übertragbarkeit an. Und zwar als gegenläufige Übertragung von Sprache und Ding, wie sie in jeder Metapher geschieht: Et in hac translatione non solum est verborum, sed et rerum metaphora (87,6 f). Metaphora verborum als Dingwerdung von Sprache, metaphora rerum als Sprachwerdung des Dinges. Durch diese doppelte Bewegung, die ja die Bewegung der Symbolik ist, geschieht Sündenvergebung. Erstaunlich ist Luthers den Passus abschließender Satz: Proinde sicut figurata locutio est dulcior et efficatior quam simplex et rudis, ita peccatum verum nobis molestum et intolerabile est, sed translatum et metaphoricum iucundissimum et salutare

Verlust des Heils. Der Metapher bedarf es, falls Übertragung stattfinden soll. Aber Übertragung weder von Ding zu Ding, noch von Sprache zu Sprache, sondern: von der Sprache zum Ding, und vom Ding zur Sprache. Diese Übertragung ist der Lebensnerv der Symbolik.

---

est (87, 10–12). Versteht man diesen Satz im weiteren (allegoriekritischen) Kontext, dann ist die simplex significatio jederzeit zu bevorzugen, aber in ihr gibt es keine Sündenübertragung. Gibt es aber Sündenübertragung (peccatum metaphoricum in der entwickelten Weise), dann wäre die hermeneutische Konsequenz nicht in Richtung Allegoriekritik zu ziehen, und der Kontext müßte revidiert werden.

Zur Schlichtung dieses Dilemmas ziehen sich die Ausleger darauf zurück, die rerum metaphora sei im Sinne Luthers reine (wörtliche, buchstäbliche) Dingübertragung. So K. *Löwith,* Die Sprache als Vermittler von Mensch und Welt (1959), in: Ders., Ges. Abhandlungen, 1969², 208–227, S. 224, Anm. 14: „Die Übertragung unserer Sünde auf Christus ist, im Unterschied zu allen andern Metaphern, keine bildhaft abgeleitete, sondern die einzig ursprüngliche und entscheidende Realübertragung" (gegen die so referierte Meinung Luthers wendet sich *Löwith* ganz zu Recht S. 226: „Man wird das vieldeutig Metaphorische der Sprache nicht dadurch los, daß man mit einem dogmatischen Kurzschluß eine bestimmte Metapher: die ‚Übertragung' unserer Sünde auf Christus, als eine tatsächlich geschehende und grundlegende behauptet, als wäre die Rede von der Übertragung unserer Sünde nicht wiederum eine Metapher."). – Ebenso E. *Jüngel,* Zur Freiheit eines Christenmenschen, 1978, ohne von *Löwith*s Kritik Kenntnis zu nehmen, S. 48: „Die translatio verborum impliziert eine translatio rerum. Die grammatische μεταφορά wird sozusagen ontologisch redupliziert. Luther verwendet die Figur der Metapher ihrerseits metaphorisch, und zwar … um die christologisch-soteriologische Metapher kraft ontologischer Reduplikation als eigentliche Redeweise zu erweisen: derart, daß eine geschehene Seinsübertragung in der ihr entsprechenden Wortübertragung definitiv zur Sprache kommt." Dies hat *Löwith* soeben einen dogmatischen Kurzschluß genannt, das Wort „dogmatisch" durchaus nicht in theologischem Sinn gebrauchend. Es ist die falsche Grundannahme einer „Entsprechung" zwischen Wort und Ding (s. o. Anm. 104), die *Jüngel* in die „ontologische Reduplikation" treibt. – Ebenso W. *Beierwaltes,* Sprache und Sache, aaO. (s. o. Anm. 41) 543 Anm. 59: „gemäß seinem Verständnis … möchte Luther diesen heilsgeschichtlichen Vorgang als die einzige angemessene ‚Übertragung' – als *legitime* Metapher – gelten lassen, weil sie sich realiter ereignet hat." – Ist derart das peccatum metaphoricum übertragene Sünde in neuer Eigentlichkeit, dann wird unverständlich, weshalb es im problematischen Satz (87,10–12) mit der figürlichen Rede verglichen wird, da dann auch eine simplex oratio genügt hätte.

Aber der Begriff einer rerum metaphora muß nicht (metaphora metaphorisch verstanden) als Übertragung in eigentlichem, buchstäblichen Sinn (mechanische Übertragung) verstanden werden. Vielmehr stammt er – selten genug zu finden – von Bonaventura (Coll. in Hex. XIII, 12), wo er im strengen Sinn der Dingmetapher und also der Sprachwerdung der Dinge gebraucht wird. Wird der Begriff bei Luther so verstanden, dann läßt sich zwar der problematische Satz (87,10–12) problemlos lesen, aber seine Verbindbarkeit mit dem allegoriefeindlichen Kontext wird fraglich. Sprache, Laut, Bild als „Metaphern der Dinge" hat *Nietzsche* dargestellt gerade unter dem Gesichtspunkt ihrer Nicht-Entsprechung (Über Wahrheit und Lüge im außermoralischen Sinn, Werke in drei Bänden *[Schlechta]* III, 309–322, S. 312f). Mit ihm lehrt die Symbolik, daß die Übertragung von Sünde auf der Fähigkeit der Sprache zu Nicht-Entsprechung und „Fortlassen" (B. *Liebrucks,* Sprache und Bewußtsein I, 393) beruht.

Was die Stellvertretung anlangt, so zeigt sich, daß der ganze bisherige Ertrag in eine Reflexion auf den Status von Symbolik ungesucht einfließt. Denn in der Antithese von eher dinglichem oder eher personalem Verständnis von Übertragung war ein bestimmter Begriff von Symbolik impliziert. Und zwar so, daß bei der dinglichen Hypothese von Symbol gar nicht erst die Rede ist, bei der personalen hingegen schon kaum mehr. Dort drängt sich anstelle des Symbolischen der Ausdruck des Zeichenhaften vor[229]. Darin wirkt der Hauptsatz der Symbolik, der die untere Grenze des Symbolischen beim Übergang zum bloßen Ding festsetzt, die obere beim Übergang zum bloßen Zeichen. Während auf der einen Seite das Symbolische erst anhebt, wenn sich das Ding seine übliche Wirkung als dingliche Kraft zugunsten einer wenn auch noch so ungestalten Bedeutung versagt, so endet es auf der andern Seite, sobald es zum Zeichen geworden ist, dem gar keine Masse mehr zukommt, sondern das nur noch von einem bereits Person gewordenen Subjekt gesetzt wird[230]. Daraus folgt, daß

---

[229] Während bei K. *Koch* und U. *Wilckens* die Rede vom Symbol ausbleibt, und dies mit innerer Konsequenz, findet sie sich bei H. *Gese,* Sühne (s. o. Anm. 212) S. 99.103 nur je einmal, stattdessen ist mit feinem terminologischen Gespür häufig vom Zeichenhaften die Rede (87 f. 91. 98 f. 100. 102. 104). B. *Janowski,* Sühne (s. o. Anm. 213), lenkt vom Begriff des Zeichenhaften, der für seine Interpretation angemessen wäre, zurück zum Symbolischen (219 ff. 241), ohne aber an der Sache etwas zu ändern. Seine terminologische Lizenz geht sogar so weit, an derselben Stelle von „realiter" zu sprechen (220), und der Sprachgebrauch pendelt sich sodann auf „zeichenhaft-real" ein (241. 247). Wenn wir wüßten, was der Autor mit der nonverbalen Geste dieses Binde- oder Trennungsstriches hätte sagen wollen, dann wäre das Problem der Symbolik gelöst.

[230] Die Hypothese der reinen Zeichenhaftigkeit des alttestamentlichen Kultus (H. *Gese,* aaO. 92), in Opposition zu der bekannten Genealogie L. *Köhler*s, der alttestamentliche Kult sei ein fortgesetztes „Stück ethnischen Lebens" (Theologie des Alten Testaments, 1966⁴, S. 171), geht zuungunsten des Symbols. Wird der ethnische Kern des israelitischen Kultus von vornherein ausgeschlossen, dann hätte er die Probe gegen seinen Widerstand immer schon hinter sich, stünde also, statt Kraft auszuüben, als kraftloses Zeichen da. Sicher können wir keinem „simplen Ritualismus" anhängen, der durch „ein kultisches opus operatum" bewirkt wäre; aber wir können auch umgekehrt in die These vom „zeichenhaften Charakter allen Kultes" (*Gese,* aaO. 104; cf. *Janowski,* aaO. 7 ff) nicht unbesehen einstimmen. Erst wenn wir anerkennen, daß simpler Ritualismus und opus operatum zur ständigen Weltwirklichkeit gehören über die Grenzen des Kultus hinaus, erkennen wir die Gegenkraft, der alle Zeichenhaftigkeit wie ein freiheitlicher Spielraum inmitten fortwirkenden Zwanges abgerungen ist. Zeichenhaftes dieser Art ist das Symbolische, und als solches können wir den Kult bezeichnen. Es muß sich sogar herausstellen, daß ein simpler Ritualismus immer noch mehr ist als die bloße Wirkung des Dings, von der er sich durch eine geringe Zeichenhaftigkeit ablöst. Die These von der reinen Zeichenhaftigkeit des Kultus findet ihre Spitze darin, der Kult Israels sei nach der Zerstörung des Sühnmals der Kapporät ein Kult des Als-Ob gewesen (*Gese,* aaO. 105). Wird aber auf diese Weise der alttestamentliche Hintergrund von Röm 3,25 ἱλαστήριον konstruiert, so wäre das Kreuz Jesu in jedem Fall nur noch doketisch aufzufassen, wäre also weder notwendig noch auch nur angemessen. Dagegen ist einfach festzuhalten, daß der Tod Jesu in seiner Gestalt als Kreuzestod in jeder Hinsicht ein fortgesetztes Stück ethnischen Lebens (s. o. § 2.1b) in Israel war, und zwar in einem Ausmaß, daß selbst der simpelste Ritualis-

Symbolik nicht einfach eine Betrachtungsweise ist, die von außen an das Thema und seinen Inhalt herangetragen wurde, sondern sie ist damit sogar so eng verquickt, daß die Art des Inhalts darüber entscheidet, ob Symbolik zustandekommt. Je mehr die Antithesen isoliert auseinanderstreben, desto weniger ist dies der Fall. Das kommt daher, daß Symbolik in unserem Zusammenhang ein Doppeltes zu bedenken gibt. Einerseits bezieht sie sich beispielsweise auf den Ritus der Handaufstemmung, durch den Übertragung der Sünde und Stellvertretung des Fehltäters durch das Opfertier symbolisch vollzogen wird. In diesem Fall hat Symbolik die Stellvertretung zum Gegenstand, und wir sprechen von Stellvertretungssymbolik in einem gegenständlichen Sinn. Anderseits zeigt sich darüber hinaus ein reflexiver Sinn. Nicht nur gibt es Symbole für Stellvertretung, sondern jedes Symbol ist bereits an sich stellvertretend, weil es nur zustandekommt unter vorausgesetzter Metaphora und Übertragbarkeit, und diese symbolische Stellvertretung ist sogar Bedingung jener speziellen Stellvertretung im Fall der zu sühnenden Fehltat. Daher entscheidet sich das Zustandekommen von Symbolik zugleich mit der Wahrheit der Sache. Ohne vom Ding zu so etwas wie einem Symbol gelangt zu sein, ist Heil weder da noch mitteilbar. Könnten wir immer schon bei der reinen Zeichenhaftigkeit beginnen, so befänden wir uns in der perversen Situation, die immer noch vorhandene Dinglichkeit rechtfertigen oder wenigstens einführen zu müssen. Nur ist es so: sie ist auch uneingeführt immer schon da. Nicht daß das Ding bedauerlicherweise einbräche in einen schönen Sprachzusammenhang, sondern das Ding ist älter als das Wort, ebenso wie Erlösungsbedürftigkeit immer älter ist als Erlösung. Aber daß mehr da ist, als immer schon da ist, das kommt zustande durch Entstehen eines Symbols.

---

mus durch eine erfreuliche Gelöstheit davon absticht. Drängt also im Kreuz Jesu ethnisches Leben mit derartiger Massivität vor, so wird die Kraft spürbar, gegen die die Freiheit des Zeichenhaften allererst erobert werden mußte. Geschieht dies am Kreuz, dann nicht bereits im alttestamentlichen Kult. Und geschieht es in solcher Gegenspannung, dann auch nicht im Zeichen, sondern im Symbol.

§ 4 Der Tausch

Wohin treibt die Symbolik? Bisher befanden wir uns im Wort vom Kreuz und von der Versöhnung, in der Sprache also, in der wir natürlicherweise immer schon sind. Es kann niemals eine sinnvolle Aufgabe sein, hinter den Ursprung der Sprache zurückzuwollen, um diese in Konfrontation mit dem Ding jetzt erst entstehen zu lassen. Sondern bei der Frage nach dem Ursprung der Sprache müssen wir in der Sprache dem Ding Eingang verschaffen, indem durch methodische Reduktion von Sprachlichkeit zunehmend die Dichte der Dinglichkeit auf ihrem Grunde erscheint. Dies geschieht an unserer Stelle auf einfache Weise. Bisher hatten wir hier Wort, dort Kreuz; hier καταλλαγή, dort ἱλασμός. Das eine war ein gleichsam blutiges, das andere ein gleichsam unblutiges Wort. Aber Wort war unmittelbar beides. Richtiger wäre zu sagen: das eine war Wort von Blutigem, das andere von Unblutigem; aber als Wort waren beide gleich unblutig. Bisher hatten wir für den Sprachaspekt jeweils ein Wort, natürlich! Aber auch für den Dingaspekt wiederum ein Wort, bloß ein Wort, und zwar ein weiteres, zweites Wort. Es ist diese jederzeit aufrufbare Vielzahl von weiteren Worten, die zu reduzieren ist, um nicht ins Unendliche zu laufen. Dinglichkeit zunehmender Dichte wird erst hervorgetrieben, wenn wir in strenger Reduktion darauf verzichten, zur Benennung des Dingaspekts einfach ein neues Wort aufzurufen, und damit den kritischen Punkt ständig hinauszögern. Sondern wir müssen durch die isolierte Einheit eines Wortes hindurch der Dinglichkeit ansichtig werden, und zwar durch die des Wortwortes hindurch, wie es unserem Immer-schon-Sein in der Sprache entspricht. Nur so vollzieht sich der Weg von Sprache zum Ding. Können wir uns nicht weiter Luft verschaffen, so ist die καταλλαγή ausschließlich ins Auge zu fassen. Ihre Bedeutung ist „Tausch, dann Versöhnung"[231]. Sobald aus dem Untergrund von Versöhnung Tausch hervortönt, wird die καταλλαγή zu einem Umschlagplatz innersymbolischer Kommunikation. Nicht zufällig steht der Tausch in der Mitte des symbolischen Abstiegs und vermittelt alles mit allem dadurch, daß er die beiden wichtigsten soteriologischen Wortstämme ἀλλάττειν und λυτροῦν in einen Zusammenhang versetzt, wie er zwischen Tausch und Geld besteht.

---

[231] F. *Büchsel*, Art. ἀλλάσσω κτλ., ThWNT 1, 252–260, S. 258.

1. *Der Tausch als soteriologisches Symbol*

a) *„Tausch" im Neuen Testament*

Die Unterströmung von Versöhnung ist nach Ausweis von καταλλαγή der Tausch. Das Simplex hat allgemeinste Bedeutungen: „anders machen"/„sich ändern", dann auch: „in Tausch geben"/„in Tausch nehmen". Der Sinn dieses Wortes dürfte an Allgemeinheit kaum zu übertreffen sein; Anderswerden trifft auf ziemlich alles zu, was nicht identisch bleibt. Von der einsamen Spitze der Versöhnung fühlen wir uns auf das weite Feld des Ordinären versetzt. Das Kompositum unterscheidet sich kaum: „Veränderung", „Tausch"; „Versöhnung" auch bereits außerhalb des Neuen Testaments[232]. Transitiver und intransitiver Sinn verschränken sich gegenseitig: Wegtausch und Rücktausch, Austausch und Eintausch, und dies nicht nur verteilt auf zwei Subjekte, sondern reziprok aussagbar von einem jeden. Die Bedeutungen „in Tausch geben"/„in Tausch nehmen" locken auch selbständiges „geben" (διδόναι) und „nehmen" (λαμβάνειν) an, jedoch nie einseitig, sondern nur in Reziprozität. Sodaß der denkwürdige Fall entsteht, daß ein und dasselbe Wort so wohlzuunterscheidende Bedeutungen wie „geben" und „nehmen" in sich tragen kann, wohl deshalb, weil diese in einem fundierenden Verhältnis der Wechselseitigkeit stehen. Demgegenüber klingt die neutestamentliche Zuspitzung, ausschließlich Gott sei Subjekt von Versöhnung, samt ihrer alttestamentlichen Variante, Jahwe könne niemals Objekt menschlichen Handelns sein, wie ein gewaltsamer Einbruch von Einseitigkeit in an sich schon labil zu balancierende Gegenseitigkeit. Wie aus einem Wort, das von Hause aus in unübertrefflicher Weise reziproke Interaktion darstellt, ein geradezu monoaktiver Sinn herausgeschlagen werden kann, das ist die Frage.

Nun könnte man die Einheit des Wortes καταλλαγή als bloßen spekulativen Rest ohne weiteres fallen lassen, könnte die Versöhnungsaussagen 2Kor 5/Röm 5 als bloße Homonyme vom übrigen Wortfeld separieren und sich dadurch von aller Interferenz der unterströmigen Bedeutung des Tausches gleich von vornherein dispensieren, wenn nicht dieser allgemeinste ordinäre Sinn just in dem Text sich meldete, der die soteriologische Zuspitzung entwickelt. Was dort durch die Formel διὰ Χριστοῦ (2Kor 5,18) stenographiert wird, führte an sich viel direkter zum Tausch als zur Versöhnung. Während Versöhnung ein Geschehen ausschließlich zwischen Gott und Mensch ist, dieser rein empfangend, jener rein gebend, und dann allerdings die Schwierigkeit entsteht, wie Jesu realer Kreuzestod innerlich damit zusammenhänge, stellt sich in dem Moment, da wir καταλλαγή von ihrer Spitze absenken auf die ordinäre Schicht des Tausches, das Kreuzesgeschehen mit Leichtigkeit ein, wogegen die abstrakte Rede von Gott verblaßt. Entfernen wir uns von der theologisch präzisen Versöhnung zum unpräziseren Tausch, so bestraft der Versöhnungstext 2Kor 5 durchaus nicht

---

[232] F. *Büchsel,* aaO. 252 ff.

durch Verstummen, sondern beginnt, aus seiner Tiefe um so voller zu sprechen. Voll ist keineswegs deutlich. Jesu Kreuz im Tauschsymbol sprechen zu hören, hat etwas schwer Tönendes. In der Tat ging es in Jesu Tod um „Veränderung": Dieser junge Mann ward zur Leiche, gewaltsame Mutation vom Leben zum Tod. In der Tat findet sich „Tausch": Dieser Mann gab in Tausch sein Leben, nahm dagegen in Tausch den Tod, und je aktiver er hingab, desto passiver hatte er zu empfangen. In Verkehrung der Redensart: Weich im Geben, weich im Nehmen. Hier beginnt der in der καταλλαγή wirksame Umschlag dunkel zu sprechen. Immerhin ist deutlich: Es steht nicht im Belieben, ob man von Versöhnung zu Tausch fortgehen will oder nicht. Sondern es gilt, das Wort gehörig nach oben und unten durchschwingen zu lassen. Je weiter nach unten, desto mehr meldet sich Jesu reales Kreuz. Noch fehlen Zwischenglieder, um in der Einheit des Wortes von der Versöhnung bis zum Tausch vorzudringen und dann auch Jesu reales Kreuz von sich selbst her sprechen zu hören.

Aber es bedarf nicht bloß der Assoziationen, sondern das Tauschsymbol findet sich nun auch direkt, und zwar in dem Text, der bisher bloß als Versöhnungstext sprach. Daß derjenige, der Sünde nicht kannte und also δίκαιος war, für uns zur Sünde gemacht wurde, damit wir, die Sünder, zur δικαιοσύνη θεοῦ würden (2Kor 5,21): das ist Tausch, sogar Tausch im Tausch. Hier reflektiert sich der Tausch, weil es nicht nur um ein zu tauschendes Etwas geht, sondern um Etwas von der Art eines Selbstbewußtseins, sodaß in dem getauschten Etwas wir selbst uns hinsichtlich unseres Selbstbewußtseins ebenso vertauschen wie der, der tauscht. Und auch hier ist Tausch impliziert: Gott rechnete die Übertretungen dem sündlosen Christus an und ließ ihn, stellvertretend für die Schuldigen, das Todesgericht als Folge ihrer Sünde treffen (2Kor 5,19). Dies sind implizite Tauschphänomene[233] in einem Text, der nach gängigem Verständnis nicht explizit vom Tausch spricht. Andere paulinische Stellen mit implizitem Tausch ließen sich anfügen[234]. Also überhaupt nur impliziter Tausch, expliziter erst jenseits des Kanons[235]? Aber abgesehen davon, daß Paulus unbestritten implizit vom Tausch spricht, wie hätte er noch expliziter davon reden sollen als durch den Terminus καταλλαγή?[236] Somit findet sich das Tauschsymbol auch explizit, wenngleich es sich nicht spannungsfrei in die konkurrierende Deutung desselben Wortes als Versöhnung einfügt. Aber das ist gar nicht zu wünschen.

---

[233] In Paraphrasen nach O. *Hofius*, Erwägungen (s. o. Anm. 182), S. 190.

[234] Gal 3,13; 2Kor 8,9; Röm 8,3; Phil 2,6–11.

[235] O. *Hofius*, aaO. 190: „Im Blick auf diesen Sachverhalt hat Luther – und vor ihm schon der Diognetbrief (9,5) – durchaus zutreffend von einem ‚Tausch' gesprochen." *Hofius* hätte kühnlich behaupten dürfen: vor Luther und der Ep. ad Diogn. hat schon Paulus vom Tausch gesprochen.

[236] Um vom Tausch zu sprechen, haben Paulus nahezu keine anderen Worte zur Verfügung gestanden als Komposita von ἀλλαγή; s. E. *Benveniste*, Gabe und Tausch im indoeuropäischen Wortschatz (1951), in: Ders., Probleme der allgemeinen Sprachwissenschaft, 1977, 350–363. Zur ἀντίδοσις, dem altgriechischen Rechtsbrauch des Vermögenstausches, s. die Lexika s. v.

Nicht um Auflösung, sondern um Durchführung von Spannung geht es in der Symbolik. Es ist unbedacht, in ausgleichender Absicht von Tausch zwischen Gott und Mensch zu reden[237], als ob Gott, als Versöhner einseitiger Autor alles Geschehens, zugleich Partner im Tausch sein könne, der wesentlich Gegenseitigkeit ist. Die deutliche Einsicht darein, daß Tausch die Rede von Gott gerade ausschließt, fördert nur die Spannung, wie sie diszipliniert einzuführen sei. Von Gott kann in Hinsicht auf den Tausch nur so die Rede sein, daß danach gefragt wird, was die wechselseitigen Partner beim Tauschen lenkt. In diesem Sinn ist nach dem dem normalen Tausch bereits einwohnenden Gott zu fragen, um dann auch, an der äußersten Grenze reziproken Tausches, die paulinische Rede von der versöhnenden Uraktivität Gottes einzuführen. Daraus ergibt sich als Aufgabe dieses §, dem im reziproken Tausch anwesenden, wirkenden Gott nachzuspüren, bis die Aussage entsteht: „Gott war in Christus und versöhnte die Welt mit sich selber", und zwar so, daß sie aus dem dem Tausch zugrundeliegenden Ding herausspringt.

Tausch konstituiert sich durch Reziprozität von Geben und Nehmen. „,Nehmen' und ‚Geben' verraten sich ... in einer sehr frühen Phase des Indoeuropäischen ... als durch ihre Polarität organisch miteinander verbundene Begriffe, die mit demselben Ausdruck wiedergegeben werden können."[238] Geschieht dies durch die polare Bedeutung des einen Wortes (κατ)ἀλλάσσειν, so gehören auch die neutestamentlichen Aussagen zu διδόναι und λαμβάνειν hierher. Dieser weite Bereich überschneidet sich an drei Stellen mit dem Thema des Todes Jesu. Zunächst sind Geben und Nehmen explizit mit Versöhnung verbunden: Gott hat den Dienst der Versöhnung „gegeben" (2Kor 5,18), wir haben Versöhnung „empfangen" (Röm 5,11.17). Beachtenswert, daß καταλλαγή, die doch als Tausch selbst schon Geben und Nehmen ist, hier wie ein Drittes zu Geben und Nehmen erscheint, also abgehoben vom zugrundeliegenden Tauschsinn. Zweitens ist zu erinnern, daß im Neuen Testament sich Sentenzen finden, in denen die ursprüngliche Reziprozität von Geben und Nehmen durch adverbiales δωρεάν gestört ist (Röm 3,24), sodaß einseitiges, hyperbolisches Geben und Nehmen entsteht. Und schließlich hat Geben seinen festen Sitz in der frühesten Passionsüberlieferung durch die Dahingabeformel und klingt an im synoptischen Löse-

---

[237] K. *Lehmann,* ‚Er wurde für uns gekreuzigt'. Eine Skizze zur Neubesinnung in der Soteriologie, ThQ 162, 1982, 298–317, S. 301: „Bestimmte [sc. soteriologische] Motive kristallisieren sich erst in nachbiblischer Zeit zu eigenen Vorstellungen heraus, obgleich sie biblisch angelegt sind. Dies gilt etwa für die wichtige Vorstellung vom ‚Tausch' (commercium) zwischen Gott und Mensch." *Lehmann* fährt fort: „Dieser Austausch ist die fundamentale Gabe der Erlösung [!] ... Die Anstöße zur Ausbildung dieses Motivs sind ... durchaus biblisch, entfalten sich jedoch ausdrücklich vor allem ab dem 4./5. Jahrhundert. Dieser ‚Tausch' ist die Basis für alle Mitteilung von Heil und Erlösung" (304). Ist er das, dann kann er es nicht erst ab den genannten Jahrhunderten gewesen sein. Der Tausch ist also unter die neutestamentlichen Symbole des Todes Jesu aufzunehmen.

[238] E. *Benveniste,* aaO. (s. o. Anm. 236) 352. Benveniste spricht von einem „Prinzip der totalen Reziprozität" (358).

geldwort und im lukanischen Brotwort. So hat das Symbol des Tausches, ursprünglich für nichtbiblisch geachtet, breite Evidenz im Neuen Testament[239].

b) „Tausch" in der Tradition

Das Schwergewicht des soteriologischen Tauschsymbols liegt allerdings in der nachneutestamentlichen Tradition. Und zwar Tausch als Inkarnations- und Todestausch. Was die griechische Überlieferung anlangt, so sind Dokumente überaus spärlich. Erster Beleg nach der paulinischen καταλλαγή ist über ein Jahrhundert später die Epistola ad Diognetum: ὦ τῆς γλυκείας ἀνταλλαγῆς[240].

---

[239] „Tausch" im Neuen Testament: Obgleich der *Tausch* nicht im selben Maß wie andere Symbole als soteriologisches Symbol hervorsticht (unsoteriologisch z. B. Röm 1,23: ἤλλαξαν; Röm 1,25: μετήλλαξαν), finden sich Formeln mit implizitem Tausch in soteriologischem Sinn: Gal 3,13; 2Kor 5,19.21; 8,9; Röm 8,3; Phil 2,6–11. Terminologisch steht 2Kor 5 mit καταλλαγή im Zentrum: „Tausch, dann Versöhnung" (*Büchsel*, s. o. Anm. 231).

Zum Phänomen des Tausches gehören nach dem Tauschprinzip der totalen Reziprozität *Geben* (διδόναι) und *Nehmen* (λαμβάνειν). In das Gebiet der Symbolik des Todes Jesu fallen folgende allerdings gänzlich nichtreziproke Aussagen:

1. Nichtreziprokes Geben und Nehmen im Kontext der Versöhnung:
   2Kor 5,18: ... δόντος ἡμῖν τὴν διακονίαν τῆς καταλλαγῆς
   Röm 5,11: τὴν καταλλαγὴν ἐλάβομεν (cf. Röm 5,17).
2. Nichtreziprozität der Heilsgabe (δωρεά Röm 5,15.17; 2Kor 9,15 u. ö.): sie ist umsonst [= gratis] (δωρεάν Röm 3,24; irritierend die Sterbensformel Gal 2,21: δωρεάν umsonst [= zwecklos]: in einer Dahingabeformel wie z. B. Gal 2,20 wäre dieser Sinn von vornherein ausgeschlossen).
3. Nichtreziprokes Geben beschreibt die Dahingabeformel (dieser Terminus bei K. *Wengst,* Christologische Formeln [s. o. Anm. 161], 55–77, S. 56; danach M.-L. *Gubler,* Die frühesten Deutungen [s. o. Anm. 161], 212–217; M. *Hengel,* The Atonement [s. o. Anm. 161], 35f [‚surrender-formula']). 49f). Sie findet sich in den Varianten der Hingabe durch Gott (ὁ θεὸς τὸν υἱὸν αὐτοῦ ὑπὲρ ἡμῶν παρέδωκεν) und der Selbsthingabe (ὁ υἱὸς τοῦ θεοῦ [ἠγάπησεν ἡμᾶς καὶ] [παρ]έδωκεν ἑαυτὸν ὑπὲρ [τῶν ἁμαρτιῶν] ἡμῶν). Sie stammt aus dem hellenistischen *(Wengst)* oder palästinensischen (E. *Lohse)* Judentum oder hat ihre Wurzeln im hebräischen AT *(Hengel)* und deutet den Tod Jesu als Sühnetod.
   a) *Vorpaulinische* Tradition:
      aa) Hingabe durch Gott (nur Röm): 4,25 (Jes 53,12?); 8,32 (Gen 22,12)
      bb) Selbsthingabe: Gal 1,4; 2,20; Eph 5,2.25; 1Tim 2,6; Tit 2,14
   b) *Vorsynoptische* Tradition:
      aa) Lösegeldwort: δοῦναι τὴν ψυχὴν αὐτοῦ Mk 10,45//Mt 20,28; s. a. 1Tim 2,6; Tit 2,14 (?); Ep. ad Diog. 9,2.
      bb) Brotwort nach Lukas: τὸ σῶμά μου τὸ ὑπὲρ ὑμῶν διδόμενον Lk 22,19
   c) *Vorjohanneische* Tradition:
      aa) Hingabe durch Gott: Joh 3,16
      bb) Selbsthingabe: 1Joh 3,16; cf. Joh 15,13 (τιθέναι).

[240] Epistola ad Diognetum (ca. 180) 9,5: ὦ τῆς γλυκείας ἀνταλλαγῆς ...· ἵνα ἀνομία μὲν πολλῶν ἐν δικαίῳ ἑνὶ κρυβῇ, δικαιοσύνη δὲ ἑνὸς πολλοὺς ἀνόμους δικαιώσῃ (ed.

Damit ist der Haupttypus der soteriologischen Tauschaussage am Tag: hymnus-artige Exklamation und Schmückung des Tausches mit einem erstaunten Adjek-tiv. Während es sich hier eindeutig um Passionstausch handelt, nennt Proklos von Konstantinopel die Inkarnation φρικτόν συνάλλαγμα[241]. Damit ist die griechische Tradition bereits erschöpft.

Im lateinischen Westen findet sich vielfältiger Gebrauch im Sinn von Inkarna-tions- und Todestausch. Der Inkarnationstausch hat seinen wirkmächtigsten Ausdruck in der 1. Antiphon zu Vesper und Laudes der Weihnachtsoktav gefun-den: O admirabile commercium[242]. Etwa gleichzeitig hat Leo d. Gr. vom heilsa-

H. I. *Marrou,* SC 33, 1965², S. 74). *Marrou* bemerkt in seiner Edition S. 200, daß ἀνταλ-λαγή in der Alten Kirche sonst nicht mehr nachzuweisen ist; s. ἀντάλλαγμα Mk 8,37//Mt 16,26. Zur Interpretation s. W. *Maas,* Staunenerregender Platztausch. Zu Versuchen der Kirchenväter, das Leiden und Sterben Jesu zu verstehen, in: Ders. (Hg.), Versuche, das Leiden und Sterben Jesu zu verstehen, 1983, 47–69, S. 49 ff.

[241] Proklos von Konstantinopel, Oratio I (Marienpredigt 429? 431?), 1: ἡ πανήγυρις τοῦ σωτηρίου συναλλάγματος / salutaris commercii nundinae (MPG 65, 681A); 8: ἐκεῖ τὸ φρικτὸν γέγονε συνάλλαγμα· δοὺς γὰρ πνεῦμα, ἔλαβε σάρκα / Mira quaedam ac stupenda illic facta est commutatio: dans enim spiritum, accepit carnem (MPG 65, 689A). An dieser letzten Stelle ist die Rede von der zweiten Person der Trinität und vom Geschehen im Schoß der Gottesmutter; deshalb trifft die Übersetzung mit „staunenerre-gender Platztausch" (W. *Maas,* aaO. 51) nicht zu. Zur griechischen Tradition M. *Herz,* Sacrum commercium. Eine begriffsgeschichtliche Studie zur Theologie der römischen Liturgiesprache, MThS II/15, 1958, S. 96: „Es ist … auffallend genug, daß Proklus der einzige Schriftsteller des Ostens zu sein scheint, der den Terminus συνάλλαγμα-com-mercium verwendet hat, um damit den alten Gedanken vom gottmenschlichen Austausch anschaulich zu machen. Das Wort ist in dieser Anwendung anderweitig wohl nicht zu belegen." Auch R. *Schwager,* Der wunderbare Tausch (s. o. Anm. 44) 77–100, bringt trotz S. 83 keinen neuen griechischen Beleg.

[242] Antiphon „O admirabile commercium" (Brev. Mon. und Brev. Rom. 1. Jan., Vesp. I und Laudes, Ant. 1; ebenso 2. Febr., Vesp. I, Ant. 1):

O admirabile commercium:

Chiastisches Tauschschema nach M. *Herz,* aaO. 50. Entstanden zwischen Ephesinum (431) und Chalcedonense (451), vermutlich in Rom (*Herz* 32. 70) durch Leo I. Magnus (? *Herz* 104). Der Begriff des commercium bot eine bisher unverbrauchte Möglichkeit, in antinestorianischem Sinn von der Einheit der beiden Naturen in Christus zu sprechen, und zwar so, daß nicht nur abgrenzende Negationen nach beiden Seiten wie im Chalcedo-nense, sondern die Einheit selber bildlich ausgesprochen wird. Das Thema des commer-cium war schon seit der römischen Kaiserzeit mit den Kalendae Ianuariae verbunden: commercium strenarum, Austausch von Neujahrsgeschenken (*Herz* 14 ff; A. *Stuiber,* Art. Geschenk, RAC 10, 1978, Sp. 693 ff). Zum Hintergrund des Neujahrsbrauches in der Fleischmahlzeit des öffentlichen Staatsopfers: B. *Laum,* Über die soziale Funktion der Münze. Ein Beitrag zur Soziologie des Geldes, Finanzarchiv NF 13, 1951/52, 120–143, S. 138 ff (s. u. Anm. 381).

men Tausch in der Todesangst Christi gesprochen[243]. Hier kommt zum Ausdruck, daß die westliche Tauschtradition stärker vom Passionstausch geprägt ist. Ein ihn betreffender liturgischer Text findet sich erstmals im Altgelasianischen Sakramentar Ende des 5. Jahrhunderts, wo im Blick auf Tod und Auferstehung ein Tausch zwischen Göttlichem und Menschlichem gemäß der lex beati commercii geschildert wird[244]. Lex commercii ist Tausch- oder Handelsvertrag. Tausch und Handel sind nicht dasselbe. Im Altgelasianischen Formular liegen beide Vorstellungen ineinander. Hier wirkt die Vermischung der Symbole Tausch und Geld (Handel) nach, die seit Augustin dem christologischen Gebrauch von commercium anhaftet. Es ist also noch einmal zu unterscheiden zwischen Passionstausch und Passionskauf, gemäß der Unterscheidung zwischen Tausch- und Geldsymbol. Bei commercium als Tausch nimmt Christus die Welt an sich und gibt dafür Göttliches hin[245]; bei commercium als Kauf (Geld)

---

[243] Leo I. Magnus (r. 440–461), Sermo 54,4 (MPL 54,321A): [Dominus] commutatione mirabili inierat commercium salutare, nostra accipiens et sua tribuens, pro contumeliis honorem, pro doloribus salutem, pro morte dans vitam. Dies ist die einzige Stelle in Leos Werk, an der explizit vom wunderbaren Tausch die Rede ist. Sie verrät Kenntnis einer Passage aus Augustin, En. in ps. 30/II,3 aus dem Jahr 411/12, in der das Bild Christi als eines himmlischen Kaufmanns entwickelt wird: Haec enim mira commutatio facta est, et diuina sunt peracta commercia, mutatio rerum celebrata in hoc mundo a negotiatore caelesti. Venit accipere contumelias, dare honores; uenit haurire dolorem, dare salutem; uenit subire mortem, dare uitam (CChr. SL 38, 192, 13–17).

[244] Altgelasianisches Sakramentar (Ende 5. Jh.), Präfation des Ostersonntags: Vere dignum: te quidem omni tempore, sed in hoc praecipue die laudare, benedicere, et praedicare, quod pascha nostrum immolatus est Christus [1Kor 5,7]: per quem in aeternam vitam filii lucis oriuntur, fidelibus regni caelestis atria reserantur, et beati lege commercii divinis humana mutantur.

[i] Quia nostrorum omnium mors   et   in resurrectione eius omnium vita re-
    cruce Christi redempta est,   surrexit.
[ii] Quem in susceptione mortalita-   et   in divinitatis gloria Deum et hominem
    tis Deum agnoscimus,   confitemur.
[iii] Qui mortem nostram moriendo   et   vitam resurgendo restituit,
    destruxit

Jesus Christus Dominus noster. Et ideo cum angelis ... (nach *Herz,* aaO. 185 f). Verfaßt von Gelasius I. (*Herz* 228)? Zum Doppelsinn von commercium als Tausch und Handel M. *Herz,* aaO. 193: „Es wird deutlich, daß hier zwei Vorstellungen in ein und demselben Satze miteinander verquickt sind, nämlich das Bild vom Austausch von Tod und Leben und der Gedanke des Loskaufes. Das erste Bild zeichnet die Erlösung als einen Austausch von Menschlichem und Göttlichem: Christus stirbt am Kreuz *unseren* Tod und schenkt uns in der Auferstehung *sein* Leben; das zweite Bild tritt ergänzend hinzu. Diesen unseren Tod und damit uns selber hat Christus *losgekauft* (aus der Gewalt des Satans) durch die Hingabe seines Lebens und Blutes am Kreuz."

[245] Passion*tausch* bei Augustin: En. in ps. 148,8 (CChr. SL 40, 2170; ca. 395): ... ad talia commercia uenit. Quid hic dedit, quid accepit? Dedit exhortationem, dedit doctrinam, dedit remissionem peccatorum; accepit contumelias, mortem, crucem. – En. in ps. 30/II,3 (411/12; s. o. Anm. 243). – Serm. 80,5 (MPL 38,496 f): Nec ille [sc. Christus] ergo potuit habere mortem de suo, nec nos vitam de nostro: sed nos vitam de ipsius, ille mortem de

ist Christus Käufer, der mit seinem Blut zahlt, um das Menschengeschlecht loszukaufen[246]. Allerdings durchdringen sich die beiden Bilder, weil, was jetzt commercium als Handel und Kauf durch das Zahlungsmittel des Geldes ist, früher einmal commercium als Tausch war, sodaß nova und antiqua commercia zu unterscheiden sind. Auf die Symbole Passionstausch und Passionskauf wirkt sich dies so aus: Hat sich der Kauf vom Tausch dadurch entfernt, daß ein zeichenhaftes Mittel zwischeneingetreten ist, das Geld, das mit zunehmender Zeichenhaftigkeit desto größere Leichtigkeit des Kaufs ermöglicht, so sinkt beim Passionskauf, in dem Geld zu Blut wird, der Kauf zurück auf seine frühere, gar früheste Schicht und nähert sich wieder dem Tausch an. Es ist diese bildliche Verquickung, die Augustin ohne weitere Reflexion geschehen läßt und die in das Altgelasianische Formular Eingang gefunden hat. Summa: In der Alten Kirche findet sich Rede vom Tausch selten und nur in homiletischen und liturgischen Texten. Commercium ist in der Liturgiesprache lebendig geblieben[247]; in Wissenschaftssprache wurde es nicht aufgenommen[248].

---

nostro. Qualia commercia! quid dedit, et quid accepit? Mercantes homines veniunt ad commercia, ad res mutandas. Nam antiqua commercia rerum mutatio fuit. Dabat homo quod habebat, et accipiebat quod non habebat. Verbi gratia, habebat triticum, sed hordeum non habebat; alter hordeum habebat, et triticum non habebat: dabat ille triticum quod habebat, accipiebat hordeum quod non habebat. Quanti erat ut major copia vilem speciem compensaret? Ecce ergo alius dat hordeum, ut accipiat triticum: postremum alius dat plumbum ut accipiat argentum; sed multum dat plumbum contra parum argentum: alius dat lanam, ut accipiat vestem. Et quis enumerat omnia? Tamen nemo dat vitam, ut accipiat mortem. – NB: der Passionstausch geht also bis zur äußersten Störung der Tauschrelation; daher: qualia commercia! o mirum, o admirabile commercium!

[246] Passions*kauf* bei Augustin: En. in ps. 102,6 (CChr. SL 40,1456; ca. 412): Redempta est enim uita tua de correptione; iam securus esto: initus est bonae fidei contractus; nemo fallit redemptorem tuum, nemo circumuenit, nemo premit. Egit hic commercium, iam pretium soluit, sanguinem fudit. – En. in ps. 147,16 (CChr. SL 40,2151; ca. 412): Vide commercium emtionis nostrae. Christus pendet in ligno; uide quanto emit, et sic uidebis quid emit. Emturus est aliquid; ipsum aliquid nondum scis. Vide, uide quanti, et uidebis quid. Sanguinem fudit, sanguine suo emit, sanguine Agni immaculati emit, sanguine unici Filii Dei emit. ... Emtor Christus est, pretium sanguis, possessio orbis terrarum. – C. ep. Parm. I, 7,12 (CSEL 51; 31, 17ff): dominus noster, qui emit totum orbem pretio sanguinis sui, cuius sancta commercia propheta tanto ante cecinit dicens: [folgt Zitat Ps 22,17–19]. – NB: wie beim Passionstausch, so gilt auch beim Passionskauf: er ist ein extremes Randphänomen von Kauf, da mit Blut statt mit Geld gekauft wird. Blut ist aber Störung des Kaufes.

[247] Commercium ist hauptsächlich Terminus der römischen Liturgiesprache (M. *Herz,* aaO. 311), und zwar nicht nur zur Bezeichnung eines christologischen oder soteriologischen Vorgangs, sei es der Inkarnation oder der Passion, sondern auch zur Benennung des liturgischen Handelns selbst. Liturgie in ihrem Zentrum als Gabenbereitung und Gabenempfang ist commercium. Jetzt wird commercium zu einem „Opfer-Begriff" (*Herz,* aaO. 249ff). Im Miss. Rom. findet sich commercium: 25.12., 1. Messe, Sekret (U. *Bomm,* Lat.-dtsch. Volksmeßbuch, 1962, S. 42); Mittwoch n. 2. Fastensonntag, Sekret (*Bomm* 205); Osterdonnerstag, Postcommunio (*Bomm* 484); 4. n. Ostern, Sekret (*Bomm* 506); 18. n. Pfingsten, Sekret (*Bomm* 674).

2. *Der Tausch*

Bisher war zu sehen, wie Jesu Passion in der Tradition mit Tausch verglichen worden ist, vor allem in rednerischer und liturgischer Sprache. Vergleichbarkeit ist aber nur gegeben, wenn Passion und Tausch von innen heraus etwas miteinander zu tun haben. Dies ist durch eine einfache Probe zu klären. Soll Tausch ein Bild für die Heilswirksamkeit des Todes Jesu sein, dann muß er sich methodisch von seiner traditionellen Bildpflichtigkeit lösen lassen, ohne daß dadurch Jesu Kreuz aus dem Blick geriete. Wir müssen also erproben, ob der Tausch bereits vor und außerhalb seiner Verwendung als Passionssymbol etwas zur Passion aussagt. Durchaus liegt die Welt nicht einfach parat zu theologischem Bildkonsum. Vielmehr muß der Tausch, der gänzlich unkonsumierbare, unzitierbare, von sich selbst her etwas von Passion zu erkennen geben, damit Vergleichbarkeit entstehe.

Der Status des Tausches wird durch einen Satz von Liebrucks erläutert: „Ich kann Worte tauschen, aber auch Dinge"[249]. Im selben Moment ist im Phänomen des Tausches noch ein zweiter Tausch präsent: Tausch zwischen Worten und Dingen, die sich im Tausch vertauschen. Dies ist für den Gang der Symbolik von elementarer Bedeutung. Bisher hatten wir es mit Diastasen zwischen Wort und Ding in unterschiedlichem Grad zu tun: Wort vom Kreuz hier, dort Kreuz selbst; Wort von der Versöhnung hier, dort blutige Sühne. Nun sind wir mit diesem § aus unserem unmittelbaren Sein in der Sprache zurückgetreten, in der Absicht, vor die bedingenden Dinge zu treten. Vor die Dinge zu treten, gar in sie hinein, ist ein Exzeß der Erfahrung, in dem sich stets dasjenige einstellt, aus dem schlechterdings nichts mehr zu machen ist. Dagegen versetzt der zitierte Tauschsatz Sprache und Ding in vollkommene Balance, deren wahre Mitte der Tausch ist. In den Tausch sind Sprache und Ding gleichermaßen vorgelassen. Sogleich entsteht die schöne Vision einer unerreichbaren Vergangenheit oder Zukunft, da Sprache und Ding sogar eins waren oder sein werden. Denn Tausch ist nie und nimmer ein Geschehen mit Dingen allein, oder mit Worten allein. Es gibt keinen

---

[248] L. *Hödl,* Art. Commercium, LMA 3, 1986, 82f: „die scholast. Theologie nahm den Begriff nicht auf." Auf einsamem Feld steht E. *Przywara,* Logos. Logos-Abendland-Reich-Commercium, 1964, S. 119ff. B. *Welte,* Religionsphilosophie, 1980, S. 242.

[249] B. *Liebrucks,* Über den logischen Ort des Geldes. Vorbereitende Bemerkungen, in: Ders., Erkenntnis und Dialektik. Zur Einführung in eine Philosophie von der Sprache her, Den Haag 1972, 265–301, S. 286. S. aaO. 284: „Wenn man Dinge tauscht, tauscht man auch die Herzen." Sprache und Bewußtsein III, 1966, 525: „Man tauscht Gegenstände, aber auch Worte und Küsse."

stummen Tausch[250]. Hierin liegt für den Gang der Symbolik A die Verheißung: Indem aus der καταλλαγή als Versöhnung die dingliche Unterströmung des Tausches hervorgetrieben wird, prallen wir durchaus nicht sogleich auf die blanken Dinge, sondern, vom Absturz halbwegs bewahrt, finden wir eine Art Sprache wieder, sei es mit Worten, sei es mit Dingen; ja im Tausch liegt sogar die freundliche Erwartung, beides befinde sich in Balance. So legt sich folgende Erklärung nahe: In allen bisherigen Worten – vom Kreuz, von der Versöhnung – sind wir im Grunde doketisch geblieben mit nachfolgendem, sich rächendem dinglichen Rest. Dem Komfort des Seins in Sprache droht immer desto härterer Widerstand von Nicht-Sprache. Dieses Gegenüber droht uns als geradezu natürlichen Theologen des Wortes, indem es durchaus nicht zu uns sprechen mag, sondern uns kurzerhand bedingt. Hier scheint der Tausch, wenn er sich auf Worte und Dinge gleichermaßen bezieht, in seiner Weise, die Dinge kommen zu lassen, wie ein Vorschlag zur Güte auf halber Strecke der Symbolik A.

Beim Rückgang von der Sprache zum Ding treffen wir im Tausch auf eine Sprache, die uns als Theologen des Wortes entgangen war. Nicht als ob Theologie des Wortes zu negieren sei – im Gegenteil! Zu betreiben ist sie, aber an einem *locus asper et terribilis*. Hinsichtlich der dem Tausch eigenen Sprache tut J. G. Hamann kund: „Poesie ist die Muttersprache des menschlichen Geschlechts; wie der Gartenbau, älter als der Acker: Malerey, – als Schrift: Gesang, – als Deklamation: Gleichnisse, – als Schlüsse: Tausch, – als Handel."[251] Diese Unterscheidung von Tausch und Handel überrascht nicht: sie sind ja Schichten von commercium, archaische und rezente. Handel geschieht in Anwesenheit, Tausch in Abwesenheit von Geld[252]. Soweit Hamanns Satz diese geläufige volkswirtschaft-

---

[250] B. *Laum*, Kinder tauschen teilen schenken. Ergebnisse aus Umfragen und Experimenten mit tausend Schulkindern. Ein kindersoziologischer Versuch, in: Erziehung und Psychologie, Beihefte der Zeitschrift „Schule und Psychologie", H. 43, 1966, S. 10: „Der Güterverkehr ist kein isoliertes Geschehen. Er ist, zumal in der Kinderwelt, aufs engste eingebunden in das Gesamte der Kommunikationsmittel... Welch große Rolle beispielshalber die Sprache in dem Güterverkehr zwischen Kindern spielt, wird ... deutlich werden. Der Tauschhandel unter Kindern ist mitnichten ein ‚stummer Handel‘... Eher kann man sagen, daß er vielfach als willkommene Gelegenheit betrachtet wird, miteinander ‚ins Gespräch zu kommen‘." Außerdem B. *Laum*, Heiliges Geld (s. u. Anm. 339) S. 12: „stummer Tausch". Zum stummen Tausch B. *Liebrucks*, Sprache und Bewußtsein I, 140 f (mit Hinweis auf A. *Gehlen*, Urmensch und Spätkultur, 1986[5], S. 46 f); III, 525 f (mit Hinweis auf Hegel SW *[Glockner]* 7,136); M. *Mauss*, Die Gabe (s. u. Anm. 256), S. 150/21 Anm. 6 (mit Hinweis auf Ph. F. H. *Grierson*, Silent Trade, Edinburgh 1903).
[251] J. G. Hamann, Aesthetica in nuce (1762), Schriften *(Nadler)* II, 197, 15–17. Poesie älter als Prosa: *Herder*, Abhandlung über den Ursprung der Sprache (s. o. Anm. 196) 50; *Liebrucks*, Sprache und Bewußtsein, (s. o. Anm. 88) 253; *Benjamin*, GS II/2, 584; *Wohlfart*, Denken der Sprache (s. u. Anm. 561), 30.56.58.61; zur Tradition: P. *Klopsch*, Einführung in die Dichtungslehren des lateinischen Mittelalters (s. u. Anm. 531), 47.70.
[252] F. *Ilwof*, Tauschhandel und Geldsurrogate in alter und neuer Zeit, 1882, S. 1 f: „Bei der Vertheilung der Güter werden entweder Güter unmittelbar gegen Güter umgetauscht, oder man bedient sich des Tauschmittels der edlen Metalle und tauscht Güter gegen Geld,

liche Unterscheidung wiederholt, ist er weniger erstaunlich[253]. Erstaunlich ist er vielmehr dadurch, daß Tausch und Handel, zwei Schichten von commercium, in Analogie zu zwei Schichten von Sprache gesetzt werden, Poesie und Prosa. Zwar ist die allgemeine Analogie von Worttausch und Dingtausch bereits eingeführt; aber Hamanns Satz geht darüber hinaus, indem er auf beiden Seiten der Analogie noch einmal zwei Zustände unterscheidet: einen archaischen und einen rezenten. Also kann es sich nicht darum handeln, generell das Ding als das Ältere, Sprache als das Neuere aufzufassen, vielmehr findet sich bei beiden beides. Hamanns Satz äußert die Vermutung, Tausch sei eine poetische Sprache und Poesie eine Art Tausch; Handel dagegen prosaische Sprache und Umgang mit Wort als geprägter Münze, wenn nicht Scheidemünze. Von Tausch handelt dieser, von Geld und Handel der folgende §. Tausch als poetische Muttersprache: das ist eine Mutmaßung zum allgemeinen Problem des Ursprungs von Sprache. Zugleich führt sie mitten in eine Symbolik speziell des Todes Jesu. Denn poetische Sprache, gar magische, begegnete schon einmal bei Annäherung an die Sprache des Kreuzes.

In den beiden vorgeführten Reflexionen war von Tausch nicht genau im selben Sinn die Rede. Bei Hamann ist Tausch die eine Seite einer Analogie zwischen ihm und der Poesie als den auf dieser Schicht vergleichbaren Repräsentanten von Ding und Sprache. Das war der gegenständliche Begriff des Tausches. Bei Liebrucks hingegen war Tausch das, was die Analogie allererst zustandebrachte, sie betrieb und vermittelte. Das ist ein transzendentaler Begriff des Tausches, implizit präsent auch in Hamanns Vergleich zwischen Dingseite und Sprachseite. Diesen Tauschbegriff nimmt J. Paul mit der Bemerkung auf, „daß der *Handel* – dieser Gegner der Dichtkunst – die Bilderschrift in Zeichenschrift zu verwandeln veranlaßte" und so die Entfärbung der Sprache bis zu einem „Wörterbuch erblasseter Metaphern" betrieb. Tut dies der Handel, so ist es *Tausch*, „entweder den Körper *beseelen* oder den Geist *verkörpern*" zu kön-

---

oder man setzt Güter gegen Credit, das heisst gegen das Versprechen um, in Zukunft denselben Werth oder einen gleichen zurückzuerstatten. Auf Grundlage dieser drei möglichen Umsatzarten entwickeln sich drei Wirthschaftsformen: *die Naturalwirthschaft, die Geldwirthschaft, die Creditwirthschaft.* [/] Jedes Volk beginnt seine wirthschaftliche Laufbahn mit der Naturalwirthschaft, denn der Gebrauch des Geldes als Tauschmittel setzt Ueberfluß an Arbeit oder an Producten voraus, um das edle Metall zu gewinnen oder zu kaufen. Zur Geldwirthschaft kann ein Volk erst dann schreiten, wenn es bereits wohlhabend geworden ist, wenn es mehr Güter erzeugt als es bedarf. Die Creditwirthschaft beginnt, wenn ein geregelter Geldverkehr existiert, die Schwerfälligkeit des Geldsurrogates bereits empfunden und dadurch das Bedürfnis nach Vereinfachung der Zahlmittel geweckt wird. Diese bestimmte Aufeinanderfolge ist in der Natur der einzelnen Wirthschaftsformen begründet, und deshalb auch allgemeine historische Thatsache."

[253] R. *Unger,* Hamann und die Aufklärung, Studien zur Vorgeschichte des romantischen Geistes im 18. Jahrhundert, 1925[2] = 1968[4], S. 653f, zitiert aus einer Hamann bekannten französischen Quelle die Unterscheidung zwischen échange und commerce; s. a. H.-M. *Lumpp,* Philologia crucis. Zu Johann Georg Hamanns Auffassung von der Dichtkunst, 1970, S. 50 Anm. 4.

nen[254]. Diese dem Tausch eigene Epik[255] oder Poesie[256] ist jetzt in ihren abstrakten
Seiten als Dingtausch und Worttausch zu entfalten.

a) Der Dingtausch

M. Mauss hat im „Essai sur le don" den Tausch als poetischere Art von
Sprache aufgefaßt. Er vollzieht den Rückgang von Prosa zu Poesie allenthalben
als Rückgang vom Handel zum Tausch[257]. Einerseits liegt der archaische Tausch
jenseits der ältesten geschichtlich zu fassenden Handelssysteme. Andererseits gilt:
Es gibt kein noch so modernes Handelssystem, in dem nicht unterschwellig

---

[254] J. Paul, Vorschule der Ästhetik (1812²; Werke hg. N. *Miller*, Bd. I/5, 184; § 50:
„Doppelzweig des bildlichen Witzes"): „Der bildliche Witz kann entweder den Körper
beseelen oder den Geist *verkörpern*. [/] Ursprünglich, wo der Mensch noch mit der Welt auf
einem Stamme geimpft blühte, war dieser Doppel-Tropus noch keiner; jener verglich
nicht Unähnlichkeiten, sondern verkündigte Gleichheit; die Metaphern waren, wie bei
Kindern, nur abgedrungene Synonymen des Leibes und Geistes. Wie im Schreiben
Bilderschrift früher war als Buchstabenschrift, so war im Sprechen die Metapher, insofern
sie Verhältnisse und nicht Gegenstände bezeichnet, das frühere Wort, welches sich erst
allmählich zum eigentlichen Ausdruck entfärben mußte [*Anm.:* Es ist ordentlich bildlich,
daß der *Handel* – dieser Gegner der Dichtkunst – die Bilderschrift in Zeichenschrift zu
verwandeln veranlaßte (s. Buhle, Geschichte der Philosphie, I. Bd.), weil der Han-
delsmann gern kurz schreibt.] Das tropische Beseelen und Beleiben fiel noch in *eins*
zusammen, weil noch Ich und Welt verschmolz. Daher ist jede Sprache in Rücksicht
geistiger Beziehungen ein Wörterbuch erblasseter Metaphern."
[255] B. *Liebrucks,* Über den logischen Ort des Geldes (s. o. Anm. 249), nennt den Zustand
vor der Geldstufe des Bewußtseins mit Hegel einen „epischen Weltzustand" (S. 270f).
S. 283: „Nach 1945 hatten wir in Deutschland den Vorrang der Mannigfaltigkeit. Epische
Zustände machten sich breit. Ein klassischer Philologe erzählte mir damals in Berlin, dass
er das alles als homerisch ansähe. Wir lebten aber mitten im 20. Jahrhundert! Der Einzug
des Rechtes und geordneter Verhältnisse, in denen das Geld seine Arbeit wieder entfaltete,
wischte diesen Traum wieder weg. Und dennoch: wir haben in den Jahren seit 1949
Gelegenheit gehabt, den Übergängen zuzuschauen, an denen sich die Arbeit des Menschen wieder in die Arbeit des Geldes umsetzte, der große Kompagnon also wieder zum
Zuge kam."
[256] M. *Mauss,* Die Gabe. Form und Funktion des Austauschs in archaischen Gesellschaften (Essai sur le don. Forme et raison de l'échange dans les sociétés archaïques [1923/24],
in: Ders., Sociologie et anthropologie, 1966³, 145–279), 1968. Dieses Werk wird nach den
Seitenzahlen zuerst der französischen, dann der deutschen Ausgabe zitiert. S. 267/167
beschreibt *Mauss* die Zeit des Tausches als einen „Zustand beständiger wirtschaftlicher
Erregung, die selbst recht wenig Materialistisches an sich hat; sie ist viel weniger prosaisch
als unser Kauf und Verkauf..." Dagegen nennt B. *Malinowski,* Argonauten des westli-
chen Pazifik; Schriften in vier Bänden 1, 1979, S. 119 den Kula-Tausch zunächst „prosaisch".
[257] M. *Mauss,* aaO. 148/19: „Wir werden einen Handel kennenlernen, der schon vor der
Institution des Händlers und dessen wichtigster Erfindung, der des Geldes im eigentlichen
Sinn, existierte." Solcher Handel vor dem Handel ist der Tausch.

auch der archaische Tausch präsent wäre, und sei es noch so rudimentär[258]. Der archaische Tausch ist quer durch Völker und Zeiten nichts als eine einzige komplexe Veranstaltung von Austausch und Verträgen, in Form von Geschenken, die zwar theoretisch freiwillig sind, faktisch aber immer gegeben, angenommen und erwidert werden müssen. Der Tausch ist sogar überaus komplex, weil sich in ihm viele – um nicht zu sagen: alle – Aspekte von Wirklichkeit sammeln. Oberster Leitsatz: Tout s'y mêle, alles mischt sich hier[259]. Kann somit alles in den Tausch eingehen, so wird es geradezu schwierig zu finden, was von ihm unberührt bliebe. Tausch ist ein totales gesellschaftliches Phänomen, in dem alle Arten von Institutionen sich treffen: religiöse, rechtliche, moralische, ökonomische, ästhetische. Hierbei zeigt sich: Der archaische Tausch hat bereits getauscht, bevor er zu tauschen beginnt. Tausch tauscht in direkter Intention: in diesem Fall ist Tausch ein gegenständlicher Begriff. Aber im Rücken dieses Vorgangs hat sich bereits in und mit diesem Begriff alles vertauscht, vermischt, verwoben, und somit tauscht der Tausch auch in obliquer Intention, indem er einzelne Segmente von Wirklichkeit korreliert und insgesamt alles mit allem. Dieser Tausch im Tausch ist der transzendentale Tausch, bereits am Werk in der Art und Weise unserer Apperzeption von Wirklichkeit.

Mauss definiert den Tausch als System der totalen Leistungen. Totalität heißt: hier handeln nicht nur Individuen, sondern Gesellschaften; getauscht werden nicht nur Dinge, sondern Essen, Frauen, Kinder, Zeremonien, Höflichkeiten – und dies alles in charakteristischer Mischung von Freiwilligkeit und Zwang[260]. Derjenige Gegenstand, der getauscht wird, heißt Gabe. Merkwürdigerweise finden sich, von Zwischenformen abgesehen, zwei entgegengesetzte Typen von Gabe. An erster Stelle der reinste Typus: friedlicher Austausch, Bündnis und Versöhnung bewirkend. Etwa, wenn zwei Phratrien sich durch Riten, Heirat, Erbschaft in ständige Kooperation versetzen, und zwar so, daß immer weniger davon unerfaßt bleibt, dann gilt: Alles ist komplementär[261]. Dieser konstruktiven Art des Tausches gegenüber liegt eine zwar typische, aber seltene Form totaler Leistung, deren Austausch Rivalität und Zerstörung zur Folge hat. Das ist der Potlatch[262], destruktive Gabe, die sich aber hinsichtlich des Zusammenspiels

---

[258] M. *Mauss,* aaO. 148/19. P. *Weidkuhn,* Prestigewirtschaft und Religion, in: G. *Stephenson* (Hg.), Der Religionswandel unserer Zeit im Spiegel der Religionswissenschaft, 1976, 1–29.

[259] M. *Mauss,* aaO. 147/17 („Alles ... ist darein verwoben"); cf. 274f/176f. Oberste Termini der Tauschanalyse von *Mauss* sind „alles" und „total". E. E. *Evans-Pritchard* bemerkt im Vorwort zur deutschen Ausgabe des Essai: *„Total* ist das Schlüsselwort dieses Essays. Der Austausch in archaischen Gesellschaften, den er untersucht, ist eine totale gesellschaftliche Tätigkeit" (S. 10).

[260] M. *Mauss,* aaO. 150f/21f: le *système des prestations totales.*

[261] M. *Mauss,* aaO. 151/22: tout est complémentaire.

[262] *Mauss* nennt ausschließlich die destruktive Gabe Potlatch, obgleich weder die „Gabe" bloß auf die positive Seite eingeschränkt ist, noch „Potlatch" bloß eine destruktive Bedeutung hat. Vielmehr heißt „Potlatch" nichts anderes als „eine Gabe geben" (P.

aller Aspekte von Wirklichkeit nicht von der reinen Gabe unterscheidet. Alles mischt sich[263]. Potlatch ist wesentlich Zerstörungspotlatch[264], Zerstörung angehäuften Reichtums, um den Rivalen zu demütigen. Zwischen diesen beiden entgegengesetzten Typen totaler Leistung gibt es zwar Zwischenformen und Übergänge[265], aber im Prinzip keinen Mittelweg: Entweder Vertrauenstausch oder Austausch von Mißtrauen, entweder Fest oder Krieg, entweder Versöhnung oder Streit[266]. Beides liegt auf Messers Schneide in labilem Gleichgewicht. Jede Tauschtheorie sozialen Handelns muß daher Theorie des doppelten Tausches sein[267]. Wie ist es möglich, daß ein und dasselbe – die Gabe – so kontradiktorische Gestalten produziert?

Dem komplexen Phänomen der Gabe wendet sich Mauss mit der einen Frage zu: „Welches ist der Grundsatz des Rechts und Interesses, der bewirkt, daß in den rückständigen oder archaischen Gesellschaften das empfangene Geschenk zwangsläufig erwidert wird? Was liegt in der gegebenen Sache für eine Kraft, die bewirkt, daß der Empfänger sie erwidert?"[268] Mit dieser Frage werden die energetischen Verhältnisse des Tauschs ins Auge gefaßt; gefragt wird nach der Energie des Tausches, die diesem bereits vorausliegt. Im Tausch ist daher nur bedingt „Alles"; die Frage nach der Kraft des Tausches führt an seine Grenze. Wo eine Kraft ist, da ist ein Gott. In der Tat ist die gestellte Frage tiefgreifend[269], weil sie Frage nach dem im Tausch anwesenden, wirksamen Gott ist. Wirksam im archaischen Tausch in einer Konfusion von Zwang und Freiheit. Die Antwort – hierin liegt die eigentliche Entdeckung des Essai[270] – schildert die Zirkulation der

---

Weidkuhn, Prestigewirtschaft [s. o. Anm. 258] S. 8). Anders *Mauss*, aaO. 152 Anm. 1/23 Anm. 11.

[263] M. *Mauss*, aaO. 152/23: tout se mêle.

[264] M. *Mauss*, aaO. 201 Anm. 2/86 Anm. 132.

[265] M. *Mauss*, aaO. 153/25.

[266] M. *Mauss*, aaO. 277/180.

[267] L. *Clausen*, Tausch. Entwürfe zu einer soziologischen Theorie, 1978, über sein Buch S. 8: „Es legt eine Theorie des sozialen Handelns als die eines *Doppelten Tauschens* vor; doppelt, weil antagonistisch und synagonistisch, zugleich."

[268] M. *Mauss*, aaO. 148/18: Quelle est la règle de droit et d'intérêt qui, dans les sociétés de type arriéré ou archaïque, fait que le présent reçu est obligatoirement rendu? Quelle force y a-t-il dans la chose qu'on donne qui fait que le donataire la rend?

[269] M. *Mauss*, aaO. 147/18: profond.

[270] M. *Mauss*, aaO. 158/32f, findet „den Schlüssel zu diesem Problem" in einem Maori-Text, in dem die Geisthaftigkeit des Dinges (Geist = hau) so erklärt wird: „Stellen Sie sich vor, Sie besitzen einen bestimmten Gegenstand *(taonga)* und geben ihr mir; Sie geben ihn mir ohne festgesetzten Preis. Wir handeln nicht darum. Nun gebe ich diesen Gegenstand einem Dritten, der nach einer gewissen Zeit beschließt, irgend etwas als Zahlung dafür zu geben *(utu)*, er schenkt mir irgend etwas *(taonga)*. Und dieses *taonga*, das er mir gibt, ist der Geist *(hau)* des *taonga*, das ich von Ihnen bekommen habe und das ich ihm gegeben habe. Die *taonga*, die ich für die anderen *taonga* (die von *Ihnen* kommen) erhalten habe, muß ich Ihnen zurückgeben. Es wäre nicht recht *(tika)* von mir, diese *taonga* für mich zu behalten, ob sie nun begehrenswert *(rawe)* oder unangenehm *(kino)* sind. Ich muß sie

Dinge als Folge der Geisthaftigkeit dieser Dinge. Im Unterschied zum postar-
chaischen Umgang mit Sachen als Waren muß der archaische mit Geist eines
Dinges oder mit Kraft einer Sache rechnen, die sie über bloße Sächlichkeit hinaus
zu einer geistigen Materie macht. Ist das Tauschding nicht leblos, so kann es
nicht bloß Gegenstand oder Instrument des Wirkens sein, sondern wirkt dabei
von sich selbst her. Auch das weggegebene Ding, ja gerade es, muß seinen Geist
offenbaren. Durch Geben und Weggeben tritt der Geist eines Dinges um so
heftiger hervor. Es fragt sich, ob Geist überhaupt hätte wirksam auftreten
können, wenn das Ding bei seinem ersten Besitzer geblieben wäre. Aber da der
Begriff des ersten Besitzers nur eine Mystifikation darstellt, läßt sich die Frage
umkehren: Hat das Ding etwa deshalb einen lebendigen Geist, weil sein erster
Besitzer überhaupt nicht mehr zu ermitteln ist? Geist der Sache gibt es, solange
die Frage nach dem Ursprung wach ist, dorthin strebt die Sache zurück[271]. Der
Ursprung könnte natürlich imaginär sein. In jedem Fall ergibt sich ein ständiger
Zwangsumlauf der Güter, durch den Geist des jeweiligen Gutes in Gang gehal-
ten.

Es hat sich also, wie schon bei der Darstellung der schicksalwirkenden Tatsphäre (§ 3.2b), eine archaische Grundschicht von Weltwirklichkeit eröffnet, in
der alles mit allem zusammenhängt, alles mit allem kommuniziert, nichts sich
separieren, nichts sich beiseite schaffen läßt. Epistemologisch wirkt sich dies so
aus, daß ein isolierter Gesichtspunkt ständig dazu neigt, sich wieder mit dem zu
vermischen, wovon er isoliert war. In der Tat ist „schicksalwirkende Tatsphäre"
nur zufälliger Terminus der alttestamentlichen Wissenschaft für dasjenige, was
als „Reziprozität" und „totaler Tausch" in der Ethnologie verhandelt wird. Daß

Ihnen geben, denn sie sind ein *hau* des taonga, das Sie mir gegeben haben. Wenn ich dieses
zweite *taonga* für mich behalten würde, könnte mir Böses daraus entstehen, ganz bestimmt, sogar der Tod. So ist das mit dem *hau*, dem *hau* des persönlichen Eigentums, dem
hau der *taonga*, dem *hau* des Waldes. *Kati ena* (genug davon)."

C. *Lévi-Strauss,* Einleitung in das Werk von Marcel Mauss (in: M. *Mauss,* Soziologie
und Anthropologie Bd. I, 1978, 7–41), kritisiert diese Theorie des *hau* als ein unnötiges
„zusätzliches Quantum" (31), das zudem als bloße Theorie nur die Schicht des Bewußtseins tangiert und somit die Tauschenergie nicht erklären kann. Vielmehr ist das Unbewußte heranzuziehen (24f), das wie eine Sprache strukturiert ist (29); die Sprache hat aber
die Einheit des Tausches bereits durch die Einheit der Begriffe des Gebens und Nehmens
konstituiert (32). Reziprozität ist somit die letzte Schicht des Tausches, während *Mauss*ens
hau immer die Gefahr einer nichtreziproken Begründung der Reziprozität beinhaltet.
„Der Austausch ist kein komplexes, aus den Verpflichtungen, zu geben, zu nehmen,
wiederzugeben, und mit einem affektiven und mystischen Kitt konstruiertes Gebäude. Es
handelt sich vielmehr um eine dem symbolischen Denken und durch das symbolische
Denken unmittelbar gegebene Synthese..." (37). Die entsprechende Hypothese zum
Ursprung der Sprache muß dann lauten: „die Sprache hat nur auf einen Schlag entstehen
können. Die Dinge haben nicht allmählich beginnen können, etwas zu bedeuten" (38).

[271] M. *Mauss,* aaO. 161/36: „Und schließlich ist die gegebene Sache keine leblose Sache.
Beseelt, oft individualisiert, hat sie die Neigung, zurückzukehren in das, was Hertz ihre
‚Ursprungsstätte' [foyer d'origine] nannte..."

alles mit allem verwandt ist, macht jede Differenzierung zu einer bloßen Atempause in der atemlosen Rasanz des Tausches. Die Institution der totalen Leistung schlägt auch das Denken in ihren Bann. In dem Versuch z. B., drei Hauptgesichtspunkte der Gabe zu unterscheiden: Erwiderungszwang, Pflicht des Gebens und des Nehmens[272], wiederholt jeder einzelne Gesichtspunkt nur dieselbe Dynamik. Dies sei von vornherein zugestanden und anerkannt. Dennoch lassen sich am Grund der Tauschdynamik drei Sätze aus *einem* Fundamentalsatz deduzieren. Dieser beschreibt den Sachverhalt, „daß die empfangene Sache nicht leblos ist." Das kommt daher: „die Sache selbst hat eine Seele." Auf dieser untersten Schicht archaischer Erfahrung findet statt „eine Verquickung von geistigen Bindungen ... zwischen den Dingen, die in gewissem Grad Seele sind, und den Individuen und Gruppen, die einander in gewissem Grad als Dinge behandeln"[273]. Daß also Dinge in gewissem Grad Seele, und Seelen in gewissem Grad Dinge sind: das ist der fundamentale Sachverhalt, der so etwas wie Tausch ermöglicht, aber auch erzwingt. Davon hängen alle Einzelbeobachtungen ab. Sie beschreiben auf ihre Weise den Fundamentalsatz noch einmal. Dieser läßt sich so lesen: (i) Alles ist in gewissem Grade eins. Ohne dies keine Vergleichbarkeit, ohne Vergleichbarkeit keine Tauschbarkeit. „Alles kommt und geht, als gäbe es einen immerwährenden Austausch einer Sachen und Menschen umfassenden geistigen Materie"[274]. Aber indem die Einheit als geistige Materie bezeichnet wird, ist in der Komplexion schon die Differenz präsent, sodaß ein weiterer Satz zu bilden ist, ebenso wie der erste von Mauss nicht genannt, aber im Fundamentalsatz impliziert. Unbeschadet dessen, daß in gewissem Grade alles eins ist, muß gelten: (ii) Alles ist in gewissem Grade nicht eins, sondern durchaus nur es selbst. Erst durch diesen Widerspruch entsteht der geistigen Materie – ihrem Begriff entsprechend eine widersprüchliche Einheit – die nötige Energie, wie ja Energie nichts anderes ist als geistige Materie. Diese hätte keine Energie, wenn sie in jeder Hinsicht nur Einheit oder nur Differenz wäre. Jetzt geht aus der Einheit dieser beiden widersprüchlichen Sätze der dritte hervor: (iii) Alles ist tauschbar[275]. Wäre alles in jeder Hinsicht eins, dann ist ein Bedürfnis nach Tausch nicht nachzuweisen. Und umgekehrt: Wäre alles in jeder Hinsicht nicht eins, dann entstünde bei allem Tauschbedürfnis keine Tauschchance, da nichts mit nichts vergleichbar ist. Erst wenn alles sowohl verschieden wie eins ist, wird Tausch möglich, aber auch nötig. Der archaische Tausch ist totale Institution, soweit gilt: alles sei tauschbar.

---

[272] M. *Mauss,* aaO. 154 ff/27 ff; 161 ff/36 ff.

[273] M. *Mauss,* aaO. 159/33; 160/35; 163/39.

[274] M. *Mauss,* aaO. 164/39.

[275] Nichts anderes als dies impliziert, wenn M. *Mauss,* aaO. 163 f/39, ausführt: „Und alle diese Institutionen bringen nur *eine* Tatsache zum Ausdruck, *ein* soziales System, *eine* bestimmte Mentalität: daß nämlich alles – Nahrungsmittel, Frauen, Kinder, Güter, Talismane, Grund und Boden, Arbeit, Dienstleistungen, Priesterämter und Ränge – Gegenstand der Übergabe und der Rückgabe ist."

Es ist zwar problemlos, aus dem Fundamentalsatz die drei Sätze des Tausches zu deduzieren. Aber damit ist seine Herkunft noch nicht geklärt. Die Frage nach der Herkunft der Tauschenergie ist noch offen: Faktisch wird Tauschenergie in Anspruch genommen, aber woher kommt sie? Woher kommt es, daß Dinge in gewissem Grad Seele sind und Seelen in gewissem Grad Ding? Wie kommt es dazu in Tat und Wahrheit und nicht bloß als hypothetische Extrapolation? Diese Frage zielt auf den im Tausch wirksamen Gott. An dieser Stelle ist auch für Mauss die Rede von Gott nicht mehr zu vermeiden. Sie stellt sich ein, indem zu den drei bisher genügenden Motiven Erwiderungszwang, Pflicht des Gebens und Pflicht des Nehmens noch ein viertes Motiv hinzutritt[276]. Mauss spricht darüber hinaus von einem Geschenk, „das den Menschen im Hinblick auf die Götter und die Natur gemacht wird" – so formulierend, um ja nicht durch die fremden Größen Natur und Götter die Reziprozität zwischen Menschen stören zu müssen. Was die Natur anlangt, so hat der Potlatch eine wohltätige Nebenwirkung auf ihre Freigebigkeit[277]. Was aber die Götter anlangt, so beginnt die vorausgesetzte Relation zwischen Mensch und Mensch sich zu verschieben, weil die Vorstellung Eingang findet, Götter könnten auch direkt beschenkt werden. Aber ein solcher Tausch zwischen Menschen und Göttern war im Reziprozitätstausch nicht vorgesehen, ja sogar ausgeschlossen. Denn das Auftauchen eines Gottes ist immer Störung der Tauschrelation. Mit dieser Störung der Reziprozität tritt zum ersten Mal das Opfer in den Blick[278]. Und zwar bei Mauss so, daß der allgemeine Tausch eher die Götter erklären muß als umgekehrt die Götter den Tausch. Denn ist der soziale Tausch totale Tatsache, so ist aus ihr alles abzuleiten. Der Weg vom Tausch zum Opfer wird daher für Mauss zu einem Aufrufen immer überflüssigerer Bedingungen, zum deutlichen Zeichen dafür, daß nicht das Opfer aus dem Tausch, sondern umgekehrt der Tausch aus dem Opfer zu erklären wäre. Oder: Nicht die Götter aus dem Tausch, sondern der Tausch aus den Göttern[279]. In dieser Bestrittenheit bleibt unbestritten, daß zu-

---

[276] M. *Mauss,* aaO. 164/39.

[277] M. *Mauss,* aaO. 164ff/39ff.

[278] M. *Mauss,* aaO. 166/42: „Die Beziehung dieser Tauschverträge zwischen Menschen zu denen zwischen Menschen und Göttern erhellt eine wichtige Seite der Theorie des Opfers."

[279] Über den Weg vom Tausch zum Opfer, d. h. vom Tausch zwischen Menschen zum Tausch zwischen Göttern und Menschen, behauptet *Mauss,* aaO. 167/43: „Die Entwicklung geschah auf natürlichem Weg." Dieser Weg ist aber weniger natürlich als abenteuerlich. Er bedarf, um zu Göttern zu gelangen, immer irrationalerer Bedingungen. Etwa wenn an die Stelle des realen Menschen als Tauschpartner der Totengeist tritt, oder der schamanisch aufgeladene Mensch als Repräsentant der Götter. Schließlich, noch irrationaler, wird es denkbar, daß der menschliche Träger gar nicht mehr benötigt wird, weil die Vorstellung eines Gottes als Tauschpartners bereits in sich steht. – Warum sich die Menschheit bei bereits funktionierendem Tausch den Ballast solcher Götter aufgeladen haben sollte, die ja schon als Ballast unnötiger Hypothesen sich lästig zeigen, ist unerfindlich.

Zum Weg vom Tausch zum Opfer: E. *Cassirer,* Philosophie der symbolischen Formen,

gleich mit dem Erscheinen der Götter auch das Opfer erscheint. Oder umgekehrt? Daß zugleich mit dem Opfer auch die Rede von Gott allererst entsteht?
Auf jeden Fall ergibt sich, daß keine Aussicht besteht, den Tausch gründlich zu
klären, ohne daß sein Zusammenhang mit dem Opfer bedacht würde. Tausch ist
eine solche Symmetrie und Reziprozität des Handelns, daß selbst alle Lebendigkeit, Heftigkeit, ja Einseitigkeit einer isolierten Handlung nicht anders kann, als
nur erneut Gegenseitigkeit zu beleben. Dagegen im Opfer erscheint mit dem
Gott zugleich die Grenze des Tausches und seiner Reziprozität, so sehr Rezipro-
zitätstheorien auch immer wieder die Analyse des Opfers lenken. Offenbar
treibt die Rede von Gott, eingeführt über die Frage nach der den Tausch
innervierenden Kraft, diesen bis an sein Extrem, wo er als Tausch allererst
entsteht. An dieser Stelle der die Reziprozität des Tausches erst in Gang setzen-
den Nichtreziprozität steht das Opfer.

Dies ist der neuralgische Punkt des Tausches: Die Frage nach der ihn bewegen-
den Kraft läßt sich nur beantworten, wenn Tausch vergeht und Opfer auftritt.
Im Opfer entsteht die geistige Materie, die als solche Tausch ermöglicht und
erzwingt. Nun ist ein letztes Element aus Mauss einzuführen. Der Schlüssel zum
Tausch lag in der Eingeborenen-Theorie vom Geist *(hau)* der Dinge. Sie bot die
Möglichkeit, Ding als Seele und Seele als Ding zu denken. Nur bleibt diese
Theorie abstrakt, weil sie bloß setzt, was hätte erklärt werden sollen. Hierauf
wirft Mauss schärferes Licht, wenn er – in seiner schon beobachteten Verkeh-
rung von Grund und Folge – dieses konstatiert: „die Sache selbst hat eine Seele,
ist Seele. Woraus folgt, daß jemand etwas geben soviel heißt, wie jemand etwas
von sich selbst geben"[280]. Offenbar ist es dieses Sich-selbst, was sich als *hau,* als
Geist oder Seele mit dem Ding verbindet, das ohne Sich-selbst weder Geist noch
Seele hätte. An dieser Stelle wird die Eingeborenen-Theorie vom *hau,* soweit sie
Evidenz aus der religionsethnologischen Hypothese des Animismus bezieht,
überflüssig, weil die Beseelung des Dings sich unabhängig davon besser erklären
läßt. Nicht das Ding an sich ist beseelt, sondern beseelt ist es, weil es verausgabt
wird. Die Tauschenergie, Seele der Sache, ist leichter aus dem Sich-selbst
abzuleiten als umgekehrt, denn aus einem beseelten Ding entsteht noch kein
Sich-selbst. Bisher erschien das Sich-selbst lediglich in der Gestalt des Etwas-
von-sich-selbst, was ohne Zweifel lebendiger, beseelter ist als bloßes Etwas.
Aber an anderer Stelle spitzt sich dies noch weiter zu: „außerdem gibt man beim
Geben sich selbst, und zwar darum, weil man sich selbst – sich und seine
Besitztümer – den anderen ‚schuldet'"[281]. Erst indem das Etwas-von-sich-selbst,

---

Bd. II Das mythische Denken, 1969[5], S. 268. Eine Einführung des Opfers in einen streng
interaktionistischen Kontext bietet A. *Strauss,* Spiegel und Masken, Die Suche nach
Identität, 1974, S. 39ff.

[280] M. *Mauss,* aaO. 160f/35: la chose elle-même a une âme, est de l'âme. D'où il suit que
présenter quelque chose à quelqu'un c'est présenter quelque chose de soi.

[281] M. *Mauss,* aaO. 227/118: Mais aussi c'est qu'on *se* donne en donnant, et, si on *se*
donne, c'est qu'on *se* ‚doit' – soi et son bien – aux autres.

das immer noch Abstand von Ding und Seele gestattet, bis zum Sich-selbst gesteigert wird, werden Seele und Ding zu einem und demselben. Denn Sich-selbst-Geben ist immer nur als Sich-selbst-als-etwas-Geben möglich. Hier entsteht geistige Materie, deren Herkunft sonst der Spekulation überlassen bliebe. Was ist das Sich-selbst anderes als Geist? Und wie ist Sich-selbst-Geben anders möglich als in der Weise geistiger Materie oder eines sprechenden Dings? So treffen wir auf eine aller Tauschreziprozität vorausgehende Nichtreziprozität. Das reine Sich-selbst ist nur unabhängig von Gegenseitigkeit rein zu denken; dann allerdings ist es auch zu jeder Verbindung mit ihr fähig. Jetzt tritt das Sich-selbst als Grenzbegriff des Gabentausches mit dem anderen Grenzbegriff Opfer in Kontakt; war das Sich-selbst Geist oder Seele, so ist das Opfer Etwas oder Ding. Aber beides durchdringt sich an dieser Stelle vollständig. An welcher Stelle? Vollkommen durchdringen sich beide im Tod.

Von hier aus fällt ein neues Licht auf die unbefriedigt gebliebene Zweiheit von konstruktiver und destruktiver Gabe, von Gabe reinsten Typs und Potlatch. Wenn die Phänomenologie der Gabe ihre Spitze im Tod hat – Tod als vollkommenes Sich-als-etwas-Geben –, dann zeigt sich, wie nahe sich Konstruktivität und Destruktivität sind. In dieser ambivalenten Situation entscheidet sich Mauss, den Völkern die Gabe, nicht den Potlatch anzuraten – aber d. h. die halbe Gabe, ganze Gabe nur, solange die Herkunft des Tausches aus dem Opfer unerkannt bleibt[282]. Ist aber das Grundproblem des Gabentausches, seine Ambivalenz zwischen Konstruktivität und Destruktivität präsent, dann rückt alsbald Jesu Kreuz in Reichweite, in dem destruktiver Potlatch ebenso wie Gabe reinsten Typs gegenwärtig sind. Dies ist der Punkt, an dem manifest wird, daß bloßer Reziprozitätstausch noch nicht ausreicht zur Interpretation des Kreuzes. Sondern es ist erfordert, der Frage nach Kraft und Energie reziproken Tausches bis

---

[282] M. *Mauss* konstatiert aaO. 278/180 selbst, „wie nahe Fest und Krieg beieinanderliegen." Deshalb greift *Mauss* zu einer Moralisierung des Problems: „Indem die Völker die Vernunft dem Gefühl entgegenstellen und den Willen zum Frieden gegenüber plötzlichen Wahnsinnstaten geltend machen, gelingt es ihnen, das Bündnis, die Gabe und den Handel an die Stelle des Kriegs, der Isolierung und der Stagnation zu setzen" (aaO. 278/181). Während für *Mauss* der Potlatch stets „nur eine monströse Ausgeburt des Geschenksystems" war (aaO. 213/101), hat G. *Bataille* den Essai sur le don von vornherein im Sinn des Potlatchs interpretiert, gegen *Mauss'* Streben nach Reziprozität von vornherein im Sinn der Nichtreziprozität: „Das Ideal wäre nach Marcel Mauss ein *Potlatsch,* der nicht erwidert wird. Dieses Ideal wird mit bestimmten Zerstörungen erreicht, für die die Bräuche keine mögliche Erwiderung kennen. Da aber die Früchte des *Potlatsch* sozusagen schon im voraus für einen neuen *Potlatsch* vorgesehen sind, ist das archaische Prinzip des Reichtums frei von jenen Abschwächungen, die von der später entstandenen Habgier herrühren: Reichtum ist ein Erwerb, insofern der Reiche Macht erwirbt, aber er ist vollständig für den Verlust bestimmt, insofern diese Macht eine Macht des Verlustes ist. Nur durch den Verlust sind Ruhm und Ehre mit ihm verbunden." (Der Begriff der Verausgabung, in: Ders., Das theoretische Werk I, 1975, 7–31, S. 19; La notion de dépense [1933], in: Œuvres Complètes I: Premiers Écrits 1922–1940, 1970, 302–320, S. 310. Cf. J. *Hörisch,* Die Theorie der Verausgabung und die Verausgabung der Theorie, 1984², 18 f.

zu den Grenzphänomenen des Sich-selbst und des Opfers nachzugehen. Das Phänomen der Gabe wird nicht richtig erkannt, wenn es in einem zweisträngigen Verfahren analysiert wird: versöhnende Gabe einerseits, zerstörende anderseits. Sondern beide Aspekte sind in der Gabe beieinander. Dessen wird man erst inne, wenn am Grund des Tauschs das Opfer und das Sich-selbst erscheint. Konstruktivität, die versöhnende Kraft der Gabe ist nicht einfach durch Separierung ihrer konstruktiven Seite zu gewinnen, sondern dies fordert eine ganz neue Ebene der Betrachtung.

b) Der Worttausch

„Ich kann Worte tauschen, aber auch Dinge." Der Dingtausch wurde durchgespielt. Er war zu verfolgen bis zum archaischen Tausch. Dieser ist totaler Tausch. In ihm werden Dinge getauscht, aber auch Zeichendinge wie Riten, Zeremonien, Festessen; aber nicht nur Zeichen, sondern auch Worte. Jedes Ding, das in Tausch tritt, ist nicht mehr bloß Ding, sondern beseeltes Ding, geistige Materie, insofern bedeutsames, ja sprechendes Ding; und anders als so ist keine Tauschenergie vorhanden. Belehrt der archaische Tausch darüber, weshalb von bloßem Dingtausch von vornherein nicht die Rede sein kann – wenn es um Tausch geht, dann geht es immer um mehr als um die getauschten Dinge[283] –, so muß sich beim Worttausch dasselbe einstellen. Wie soll er isoliert dargestellt werden können, wenn er sich schon im Dingtausch aufnötigte! Führt der Dingtausch zielsicher zum Worttausch, so muß offenbar auch der Worttausch zum Dingtausch führen. Wenn das Ding im Dingtausch zum sprechenden Ding wird, das als solches den Tausch allererst ermöglicht, dann ist umgekehrt zu vermuten, daß das Bedürfnis eines sprechenden Dings auch dem Worttausch innewohnt.

Worttausch ist ja, wie jener Satz – „Ich kann Worte tauschen" – behauptet, unproblematisch immer schon im Schwange. Es gilt aber, die Hypothesis solcher vermeintlich unproblematischer Geläufigkeit gehörig ins Licht zu setzen. Für sich genommen ist Worttausch gerade nicht Tausch mit Dingen. Er soll, wie die Tauschtheorie der Sprache behauptet, aus elementarem Mitteilungsbedürfnis des Menschen stammen: Der Mensch ist tauschendes Wesen, was seinen Umgang sowohl mit Dingen wie mit Worten bestimmt. Dann treten im Worttausch an die Stelle von Dingen Worte. Worttausch beginnt, sobald der Dingtausch stillsteht oder sobald von ihm abstrahiert werden kann. Worte sind als Zeichen der Dinge deren Stellvertreter. Jetzt treten Ding und Wort in eine enge funktionale Beziehung: Wie im Dingtausch der Tauschgegenstand Mittel des Tausches ist – das bis zum Tauschmittler Geld raffiniert werden kann –, so fungiert im Worttausch die Sprache als Verständigungsmittel. Am Charakter

---

[283] C. *Lévi-Strauss*, Die elementaren Strukturen der Verwandtschaft, 1984², S. 116: „… der springende Punkt ist, daß es beim Tausch um sehr viel mehr geht als um die ausgetauschten Dinge."

der Mittelhaftigkeit und Instrumentalität ändert sich beim Fortgang von Ding-
zu Worttausch nichts, nur an der Dichte des Mittels. Getauscht wird das Ding als
Gegenstand, getauscht wird folglich auch das Wort als Gegenstand und Werkzeug. Der Unterschied liegt nur in der Substantialität des Mittels. Dies kann im
Fall vorausgesetzten Vertrauens bis zur höchsten Leichtigkeit eines bloßen Wortes gesteigert werden, sodaß nur noch mit Worten getauscht wird, die als
stellvertretende Zeichen der Dinge deren Absenz ohne weiteres gestatten. Dagegen droht im Fall von Mißtrauen in die Worte das ganze Schwergewicht der
Dinge wieder, weil statt des Ersatzes Beischaffung und Herzeigung ihrer selbst
gefordert wird. So wird im Worttausch eine weitgehende Entlastung von den
Dingen Wirklichkeit, aber mit drohender, nicht aufgehobener Belastung im
Hintergrund. Es sei denn, man empfehle – wie Swift im Gulliver –, die Menschen möchten zur Entlastung ihrer Stimmwerkzeuge immer die Gegenstände
selbst, von denen sie sprechen, herbeibringen, wenn doch Worte nur Zeichen für
Dinge sind. Ding und Sprache stünden insoweit dem Mitteilungsbedürfnis des
Menschen als Mittel zu Gebote. Nun zeigte sich aber bereits beim Dingtausch,
daß mit einem bloßen Tauschgegenstand die eigentümliche Energie des Tauschs
nicht erklärt, sondern bloß in Anspruch genommen wird. Um es paradox zu
formulieren: Eine bloße Tauschtheorie genügt offenbar nicht, um den Tausch zu
erklären. Analog ist hinsichtlich des Worttauschs zu behaupten: Eine bloße
Kommunikationstheorie genügt nicht, um die in Sprache stattfindende Kommunikation zu erklären. Wie zum Dingtausch erfordert wird, daß das Ding über
seine gegenständliche Instrumentalität hinaus beseeltes Ding ist, so muß offenbar zum Worttausch gefordert werden, daß das Wort nicht bloß gegenständliches Verständniswerkzeug ist, sondern bereits von sich selbst her Verständnis
eröffnet.

Reziproker Worttausch findet sich im Dialog. Der Dialog ist Geben und
Nehmen des Logos in Dialektik von Frage und Antwort[284]. Daher ist der Dialog
überzeugendste Wirklichkeit von Worttausch. Doch weder Dialog noch Worttausch reichen aus, um das Dasein von Sprache zu begreifen.. Sie sind zwar
Dasein von Sprache, bewegen sich in ihr und setzen sie als gegeben voraus. Aber
die dialogische Einführung eines Wortes erzeugt dies nicht, sondern formalisiert
ein bereits vorhandenes durch Verknüpfung und Trennung. Dialogische Konvention ist nur Element einer im übrigen nicht-konventionell gegebenen Spra-

---

[284] R. *Marten,* Der Logos der Dialektik. Eine Theorie zu Platons Sophistes, 1965,
entwickelt S. 30 ff die platonische Dialektik als Geben und Nehmen des Logos auf dem
Hintergrund von unspezifischem Geben und Nehmen (von Dingen 7 ff; von Recht 13 ff;
von Charis 24 ff). Während die Übereinstimmung von Geben und Nehmen bei Dingen,
Recht, Charis dokumentiert wird durch das Tauschsymbol des Handschlags (12), des
Vertragsopfers (14) und des Kusses (28), gibt es für das Geben und Nehmen des Logos
„kein echtes Symbol..., das ... die wahre Einsicht und Übereinstimmung im dialektischen Geben und Nehmen des Logos vollziehen, bekräftigen und verbürgen könnte"
(256; cf. 43 f). – Zu λόγον διδόναι und (ἀπο)δέχεσθαι/λαμβάνειν s. aaO. 35 Anm. 15; 71
Anm. 54.

che. Der Dialog gelingt nicht, wenn er unter der Auflage steht, er solle jedes gebrauchte Wort konventionell erzeugen. Das Stattfinden eines Dialogs verrät immer ein in allem Mißtrauen übriggebliebenes Vertrauen. Läßt sich dies noch weiter durchleuchten? Diese Frage, die natürlich zu stellen ist, wenn das anonyme Gegebensein von Sprache nicht mehr befriedigt, kann aus dem Dialog heraus nicht beantwortet, sondern lediglich gestellt werden. Somit ist eine Interaktions- oder Reziprozitätstheorie keine ursprüngliche Theorie von Sprache. Zwar bleibt der Worttausch ein wesentliches Element der Sprachtheorie, aber so, daß er zugleich über sich hinausweist. Ist der Worttausch in jedem Fall dialogisch, so muß das in ihm Vorausgesetzte etwas Monologisches sein.

Dies ist im Dialog immer schon vorausgesetzt: daß etwas als etwas spricht, daß in unserem Sprechen und Gebrauchen des Wortes uns bereits etwas von sich selbst her Sprechendes entgegenkommt, das den Gebrauch zu lenken imstande ist. Hier stoßen wir zu unserem Erstaunen bei Verlassen des Tauschs noch einmal auf Tausch. Worttausch war bisher Tauschen des Wortes, Wort als Gegenstand, Mittel des Tausches verstanden. Aber im Mittelsein des Wortes ist noch ein früheres Tauschphänomen enthalten. Noch bevor ein Wort Gegenstand von Tausch wird, hat es in sich selbst einen Tausch vollzogen, den es bereits mitbringt, nämlich den Tausch des Etwas-als-etwas. Dies ist die bereits genannte Unterscheidung zwischen gegenständlichem und transzendentalem Tausch. Wenn nicht in einem Wort bereits ein Tausch stattgefunden hat, dann eignet es sich auch nicht zum Worttausch im bisherigen Sinn. Daß aber vor allem Tausch *mit* Worten *im* Wort ein Tausch stattgefunden habe, der etwas als etwas zu sagen gestattet, ist anders als durch ein sprechendes Ding nicht möglich. Im Sprechen des Dinges vollzieht sich, daß anstelle des puren Dings seine Bedeutung und Wort rechtens genommen werden darf. Somit vollzieht sich im transzendentalen Worttausch die Übertragung vom Ding zum Wort und umgekehrt. Dies ist die Bedingung alles bisherigen Tauschens mit Worten. Oder etwas vom Dialogischen vorausgesetztes Monologisches.

Doch auch hier beim Worttausch kann man im bisher beschriebenen transzendentalen Sinn nicht stehen bleiben. Entsteht im transzendentalen Worttausch das sprechende Ding, so ist diese Sprache qualifiziert als allegorische Sprache[285]. Die klassische Definition lautet: Allegorische Sprache ist Dingsprache; der sensus spiritualis unterscheidet sich vom sensus literalis wie Dingbedeutung von Wortbedeutung. Bereits im Terminus – ἀλληγορία als Andersrede – hat die Allegorie am Tausch – ἀλλαγή als Anderswerden/Andersmachen – teil. Und zwar in dem präzisen Sinn, daß das Ding mit der Sprache tauscht, indem diese die Andersrede des Dinges ist. Und umgekehrt: indem die Dingsprache Andersrede zu einer eigentlicheren Sprachsprache ist. Allegorie hat immer zwei gegenläufige Tauschrichtungen: in der allegorischen Rezeption (Allegorese) so, daß „Materielles

---

[285] Zum Zusammenhang von Tausch und Allegorie im Kontext von W. *Benjamin* und A. *Sohn-Rethel* cf. G. *Niklewski*, Versuch über Symbol und Allegorie (Winckelmann · Moritz · Schelling), Diss. phil. Berlin 1979, S. 111 ff.

gewissermaßen spiritualisiert", in der allegorischen Produktion so, daß „Spirituelles gewissermaßen materialisiert" wird[286]. So sehr ist Allegorie mit dem Tausch verknüpft, daß sich die oberste Tauschformel ‚Alles mit allem tauschbar' in der Allegorie wiederholt: ‚Alles kann alles bedeuten'[287]. Hier zeigt sich, daß ebenso wie der Tausch in seiner eigentümlichen Energie nicht durch eine Tauschtheorie, so auch die Allegorie, falls sie kräftig sein soll, nicht durch eine Theorie des Allegorischen erklärt werden kann. Sondern wie zur Erklärung des Reziprozitätstausches das nichtreziproke Opfer herangezogen werden mußte, so wäre zur Erklärung der Allegorie eine Sprachform zu fordern, die dem Opfer auf der Seite der Sprache entspricht. Eine solche Sprachform kennen wir bisher noch nicht. Nur soviel ist deutlich: Diejenige Allegorie, die noch arbeitet, also noch nicht am toten Ende totaler Tauschbarkeit angelangt ist, ist Metapher oder Symbol[288].

---

[286] J. H. *Emminghaus/* L. *Hödl/*A. *Riedlinger,* Art. Allegorie, Allegorese III., LMA 1, 1980, 421 f: „Es gibt die Funktion des Interpretierens, die Materielles gewissermaßen spiritualisiert, und die Funktion des Illustrierens, die Spirituelles gewissermaßen materialisiert." Im selben Sinn unterscheidet F. *Ohly* (Vom geistigen Sinn des Wortes im Mittelalter, aaO. [s. o. Anm. 44] 12f) zwischen biblischer und dichterischer, H. *Brinkmann* (Mittelalterliche Hermeneutik [s. o. Anm. 38] 214ff) zwischen hermeneutischer und rhetorischer Allegorie.

[287] W. *Benjamin,* Ursprung des deutschen Trauerspiels (1928), in: Ders., Ges. Schriften *(Adorno/Scholem)* I/1, 203–430, über die Antinomie des Allegorischen S. 350: „Jede Person, jedwedes Ding, jedes Verhältnis kann ein beliebiges anderes bedeuten." – G. *Scholem,* Die jüdische Mystik in ihren Hauptströmungen, 1967, 28f: „In der Allegorie kann in einem unendlichen Netz von Bedeutungen und Korrelationen alles als Zeichen für alles dienen, wobei aber doch alles innerhalb der Welt des Ausdrucks und der Sprache bleibt. Man kann in diesem Sinne von einer Immanenz der Allegorie sprechen. . . . Steht . . . in der Allegorie ein Ausdrückbares für ein anderes Ausdrückbares, so steht im mystischen Symbol ein Ausdrückbares für etwas, was der Welt des Ausdrucks und der Mitteilung entrückt ist." – K. *Löwith,* Die Sprache als Vermittler von Mensch und Welt (s. o. Anm. 228), beschreibt als Hintergrund der Metapher den Sachverhalt, daß „sich alles mit allem vergleichen und zueinander in eine wechselseitig erhellende Beziehung setzen" läßt (S. 222); daß „alles mit allem in einem wechselseitigen Verhältnis der Bedeutsamkeit steht" (S. 223). – P. *Michel,* Tiere als Symbol und Ornament (s. o. Anm. 44), S. 161: „letzten Endes . . . kann alles alles bedeuten..." – G. *Kurz,* Metapher, Allegorie, Symbol (s. o. Anm. 133), S. 20: „In irgendeiner Hinsicht kann alles allem ähnlich sein." – Diesen in der lutherischen Tradition theologisch verdächtigen, da hurerischen Charakter der Allegorie hat F. *Ohly* aaO. (s. o. Anm. 286) 9 präzis ausgedrückt: „Das gleiche mit einem Wort bezeichnete Ding kann Gott und den Teufel bedeuten sowie den ganzen dazwischenliegenden Bereich der Werte mit seinen verschiedenen Bedeutungen durchmessen." Cf. *Ohly,* aaO. 10.34f.

[288] J. *Baudrillard,* Der symbolische Tausch und der Tod, 1982, schildert das Ende des lebensnotwendigen symbolischen Tausches in der gegenwärtigen Kultur der universellen Simulation, d. h. der Beliebigkeit, Überschüssigkeit und Versetzbarkeit aller Zeichen und Worte, was zu ihrer gänzlichen Referenzlosigkeit führt. Die Zeichen tauschen nur noch unter sich, ohne sich gegen das Reale umzutauschen. Wie läßt sich der symbolische Tausch wiederherstellen? Nur durch eine einseitige, nichtreziproke Verschwendung. Oberste

3. Symbolik des Tausches

Die zurückgelegte Erfahrung des Tausches ist mit zunehmendem Dichtig-
keitsgrad in drei Hinsichten zu entfalten. Der Tausch begegnet zuerst zwischen-
symbolisch, d. h. in der Art der Beziehung der Einzelsymbole zueinander. Er
begegnet zweitens in jedem Einzelsymbol und wirft ein Licht auf die Art seiner
Semantik. Schließlich begegnet Tausch als Einzelsymbol, und hier fungiert er als
Realtausch im Übergang zum Opfer. Nicht nur seiner äußeren Stellung wegen
legt es sich nahe, vom Tausch als Mitte der Symbolik zu sprechen. Sondern es ist
zu bemerken, daß der Tausch jeden Ort der Symbolik erfüllt.

Was das erste anlangt, den Tausch zwischen den Symbolen, so ist – nach
rückwärts betrachtet – das Symbol des Tausches aus der καταλλαγή entstanden.
Aber auch das Thema der Versöhnung war nichts Letztes, sondern Parallelbil-
dung zum Wort vom Kreuz. Und wie das Wort von der Versöhnung etwas
darbot, was schon vom Wort vom Kreuz in Umrissen bekannt war, so war der
Tausch, als friedlicher Reziprozitätstausch in Wort und Ding, immer die Wirklichkeit von Versöhnung. Anderseits weist – nach vorwärts betrachtet – die
Kraft des Wortstammes ἀλλαγή bis in das sogleich folgende Symbol des Geldes
hinein. Lösegeld ist teils ἀντάλλαγμα, teils aber (ἀντί)λυτρον. Hier, im Geld,
berühren sich die beiden soteriologischen Hauptausdrücke „Versöhnung" und
„Erlösung" ihrer konkreten Wurzel nach. An dieser Stelle liegt das bisher noch
unausgefaltete Symbol des Geldes. Wiederum hat der Tausch erkennen lassen,
wie er von sich aus zum Opfer gravitiert, sodaß doppelt deutlich ist, daß der
Tausch keinesfalls Ende der zwischensymbolischen Bewegung ist, sondern nur
seiner Art nach alles mit allem vermittelt. Die innersymbolische Bewegung ist in
der Symbolik A ein Weg von der Sprache zum Ding. Vom Tausch an haben wir
die Sprache als ausschließliches Medium unseres unmittelbaren Seins aufgegeben. Es ging nicht um das Wort vom Tausch, sondern um den Tausch selber.
Allerdings entschädigte der Tausch auf angenehme Weise, indem er so vor die
Dinge führte, daß er die Worte nie ausschloß, vielmehr befanden sich Wort und
Ding in ausgewogener Balance. Aus dieser treten wir jetzt heraus, indem wir via
Geld dem Opfer zueilen, an dem sich die Dinglichkeit des Dings vollendet[289]. Im

---

Verschwendung ist ein künstlicher, nicht länger hinausgeschobener Tod. Die Hauptthese
lautet daher: Der lebensnotwendige symbolische Tausch läßt sich nur als Todestausch
restituieren. Der gewaltsame Tod kommt zustande durch „Opferleidenschaft" (aaO.
260). Der Tausch wird also in Gang gesetzt durch eine Gabe ohne Gegenleistung; während
der natürliche Tod Ende aller Tauschfähigkeit bedeutet, bringt jede Steigerung der Ge-
waltsamkeit eines Todes den symbolischen Tausch desto mehr in Gang. Daher nicht Tod,
nicht Todesopfer, sondern Opfertod. Referenz erhält die Sprache des symbolischen
Tausches nur durch solchen Tod.

[289] Es fragt sich, ob es nicht sinnvoll gewesen wäre, die Reihenfolge von § 4 Tausch und
§ 5 Geld zu vertauschen. Auf dem angestrebten Gang zum Archaischen kommt der
Tausch ohne Zweifel nach dem Geld; Tausch ist antiqua commercia, Handel nova commercia. Wir könnten dann auch ohne Unterbrechung vom Tausch weitergehen zum

Symbol des Tausches neigt sich die Waage, gerade sich hebend aus der einen Richtung, bereits weiter zur andern.

Wenn wir jetzt die Bewegung der Symbolik A überblicken, müssen wir ausrufen: Hierbei handelt es sich ja selbst um Tauschgeschichte[290]. Wir könnten die Geschichte vom Hans im Glück geradezu neben den ersten Teil der Symbolik hinlegen[291]. Im Glück begannen auch wir, mit dem Wort vom Kreuz alles in netter Weise besitzend. Mit dem Opfer endet die Tauschgeschichte dementsprechend, d. h. infaust und maligne. Tauschgeschichte war bisher Verfallsgeschichte: Wie die Witwe das Grab für den Mann tauscht, das sie statt seiner pflegt. Wir dagegen gingen aus von der Idee eines Zyklus der Symbole. Die Verfallsgeschichte ist noch keine vollkommene Tauschfigur. Zum Tausch gehört der Ring. Es müßte – analog zum Kula-Ring[292] – ein Umlauf der Symbole stattfinden, falls die Symbolik so etwas wie Leben darstellen wollte. Tausch ist die Gallerte der ganzen Symbolik. Die Verfallsgeschichte ist gratis; dagegen Umlauf stellt sich nicht einfach ein, sondern bedarf einer innervierenden Kraft. Zur Betreibung unserer Symbolik muß eine Kraft vorausgesetzt werden, die nicht nur vom Wort zum Opfer, sondern auch vom Opfer zum Wort führt und so vollkommenen Tausch ermöglicht. Was haben Wort und Opfer miteinander zu tun? Auf den ersten Blick nichts. Oder genau soviel, wie das Saugen des Säuglings mit dem Mümmeln des Greises. Eine Tauschgeschichte liegt dazwischen: hier von den Schicksalen der Oralität, dort vom Wort zum Tausch, vom Tausch zum Geld, vom Geld zum Opfer. Der Tauschweg ist nachzukonstruieren, hier wie dort, um Zusammenhang darin zu erkennen, was prima facie nichts miteinander zu tun hat. Und zwar Tauschweg hin und zurück. Somit ergibt sich, daß der für eine Symbolik des Todes Jesu erforderliche Zyklus ein Tauschzyklus ist, der in dem Moment entsteht, da dem an sich schon immer wirksamen Verfall der Symbolik A die Symbolik B entgegentritt. Tausch im weitesten Sinn ist in der Symbolik derjenige Doppeltropus, der nicht nur Geistiges materialisiert, sondern auch Dingliches sublimiert, weil er nicht nur

---

Opfer als zu demjenigen Symbol, das sich am Ende des Tausches eingestellt hat. Nun wird sich zeigen: auch am Ende des Geldes stellt sich die Nötigung ein, ohne Unterbrechung zum Opfer weiterzugehen. Um eine Unterbrechung kommen wir also hier oder dort nicht herum. Anderseits gilt: Ein Symbol läßt sich erst aufstellen, wenn es sich eingestellt hat. Am Ende der Versöhnung stellte sich, bedingt durch die Gemeinsamkeit des Wortes, der Tausch ein, nicht das Geld. Im Geld (ἀντάλλαγμα/ἀντίλυτρον) berühren sich die beiden soteriologischen Hauptstämme. Der Tausch ist gegenüber dem Geld des poetischere Symbol. Die Prosa des Handels wird einen noch härteren Grad von Dinglichkeit hervortreiben. Und das Opfer erst recht.

[290] Daß Tausch nicht nur als Einzelsymbol in die Soteriologie gehört, sondern auch als „Austausch der Motive" und Symbole, hat K. *Lehmann,* aaO. (s. o. Anm. 237) 301, zu Recht konstatiert.

[291] „Hans im Glück" ist der Prototyp des Kinderbuches „Eins, zwei, drei – mach vielerlei! Das Bilderverwechsel-Buch mit 8000 Tauschgeschichten."

[292] B. *Malinowski,* Argonauten (s. o. Anm. 256).

die Dinglichkeit der Sprache betreibt, sondern auch die Sprachlichkeit des Dings.

Ein zweiter Tauschbegriff ist vorzubereiten. Einerseits durchdringt Tausch die ganze Symbolik, sodaß nichts in ihre Umrisse gehört, was nicht an ihm teilhätte. Andererseits ist der Tausch Einzelsymbol, unterscheidbares Symbol nach und vor anderen. Zwischenhinein gehört ein zweiter Tauschbegriff, der alle Symbole betrifft, aber nicht in ihrer Konkatenation untereinander, sondern in ihrem jeweiligen semantischen Status. Dieser ergibt sich aus folgender Überlegung: Der Tausch gehört unter die Interpretationsmedien des Todes Jesu. Hieran haftet die irrtümliche, aber geläufige Vorstellung: Hier der Tod Jesu als das schwer Mitteilbare, ja Unmittelbare, dort das Bild mit der Aufgabe, den Menschen je ihrer Zeit die Bedeutung des Todes Jesu nahezubringen[293]. Diese Qualität von Bildlichkeit ist gleich von vornherein zu verabschieden. Denn es hat sich eingestellt: Je weniger der Tausch bloßes Bild war, je mehr er – remoto Christo – von sich selbst und seiner Sache erzählte, desto mehr war zu beobachten, daß das Thema der Passion und des Todes nicht nur nicht entschwand, sondern sich mit um so stärkerer Heftigkeit einstellte. Aber dies hing mit unserer Tätigkeit zusammen, die vornehmlich eine Tätigkeit des Lassens ist. Je mehr wir die Sache des Tauschs sich realisieren und substantiieren ließen, sie durchaus nicht ergriffen und – wie man sagt – bildlich übertrugen, desto mehr trat an der Wurzel des Tausches das Thema des Todestausches in den Blick, und das vermeintlich Unmitteilbare oder Schwermitteilbare teilte sich aus der Sache heraus selbst mit. Todestausch ist derjenige Begriff, mit dem der Tausch Passion als sein eigenes Thema formuliert. Das Interpretationsmedium Tausch ist daher nicht Vermittlung eines heterogenen Inhalts, sondern es ist selbst Inhalt[294]. Springt somit zu unserer Überraschung die Sache, um die es geht, bereits aus dem Bild hervor, das zunächst nur hätte Bild für die Sache sein sollen, dann ist der Tausch gar nicht mehr bloßes Bild, sondern unechtes Bild[295], nämlich die

---

[293] G. *Friedrich,* Die Verkündigung des Todes Jesu (s. o. Anm. 45), S. 176: „Das Neue Testament hat viele Vergleiche und Bilder, um den Menschen seiner Zeit die Bedeutung des Sterbens Jesu nahezubringen." Die Laxheit dieses Satzes provoziert den unmittelbar folgenden: „Wie sich gezeigt hat, sprechen diese Bilder und Vergleiche den Menschen heute nicht mehr so unmittelbar an, wie es damals der Fall gewesen ist."

[294] Gemäß dem Hauptsatz der Medienlehre: Das Medium ist nicht nur Mittel der Mitteilung, sondern auch Inhalt, oder kürzer: The medium is the message (M. *McLuhan,* Understanding Media: The Extensions of Man, New York 1964, S. 7.

[295] Der Ausdruck des „unechten Bildes" wird hier in Analogie zur „unechten Metapher" gebildet, die die eigentlich interessante Metapher ist. A. *Stuiber* erklärt sie (Art. Bildersprache, RAC 2, 1954, 341–346, Sp. 343) so: „Eine bedeutungsvolle Sonderform [der Bildersprache] ist die unechte Metapher, die sich äußerlich kaum von der echten (literarischen) Metapher unterscheidet, aber mehr als eine bloße Ähnlichkeit zur Grundlage hat, nämlich eine ursprüngliche Identität von Bild u. Wirklichkeit; z. B. sind ursprünglich die Dämonen eine heulende Hundemeute; erst später werden die Dämonen mit Hunden nur noch verglichen. Diese unechten Metaphern bilden einen kultur- und religionsgeschichtlich bedingten Schatz von Bildvorstellungen, die nicht der freien Erfin-

Sache selber. Daß das vermeintliche Bild zur Interpretation des Todes Jesu in Wahrheit Sache ist, tritt beim Tausch erstmals hervor und wiederholt sich dann bei Geld und Opfer mit zunehmender Heftigkeit. Man muß also unterscheiden innerhalb von Bild und Metapher: Es gibt bloße Bilder und Bilder als Sache, es gibt willkürliche und unwillkürliche Metaphern, freiwillige und unfreiwillige – und nur die jeweils zuletzt genannten sind Symbole. Hier entsteht erstmals der präzise Sinn von Symbol als einer nicht der freien Erfindung entspringenden Metapher. Von dieser Art sind die Passionsmetaphern durchweg, die demjenigen, der durch die Oberfläche des Willkürlichen hindurchdringt, die dahinterliegende Unwillkürlichkeit offenbart. Passionsmetaphern sind nicht ursprünglich Bilder, sondern in den Bildern tritt, das Bild als Bild in jeder Hinsicht sprengend, unfaßbare, ungerahmte Wirklichkeit hervor, ohne Rücksicht darauf, ob sie gewollt ist. Diese tiefste Schicht des Metaphorischen ist das Symbolische. Das Symbol entsteht in dem Moment, da vor dem Hintergrund der drohenden, unabweisbaren Identität von Bild und Wirklichkeit das Bild sich von der Wirklichkeit löst und mit ihm im Maß seiner Bildlichkeit umgegangen werden kann[296].

---

dung entspringen wie die literarischen Formen der Bildersprache. Allerdings gehen die unechten Metaphern häufig in echte über u. stellen einen großen Teil der weitverbreiteten Sprachbilder." Über die Qualifizierung als echt oder unecht läßt sich natürlich streiten.

[296] M. *Frank* hat, ebenfalls am Beispiel eines Tauschsymbols, die Semantik desjenigen Sprachgebildes untersucht, das eigentlich nicht Bild, sondern Sache selbst ist. Sein Paradigma ist das steinerne Herz, das er als willkürliche und unwillkürliche, als echte und unechte Metapher (*Stuiber,* s. o. Anm. 295) – in seinen Termini als Metapher und als Metonymie – untersucht (Das Motiv des ‚kalten Herzens' in der romantisch-symbolistischen Dichtung, Euphorion 71, 1977, 383–405; Steinherz und Geldseele. Ein Symbol im Kontext, in: Ders. [Hg.], Das kalte Herz, 1978, 253–387). Als *Metapher* ist das ‚steinerne Herz' uralt (Homer, Il. 4,510; Od. 23,103; Hesiod, Theog. 239. 764f; Ez 11,19; 36,26); als Metapher erhält sich das Bild bis an die Schwelle der Romantik. Hier beobachtet *Frank* eine entscheidende Veränderung. Jetzt „überwiegen die Opposita Herz und Stein, Warm und Kalt, Leben und Tod, Auge und Glas, Mechanismus und Organismus, Gold und Geld, Mineral und Schein. Konstant aber ist die Figur des Tauschs, die zwischen ihnen vermittelt" (Motiv 383). Nun ist zwar der Tausch bereits in der ältesten metaphorischen Tradition vom Stein-Herz-Tausch nicht ausgeschlossen (Ez 11,19; 36,26: ich werde das steinerne Herz aus eurem Leibe heraus*nehmen* und euch ein fleischernes Herz *geben*); in der Romantik wird aber dieser bildliche Tausch zum Realtausch. Durchweg wird nämlich das Steinherz in einer Geschichte des Handels buchstäblich eingetauscht oder erworben. Die romantischen Texte verwenden „den Ausdruck nicht nur als eine (wie immer für lebensweltliche Kontexte sensitive) Metapher…, sondern decken in ihm die Bewegung einer realen, übrigens auch: einer geschichtlich realen, Vertauschung auf…" (Motiv 390). Begriffliche Folge ist, „daß die Stein-Herz-Metapher … ins Gebiet der Metonymie hinüberspielt" (Motiv 386). Die *Metonymie* vertauscht Ausdrücke, zwischen deren Bedeutung nicht nur eine Ähnlichkeit wie bei der Metapher stattfindet, sondern eine Realbeziehung. Oder mit H. *Lausberg,* Handbuch (s. o. Anm. 14) §565: „Die *metonymia*… besteht darin, daß für das *verbum proprium* ein anderes Wort gesetzt wird, dessen eigentliche Bedeutung mit dem okkasionell gemeinten Bedeutungsinhalt in einer realen Beziehung

An dieser Stelle springt der zweite Tauschbegriff deutlich ins Auge. Tausch im entwickelten Sinn ist – neben seiner zwischen- und einzelsymbolischen Bedeutung – nur ein anderes Wort für jede Art von Übertragung. Der Vorgang der Metapher ist Tausch[297]. Ja sogar das Symbol ist Tausch, sodaß sich die Szene kehrt und nicht nur vom Symbol des Tausches zu reden ist, sondern auch vom Tausch des Symbols. Im Tausch wird das Symbol, sonst Gattungsbegriff, geradezu selbst zu einem Einzelsymbol der Symbolik[298]. Ist Symbol Tausch, dann implizieren alle Symbole, nicht nur das Tauschsymbol, einen Tauschvorgang. Dieser Tausch, der Tausch im Tausche oder transzendentale Tausch ist nicht auf ein Einzelsymbol beschränkt, sondern spielt sich in jedem Symbol in verschiedener Variation ab. Sicher als figürlicher Tausch auf der Basis von Ähnlichkeiten. Dann aber auch als Realtausch in dichtestem Sinne, wo nicht nur ein Körper beseelt oder ein Geist verkörpert wird, nicht nur Dingliches beseelt

---

(…), also nicht in einer Vergleichsbeziehung (…) wie bei der Metapher (…) steht…" Angewandt auf das Steinherz ergibt sich: Nennt man in metaphorischem Sinn das Herz einen Stein, „so will man zum Ausdruck bringen, daß man es für so dicht, so verschlossen und so kontrakt wie ein Mineral hält" (Steinherz 268). Anders aber bei metonymischem Sinn: „gehorcht die *Figur des Tauschs,* die im Mittelpunkt vieler der romantischen Texte steht, dem Gesetz der Ähnlichkeit? In immer neuen Ansätzen werden wir Zeugen einer Geschichte, in deren Verlauf Seele und Kristall oder Herz und Geld ihre Rollen aneinander abtreten, ohne jedoch an ihrem Platz in einer übertragenen (meta-phorischen) oder gegenüber der herkömmlichen Gebrauchsweise neubestimmten Bedeutung zu fungieren: so wenig, wie 3 Ellen Leinwand im Tausch gegen eine Menge Geld die Eigenschaften der Münzen übernehmen, die für sie hinterlegt werden. Nicht innere Ähnlichkeit, sondern Äquivalenz ist das Gesetz, das diese Art von Übertragung stiftet. Und nicht weil es durch innere Eigenschaften dem Anorganischen vergleichbar wird, sondern weil es eine reale Beziehung zu ihm unterhält, die erzählend begründet wird – darum kann das Herz an die Stelle des Steins (und umgekehrt) treten. Beziehungen dieser Art charakterisiert die klassische Rhetorik (…) als Metonymien (,Um-benennungen')" (Steinherz 268; cf. Motiv 386). Im Hintergrund dieser Realisierung der traditionellen Tauschmetapher zur Tauschmetonymie erblickt *Frank* eine Strukturhomologie von Ökonomie und Literatur (Motiv 401), die nicht nur bewirkt, daß reale Ökonomie in die Stein-Herz-Symbolik eintritt (Motiv 396), sondern auch umgekehrt, daß die Stein-Herz-Metapher sogar die Sprache der politischen Ökonomie prägt (Motiv 399).

[297] Metapher als Tausch: Quintilian, Inst. or. *(Rahn)* VIII, 6,1: τρόπος est verbi vel sermonis a propria significatione in aliam cum virtute mutatio. „Ein Tropus ist die kunstvolle Vertauschung der eigentlichen Bedeutung eines Wortes oder Ausdruckes mit einer andern." Einzelne Typen von Metaphern: διαλλαγή (IX, 2,103; 3,49); ἐξαλλαγή (Vertauschung IX, 3,12).

[298] Symbol als Tausch: Das Symbol hängt mit dem Tausch nicht nur äußerlich zusammen („Tauschsymbol"), sondern es ist an sich selbst Tausch. Nach W. *Müri,* Σύμβολον. Wort- und sachgeschichtliche Studie, 1931, S. 1ff ist das Symbol die als Zeichen der Gastfreundschaft getauschte tessera hospitalis, und zwar als „dinglicher Ausweis" (1) ebenso wie als „Erkennungs*wort*" (8). Die Herkunft des σύμβολον aus dem Vertragsrecht betonen R. *Marten,* Der Logos der Dialektik (s. o. Anm. 284), S. 14 Anm. 20, und F. *Vonessen,* Der Symbolbegriff im griechischen Denken, in: M. *Lurker* (Hg.), Beiträge (s. o. Anm. 27) 9–16, S. 12.

und Seelisches verdinglicht in einem Akt dichterischer oder literarischer Produktion, sondern wo Ding Seele *ist* und Seele Ding in realer Vertauschung[299]. Es war zur Auffindung dieser Einheit, daß wir dem Ding nachfolgen mußten bis zum Opfer, und der Seele bis zum Sich-selbst. Daraus ergibt sich: Dem Entstehenkönnen von so etwas wie Wort vom Kreuz muß ein Realtausch von Sprache und Ding zugrundeliegen. Jesu Tod als Todestausch muß ursprünglich dieser Vorgang gewesen sein, also Realtausch als Grund aller weiteren Sprachbildung in näheren und ferneren Übertragungen.

Erst jetzt gelangen wir zum Tausch als Einzelsymbol, zum dritten Tauschbegriff also, mit dem der Tausch von seinem Vagieren im Feld der ganzen Symbolik zurückkehrt an seinen originären Platz, als Symbol neben anderen. Der Tausch hatte sich als dingliche Unterströmung von Versöhnung eingeführt. Die Versöhnung erfuhr im paulinischen Kontext die theologische Zuspitzung, daß ausschließlich Gott sie bewirkt. Der Tausch ist mit seiner Gegenseitigkeit zugleich Verlust dieser Theologie. Er bietet nämlich seinen eigenen Begriff von Versöhnung an. Gabentausch – sofern Gabe reinsten Typs – ist nach Mauss immer in actu geschehende Versöhnung[300]. Wiederum ist nach Hegel Versöhnung nichts als „ein gegenseitiges Anerkennen"[301]. Ist also Tausch ohne weiteres versöhnend und Versöhnung ohne weiteres Reziprozität, dann fügt sich der Tausch als dingliche Unterströmung von Versöhnung harmonisch ein. Versöhnung ist dann nicht mehr bloß Wortaspekt und Wortgeschehen, sondern – ohne nach Sühne zu rufen – stellt sich der Tat- und Dingaspekt allein durch das Phänomen des Tausches ein, und diese schöne Mitte zwischen Dingen und Sprache ist dann καταλλαγή: „Ich kann Worte tauschen, aber auch Dinge." Eine versöhnte Welt scheint aus der Hypothese des Reziprozitätstausches viel sparsamer erklärt werden zu können als durch die theologischen Sätze von 2Kor 5. Soweit dies gelingt, ist kein Anlaß zu Theologie. Dies tritt umgekehrt auch daran zutage, daß jede bildliche Applikation des Reziprozitätstausches auf einen soteriologischen Sachverhalt die eigentliche theologische Spitze verliert. Gott kann niemals als Tauschpartner auftreten, und tut er dies in undiszipliniertem Denken, dann unter Verlust seiner Göttlichkeit. Daraus ergibt sich: Tausch als gegenständliches Phänomen, Tausch in direkter Intention ist kein mögliches theologisches oder soteriologisches Thema, obgleich nicht ohne Zusammenhang mit Theologie. Denn wie sich das eigentlich Theologische erst aus der Frage nach der Bedingung, Energie und Kraft dieses Tausches in direkter Intention ergibt, so ist der dabei in den Blick tretende oblique Tausch im Tausch niemals etwas für sich, sondern zielt auf Ermöglichung von sozialem oder gemeindlichem Reziprozitätstausch.

---

[299] Der Tausch zwischen Ding und Seele, der neuralgische Punkt des Cartesianismus, heißt commercium: R. *Specht,* Commercium mentis et corporis. Über Kausalvorstellungen im Cartesianismus, 1966; ders., Innovation und Folgelast, 1972, S. 180ff.

[300] M. *Mauss,* aaO. 151/22; 278/181.

[301] Hegel, Phänomenologie des Geistes, GW 9 *(Bonsiepen/Heede),* 361,25.

An dieser Stelle, da der gegenständliche Tausch seine soteriologische Kompetenz eingebüßt hat, müssen wir uns von Mauss weitertreiben lassen durch die Frage nach Kraft und Energie dieses Tausches. Zu ihrer Erklärung mußte die Belebt- oder Beseeltheit der Sache eingeführt werden, die allererst Reziprozität in Gang setzt und hält. Die animistische Annahme allgemeiner Beseeltheit der Dinge ist eine kraftlose Abstraktion. Ebenso die Hypothese „Alles spricht"[302], die das Ziel von Symbolik und symbolischer Theologie als bereits erworben voraussetzt. Wodurch erworben? Die Sache bedarf zu ihrer Beseeltheit, das Ding bedarf zu seinem Sprechen des Gesichtspunkts des Todes. Der Tod ist diejenige Stelle, wo gänzliche Dinglichkeit und gänzliche Beseeltheit aufeinanderstoßen. Die Beseeltheit des Dinges kommt nicht von ungefähr, sondern ausschließlich von einem Sich-selbst, zu dem das Geben sich in innerer Teleologie radikalisiert hat, und damit von einem Opfer, da Sich-selbst-Geben immer nur als Sich-selbst-als-etwas-Geben möglich ist. Daher hat der Tausch seinen präzisen Sitz nicht so sehr in der Inkarnations- als in der Passionstheologie. Aber war nicht die Bedingung des gegenständlichen Tauschs durch den obliquen, war nicht die Bedingung der Reziprozität durch Nichtreziprozität gerade das Thema der paulinischen Versöhnungstheologie? Das theologische Thema entsteht also im Tausch selbst, sobald zu konstatieren ist: „Den Tausch einzig als reziproke Formel aufzufassen, kommt seiner Entwirklichung gleich"[303]. Ist dies so, dann erfordert der Tausch, damit er stattfinde, den Tausch im Tausche, d. h. aber Opfer und Sich-selbst, und eine Versöhnung, die, indem sie die Versöhnlichkeit des Tauschens bedingt, die Sühne nicht mehr ausschließt. Dieser Tausch im Tausch ist aber nichts anderes als der in Jesu Tod geschehende Realtausch von

---

[302] M. *Mauss,* aaO. 217 ff/106 ff: „Auf jeden Fall sind alle diese Dinge [sc. die Gaben] stets geistigen Ursprungs und geistiger Natur. . . . Alle diese Wertsachen und Zeichen des Wohlstandes besitzen ... eine Persönlichkeit, einen Namen, bestimmte Eigenschaften und Macht. Die großen Akalone-Muscheln, die mit ihnen belegten Schilde, die Decken, in welche Embleme, Gesichter, Augen und tierische und menschliche Gestalten gewebt sind, Häuser, Balken und ausgeschmückte Wände – sie alle sind Lebewesen. Alles spricht: Das Dach, das Feuer, die Schnitzereien und Malereien. . ." Die entscheidende Frage ist: Geht die Beseeltheit, Sprechendheit der Dinge zurück auf eine allgemeine (animistische/symbolistische) Grundhypothese, wodurch dann auch die Gabe beseelt und sprechend ist (dazu neigt *Mauss*), oder kommt umgekehrt das sprechende Ding nur durch Geben zustande, so daß alles nur soweit beseelt ist und nur soweit alles spricht, als es gegeben ist (dies ist seit § 1.2 [oben S. 19] die Hypothese dieser Symbolik)?
[303] F. *Stentzler,* Versuch über den Tausch. Zur Kritik des Strukturalismus (Diss. phil. Berlin 1975) 1979, S. 110, kritisch gegen C. *Lévi-Strauss* gewandt. Die Quasi-Dinglichkeit und Quasi-Sprachlichkeit des Tausches hat *Stentzler* so beschrieben: „Tausch ist weniger als Arbeit und mehr als nur Sprache. Er reflektiert Produktion und materialisiert Kommunikation. Weder Substanz noch Bewußtsein, vermittelt er beides. Wollte man dagegen einwenden, das sei zu allgemein, so wäre vorläufig nur zu antworten: Tausch ist mittlere Allgemeinheit" (14 f).

Ding und Sprache, wodurch dasjenige sprechende Ding erstmals entsteht, das allen gemeindlichen Austausch innerviert. Aber nicht nur den Tausch, sondern auch das Wort von der Versöhnung und das Wort vom Kreuz. Was ist dies stumme, sprechende Ding? Es ist das Opfer.

§ 5 Das Geld

Nachdem καταλλαγή sich durch zwei vorangegangene Abschnitte hindurch als Dingsprache zu erkennen gegeben hat: Aufrichtung des Wortes von der Versöhnung als Ursprung von Dingsprache in ihrer frühesten Schicht, treten wir jetzt aus dem Feld dieses Wortes heraus. Beim Fortgang zum Lösegeld verblaßt der erste soteriologische Hauptbegriff der Versöhnung, dagegen Erlösung als der zweite geht auf.

Erlösung, soweit auf den Tod Jesu bezogen, hat ihren Sitz im Symbol des Geldes[304]. Keinesfalls ist sie bloßer Gattungsbegriff für alles Soteriologische[305]. Der Gattungsbegriff ist nahezu leer von Vorstellungen, tritt nicht selbst mit Vorstellung hervor, sondern läßt sich nur passiv mit ihnen auffüllen. Allerdings hat Erlösung im gängigen Sprachbewußtsein einen erhabenen Klang nahezu ganz ohne geldliche Konnotation. Daß Erlösung etwas mit Geld zu tun haben solle, ruft Befremden hervor[306]. Nicht so im Neuen Testament: hier hat Erlösung deutlich einen geldlichen Sinn. Aber nicht allein ihn. Luthers Übersetzung bietet „erlösen/Erlösung" für nicht weniger als vier griechische Wortstämme, darunter auch ungeldliche[307]. Diese sprachliche Reduktion und Vereinheitlichung der

---

[304] Allerdings tummeln sich beim Lösegeld Termini aus allen Richtungen; das Lösegeld ist ein reiner Sammelplatz der Wortwurzeln und Bilder. Der bisherige Wortstamm (ἀλλαγή) erscheint auch im Symbol des Geldes: ἀντάλλαγμα, Tauschmittel, Geld (Mk 8,37//Mt 16,26); ἄλλαγμα Jes 43,3; Am 5,12 LXX. Ebenso erscheint ἐξίλασμα 1 Sm 12,3; Ps 48,8 LXX, wie ja das Lösegeld im AT als *kopaer* ganz im Feld von Sühne/Versöhnung bleibt. Daß beim Lösegeld der Übergang zum zweiten soteriologischen Hauptbegriff der Erlösung zu vollziehen ist, kommt erst mit der griechischen Schicht (λύτρα/λύτρον) zustande (s. u. Anm. 310).

[305] S. o. Anm. 68. 173. C. *Andresens* Art. Erlösung (RAC 6, 1966, 54–219) umfaßt unter diesem Stichwort die gesamte Soteriologie.

[306] B. *Janowski,* Auslösung des verwirkten Lebens. Zur Geschichte und Struktur der biblischen Lösegeldvorstellung, ZThK 79, 1982, 25–59, spricht S. 28 von der „Scheu", in der Soteriologie Vorstellungen juristischer und geldlicher Art zu hegen. In der Tat bestehen im alltäglichen Bewußtsein zwischen „Erlösung" einerseits und dem Erzielen eines „Erlöses" oder dem „Lösen" eines Billets anderseits keine Beziehungen.

[307] In charakteristischer Weise unterscheiden sich in der Lutherbibel die Verhältnisse bei „Erlöser", „Erlösung" und „erlösen". – 1. *„Erlöser"* begegnet ein einziges Mal (Act 7,35 λυτρωτής/redemptor), gemäß dem Sprachgebrauch des lukanischen Sonderguts (Lk 1,68; 2,38; 21,28; 24,21) in einem politisch-messianischen Sinn. Nur bezieht er sich hier, anders als im LkEv, nicht auf Christus, sondern auf Mose. Man muß sich also, etwa bei der Lektüre von Ph. *Vielhauer,* Art. Erlöser II. Im NT (RGG³ 2, 1958, 579–584) vor Augen halten, daß von Christus als „Erlöser" wenigstens im NT Luthers überhaupt nicht

Lutherbibel ist Ursache dafür, daß Erlösung – noch mehr als Versöhnung – dogmatischer Sammelbegriff für soteriologische Vorstellungen werden konnte[308].

---

die Rede ist. Nicht zu verwechseln sind Erlöser und Heiland (σωτήρ/salvator). – 2. „Erlösung" erscheint dagegen häufiger (14mal) und stets im Zusammenhang mit Christus, wenngleich nicht immer im Zusammenhang mit seinem Tod. Zwar findet sich in der Vg einheitlich redemptio als Äquivalent, aber im griechischen Text konkurrieren dafür nicht weniger als vier Derivate einer Wortwurzel: ἀπολύτρωσις, λύτρωσις, λύτρον, ἀντίλυτρον. Redemptio läßt den geldlichen Sinn deutlich durchscheinen, noch deutlicher die griechischen Ausdrücke, die, einerlei ob abstrakt oder konkret, den Geldsinn unüberhörbar an sich tragen. Ebenso in Luthers NT, wo durch alle von ihm verantworteten Redaktionen hindurch bei Mk 10,45 in denkwürdiger Unausgeglichenheit „Bezahlung" statt „Erlösung" stehen blieb. Damit ist das Stichwort der Erlösung bereits erschöpft. Blickt man von hier abermals auf Ph. *Vielhauers* Art. Erlösung III. Im NT (RGG³ 2, 1958, 588–590), so findet sich dort ein vom Wort „Erlösung" in keiner Weise mehr gesteuertes Allerlei von soteriologischen Bildern, u. a. auch ein Abschnitt über Erlösung im JohEv, obgleich dort weder im griechischen noch im deutschen Text Erlösung begegnet. – 3. „Erlösen": In diesem Einheitswort drängen sich vier verschiedene griechische Wortwurzeln. Weitaus am häufigsten dient es zur Übersetzung von ῥύεσθαι (Vg: eripere/liberare); hier wäre im Deutschen „retten" möglich gewesen. Gerade solche für das deutsche Sprachbewußtsein prägenden Sprüche wie „erlöse uns von dem Bösen" (Mt 6,13//Lk 11,4; so auch bereits die St. Galler Abrogans-Handschrift S. 320, 14f: „uzzer losi unsih fona ubile") oder „wer wird mich erlösen von dem Leibe dieses Todes?" (Röm 7,24) haben mit dem ursprünglichen Geldsinn von Erlösung – und folglich ohne jeder Symbolik – nichts zu tun. Anderseits sind sie mit dem deutschen Wort „Erlösung" zu fest verknüpft, um nicht dieses in eine Richtung zu lenken, die mit seinem geldlichen Ursprung nichts mehr gemein hat. Jedoch als Basis für eine Symbolik des Todes Jesu dient die kategorische Feststellung, daß „Erlösung", sofern vom Tod Jesu ausgesagt, *stets* mit dem Geldsinn einhergeht. Außer ῥύεσθαι scheidet aus unserer Betrachtung auch das Unikum ἀπαλλάσσειν Hebr 2,15; Vg: liberare) aus, das Luther, obgleich der Wortwurzel der Versöhnung angehörig, mit „erlösen" wiedergibt. Nun bleiben noch zwei griechische Äquivalente für „erlösen" übrig. Das *erste* ist λυτροῦσθαι, das teils in medialem (Tit 2,14), teils in passivem Sinn (1Petr 1,18) auf den Tod Jesu bezogen ist. Vor allem an der letzten Stelle ist der geldliche Sinn unübersehbar, der von hier in Luthers Erklärung des zweiten Glaubensartikels gelangte: „der mich ... erlöset hat, erworben, gewonnen ... nicht mit Gold oder Silber, sondern mit seinem heiligen, teuren Blut und mit seinem unschüldigen Leiden und Sterben" (BSLK 511, 27–33). Das *zweite* Äquivalent ist ἐξαγοράζειν, in seiner Zugehörigkeit zum Geldsymbol unüberhörbar. Es begegnet zweimal in soteriologischem Sinn, davon einmal speziell auf den Tod Jesu bezogen (Gal 3,13). Während die redemptio, das Sammelwort der Vg, hier ihren ursprünglichen Sitz hat, gehört das deutsche Sammelwort „Erlösung" – obgleich es sich mit redemptio in unserem Bereich stets deckt – eher zu λυτροῦσθαι. Aber diese feinere Differenzierung, in der sich bereits der Unterschied zwischen Loskauf und Lösegeld ankündigt, bestätigt nur, daß λυτροῦσθαι und ἐξαγοράζειν mit ihrem konstitutiv geldlichen Sinn die beiden Hauptquellen des Geldsymbols darstellen. So kann die Symbolik des Todes Jesu sich auf diejenige Erlösung konzentrieren, die aus dieser Quelle ursprünglich fließt, so viele Assoziationen sich auch sonst an sie geheftet haben mögen.

[308] Während „Versöhnung" in der Lutherbibel zwei griechische Wortstämme kompri-

Die neutestamentlichen Aussagen zum Tod Jesu kennen Erlösung nur im Geldsinn. Daher ist alles, was von Erlösung in die Symbolik des Todes Jesu gehört, in das Geldsymbol konzentriert. Den harten passionstheologischen Kern bilden die beiden Stämme λυτροῦν und ἐξαγοράζειν, komprimiert zu redimere/erlösen. Das eine Geldsymbol, das im deutschen Ausdruck „erlösen" adäquat zum Ausdruck kommt, ist daher nach seinem griechischen Hintergrund zu differenzieren in Lösegeld einerseits, Loskauf anderseits. Daran schließen sich, ohne daß von „erlösen/Erlösung" die Rede wäre, einige andere Ausdrücke an, die gleichfalls zum Geldsymbol gehören. So das Simplex ἀγοράζειν, das den Gesichtspunkt des Preises (τιμή) hervorbringt, der seinerseits den des Blutes evoziert[309]. Damit ist das soteriologische Geldsymbol, d. h. Erlösung, sofern vom Tod Jesu auszusagen, erschöpft[310].

---

miert, sind es bei der „Erlösung" sogar deren vier. Während die Vg bei der „Versöhnung" in der Zweistämmigkeit nicht nachläßt (reconciliatio/propitiatio), hat sie bei der „Erlösung" der Reduktion vorgearbeitet, indem sie λυτροῦν und ἐξαγοράζειν mit redimere übersetzt und damit statt der vier griechischen nur noch drei lateinische Wortstämme gebraucht, insbesondere aber die Zweiheit der Termini, die Erlösung im Blick auf den Tod formulieren, zu einer Einheit reduziert. Solche Reduktion und Komprimierung macht offenbar „Versöhnung" und „Erlösung" zu dogmatikfähigen Termini. Dogmatik so verstanden wäre Stenographie eines Volltextes. Die dogmatische Sprachregelung, von Versöhnung speziell im Blick auf den Tod Jesu, von Erlösung dagegen hinsichtlich der Gesamterscheinung des „Erlösers" zu sprechen (s. o. Anm. 181), geht allein auf die unterschiedliche Abstraktionsleistung der Termini in der Lutherbibel zurück.

[309] Erst mit dem Simplex ἀγοράζειν, in der Vg meist emere, bei Luther – sofern in soteriologischem Sinn – stets „erkaufen", vollzieht sich auch im Deutschen der Übergang vom Lösegeld zum Loskauf. Die einfachste Aussage des Loskaufs lautet: „ihr seid um einen Preis losgekauft" (1Kor 6,20; 7,23), ohne Nennung der Währung, noch des Empfängers, noch findet sich eine präzise Angabe, aus welchen Verhältnissen der Loskauf erfolgte. Die Höhe des Preises bleibt unbestimmt; τιμῆς heißt lediglich „gegen Bezahlung" (*Bauer,* WB[5] 1617; Vg: magno pretio 1Kor 6,20 und Luther „teuer" gehen zu weit). An anderen Stellen wird das Lösegeld deutlich als Blut bezeichnet (z. B. Röm 3,24 f; 1Petr 1,19). Dabei ist festzustellen, daß die Verbindung zum Blut Jesu stärker auf der Seite des Lösegeldes liegt, diejenige von Blut und Loskauf findet sich nur einmal (Apk 5,9).
Die Rede vom Blut Jesu als Sühnemittel (abgesehen von Passions- und Abendmahlstradition) findet sich: Röm 3,25; 5,9; Kol 1,20; Eph 1,7; 2,13; Hebr 9,12.14.18 ff; 10,19.29; 12,24; 13,20; 1Petr 1,2.19; 1Joh 1,7; 5,6.8; Act 20,28; Apk 1,5; 5,9; 7,14; 12,11.
[310] „Lösegeld"/„Loskauf" in der biblischen Überlieferung:
Altes Testament (nach B. *Janowski,* Auslösung [s. o. Anm. 306] 30 f, Auswahl):
A) *kopaer* als Terminus der Rechtssprache:
    1. Auslösung verwirkten Lebens durch einen materiellen Gegenwert
        Ex 21,30 λύτρα τῆς ψυχῆς
        Ex 30,12 λύτρα τῆς ψυχῆς
        Num 35,31 f λύτρα περὶ ψυχῆς
    2. Unrechtmäßig angenommenes Lösegeld
        1Sm 12,3 ἐξίλασμα
        Am 5,12 ἀλλάγματα
        Spr 6,35 λύτρον

Der Tausch, das zurückliegende Symbol, hätte von sich aus direkt zum Opfer geführt. Das Geld unterbricht diesen natürlichen Gang, aber nicht einfach deshalb, weil noch etwas untergebracht werden muß, was übriggeblieben ist. Die Störung durch die Bildwelt der Erlösung und des Geldes entsteht vielmehr aus dem Gesichtspunkt der Sühne (ἱλασμός), der links liegen blieb, seitdem wir mit dem Tausch eine der καταλλαγή selbsteigene Dinglichkeit in sparsamer Reduktion aus der Einheit dieses Wortes hervorgetrieben haben. Nun taucht aus dem unterdrückten Gesichtspunkt der Sühne über die καταλλαγή als Dingspra-che hinaus das Sprachding wieder auf, dasjenige Etwas, das sühnende, lösende Kraft haben soll. Solcher Sühnedinge können viele sein; entsprechend viele

---

B. *kopaer* als Terminus der theologischen Sprache:
1. Israels Auslösung durch Jahwe: Jes 43,3 (ἄλλαγμα)
2. Auslösung des Todkranken: Hi 33,24 (LXX anders); 36,18 (δῶρα)
3. Negation des Lösegeldes: Ps 49,8 (ἐξίλασμα)

Neues Testament
A. λυτρόω κτλ. (Löse*geld*)
  1. ἀπολύτρωσις; redemptio (vg); erlos[z]ung (L 1522); Erlösung, erlösung (L 1545):
    a) durch den Kreuzestod Jesu: Röm 3,24; 1Kor 1,30; Kol 1,14; Eph 1,7; Hebr 9,15
    b) als zukünftiges Erlösungshandeln: Lk 21,28; Röm 8,23; Eph 1,14; 4,30
    c) als Befreiung von Folter und Tod: Hebr 11,35
  2. λύτρωσις; redemptio (vg); erlosung (L 1522); erlöset/Erlösung (L 1545)
    a) messianisch, ohne Bezug auf den Tod Jesu: Lk 1,68; 2,38
    b) kreuzestheologisch: Hebr 9,12
  3. λυτρόω; redimere (vg); erlos[z]en (L 1522); erlösen (L 1545)
    a) messianisch, ohne Bezug auf den Tod Jesu: Lk 24,21 (med.)
    b) kreuzestheologisch: Tit 2,14 (med.); 1Petr 1,18 (pass.)
  4. λυτρωτής; redemptor (vg); erloser (L 1522); Erlöser (L 1545)
    Act 7,35 (von Mose)
  5. ἀντίλυτρον; redemptio (vg); erlosung (L 1522), Erlösung (L 1545)
    1Tim 2,6
  6. λύτρον
    Mk 10,45: redemptio (vg); betzalung (L 1522); bezalung (L 1545)
    Mt 20,28: redemptio (vg); erlosung (L 1522); Erlösung (L 1545)
B. ἀγοράζω κτλ. (Los*kauf*)
  1. ἀγοράζω (soweit soteriologisch: „erkaufft" [L 1522. 1545]):
    1Kor 6,20 τιμῆς; empti … magno pretio (vg); 1Kor 7,23 τιμῆς; pretio empti (vg); 2Petr 2,1 emit (vg); Apk 5,9 redemisti (vg); Apk 14,3.4 empti (vg)
  2. ἐξαγοράζω; redimere (vg); erloset (L 1522); erlöset (L 1545):
    Gal 3,13; 4,5
C. Angrenzendes
  1. Geld als Blut: Röm 3,24f; Kol 1,14; Eph 1,7; Hebr 9,12; 1Petr 1,19; Apk 5,9
  2. Blut als Geld: Mt 27,6
  3. ἀντάλλαγμα τῆς ψυχῆς Mk 8,37//Mt 16,26; commutatio pro anima (vg); [wid-der]losze (L 1522); [wider]löse (L 1545)
  4. ἀπαλλάσσειν Hebr 2,15; liberare (vg); erlosete (L 1522); erlösete (L 1545).

Arten von Sühnkulten gibt es. Sühnendes Ding kann ein Tier sein, aber auch Geld. Das Geld ist sogar in vorzüglicher Weise Sprachding. Im Tausch erscheint diejenige Poetizität, die der Dingsprache zukommt, wie ja umgekehrt gilt, daß ohne Dingsprache nichts Poetisches entsteht. Demgegenüber ist das Sprachding Geld reine Prosa. Aber das Geld hält den Gang vom Tausch zum Opfer, der fällig gewesen wäre, nicht auf, sondern führt geradewegs selbst zum Opfer. So kommen wir auf beiden sich ergänzenden Wegen auf eines und dasselbe hinaus: von der καταλλαγή über den Tausch und vom ἱλασμός über das Geld gelangen wir in jedem Fall zum Opfer. Der erste Weg gehört – dogmatisch gesprochen – unter den Begriff der Versöhnung, der zweite unter den der Erlösung. Aber beide, so sehr sie auf das Opfer als ihren gemeinsamen letzten Hintergrund hinauslaufen, tun nicht dasselbe. Tausch verdinglicht in gewisser Weise die καταλλαγή, aber Geld versprachlicht in gewisser Weise den ἱλασμός, sodaß hier ein gegenläufiges Geschehen im Gang ist, das bereits auf dem Weg von der Sprache zum Ding eine wenn auch noch so geringe Gegenbewegung ins Spiel bringt.

1. Das Geld als soteriologisches Symbol

a) „Geld" im Alten Testament

Das alttestamentliche Lösegeld *(kopaer)* schließt an die Sühne *(kpr/*[ἐξ]*ἱλάσ-κεσθαι)* an, die in § 3.2b liegen blieb. Grundproblem von Sühne ist Stellvertretung und Übertragung, und zwar als Dingübertragung ebenso wie als Subjektübertragung (§ 3.3). Sühne kommt erst in dem Moment zustande, da ein ursprünglich unübertragbares Etwas oder ein ursprünglich unübertragbares Ich dennoch übertragen werden kann. Impliziert Sühne also von vornherein den Gesichtspunkt der Substitution, dann sind sogleich die Probleme Währung und Geld zur Stelle. Zu unserem Erstaunen hat das Geld seinen natürlichen Sitz im Sühnkult. Nur Blut gegen Blut ist Naturalwirtschaft, und zwar artgleiches gegen artgleiches. Sobald der Tauschmittler Geld dazwischentritt, entsteht das Problem der zuverlässigen Wirksamkeit solcher Substitution, also das Problem der Währung. Auch im Geld, obgleich vom Tausch dem Begriff nach geschieden, ist Tausch am Werke: das Geld steht für die Sache und wiederum die Sache für das Geld. Währung ist eine Vertauschung, und zwar in gänzlicher Ambivalenz: Tausch oder Täuschung? Rechtmäßige oder unrechtmäßige Substitution? Löse- oder Bestechungsgeld? Rechtmäßiges Lösegeld findet sich in einem einzigen präzis zu umschreibenden Fall, dem konkurrierenden Verschulden[311]. Hier-

---

[311] Während vom Bestechungsgeld in 1Sm 12,3; Am 5,12 und Spr 6,35 die Rede ist, findet sich Lösegeld in Ex 21,29f. Fehlhandeln und Strafe stehen in objektiver Äquivalenz; das stößige Rind, durch das Tötung eines Menschen verursacht wurde, muß selbst getötet werden (Ex 21,28). Der Eigentümer des Rindes bleibt straffrei, wenn er kein Verschulden

bei gilt: Lösegeld ist keine alltägliche Schadensregulierung, sondern Ausnahme-regelung, nicht Geldstrafe, sondern Ersatzgabe, nicht Kompensation, sondern Lösung, nicht Wergeld als Erstattung für den Getöteten, sondern Ersatz für das geschuldete eigene Leben. Somit wird Lösegeld zur Auslösung verwirkten Lebens. Lebensäquivalent, Existenzstellvertretung, und zwar nicht als Rechts-anspruch, sondern als gewährte Begnadigung[312].

Wie gelangt Lösegeld aus seinem ursprünglich juristischen Zusammenhang in theologischen Gebrauch? Die drei einschlägigen Stellen Jes 43,3; Hi 33,24 (36,18); Ps 49,8 sind darauf zu prüfen, was an ihnen allenfalls theologisch ist[313].

---

daran trägt. Tritt aber der Tatbestand eines konkurrierenden Verschuldens des Besitzers ein, dann muß außer dem Rind auch der Besitzer sterben (Ex 21,29). In diesem letzten Fall ist aber auch die Ausnahmeregelung denkbar, daß das verwirkte Leben des Viehbesitzers durch ein *kopaer* gerettet werden kann, dessen Zahlung die Auslösung seines Lebens *(pidjon năpšô)* bewirkt (Ex 21,30; B. *Janowski*, Auslösung [s. o. Anm. 306] 31 f).

[312] B. *Janowski*, Auslösung aaO. S. 34.

[313] 1. Was *Jes 43,3 f* anlangt – ein Text, dem in der Diskussion des Lösegeldes höchster Rang eingeräumt wird (P. *Stuhlmacher*, Existenzstellvertretung für die Vielen: Mk 10,45 (Mt 20,28), in: Werden und Wirken des Alten Testaments [FS C. *Westermann*] 1980, 412–427, S. 422 f mit Berufung auf W. *Grimm*, „Weil ich dich liebe." Die Verkündigung Jesu und Deuterojesaia, ANTJ 1, 1976, S. 231 ff) –, so konstatiert B. *Janowski* hier gegen-über dem juristischen Sinn eine charakteristische Verschiebung: „die *Auslösung durch Gott.*" „An der Lösegeldaussage V.3b ist bedeutsam, daß hier, im Unterschied zu Ex 21,30 und zu Ex 30,12, nicht der Urheber der Verschuldung, sondern der Geschädigte (Jahwe) das *kopaer* zur Auslösung des Schuldigen (des aufgrund eigener Verschuldung ins Exil geratenen Volkes Israel) gibt" (48 f). Nun ist nicht zu leugnen, daß die Einführung des Namens „Gott" – Gott als Subjekt – auch etwas Theologisches mit sich bringen mag. Nur entsteht hier dieselbe Schwierigkeit wie bei allen früheren Versuchen (Wort vom Kreuz S. 52 f; Wort von der Versöhnung S. 83 ff; Tausch S. 118 ff), die Rede von Gott *theologisch* einzuführen. *Janowski* erläutert: „Weil Gott selbst es ist, der dieses *kopaer* gibt, ,übersteigt es jedes menschliche Maß, ein vernünftiges Wertverhältnis zwischen dem Losgekauften und dem bezahlten Preis besteht nicht'" (48; nach J. J. *Stamm,* Erlösen und Vergeben im Alten Testament. Eine begriffsgeschichtliche Untersuchung o. J. [1940], S. 40). Der Gott aber, der allein über die Negation menschlichen Maßes eingeführt wird, ist noch kein zuverlässig theologischer Gott. Sicher trifft diese Kritik in erster Linie Deuterojesaja selbst, der zur Auslösung aus dem Exil die Äquivalenz zwischen Israel und dem ganzen damals bekannten Nordostafrika postuliert, ohne Zweifel in theologischer Abzielung auf „die unvergleichliche Größe der göttlichen Heilszuwendung", anderseits aber so, daß dabei „kaum an konkrete politische Verhältnisse ... gedacht ist" (49). Damit wird aber die vermeintliche Theologie zum reinen Sprachüberschwang, der seinerseits dann nicht ohne politische Brisanz bleibt. Soll die bisher durch nichts begründete theologische Hypothesis „Weil Gott selbst es ist" (Analogiebildung zu O. *Hofius* „weil es das Wort Gottes ist" [s. o. Anm. 201] nicht bloß Behauptung sein, sondern diszipliniert eingeführt werden, so ist es wie bei den vorangegangenen Symbolen erforderlich, nicht einfach aus dem jeweiligen Phänomen heraus zu Gott zu springen, sondern nach dem ihm eigenen Gott zu fragen. Es gilt also, dem Phänomen des Geldes solange geduldig nachzugehen, bis es selbst (und nicht etwa eine behauptende Theologie, die es nie gibt außer in der Ansprüchlichkeit eines Anspruchs) zwingt, von Gott zu reden. Die Probe darauf steht noch bevor (§ 5.2). Wir

Unschwer gibt sich Ps 49 als diejenige Aussage zu erkennen, die für eine Theologie des Lösegeldes stilbildend ist. Hier gelangt nämlich, wie Janowski trefflich bemerkt, die alttestamentliche Lösegeldvorstellung an eine „innere Grenze"[314]. Dies bedeutet, daß die beiden anderen theologischen Lösegeldaussagen des Alten Testaments an diese Grenze noch nicht rühren. Die innere Grenze des Lösegeldes ist erreicht, sobald im Verfolg des Phänomens Lösegeld das Lösegeld als Lösegeld vergehen muß. Anders als so hat es keine Chance zur Theologie. Vergeht aber das Lösegeld an der inneralttestamentlichen Grenze von Ps 49, so reißt dies auch die beiden anderen vermeintlich theologischen Aussagen in sein Vergehen mit. Das Alte Testament beschreibt einen hochrationalen Weg des Lösegeldes von seinem Entstehen bis zu seinem Vergehen; man darf in Aufnahme des weisheitlichen Charakters von Ps 49 sagen: das Lösegeld rationalisiert sich aus. Ursprünglich entstand es als begrenzte Ausnahmeregelung zur Lösung verwirkten Lebens durch Ersatzzahlung, und zwar bei Todeswürdigkeit im Rahmen des Tun-Ergehen-Zusammenhangs. Das zu lösende Problem war eine einzelne, an sich vermeidliche Fehltat und ihre Folge. Jetzt aber

---

können nicht einfach mit Gott daherkommen und die Welt beliebig ins Bild zwingen. Vielmehr haben wir uns in der Abstinenz des Wortes „Gott" so lange zu üben, bis wir des Gottes ansichtig werden, der unabweisbar aus dem Kern des vermeintlichen bloßen Bildes herausspringt. Daß Gott selbst „zahlt", können wir nicht in bildlicher Beliebigkeit setzen, auch nicht als Zitat aus einer heiligen Urkunde. Dies machte Gott zu einem Phantom. Einsicht in „Zahlen" als göttliche Tätigkeit kann nur aus dem Phänomen des Geldes heraus gewonnen werden, sobald ihm gestattet wird, von sich selbst her zu reden, seine eigene Geschichte zu erzählen. Die Richtung vom Geld zu Gott wird durch einen Umstand gewiesen, den *Janowski* zu unterstreichen unterläßt: das Lösegeld in der theologischen Sprache von Jes 43,3 ist nämlich gar kein Geld mehr. – 2. Ähnliches zeigt sich im zweiten Lösegeld-Text *(Hi 33,24; 36,18)*. „Bei dem vom Fürsprecherengel bei dem Todkranken gefundenen ‚Lösegeld', dessen Empfänger nach dem Kontext von Hi 33,19–30 Gott ist, handelt es sich weder um die Krankheit oder das Leiden (das Gott als *kopaer* anrechnet) noch um ein Sühnopfer des Kranken noch gar um ein vom *angelus intercessor* stellvertretend beigebrachtes Lösegeld, sondern allein um das die Interzession ermöglichende Bußverhalten des Kranken, d. h. um dessem Umkehr" (B. *Janowski*, aaO. 51). Hier zahlt Gott nicht, sondern ist Empfänger. Das Lösegeld ist wiederum nicht Geld; theologisch gibt es Lösegeld nur „als das *wahre* Lösegeld": Buße (52). – 3. Signifikant ist schließlich *Ps 49,8*. Hier geht es nicht darum, wie eine individuelle, an sich vermeidliche Schuld (Ex 21,30) oder eine individuelle, aber nicht notwendige Krankheit (Hi 33,24; 36,18) oder das kollektive Strafschicksal der Verbannung (Jes 43,3) durch Lösegeld ausgelöst werden kann (dies alles sind beschränkte, an sich vermeidbare Übel), sondern die Kraft des Lösegeldes wird der letzten Herausforderung ausgesetzt, die im Sterbenmüssen gegeben ist. Dieses Übel ist unvermeidlich und allgemein, betrifft zudem auch alle, die durch eine Lösegeldregulierung der bisherigen Art ihr Leben zeitweilig retten konnten. Das Todesgeschick ist auch durch Zahlung eines Lösegeldes nicht abwendbar (v. 8 f). Erlösung ist dann durch Lösegeld nicht mehr denkbar; folglich wird sie im Ps 49 nicht mehr im Bild des Lösegeldes ausgesagt. Lösegeld ist jetzt nur noch „Gegenbegriff" (58) einer Erlösung, die dem Frommen durch Entrückung zuteil wird (v. 16).

[314] B. *Janowski*, Auslösung aaO. 57.58.

geschieht dies: Die Todeswürdigkeit dehnt sich über den isolierten Fall konkurrierenden Verschuldens hinaus aus – so weit, daß nicht nur der künstlich zu bewirkende Tod als Tatfolge im einzelnen Fall, sondern der natürliche Tod von jedermann in seiner vollständigen inneren Konsequenz und Rationalität erscheint, nämlich als adäquate Antwort auf die in einem jeden Leben angehäufte Schuld. Jetzt stirbt der Mensch nicht einfach, sondern – was schlimmer ist – er stirbt konsequenterweise. In dem Maß, wie die Verwirktheit des Lebens vom Einzel- und Ausnahmefall zum allgemeinen Schicksal wird, wird Lösegeld immer untauglicher. Die Schuld des Lebens ist jetzt zahlbar nicht mehr durch Lösegeld, sondern durch das Äquivalent Tod. Schuld bleibt somit Schuld – und Geld Geld. An dieser inneren Grenze kommt zum ersten Mal so etwas wie Theologie in Sicht.

Die Frage: Wie wird Lösegeld zu einem theologischen Wort? ist jetzt anders zu beantworten als durch bildliches Übertragen eines Weltdinges auf Gott. Das ist gedankenloses, leerbleibendes Übertragen. Wir kennen keinen Gott von irgendwoher. Wir fordern: Hier entstehe er vor unseren Augen! Wie wird das Lösegeld der Theologie fähig? Dadurch, daß es in innerer rationaler Konsequenz als Lösegeld vergeht. Hat das Lösegeld keinen Geldsinn mehr, dann ist es auch nicht mehr Lösegeld. Sodaß, falls eine theologische Aussage im Bild des Lösegeldes einhergeht, stets dieser Sinn impliziert sein muß: Lösegeld gibt es nie und nimmer. Zu betonen ist: Es handelt sich bei diesem Ort des Entstehens von Theologie um die *innere* Grenze des Lösegeldes. Es geht nicht durch gewalttätige Einwirkung von außen zugrunde, sondern durch bloßes Ausrationalisieren seiner selbst. Hier meldet sich der Einwand: Wenn am Ende doch nur zutage tritt, daß Lösegeld nichts taugt, dann hätte man die Rede von ihm gleich von vornherein unterlassen können! Wozu der Umweg? Darauf ist zu antworten: Das durchlebte, gesetzte und schließlich negierte Lösegeld enthält eine Erfahrung, die gemacht werden muß und deren Resultat sich nicht ohne den Weg dieser Erfahrung einstreichen läßt. Erst auf dem Weg des zugelassenen Lösegeldes bildet sich Einsicht in den Zusammenhang von Schuld und allgemeinem Todesgeschick. Die innere Grenze des Lösegeldes ist nur via Lösegeld erreichbar. Anders, als daß Lösegeld gesetzt wird, kann es nicht negiert werden. Erst am weisheitlichen Rand des Alten Testaments, in Ps 49, ist der äußerste Punkt von Einsicht und hochrationaler Resignation erreicht, an dem sich die Aussage des Lösegeldes buchstäblich erschöpft. Anders als durch diesen Punkt hindurch kann Lösegeld nicht theologisch werden. Die Bildlichkeit theologischen Sprachgebrauchs hat also zum Untergrund nicht die Beliebigkeit einer vermeintlich theologischen Setzung Gottes, sondern die präzise Erinnerung an eine mit Lösegeld gemachte Erfahrung, über der sich einstellt, wer Gott ist. Ps 49 ist Lehrexempel für Entstehung theologischer Sprache durch Inanspruchnahme und Verzicht. Theologisch kann somit vom Lösegeld nur die Rede sein *nach* der Erfahrung mit dem Untergang alles Lösegeldes.

b) „Geld" im Neuen Testament

Bereits im Alten Testament ist die Beschränkung auf den Gesichtspunkt des Lösegeldes eine Abstraktion. Es findet sich dort auch der Loskauf[315]. Im Neuen Testament liegen Lösegeld und Loskauf vor; das Geldsymbol hat seinen Kern in den beiden Stämmen λυτροῦν und (ἐξ)ἀγοράζειν. Wie auch immer die traditionsgeschichtlichen Thesen zur Herkunft des Loskaufs lauten, ob aus dem sakralen Sklavenloskauf, aus der redemptio ab hostibus oder aus dem Alten Testament[316], so geht es hier um die frühere und grundsätzliche Frage, wie Geld und Kauf überhaupt zu soteriologischen Symbolen werden können und wie sich beide Motive verbinden. Cum grano salis läßt sich sagen: Loskauf ist eher in der (vor)paulinischen Tradition zuhause, Lösegeld, ausgehend von Mk 10,45, mehr in der vor- und nachsynoptischen Tradition. Der Loskauf zielt auf die durch ihn erlangte Freiheit, das Lösegeld auf die erwirkte Sühne[317]. Überschneidungen sind dadurch nicht ausgeschlossen, sie sind im Blick auf die Einheit des Geldsymbols sogar erwünscht.

Was zunächst das Lösegeld (λύτρον) anlangt, so knüpft das Neue Testament mit exemplarischer Präzision an die innere Grenze des Alten an. Was kann ein Mensch als Tauschmittel für sein Leben geben (Mk 8,37)? Die an ihrer Stelle nicht explizit beantwortete Frage impliziert die Antwort: Nichts! Hier wirkt die Regel aus Ps 49,8f in nachweislicher Tradition auf das Neue Testament ein[318]. Es handelt sich, wie gesagt, um eine Aussage, die in schlichter Ausrationalisierung

---

[315] W. *Haubeck,* Loskauf durch Christus. Herkunft, Gestalt und Bedeutung des paulinischen Loskaufmotivs, 1985, S. 7–92.

[316] A. *Deißmann,* Licht vom Osten. Das Neue Testament und die neuentdeckten Texte der hellenistisch-römischen Welt, 1923[4], hat S. 271 ff aufgrund delphischer Urkunden den Loskauf durch Christus aus der Analogie zur sakralen manumissio (fiktiver Loskauf durch den delphischen Gott und seine Priester, aber durch selbsterbrachtes Geld) erklärt. – W. *Elert,* Redemptio ab hostibus, ThLZ 72, 1947, 265–270, führt den Loskauf zurück auf den Rückkauf versklavter Kriegsgefangener durch Zahlung eines Preises an die Sieger. – Dagegen E. *Pax* OFM, Der Loskauf. Zur Geschichte eines neutestamentlichen Begriffes, Antonianum 37, 1962, 239–278, S. 276: „Die Wurzeln liegen im Alten Testament, speziell in der Befreiung des Volkes von der ägyptischen Fremdherrschaft, die in einer gewissen Korrespondenz mit den Sklavenfreilassungen gesehen wird." – W. *Haubeck,* Loskauf (s. o. Anm. 315), dient der „Vertiefung, ... ausführlichen exegetischen Begründung und Weiterführung" der These von *Pax* (5)

[317] W. *Haubeck,* aaO. 320f: „Die Belege mit ἀγοράζω bzw. ἐξαγοράζω im I Kor und im Gal betonen die erlangte Freiheit, die keineswegs im Widerspruch steht zu einem Leben unter der Herrschaft Christi und im Dienst für Gott. Dieser Aspekt kommt in den Belegen der Wortgruppe λυτρόω nur indirekt vor; statt dessen ist die Sühnevorstellung stärker hervorgehoben."

[318] Mk 8,37//Mt 16,26: ἀντάλλαγμα τῆς ψυχῆς αὐτοῦ → Ps 49,9: *pidjon năpšâm* (v. 8 *kopaer*). Nachweis der Tradition im Spätjudentum: J. *Jeremias,* Das Lösegeld für Viele (Mk.10,45), (1947/8), in: Ders., Abba. Studien zur neutestamentlichen Theologie und Zeitgeschichte, 1966, 216–229, S. 222; W. *Haubeck,* aaO. 242f.

zustande kommt. Das Neue Testament schließt an das Alte an, indem es dessen weisheitliche Resignation und innere Grenze zunächst einfach wiederholt.

Nun findet sich aber auch das Lösegeldwort Mk 10,45, in dem die Möglichkeit geldlichen Lebensäquivalents nicht nur nicht verneint, sondern sogar emphatisch bejaht wird. Es ist ein fundamentaler Unterschied, ob die unbestreitbare Bejahung des Lösegeldes im Lösegeldwort als Ausnahme von der weisheitlichen Regel aus Ps 49 verstanden wird[319] oder als deren uneingeschränkte Bestätigung. Es ist ferner ein fundamentaler Unterschied, ob das Lösegeldwort im Anschluß an Jes 43,3f interpretiert wird oder im Anschluß an Ps 49,8f. Nur im letzten Fall ist die Denkdisziplin wirksam, die Theologie überhaupt erst erfordert. Theologische Disziplin ergibt sich aus der einfachen Frage, was eigentlich als Lösegeld nach der Negation allen Lösegeldes zu bejahen sei. Diesem schwierigen Sachverhalt nähern wir uns durch kritische Analyse einer These der biblischen Theologie. Bei „Annahme eines traditionsgeschichtlichen Anschlusses an genuin alttestamentlich-jüdische Traditionen (besonders Jes 43,3f; 53, 10–12)" ergibt sich ihr zufolge: „Die Aussageabsicht von Mk 10,45 (...) besteht dann [sc. auf dem Hintergrund speziell von Jes 43,3f] darin, daß der Menschensohn nicht etwas, einen materiellen Gegenwert, sondern seine *psychē* (≙ *naepaeš*), d.h. sich selbst als Lösegeld (...) für die Vielen, zur Auslösung der Menschen in der Gottferne hingibt"[320]. Hierzu ist zu bemerken: 1. Zwar ist Jes 43,3f nicht unvergleichlich mit Mk 10,45; dennoch besteht keine traditionsgeschichtliche Voraussetzung. Wir bedürfen dieser weder zur Negation des Lösegeldes, noch (und schon gar nicht) zu seiner speziell kreuzestheologischen Position. Die Negation „nicht etwas, einen materiellen Gegenwert" ergibt sich bereits aus Ps 49,8f, und wenn nicht daraus, dann aus einer jeden bis zu ihrer inneren Grenze ausrationalisierten Lebenserfahrung. Was aber die Position anlangt, so ist Jes 43,3f reine Sprachexuberanz ohne historische Relation, deren Einlösung von der rabbinischen Interpretation ganz folgerichtig auf das Endgericht verschoben wurde[321]. Als Voraussetzung von Mk 10,45 in positiver Hin-

---

[319] W. *Haubeck,* aaO. 243, im Anschluß an W. *Grimm,* aaO. (s. o. Anm. 313) 245, zu Jes 43,3f: dieser prophetische, die Möglichkeit von Lösegeld bejahende Text sei „eine entscheidende Ausnahme von der aus Ps 49,8f gewonnenen Regel." Der Gesichtspunkt der Ausnahme nimmt auf, was zum Ausnahmecharakter des Lösegelds von vornherein gesagt war (s. o. bei Anm. 312). Jes 43,3f (und auf seinem Hintergrund auch Mk 10,45) als Ausnahme zuzulassen, heißt in seiner Konsequenz: Introduktion von Theologie als Sektenwissenschaft. Oder m. a. W.: Vermeidung des Theologisch-Werdens der Sätze, indem man sich der Disziplin des Theologischen – bei ständiger Behauptung von Theologie – gar nicht stellt.

[320] B. *Janowski,* Auslösung (s. o. Anm. 306), 55f. „Der Menschensohn gibt nicht etwas, einen materiellen Gegenwert, sondern seine *psychē*, d.h. sich selbst hin für die Vielen, deren Leben ohne diese stellvertretende Lebenshingabe endgültig verwirkt, im Endgericht dem Tode verfallen wäre" (59).

[321] P. *Stuhlmacher,* Existenzstellvertretung (s. o. Anm. 313) 424; W. *Haubeck,* Loskauf (s. o. Anm. 315) 243.

sicht taugt Jes 43,3f schon deshalb nicht, weil das entscheidende „sich selbst als Lösegeld" fehlt[322]. Die innere Grenze des Lösegeldes ist überhaupt nur zu überschreiten auf dem Wege des „Sich-selbst als Lösegeld", während jede andere bejahende Rede vom Lösegeld nach dem inneren Ende des Lösegeldes reine beliebige Bildlichkeit ist, substanzlos, da nicht präzis ausgehend von dem mit dem inneren Ende des Geldes gestellten Problem. Somit unterscheiden sich Jes 43,3f und Mk 10,45 wie undiszipliniert und diszipliniert bildliche Rede. Sogleich mit Gestattung einer Ausnahme ist die Chance zur Bilddisziplin verspielt.[323] – 2. Ist nicht nur Jes 43,3f eine prophetisch-theologische Ausnahme, sondern ist Ausnahme auch bereits das Lösegeld in seinem juristischen Sinn: Lösegeld als Begnadigung, so impliziert Lösegeld bereits von Anfang an Soteriologie, gewissermaßen Soteriologie vor der Soteriologie, die aus dem Kreuz Jesu folgt. Dies führt die biblische Theologie zu der These, der soteriologische Inhalt des alttestamentlichen Lösegeld-Begriffs sei auch für das neutestamentliche Lösegeldwort leitend[324]. Die damit ausgesprochene Erwartung, von einer wie immer dimensionierten Minimalsoteriologie einlinig zur Maximalsoterio-

---

[322] Daher hängt bei Deuterojesaja die Hypothesis „weil ... ich dich liebe" (Jes 43,4a; cf. W. *Grimm,* aaO.) uneingelöst in der Luft. Denn Liebe vollendet sich im Sich-selbst-Geben (cf. Joh 15,13). „Weil ich dich liebe": der stilbildende Satz für die früher genannten, ebenfalls in der Luft hängenden Hypothesen „weil Gott selbst es ist" (s. o. Anm. 313) und „weil es das Wort Gottes ist" (s. o. Anm. 201). In dieser Gestalt dient die Hypothesis der undisziplinierten Einfuhr von leeren, scheintheologischen Behauptungen. Erwarten wir Theologie allein aus dem Kreuz, so kann dieses Mißlingen nicht überraschen.

[323] Die bildliche Nichtdisziplin rächt sich in Jes 43 dadurch, daß die als Lösegeld von Gott dahingegebenen Völker in der Passivität ihres Preisgegebenseins von einem „materiellen Gegenwert" gar nicht mehr zu unterscheiden sind. Das kann immer nur ein Hinweis darauf sein, daß die Liebe noch zu wenig substantiell, also bloß behauptet ist. P. *Stuhlmacher,* Existenzstellvertretung (s. o. Anm. 313) 424: „Der Bewegggrund und die treibende Kraft für die Preisgabe der Völker zugunsten Israels ist nach Jes 43,3f Jahwes erwählende Liebe allein... Die Erlösung Israels wird durch das von Jahwe aus Liebe dargebrachte Lösegeld in Gestalt des Lebens der Völker ermöglicht." Für diejenige Liebe, die kein „Sich-selbst" kennt, wird Erwählung leicht wählerisch. Liebe (Gottes) zur Begründung von Wählerisch-Sein: das wäre Introduktion von Theologie als Willkürwissenschaft.

[324] B. *Janowski,* Auslösung (s. o. Anm. 306) entwickelt den soteriologischen Gehalt des Lösegeldbegriffs nicht erst in seinem theologischen, sondern bereits in seinem juristischen Sinn: „Ausnahmeregelung", „Begnadigung" (33); daher sein „über rein rechtliche Kategorien (,Schadensregulierung') hinausweisende[r] ... Sinngehalt" (34). Die gesamtbiblische Verbindung von alttestamentlicher zu neutestamentlicher Soteriologie vollzieht *Janowski* mit dem Satz: „Dieser *soteriologische Aussagegehalt* des alttestamentlichen *kopaer*-Begriffs (...) ist auch für das *lytron*-Wort Mk 10,45 (...) leitend..." (58f) An der These *Janowskis,* daß sogleich mit dem Lösegeld auch Soteriologie zur Stelle ist, ist um so weniger auszusetzen, als sie sogar über die Grenzen des Biblischen hinaus gilt von allem Lösegeld, ja bereits vom Geld schlechthin. Aber daß dies leitend sein könne für eine neutestamentliche Theologie, löst vor der Frage: Wozu dann neutestamentliche Soteriologie? die frühere aus: Wozu dann Ende der alttestamentlichen Soteriologie des Lösegeldes in Ps 49?

logie in Jesu Kreuz zu gelangen, schießt aber an der konstatierten inneren Grenze ohne Halt vorbei. Hier fehlt die eigentliche Peripetie, zu der das Alte Testament in Hinsicht auf das geldliche Lebensäquivalent von selbst gelangt war, und folglich fehlt auch die eigentliche Neuheit des Neuen. Der Fortgang vom Alten zum Neuen Testament ist kein einliniger Vorgang von einem Minimum zu einem Maximum, sondern das Alte Testament hat sein eigenes Maximum; aber dies ist innere Grenze, d. h. Ende jeglichen Lösegeldes. Aus dem einfachen Grund kann sich die neutestamentliche Rede vom Lösegeld nicht der Leitung der bisherigen anvertrauen: weil diese geendet hat. – 3. Zwar sind die Ausdrücke „Etwas-Geben" und „Sich-selbst-Geben" nicht zu tadeln; sie sind seit dem Tausch im Spiel. Aber ihre Erläuterung durch „einen materiellen Gegenwert", was das Etwas-Geben, und *„psychē (≙ naepaeš)"*, was das Sich-selbst-Geben anlangt, enthält Stoff zu einem kapitalen Mißverständnis. Zwar bei „Seele" noch am wenigsten, weil kein biblischer Wissenschaftler diese abstrakt versteht. Aber der „materielle Gegenwert", bezogen auf Geld, ist ganz unangemessen. Geschah nämlich im Alten Testament heilsame Unterbrechung des Tun-Ergehen-Zusammenhangs durch die lösende Kraft von Leben als Geld, so geschieht im Neuen Testament Heil gerade umgekehrt und erschütternd durch Geld als Leben: wie ein furchtbarer Rückschritt hinter die Errungenschaften des Alten Testaments. Geld ist jederzeit sublimer als Blut, zumal fließendes Geld anstelle fließenden Blutes. Fließt aber Blut und wird dies wie im Neuen Testament gar noch Lösegeld genannt, dann ist die ganze alttestamentliche Währung ruiniert. In scharfem Gegenzug zu jener These der biblischen Theologie ist zu sagen: Indem der Menschensohn nicht mehr, wie es wünschbar gewesen wäre, mit Geld zahlt, weil dies an seiner inneren Grenze untergegangen ist, wird die Zahlung nicht etwa feinfühligerweise entmaterialisiert, sondern in Wahrheit sogar noch über die Materialität des Geldes hinaus materialisiert. Allerdings darf unter Materie nichts verstanden werden, was nicht der Selbstreflexion fähig wäre, denn ψυχὴν δοῦναι heißt ja: ἑαυτὸν δοῦναι. Unter Geld ist immer Sublimeres zu verstehen als unter Nicht-Geld. Dieses tendiert in Richtung Unlösbarkeit; Geld dagegen ist Lösbarkeit. Negation des Geldes an seiner inneren Grenze ruft das eben noch vermiedene Archaische. Über diesem Abgrund, der sich an der hochrationalen inneren Grenze des Lösegeldes auftut, schwebt das soteriologische Geldsymbol.

Was zweitens den Loskauf (ἐξαγοράζειν) anlangt, so ist dieser das umfassendere Bild; Lösegeld ist immer nur ein Element daraus. Man kann versuchen, eine Szene des Loskaufs zu konstruieren, muß dazu aber verschiedene Stellen kompilieren. Ist der Menschensohn wie im Lösegeldwort das Lösegeld, so ist er nicht zwingend zugleich auch Käufer. Hinsichtlich des Käufers finden sich unterschiedliche Angaben: teils daß Christus den Loskauf bewirkt hat, teils daß Gott[325]. Ist Christus Loskäufer, so wird im Bild des Kaufs wiederholt, was

---

[325] *Christus* als Subjekt des Loskaufs: Gal 3,13; 4,5; 2Petr 2,1; *Gott* als Subjekt: 1Kor 6,20;

bereits im Lösegeld durch das „Sich-selbst-als-Lösegeld" ausgedrückt war: der Käufer zahlt in einer außergewöhnlichen Bildfriktion mit sich selber. Außerdem treten in der Szene des Loskaufs die Losgekauften hinzu, also wir, deren zu erlösende Situation als Verhaftung teils unter dem Gesetzesfluch, teils unter den Stoicheia geschildert wird[326]. Sehr gut vermag man sich vorzustellen, daß Menschen von solchen Mächten beherrscht sind, depersonalisiert und dementsprechend gekauft; daß dagegen der Zustand des Gekauftseins heilsam sei im Fall des Gekauftwerdens durch den Loskäufer Christus, das setzt eine innere Revolution im Bild des Gekauftseins voraus; normalerweise ist Gekauftsein Zustand von Unheil. So tritt hier ein ähnliches Problem auf wie vorhin beim Geld: das Gekauftsein muß erst gesetzt und negiert werden; nur wenn es als negiertes gesetzt wird, ist es heilsam. Von einem Empfänger des Lösegeldes oder Kaufpreises wissen die neutestamentlichen Texte nichts[327]. Schließlich findet sich auch das Element des Kaufpreises in der Szene des Loskaufs, jedoch ohne nähere Bestimmung[328]. Genaueres ist hierüber nur zu erfahren, wenn man das Bild des Lösegeldes zu Hilfe ruft: hier ist Blut als Kaufmittel teils explizit genannt, teils implizit vorausgesetzt. Hier gelangen wir vom Loskauf mit innerer Konsequenz zurück zum Lösegeld. Obgleich der Loskauf das weitere Bild ist, ist es das unvollständigere. Es scheint nur Ausführung des Bildes vom Lösegeld zu sein. So sind Lösegeld und Loskauf engstens verbunden zu einem Symbol[329].

2. Das Geld

Um nicht Geld in beliebiger Weise für andere, in unserem Fall halbtheologische Sachverhalte bildpflichtig zu machen, muß es als es selbst ernst genommen werden. Damit etwas Bild sei, darf es nicht der Willkür sich fügen, sondern muß von sich selbst her die genaue Geschichte erzählen, wie es Bild wurde. Man wird die Dinge dieser Welt als Bilder für Gott und sein Handeln so lange bis zur Substanzlosigkeit entstellen, als man nicht nach der diesem Weltding impliziten Theologie fragt. Erst dann stellt sich theologische Bildfähigkeit ein. Geld kann in der doppelten Weise ins Auge gefaßt werden, die schon bisher unser Verfahren prägte und sich beim Geld nahezu aufdrängt. Zunächst ist Geld Erleichterung wirtschaftlichen Verkehrs, weil statt mit Dingen zumindest teilweise mit deren

---

7,23 falls als passivum divinum zu verstehen. W. *Haubeck,* Loskauf (s. o. Anm. 315) S. 319: „Soweit das Subjekt eindeutig genannt wird, ist es in der Regel Christus, der durch die stellvertretende Hingabe seines Lebens ... den Loskauf vollbringt."

[326] Gal 3,13; 4,3.

[327] Die Zahlung eines Lösegeldes an den Teufel ist – nach Vorgestalten bei Marcion und Irenäus – erst ab Origenes thematisch. Cf. G. Q. *Reijners,* Das Wort vom Kreuz (s. o. Anm. 44), S. 66 ff; R. *Schwager,* Der wunderbare Tausch (s. o. Anm. 44), S. 36 ff: „Dieser Gedanke findet sich erst bei Origenes" (37).

[328] 1Kor 6,20; 7,23.

[329] Exemplarisch in 1Petr 1,18 f.

Zeichen verkehrt wird; in dieser Hinsicht ist Geld Erleichterung eines früheren Massiven. Dann aber zeigt sich, ausgelöst durch die Forderung nach Äquivalenz des Geldes, ein durch solche Erleichterung lediglich ausgeblendeter, aber nie verschwundener Hintergrund des Geldes, der aus jener Geldabstraktion zu sich zurückruft. Und zwar mit desto größerer Kraft, je mehr die Geldabstraktion sich in anderer Richtung zu vollenden sucht. Ganz von selber und keineswegs durch eine von uns auferlegte Übertragung tritt Geld mit dem Symbol in Beziehung, wird Symbol. Aber auf der Spitze der Geldentwicklung stellt sich, als Peripetie des Geldes, ein natürlicher Rückgang ein, der nicht enden kann, bevor nicht der letzte Untergrund des Geldes freigelegt ist, mit dem die Symbolik A ihrem Ziel zurast. Hieraus ergibt sich, daß die Darstellung des Geldes in Aufstieg und Abstieg zu gliedern ist.

Vom Tausch herkommend zum Geld ist festzuhalten: Geld ist das Spätere, Tausch das Frühere. Tausch gibt es ohne Geld, Geld nicht ohne Tausch. Geld tritt zwischen die beiden Tauschgüter als drittes Gut[330]. Zwischen Tausch und vollentwickeltem Geld läge somit, was man primitives Geld nennt[331], Vorstufe von Geld. Anderseits wäre noch einmal zu unterscheiden zwischen Tausch und Tauschhandel: Tauschhandel als Nachstufe von Tausch. Denn Tausch im strengen Sinn des Wortes ist derjenige archaische Vorgang, der eine Abstraktion des Ökonomischen als relativ selbständiges Segment von Wirklichkeit gar nicht gestattet; Tauschhandel dagegen ist eine primitive Wirtschaftsweise in Abwesenheit von Geld. Wiederum tritt dem Tauschhandel nicht einfach Geld als Tauschmittel gegenüber, sondern beim Geld gibt es allerlei Zwischenstufen vom prämonetären Geld bis zum Münzgeld und darüber hinaus. Sobald wir nur von Geld reden, entsteht allgemeines Sich-Erheben und wiederum Sinken, das sich im Medium des Geldes vollzieht. Dieses kann einmal ganz dünn werden zu bloßem Papier oder zum Silicium-Chip, dann wieder massiv bis zu vormonetären Gestalten primitiven Geldes, bis es sich schließlich, wenn es noch weiter sinkt, sogar als Geld auflöst[332]. Geld gibt es in prämonetären ebenso wie in – um

---

[330] A. *Burghardt,* Soziologie des Geldes und der Inflation, 1977, S. 15f: „Aus der Natur der Arbeitsteilung wird der Tausch, die Tauschkommunikation, zu einem elementaren und kaum substituierbaren Instrument der Bedürfnisbefriedigung. Die Tauschakte lassen mangels einer perfekten Kompensation von Gut und Gegengut bzw. von vermutetem Nutzen und Gegen-Nutzen der Tauschgüter allmählich das Dazwischentreten eines Dritten Gutes als ausgleichendes und gleichzeitig rationalisierendes Medium erforderlich erscheinen: Das Geld. "

[331] P. *Einzig,* Primitive Money. In its Ethnological, Historical and Economic Aspects, Oxford (1949[1]) 1966[2], S. 3ff. Zur Entwicklung eines primitiven Geldbegriffes: M. *Mauss,* Les origines de la notion de monnaie (1914), in: Ders., Œuvres II (hg. V. *Karady*), Paris 1969, 106–112; Die Gabe (s. o. Anm. 256), 178f/57f; B. *Malinowski,* The Primitive Economics of the Trobriand Islanders, in: The Economic Journal 31, 1921, 1–16.

[332] Als grober Raster für die Entwicklung des Geldes kann dieses gelten: Der Tauschhandel, als Form des Austausches nach den archaischen Gesellschaften, gehört der Naturalwirtschaft an. Er ist somit eine relativ junge Gestalt von Austausch, die einen gewissen

so zu sagen – postmonetären Gestalten. Es gehört zu seiner Alchemie, daß es
einerseits seinen Weg macht ins Abstrakte und immer Abstraktere in einer
nahezu völligen Entsubstantialisierung, anderseits aber auch wieder den Weg
zurückgehen kann in Reduktion seiner Zeichenhaftigkeit bis zu Konkretionen
schlichtester Dinglichkeit. Geld, zumeist metallisch schwer in einem bestimm-

---

Überfluß und Vorratshaltung voraussetzt. Sammeln sich in den einzelnen Privatwirt-
schaften Güter, die im Moment zur Konsumtion nicht gebraucht werden, so bei Vieh-
züchtern Haustiere, bei Jägern Felle und Leder, im Ackerbau Getreide, so bildet sich
„Kapital" auf der Ebene der Naturalwirtschaft: Vorrat (B. *Laum*, Viehgeld und Viehkapital in den asiatisch-afrikanischen Hirtenkulturen, RSGG 308/309, 1965, S. 43 ff). Es
entsteht Tauschbedürfnis; Tauschhandel ist Umschlag von Gütern gegen Güter. Dieser
reine Tauschhandel wird, je mehr er sich auf Flecken und Märkte konzentriert, in lästiger
Weise langsam und schwerfällig, da immer alle Güter präsent sein müssen (z. B. 10 l Öl
gegen 200 ℔ Weizen). Man sucht daher den Handel leichter zu gestalten, indem eine
bestimmte anerkannte Ware als Tauschmittel zugelassen wird, obgleich beide Formen des
Verkehrs ineinander übergehen können. In die direkte Relation von Tauschgütern tritt
dann der allgemein rezipierte Tauschmittler ein, etwa das abessinische Salzgeld (Salz als
Naturallohn, salarium, ist der Hintergrund von Salär: A. *Burghardt*, Soziologie des Geldes
[s. o. Anm. 330] S. 20), das Tabakgeld in Virginia oder das Ledergeld bei sibirischen
Jägerstämmen (G. *Simmel*, Philosopie [s. u. Anm. 333] S. 126). Was immer das Motiv zur
Herausbildung des Tauschmittels war, ob pure Zweckmäßigkeit (wie der Naturalismus)
oder besondere Schätzung und Verhaftung (wie der Supranaturalismus behauptet), so
bildet sich jetzt der Unterschied zwischen Ware und allgemeiner Ware: diese ist aus der
Reihe der übrigen Waren herausgetreten; die allgemeine Ware entsteht durch Abstraktion
als Entziehung vom unmittelbaren Genuß. Wie Eßbrote zu Schaubroten werden (Ex
25,30, cf. 1Sm 21,7), so entsteht bei der allgemeinen Ware über den Gebrauchswert hinaus
der Tauschwert, ohne daß sie deshalb keinen Gebrauchswert mehr hätte. Jetzt wird nicht
mehr Ware gegen Ware getauscht, sondern Ware gegen allgemeine Ware. Diese ist immer
geldartig, oder m. a. W.: sie ist eine Art Geld, seien es Leder oder Barren, Ringe oder
Kauri-Muscheln. Somit ist auf dem Weg der Verallgemeinerung und des Entzugs der
Ware ein erster Begriff von Geld entstanden. Solches prämonetäres Geld besitzt im
Unterschied zum Geld die Fähigkeit, auch zu anderen als geldlichen Zwecken gebraucht
zu werden: Salz-, Tabakgeld kann gebraucht, Geld dagegen kann nur ausgegeben werden.
Geld ist desto besseres Geld, je mehr es reines Zirkulationsmittel ohne Gebrauchswert ist.
So daß man als weitere Entwicklung den Übergang zum Münzgeld ins Auge fassen kann.
Man mag sich vorstellen, daß zunächst vielleicht der Metallbarren, in praktische Einzel-
stücke zerlegt, aber zur feineren Wertzahlung unfähig, sich zum Hackgeld wandelt, das
dar- oder zugewogen wird: aber die Epoche der Münze beginnt erst ab der Prägung.
Münze ist geprägtes Metall. Erst vom Entstehen von Münzgeld an wird allgemein von
Geld in strengem Sinn gesprochen; aus umgekehrter Perspektive kann man jedoch die
Münze geradezu als „nur veredeltes Naturgeld und ... letzten Ausläufer des primitiven
Geldes" betrachten (G. *Thilenius*, Primitives Geld, in: Archiv für Anthropologie 18, 1920,
1–33, S. 30). Seit dem Entstehen der Münze ist der Fall denkbar, daß Metall- und
Prägewert sich verschieden entwickeln, was zu einer weiteren Entsubstantialisierung des
Geldes führt, von der Münze bis zu den Assignaten, von der Geldform des Geldes bis zum
Giral- und Buchgeld, so daß alsbald die Münze nur noch die beschränkte Rolle des
Kleingeldes spielt: „Hartgeld", unwechselbar, als innerster Widerspruch zur obersten
Aufgabe des Geldes, nichts als Liquidität zu sein und zu üben.

ten Grade, kann sich ausdünnen zu bloßem Wort und Zahl, irgendwohin ge-
schrieben, und kann sich wiederum verdichten, sodaß hinter der Münze immer
dinglichere Dinge auftreten: Salz, Leder, Muscheln, Vieh; Menschenleben.

Gehört also zu Geld „ein fortwährendes Auf- und Absteigen"[333], so ist es durch
diese Eigenschaft ein Hauptexempel von Symbolik. Denn die Symbolik ist als
Symbolik A und B nichts anderes als Abstieg und Aufstieg, wie Dionysius
Areopagita von der symbolischen Theologie lehrte[334]. Wie Tausch hat auch Geld
eine mehrfache Rolle in der Symbolik des Todes Jesu: teils ist es Symbol neben
Symbolen, teils calculus der gesamten Symbolik.

a) Der Aufstieg zum Geldsymbol

Die Geschichte der Entwicklung des Geldes bietet bis in skurrilste Einzelheiten hinein geschlossene Sequenzen von Rationalisierung. Drei dieser Sequenzen
seien genannt.

Ein altes Gesetz primitiver Völker lautet: 1 Sklave $\triangleq$ 3 Kühe[335]. Woher diese
Äquivalenz? Nach unserer Gewohnheit aus Angebot und Nachfrage. Aber dann
müßte die Relation schwanken; doch sie bleibt konstant. Der Tausch ist durch
Herkommen fixiert, nur so ist die Starrheit der Wertrelation zu erklären. Die
rituelle Bestimmtheit des Tausches ist sogar so stark, daß es schwieriger wäre zu
erklären, wie sich an dieser Relation etwas ändern sollte. So kommt es, daß,
obgleich 1 Rind $\triangleq$ 8 Schafe, der Tausch von einem Sklaven gegen 24 Schafe nicht
stattfindet, obgleich rechnerisch möglich; ein Mensch ist tauschbar zwar mit
Großvieh, aber zwischen ihm und Kleinvieh findet keine Tauschrelation statt. Es
zeigt sich: vergleichbar ist nicht eines mit zweien, der Sklave mit Rind und
Schaf, sondern mit einem. Rechnerische Abstraktion tritt nicht ein. Wie aber,
wenn ein Sklave geringeren Wertes verkauft werden sollte? Zwei Rinder zu
wenig, drei zu viel, Schafwährung fällt mangels Relation aus. Jetzt bleibt die
Möglichkeit, Metall zuzuwägen, denn dieses ist beliebig teilbar. So kommt es,
daß, obgleich der Sklave unvergleichbar ist mit Schafen, vergleichbar nur mit
Rindern, gleichwohl alle – Mensch, Schafe und Rinder – vergleichbar sind mit
dargewogenem Metall. Beim Metall entfällt die herkömmliche Hemmung; in
ihm wird potentiell alles mit allem vergleichbar. Wenngleich zunächst noch in

---

[333] G. *Simmel,* Philosophie des Geldes (1900) 1920³, S. 123.

[334] Die Symbolik wird vollbracht ἀπὸ τοῦ ἄνω πρὸς τὰ ἔσχατα κατιών, und ἀπὸ τῶν
κάτω πρὸς τὸ ὑπερκείμενον ἀνιών, d. h. als κάθοδος und ἄνοδος (MT 3; MPG 3,
1033C). Dieses ist, wie Dionysius Areopagita an dieser Stelle sagt, eine Bewegung des
Logos, und das heißt: der κάθοδος entspricht die κατάφασις, der ἄνοδος die ἀπόφασις,
die gegenläufigen Grundbewegungen der Symbolik. S. o. § 1.2 (Anm. 34). – P. *Ricœur,*
Die Interpretation (s. o. Anm. 48), konstatiert S. 504, „daß die Symbolik der Ort der
Identität von Progression und Regression ist." – W. *Benjamin* erkennt in der gegen das
Symbol arbeitenden Allegorie sowohl Erhebung wie Entwertung der Dingwelt (GS I/
1,351; I/2, 660.666).

[335] R. *Kaulla,* Beiträge zur Entstehungsgeschichte des Geldes, 1945, S. 17 ff.

stillschweigender Bindung an die traditionelle Naturalwertskala gilt: 1 Sklave ≙ 3 Unzen Silber; 1 Rind ≙ 1 Unze Silber; 1 Schaf ≙ 3 Skrupel Silber (1 Unze ≙ 24 Skrupel). Selbstverständlich ist die Bindung an die naturale Wertrelation nur noch dysfunktionales Relikt. Bis jetzt trat prämonetäres Geld nur auf als Behelfszahlung im Fall eines nicht makellosen Sklaven. Nun aber stellt sich heraus, daß der vermeintliche Behelf wirtschaftlicheres Handeln ermöglicht. Geld wird Hauptzahlungsmittel; die Erinnerung an den dahinterliegenden Naturaltausch schimmert zwar durch, aber verblaßt[336]. Jetzt ist denkbar: Einer hat zuviel Rinder, braucht einen Sklaven, darf aber, um nicht den im Herkommen gebietenden Gott zu erzürnen, nicht 4 Rinder bieten für ihn, zur Demonstration seines Interesses. Wohl aber darf er das beim Tauschmittel des Geldes, das von Tradition freigestellt ist, und somit entsteht eine von keinem Götterzorn bedrohte Flexibilität, die so etwas wie Angebot und Nachfrage allererst zuläßt. Mit dieser ersten Sequenz der Geschichte des Geldes ist der Übergang von der „magischmythisch bedingten Geldsubstanz" zur „stoffwertbedingten Geldsubstanz" vollzogen[337]. Offenbar läßt das Silber – ebenso wie die 30 Silberlinge Mt 27,3 ff – eine Vergangenheit ahnen, die in seine reine Funktionalität störend eingreift: diese Unze Silber entsprach einem Rind, diese 30 Silberlinge entsprachen einem Menschen. Im Metall liegt Erinnerung, beendet und zugleich nicht beendet, ankommend und zugleich nicht ankommend. Das ist der Mythos des Silberlings oder der Silbermünze. Obgleich Metallquanten in die prämonetäre Vorgeschichte des Geldes gehören, liegt hinter ihnen noch einmal Vorgeschichte, als ihre Unbelebtheit noch belebt war, Atem und Wärme hatte.

Wie geschlossen sich die Rationalisierung des Geldes vollzieht, tritt in einer zweiten Sequenz der Geldgeschichte zutage. Die erste reichte bis zu dem Punkt, da Metall als allgemeines Tauschmedium auf den Plan trat, und zwar Metall als zugewogenes Metall. Zuwägen war eine umständliche Prozedur. Wurde gemünztes Metall aus Gründen der Bequemlichkeit erfunden? Keineswegs, sondern die Entwicklung des Geldes nahm einen realeren, zugleich rationaleren Verlauf[338]. Zum Zuwägen eignen sich Gold und Silber aus verschiedenen Gründen: Härte, Haltbarkeit, Homogenität, Teilbarkeit. Jedoch es bedarf der Goldwaage. Geprägtes Metall dagegen ersetzt aktuelle Wertmessung. Die Münze trat um 650 v. Chr. in Lydien auf[339]. Bezeichnenderweise nicht als geprägtes Gold oder Silber, sondern als ἤλεκτρον, Legierung aus beiden. Elektron bot etliche die Geldentwicklung stimulierende Besonderheiten: teils konnte es künstlich

---

[336] Zum Verblassen s. o. Anm. 254, u. Anm. 389.

[337] H. *Gebhart,* Numismatik und Geldgeschichte, 1949, S. 46.62. Cf. W. H. *Desmonde,* Magic, Myth, and Money. The Origin of Money in Religious Ritual, New York 1966, S. 109 ff.

[338] R. *Kaulla,* Beiträge (s. o. Anm. 335), S. 31 ff.

[339] Herodot, Hist. I, 94, 1. B. *Laum,* Heiliges Geld. Eine historische Untersuchung über den sakralen Ursprung des Geldes, 1924, S. 7: „Die Münze tritt um 650 v. Chr. im Bereiche des östlichen Mittelmeerbeckens zuerst auf."

legiert werden, teils war sein Silber- und Goldanteil ungewiß, da nicht auf den ersten Blick zu erkennen. Gab es kein natürliches Qualitätszeichen, so blieb nur, ein künstliches darauf zu setzen. Nicht daß Prägung erst in diesem Moment erfunden worden wäre, nur gewann sie allein in diesem Zusammentreffen eine darüber hinausweisende Bedeutung. Erst unter den speziellen Bedingungen des Elektron kann Prägung an die Stelle des bei Gold oder Silber leicht prüfbaren Substanzwertes treten. Daß Elektron im Grunde nichts als Gold und Silber ist, mag diese Substitution emotional gestützt haben. Aber erforderlich war, wie sich zeigte, diese Stütze nicht. Ab der Prägung gibt es Münze, dieses Mischgebilde aus natürlicher Substanz und künstlicher Zeichnung. Sie kann, was die alte Welt anlangt, als „späteste Form des Geldes" bezeichnet werden[340]. Die lydische Münze hatte als Zeichen ursprünglich eine kunstlose Reihe paralleler Striche auf der Vorder-, den Eindruck des Prägestockes auf der Rückseite. Die völlige Kunstlosigkeit dieser Strichelprägung, obgleich aufwendigere Symbole technisch möglich gewesen wären, läßt darauf schließen, daß sie eher zufällig geschah, in jedem Fall noch ohne daß Prägung als staatliches Instrument entdeckt war. Sobald die Prägung des Metalls das Vertrauen, das ursprünglich diesem selbst gegolten hatte, auf sich zog – wie es in der raschen Verbreitung der lydischen Münze geschah –, war ein Abstraktionsprozeß möglich, der ohne Schaden für den Geldzweck die Prägung aus ihrer ursprünglichen Bindung an die Substanz entließ. Solcher Übergang von umständlicher Materialprüfung zu bloßer Kenntnisnahme der Prägung ist nur bei Steigerung des Vertrauens möglich[341]. Ursprünglich mochte das Vertrauen darauf beruht haben, daß Substanz- und Prägewert identisch waren; über diese Behelfsbrücke führte sich der Prägewert ein. Hier konnte Vertrauen jederzeit umschlagen in Mißtrauen ohne Schaden der Geldfunktion, oder genauer: Vertrauen war noch gar nicht erforderlich. Nun zeigt sich aber, daß Vertrauen ablösbar ist von der Substanz, denn Prägung war die Selbstverpflichtung des Münzherrn, die Münze ohne weitere Substanzprüfung zurückzunehmen. Jetzt werden Schwankungen des Feingehalts ohne Verlust von Zahlungskraft möglich, ja sogar das Bewußtsein wird erträglich, daß die Prägung dem Substanzwert gar nicht entspricht, ohne daß die Funktionstüchtigkeit darunter litte. Es konnte sogar geschehen, daß bei gleichzeitiger Zirkulation von geprägten und ungeprägten Zahlungsmitteln das geprägte selbst bei geringerem Gehalt zahlungskräftiger war. Somit kann sich das geprägte vom ungeprägten Zahlungsmittel zu einer selbständigen Geschichte lösen. Der Nominalwert wird zum rechtlich geschützten vertrauenswürdigen Wert. Diese Entwicklung schließt ab mit der Proklamation der gesetzlichen Zahlungskraft des Geldes, zur Fixierung eines bestehenden gewohnheitsrechtlichen Zu-

---

[340] H. *Chantraine*, Art. Münzwesen, KlPauly 3, 1975, 1447–1452, Sp.1447.
[341] B. *Moll*, Logik des Geldes, 1916³, S. 63; R. *Kaulla*, Beiträge (s. o. Anm. 335), S. 50; N. *Luhmann*, Vertrauen. Ein Mechanismus der Reduktion sozialer Komplexität (1968) 1973², S. 52 ff: das Geld erfordert „Umstellung von Personvertrauen auf Systemvertrauen" (54).

standes. Was für eine Art von Geschichte stellte diese Sequenz dar?[342] Es ist eine
Rationalisierungsgeschichte, die mit innerer Konsequenz ihre Logik vorerzählt.
Anders als bei der Logik des Kreuzes und allen nachfolgenden Symbolen springt
die Logik des Geldes ungesucht dadurch hervor, daß seine Geschichte nacher-
zählt wird.

Kommt die Entfaltung der Logik des Geldes mit der Rationalität der Münze
zu Ende? Obgleich Münze geradezu Geld schlechthin zu sein scheint, ist sie nur
zufälliges Rationalisierungsprodukt, und zwar ein solches, das keinesfalls in sich
selbst steht. Prägung, Charakter ist nur Epoche in der zunehmenden und wesentlichen Charakterlosigkeit des Geldes. Hier wird eine dritte und letzte Sequenz der Geldgeschichte erforderlich. Die Frage steht da: Muß Geld selbst
etwas Wertvolles sein, um Wert zu repräsentieren, oder genügt Geld als bloßes
Zeichen und Symbol? Hier gilt es einfach die Logik des Geldes ungestört sich
entwickeln zu lassen. Darf der bisherige Abstraktionsprozeß so weiter getrieben
werden, daß, obgleich die Entwicklung mit dem wirklichen Wert des Geldstof-
fes in Relation zu anderen Werten begonnen hat, am Ende die Wertlosigkeit der
Geldsubstanz steht bei gleichzeitiger optimaler Erfüllung der Geldfunktion? Das
wäre reines Zeichen- oder Symbolgeld. Ein Argument gegen Symbolgeld ist
leicht zu Fall zu bringen. Man sagt: Ist Geld Wertmesser, dann gilt, daß das
Meßmittel von derselben Art sein muß wie das zu Messende. Ist ein Maß
Längenmaß, so muß es selbst lang sein. Ist es Wertmaß, dann muß es selbst
wertvoll sein[343]. In jeder anderen Hinsicht können die zu Vergleichenden so
verschieden sein wie sie wollen, nur in dieser einen nicht. Ist Geld Wertmesser,
so muß es an sich selbst wertvoll sein. Dagegen ist zu sagen: Das Messen des
Geldes geschieht nicht durch unmittelbare Äquivalenzierung zweier Quanten.
Nicht zwei Substanzen treten in Relation, Warensubstanz hier, Geldsubstanz
dort, sondern ins Verhältnis treten zwei Verhältnisse. Denn was jeweils als
Substanz erscheinen könnte, ist ja selbst nur Relation. Es entsteht somit im
Bezug des Geldes auf die Welt der Güter eine *analogia proportionalitatis*, nicht
proportionis. Obgleich sich in der Tat keine Dinge miteinander vergleichen
lassen, die in jeder Hinsicht verschieden sind, so findet sich dennoch Vergleichbarkeit zwischen den Proportionen völlig verschiedener Dinge[344]. Beim Geld
stehen sich nicht direkt gegenüber dieses Ding und dieses Geld, sonst müßten

---

[342] R. *Kaulla,* dem wir die bisherigen beiden Sequenzen der Geldgeschichte verdanken,
stellt Beiträge (s. o. Anm. 335) S. 55 fest: „Sie war keine Revolution, sondern ... der
Abschluß einer zwanglos, mit der inneren Logik einer natürlichen Entwicklung verlau-
fenden Evolution." Zur Rede von einer Logik des Geldes s. o. Anm. 341 und 116.

[343] G. *Simmel,* Philosophie (s. o. Anm. 333), S. 101 ff.

[344] Kant, Prolegomena zu einer jeden künftigen Metaphysik (1783), § 58: „Eine solche
Erkenntnis [sc. die des *symbolischen* Anthropomorphismus] ist die *nach der Analogie,*
welche nicht etwa, wie man das Wort gemeiniglich nimmt, eine unvollkommene Ähnlichkeit zweener Dinge, sondern eine vollkommene Ähnlichkeit zweener Verhältnisse
zwischen ganz unähnlichen Dingen bedeutet" (A 176). Zum symbolischen Anthropo-
morphismus KdU § 59 (A 254).

wir allerdings Goldwährung haben, sondern es sind auf beiden Seiten Verhältnisse, die zueinander ins Verhältnis treten. Auf der Seite des Dings ist es die
Relation dieses einzelnen zur Menge aller käuflichen Güter, durch welche sich
die Substantialität des Dinges erst in den Zustand von Tauschbarkeit oder
Käuflichkeit begibt; auf der Seite des Geldzeichens ist es die Relation zwischen
diesem und dem gesamten umlaufenden Geldquantum. Sodaß auf jeder Seite ein
Bruch entsteht: Güterbruch und Geldbruch. Erst in der Relation dieser Brüche
findet das Messen des Geldes statt. Beziehung zwischen Ding und Geld gibt es
nur in der Gestalt $\frac{1}{x}:\frac{1}{y}$. Die leicht ins Auge springende Äquivalenz zwischen den
Zählern dieser Brüche (die gewöhnlich als analogia proportionis separiert und
also mißverstanden wird) schwimmt aber auf einer (leicht jenseits des Bewußtseins bleibenden) Relativierung durch die Nenner, deren Zahl nicht ohne weiteres, ja im Fall der Gütermenge überhaupt nie angegeben werden kann. Damit ist
die Möglichkeit unmittelbar anschaulicher Relation zwischen Geld und Ding
vollends geschwunden in einem letzten Abstraktions- und Verunanschaulich-
ungsprozeß. Nicht nur besteht keine Gleichung, nicht nur keine Proportion,
sondern lediglich Proportion zweier Proportionen zwischen so Unvergleichba-
ren, wie es die Summe aller Geldzeichen und die Summe aller Güter darstellt.
Sodaß nicht nur Dinge nicht mit Dingen verglichen werden können (Naturaltausch), nicht nur nicht mit einem Medium (Geld), sondern überhaupt nicht
verglichen werden kann, da nur Vergleichung mit Vergleichung stattfindet. Je
primitiver das Geld, desto sinnlicher, desto wertvoller seine Substanz. Anders
als auf dieser Basis hätte wohl der große Abstraktions- und Vertrauenssteige-
rungsprozeß der Geldgeschichte gar nicht introduziert werden können. Aber
jetzt ist „sein Funktionswert über seinen Substanzwert hinaus[ge]wachsen"[345].
Die Entwicklung des Geldes zum reinen Geldsymbol ist damit an ihr Non-plus-
ultra gelangt. Geld als ξύμβολον, von dem erstmals Platon gesprochen hat[346], ist
jetzt uneingeschränkt verwirklicht.

---

[345] G. *Simmel,* Philosopie (s. o. Anm. 333), S. 117.
[346] Platon, Rep.371b: Ἀγορὰ δὴ ἡμῖν καὶ νόμισμα ξύμβολον τῆς ἀλλαγῆς ἕνεκα
γενήσεται ἐκ τούτου. Dazu K. *Singer,* Das Geld als Zeichen, 1920, S. 78 f; R. W. *Müller,*
Geld und Geist. Zur Entstehungsgeschichte von Identitätsbewußtsein und Rationalität
seit der Antike, 1981[2], S. 126 f. Zum Geld als Symbol gibt A. *Ignatow,* Die Bedeutung des
Symbols für die moderne Philosophie, in: M. *Lurker* (Hg.), Beiträge (s. o. Anm. 27),
49–59, S. 54 folgende Analyse: Im Unterschied zur klassischen Ontologie des Symbols
„bringt die Entwicklung westlicher Gesellschaften insbesondere im 20. Jahrhundert neue
symbolhafte Bezüge hervor, die eine andere ontologische Qualität aufweisen. Nicht nur
versinnbildlichen sie eine Wirklichkeit, nicht nur repräsentieren sie sie, sondern sie
ersetzen sie immer mehr, sie treten an ihre Stelle ein, sie verselbständigen und ,multiplizie-
ren' sich und weisen die Tendenz auf, sich in eine ganz neue Realität zu verwandeln." Als
typisches Beispiel für solchen Symbolismus zweiter und dritter Potenz nennt *Ignatow* das
Papiergeld. „Die Kehrseite dieses Vorgangs besteht aber darin, daß das Symbolische sich
entleert, autonomisiert und von dem ,klassischen' Typ zunehmend abweicht." Die Entwicklung des Symbols gibt den Blick frei auf „gespensterhafte Fundamente" (55).

So weit war zu gelangen: bis zum schwebenden Charakter des Geldes als fast reinen Zeichengeldes. Der Rückblick auf den durchschrittenen Weg läßt hinter der gegenwärtigen Erleichterung eine schwere, dumpfe Welt erkennen: Welt der Metallbarren, der Schafe, Rinder und Sklaven[347]. Die Rationalisierungsgeschichte des Geldes zeigt, wie mit zunehmender Entwicklung derselbe, dann aber auch ein noch viel größerer Erfolg möglich ist bei Verzicht auf herkömmliche materielle, affektive, rituelle Bindungen. Damit wird gewonnen: größere Freiheit, Distanz zum Druck der Dinge, Lösung aus personalen Verpflichtungen, größere Intellektualität, höhere Geschwindigkeit von sich akkumulierenden und potenzierenden Prozessen. In diesem Prozeß gibt es keinen legitimierbaren vorläufigen Halt. Nehmen wir an, es gelänge, in der reinen Spitze der Geldphilosophie, im Symbolgeld, Stand zu gewinnen, dann stellten sich ein: gänzliche Fazilität des Lebens und ein schönes freies Schweben. Mit einem Wort: Auf der Spitze des Symbolgeldes, gesetzt als realisierte Lebensmöglichkeit, haben wir Erlösung und bedürfen darüber hinaus keiner. Durchgeführte Geldphilosophie ist Erlösung, nicht bloß postuliert, sondern vollbracht[348]. Zugleich ist dies, wie schon zu sehen war, Erlösung in des Wortes ursprünglichstem Sinn. Nicht etwa wird eine sonstwie in sich bestehende Erlösung durch Geld bildlich dargestellt, sondern umgekehrt: erst in der verwirklichten reinen Symbolizität des Geldes ist Erlösung substantiell da[349]. Das war die Geschichte der Geldentwicklung, daß sie

---

[347] Der Kontrast zwischen dieser dumpfen Welt zu dem mit dem Geldzeichen Erreichten läßt sich durch diese Vorschrift des Zend-Avesta illustrieren: Ein Arzt solle für die Heilung eines Hausbesitzers einen schlechten Ochsen fordern, für die eines Dorfvorstandes einen mittelgroßen, für die eines Stadtherrn einen hochwertigen, für die Heilung des Provinzstatthalters aber ein Viergespann; dagegen für die Heilung der Frau des Hausbesitzers eine Eselin, für die des Dorfvorstehers eine Kuh, für die des Stadtherrn eine Stute, für die des Statthalters ein weibliches Kamel (G. *Simmel*, Philosophie [s. o. Anm. 333], S. 119; B. *Laum*, Heiliges Geld [s. o. Anm. 339], S. 44).

[348] G. *Simmel*, Philosophie (s. o. Anm. 333), S. VII f: „Der Sinn und Zweck des Ganzen ist … der: von der Oberfläche des wirtschaftlichen Geschehens eine Richtlinie in die letzten Werte und Bedeutsamkeiten alles Menschlichen zu ziehen. Der abstrakte philosophische Systembau hält sich in einer solchen Distanz von den Einzelerscheinungen, insbesondere des praktischen Daseins, daß er ihre Erlösung aus der Isoliertheit und Ungeistigkeit, ja Widrigkeit des ersten Anblicks eigentlich nur *postuliert*. Hier aber soll sie an einem Beispiel *vollbracht* werden, an einem solchen, das, wie das Geld, nicht nur die Gleichgültigkeit rein wirtschaftlicher Technik zeigt, sondern sozusagen die Indifferenz selbst ist, insofern seine ganze Zweckbedeutung nicht in ihm selbst, sondern nur in seiner Umsetzung in andere Werte liegt. Indem hier also der Gegensatz zwischen dem scheinbar Äußerlichsten und Wesenlosen und der inneren Substanz des Lebens sich aufs äußerste spannt, muß er sich aufs wirkungsvollste versöhnen, wenn diese Einzelheit sich nicht nur in den ganzen Umfang der geistigen Welt, tragend und getragen, verwebt, sondern sich als Symbol der wesentlichen Bewegungsformen derselben offenbart." „Erlöstheit" (S. 131). Zur lösenden Kraft des Geldes und der Geldkultur: S. 297 ff.

[349] W. F. *Kasch*, Geld und Glaube. Problemaufriß einer defizitären Beziehung, in: Ders. (Hg.), Geld und Glaube, 1979, 19–70, formuliert S. 62 die These: „Dynamisches Geld ist … Gestalt gewordener Erlösungs- und Versöhnungsglaube"; deshalb sind „die meisten

zunehmende Lösung vollzieht von einer schwer zu lösenden Verbindlichkeit oder gar von einer unlösbaren. Vollkommene Geldentwicklung im Aufstieg ist insoweit auch vollkommene Erlösung. Daraus ergibt sich: Geld ist an sich selbst Lösegeld; Lösegeld ist nicht Unterart von Geld wie z. B. Falschgeld oder Schmiergeld, sondern bevor es eine solche werden konnte und damit den gewöhnlichen abgeflachten Sinn erreichte, war es *das* Geld. Denn Geld hat an sich lösende Funktion, ist Ablösung von anders unlösbaren dinglichen oder personalen Bindungen, und anders als auf diese Weise kommt keine Lösung zustande.

Was allerdings die präzise Beschreibung dieses Geldziels anlangt, so finden sich bei Simmel zwei verschiedene Akzente. Einerseits erscheint Geld in der Lage, absolut nur Symbol zu sein[350], und zwar so, daß die Reste seiner Vergangenheit ihm nicht mehr – und sei es in einem noch so geringen Maß – als gegenwärtige Bedingungen anhaften. Ist Symbolik im Sinn solcher absoluten, los- und abgelösten Symbolizität möglich und erfüllt, dann ist sie in jeder Hinsicht zu trennen von derjenigen Symbolik, die sich den bleibenden Resten der Vergangenheit zuwendet und dann eher Symbolistik genannt zu werden verdiente[351]. Symbolistik wirkt als Umweg und Kraftvergeudung. Aber Geld lehrt umgekehrt Kraftersparnis und Zweckmäßigkeit und erfordert somit Symbolik[352]. Denn das Geldsymbol erzeugt, indem es sich von ursprünglich anhaftenden materiellen, affektiven, rituellen Bedingungen löst, eine bisher unbekannte Entlastung menschlichen Lebens vom Druck der Dinge. Dies hängt daran, ob der Rationalisierungsprozeß auch tatsächlich bis zu dem Punkt gelangt, da Geld absolut nur Symbol ist, reines Symbol. Aber die Tendenz zur Symbolik muß ständig auf die gegenläufige Tendenz der Symbolistik treffen, die Kraftersparnis auf Kraftvergeudung, Zweckmäßigkeit auf Umweg. Das Geld hat an entgegengesetzten Bewegungen teil: teils ist es, aufsteigend, begriffen in „Symbolisierung" und „Vergeistigung",

---

Begriffe, die das Werk oder die Leistung Christi in der Theologie zur Darstellung bringen, Begriffe des Wertausgleichs" (40). Diese These ist noch nicht präzis genug, weil sie ein Erlösungsbewußtsein schon jenseits der Geld- und Wertverhältnisse voraussetzt, das in diesen Gestalt gewinne. Dagegen geht es hier darum, das Phänomen „Erlösung" ursprünglich aus dem Geld heraus zu beschreiben.

[350] G. *Simmel*, Fragmente und Aufsätze aus dem Nachlaß und Veröffentlichungen der letzten Jahre (hg. v. G. *Kantorowicz*), 1923, S. 44: „Geld ist das einzige Kulturgebilde, das *reine Kraft* ist, das den substantiellen Träger völlig von sich abgetan hat, indem er absolut nur Symbol ist. "

[351] G. *Simmel*, Philosophie (s. o. Anm. 333), S. 124: „nebelhafte[.] Symbolistik mythologischer Weltanschauungen"; S. 127: „naive Symbolistik naiver Geisteszustände. "

[352] G. *Simmel*, Philosophie (s. o. Anm. 333), S. 124: „die Symbolik, die [sc. als nebelhafte Symbolistik] auf den niederen Lebensstufen so oft Umweg und Kraftvergeudung ist, dient auf den höheren gerade einer die Dinge beherrschenden Zweckmäßigkeit und Kraftersparnis. " Cf. zur Kraftersparnis S. 128. – Anselmische Fragen mitten in der Geldlehre! Die Unterscheidung *Simmels* zwischen Symbolistik und Symbolik war bisher in dieser Symbolik präsent als Unterscheidung von Symbol und Zeichen. In dieser Terminologie ist es *Simmel*s Problem, ob das Geld zum reinen Zeichengeld werden kann oder ob es etwas Symbolisches (und Unreines) behält.

teils aber ist es, wiederum absteigend in Richtung Symbolistik, „Verkörperung"[353]. Daher ist von einer reinen Symbolizität des Geldes nicht uneingeschränkt zu reden. Anderseits stellt Simmel nämlich fest, daß die Entwicklung des Geldes der reinen Symbolizität nur asymptotisch zustrebt, ohne sie jemals zu erreichen[354]. Dies nicht aus inneren Gründen, die wohl auf eine gänzliche Symbolisierung hingetrieben hätten, sondern es sind menschliche Rücksichten, die hemmend wirken. Die gänzliche Unanschaulichkeit der Vergleichung zwischen Geldproportion und Güterproportion bedarf, um nicht ins Bodenlose zu fallen, eines supponierten Haltes, der dadurch zustande kommt, daß der nicht völlig aufgehobene Residualwert des Geldes als Geldmaterie mit seiner Anschaulichkeit in die allgemeine Unanschaulichkeit einspringt, indem er direkte Vergleichbarkeit zwischen Ware und Geld wenigstens suggeriert[355]. Angesichts dieses Relikts von Geldsubstanz erhebt sich die Frage: Zufälliger, bloß gestatteter Rest? Oder notwendiges Stimulans, das die reine Rationalität des Geldsymbols nicht hätte aus sich heraus erzeugen können?[356] Hier legt sich nahe, den bei Simmel vorherrschenden Begriff des Symbols (anstelle desjenigen des Zeichens) als Signal dafür zu nehmen, daß ein unaufgelöster Rest im Spiel ist, über den sich erst das Zeichen in freier Setzung erhebt. Handelt es sich aber in diesem Sinn beim Geld um ein Symbol, dann ist auch Erlösung ein bloßes Ideal, dem die Geldentwicklung zwar zustrebt, das es aber niemals erreicht, weil eine residuale Unerlöstheit nach wie vor wirksam ist.

Zeigt sich also immer beides: sowohl die Tendenz des Geldes zum reinen Zeichengeld, zur gänzlichen Leichtigkeit des Lebens „gleichsam in freischwebenden Prozessen"[357], wie umgekehrt zum Schwerwerden des Lebens, je mehr es an die unverhüllten Dinge streift, so ist es die Frage, ob sich diese beiden Bewegungen irgendwo berühren, ob sie gar einen einheitlichen Ursprung haben. Aber nach Simmel koinzidieren beide Reihen nie[358], die Welt der Wirklich-

---

[353] G. *Simmel,* Philosophie S. 123: „die innere Geschichte der Menschheit zeigt ... ein fortwährendes Auf- und Absteigen ...; auf der einen Seite wächst die Symbolisierung der Realitäten, zugleich aber werden, als Gegenbewegung, stetig Symbole aufgelöst und auf ihr ursprüngliches Substrat reduziert." Daher einerseits „Symbolisierung" (126), „Vergeistigung" (190), anderseits „Verkörperung" (121).

[354] G. *Simmel,* Philosophie S. 136.

[355] G. *Simmel,* Philosophie S. 136f.

[356] Nicht zufällig stößt *Simmel* angesichts des bleibenden materiellen Restes im Geldsymbol auf den Begriff des Unbewußten (106. 108. 137ff), damit aber auch wiederum auf „die naive Symbolistik naiver Geisteszustände" (127), die mitten in der Symbolik präsent bleibt.

[357] G. *Simmel,* Philosophie S. 122; cf. 135. 151.

[358] G. *Simmel,* Philosophie S. 7: „Vielleicht gibt es einen Weltgrund, von dem aus gesehen die Fremdheiten und Divergenzen, die wir zwischen der Wirklichkeit und dem Wert empfinden, nicht mehr bestehen, wo beide Reihen sich als eine einzige enthüllen ..." S. 135: „Die Wirklichkeit der Dinge ... weiß ... nichts von Werten ... Der Wert der Dinge ... schwebt über ihnen wie die platonischen Ideen über der Welt: wesensfremd und eigentlich unberührbar ..."

keit und der Dinge berührt sich nicht mit der Welt des Wertes und des Symbols. Somit ist Äquivalenz in der Simmelschen Geldphilosophie kein sinnvolles Problem. Wirklichkeit und Wert, Ding und Symbol bleiben „gleichsam zwei verschiedene Sprachen"[359], d. h. Dingsprache einerseits und Sprachsprache anderseits. Zugleich sind sie zwei verschiedene Welten, Welt der Dinge einerseits, Welt des Geldes anderseits. Diese ist, aus dem Material der alten, eine neue, ästhetische Welt[360]. Aber dies läuft ja darauf hinaus, daß die ablösende Kraft des Geldes, die Erlösung zur Wirklichkeit machte, in Wahrheit nur die Wiederholung der Grundabgelöstheit von Ding und Sprache und also Leerlauf ist. Was sich von vornherein nicht berührt, kann sich nicht ablösen: es war noch nie beieinander. Die Erlösung durch Geld ist dann gar nicht so sehr ein Geschehen aus der Kraft des Geldes, sondern ist bereits als Grunddiastase zwischen Welt der Dinge und Welt der Sprache vorausgesetzt. Statt daß sie erworben werden müßte, ist Erlösung nur allzusehr bereits da. Damit wird deutlich, daß Ablösung nur sinnvoll geschehen kann bei anhaltender Wirkung einer Gegenkraft, die als die Forderung nach Äquivalenz zu bezeichnen ist. Der Äquivalenz als Gegenkraft wird der Stachel gezogen, wenn das Geld sie bereits durch sich selbst darstellen soll. Hat nämlich das Geldsymbol als absolutes Mittel sich selbst zum Mittel, dann ist Äquivalenz bereits sein eigenes Wesen[361]. Geld mißt alles, ohne gemessen zu werden. Indem es in absoluter Mittelhaftigkeit alle externen Kriterien in sich hineinzieht, bleibt außer ihm nichts von ihnen übrig. Geld ist am besten Geld in reiner Selbstrückbezüglichkeit, in reiner Geldimmanenz – womit in Analogie zum Terminus der Sprachsprache das Geldgeld entsteht. Auf solche Weise wird die Forderung der Äquivalenz – dieser Repräsentant des Drucks der Dinge im Geldzusammenhang – entnervt, unfähig zur Gegenkraft. Ist aber keine Gegenkraft, dann auch keine Kraft. Die behauptete Ablösungskraft des Geldes ist nur leere Wiederholung seiner Grundabgelöstheit. Soll aber die Leistung des Geldes durch die Kategorie der Ablösung zum Ausdruck kommen[362], so bedarf es zu ihrer Kraft der ungeschmälerten Gegenkraft der Äquivalenz.

Bereitet sich in dieser Weise die Peripetie des Geldes von seinem Aufstieg zu

---

[359] G. *Simmel*, Philosophie S. 7.

[360] G. *Simmel*, Philosophie: „Welt des Geldes" (134); „die Entdeckung einer neuen Welt aus dem Material der alten" (120); „ästhetische Welt" (121).

[361] Geld als „absolutes Mittel" bei G. *Simmel*, Philosophie S. 203. 206. 219 u. ö. Das Geld ist nämlich „nichts als der Träger einer Bewegung, indem eben alles, was nicht Bewegung ist, völlig ausgelöscht ist, es ist sozusagen actus purus" (583). W. F. *Kasch*, Zur Äquivalenzproblematik des Geldes, in: Acta Monetaria 3, 1979, 147–159, hat S. 151 f die Äquivalenzproblematik bei *Simmel* so beschrieben: „Ist Geld nämlich das reine Mittel, das Dinge zu wirtschaftlichen Werten macht, dann ist Äquivalenz einfach sein Wesen. ... Es ist nicht Funktion von etwas, sondern der schöpferische Geist selber als Äquivalenz."

[362] H. *Blumenberg*, Geld oder Leben. Eine metaphorologische Studie zur Konsistenz der Philosophie Georg Simmels, in: H. *Böhringer*/K. *Gründer* (Hgg.), Ästhetik und Soziologie um die Jahrhundertwende: Georg Simmel (Stud z. Lit. u. Phil. d. 19. Jh. 27), 1976, 121–134. Zur „Ablösung" S. 122. 124. 130.

seinem Abstieg vor, so zeichnet sich ab, daß eine undialektische Darstellung sein
Wesen verfehlt[363]. Die Geschichte des Geldes ist vornehmlichste Erinnerung an
seine Dialektik. Philosophie des Geldes führt in die Spanne, die zwischen älte-
stem und jüngstem Geld besteht. Als jüngstes Geld, im Aufstieg zum Symbolgeld, wird es nahezu Sprache, ohne je ganz Sprache zu sein. Obgleich zur
Lösung der Verbindlichkeit weder Schafe, Rinder und Sklaven herzutreten
müssen, noch gar ich mit mir selbst, sondern bloße Nennung eines Zahlwortes
auf dem Scheck die ganze Welt in ein freies Fiat konzentriert, so bleibt doch die
Bedingung im Hintergrund, daß allererst etwas da sein müsse. Dieses Etwas
hindert das Geld, je-ganz Sprache sein zu können. Was ist dies Etwas? Wir

---

[363] Es ist die Klage der Philosophie des Geldes gegen die Geldtheorie, daß diese sich auf
die Funktionalität des Geldes beschränke, ohne die Frage nach seinem Wesen zu stellen; s.
W. F. *Kasch,* Äquivalenzproblematik (s. o. Anm. 361) S. 148; F. *Wagner,* Geld oder Gott?
Zur Geldbestimmtheit der kulturellen und religiösen Lebenswelt, 1984/5, S. 17 ff. Die
nationalökonomische Geldtheorie geht einfach vom Dasein des Geldes aus, ohne nach der
Bedingung seiner Möglichkeit zu fragen: That which does the money-work is the money-
thing (F. A. *Walker,* bei F. *Wagner,* aaO. 19; cf. A. *Burghardt,* Soziologie [s. o. Anm. 330],
S. 18. 23). Dies scheint aber auch, obgleich *Simmel* beansprucht, keine Zeile seiner
Untersuchungen sei nationalökonomisch zu verstehen (Philosophie, S. VII), das Ende
seiner Geldphilosophie zu sein, die dem bloßen Funktionalismus die Substruktur liefert,
indem sie (wenigstens der Tendenz nach) die Funktion in undialektischer Weise zur
Substanz macht. Aber es ist ein Unterschied, ob die Geldtheorie einfach Geld aus Geld
erklärt in selbstrückbezüglicher Weise und damit eine „tautologisch-zirkuläre Anfangs-
definition" gibt (F. *Wagner,* aaO. 19 ff) oder ob, wie bei *Simmel,* eine Geschichte des Geldes
erzählt wird, die sich sogar davor hütet, am Ende in den reinen Funktionalismus einzu-
stimmen, von dem sie nur unter Vorbehalt eines substantiellen Restes spricht. Dadurch ist
bei *Simmel* trotz undialektischer Tendenz allein zum Aufstieg der Stoff zur Dialektik
vorhanden. Die Geschichte des Geldes ist Platzhalterin der Frage nach seinem dialektischen Wesen. Die Behauptung F. *Wagners,* die Geschichte des Geldes sei „gleichgültig"
(97), zieht die Konsequenz nach sich, daß der Geldbegriff – wie bei *Wagner* durchweg – in
die reine, sogar verabsolutierte Funktionalität gebannt bleibt, und dies trotz der Klage, das
Wesen des Geldes sei damit noch nicht erkannt. Verabsolutierung des Geldes ist Folge
geschichtsloser Betrachtung. In der Tat muß die leer in sich kreisende Selbstrückbezüglichkeit des Geldes (als eines nicht so sehr absoluten als verabsolutierten Mittels) zum
Stillstand gebracht werden, was durch die Frage nach seiner Konstitution geschieht
(*Wagner* 66). Aber wie soll die Frage nach der Konstitution des Geldes anders angegangen
werden als durch seine dialektisch auf- und absteigende Geschichte? Dagegen bleibt bei
Wagner das Geld in strenger Monotonie, sei es an sich selbst (59 ff), sei es als Paradigma für
die kulturellen Manifestationen verabsolutierter Kommunikation auf der Geldstufe des
Bewußtseins (71 ff), dasjenige Mittel, das einzig sich selbst als Inhalt besitzt und sich damit
von der Konstitutions- und Begründungsproblematik gelöst – verabsolutiert – hat.
Erscheint aber das Geld geschichtslos nur im Zustand seiner Verabsolutierung (den zu
betreten *Simmel* sich gehütet hat) und unter der einzigen Alternative Geld oder Gott? (s.
Mt 6,24//Lk 16,13: der einzige von *Wagner* [7.102] gebrauchte biblische Geldbeleg), dann
ist seine Fähigkeit zum soteriologischen Symbol des Lösegeldes (wovon die anderen
biblischen Geldbelege handeln) verspielt. Lösegeld als soteriologisches Symbol ist im
Kontext *Wagners* sogar ausgeschlossen.

müssen dazu vom jüngsten absteigen zum ältesten Geld, das, als primitives Geld, nahezu Ding ist, ohne je ganz Ding sein zu können. Hier steht die Frage nach der Konstitution des Geldes zur Verhandlung. Denn das Ding ist durchaus immer nur es selbst, und wie überhaupt Ding zu Geld werden kann, das ist bei aller am Tag liegenden Dinglichkeit primitiven Geldes eine offene Frage.

b) Der Abstieg zum Opfer

Zur Durchführung der Frage nach der Konstitution des Geldes ist seine Geschichte von Bedeutung, und damit Aufstieg und Abstieg. Sind wir beim Aufstieg zum Geldsymbol nahezu bis zur Sprache gelangt, so doch nur nahezu: deshalb blieb selbst im höchsten Aufstieg ein wenn auch noch so geringer Abstieg präsent. Dieser ist jetzt aber nicht als unwillkürlicher Rest, sondern als beabsichtigter Weg zu vollziehen. Dabei leitet die Erinnerung an das Wort vom Kreuz: wie das Kreuz, so soll auch Geld nicht zu bloßem Symbol und Chiffre entleert werden, sondern die volle Lebenssubstanz muß präsent bleiben, im Kreuz ebensowohl wie im Geld. Das Geldsymbol *war* einmal substantiell. Durch Nacherzählen nach rückwärts kann die im Geld verborgene Lebenssubstanz freigelegt werden. Dieser Rückgang zielt schließlich auf die Frage nach dem Ursprung des Geldes. Ist Geld φύσει oder θέσει (νόμῳ) entstanden[364]? Welche Wissenschaft entwickelt Kategorien zur Klärung des Ursprungs des Geldes? In welcher Relation steht diese Frage zur parallelen nach dem Ursprung der Sprache? Wenn νόμῳ, handelt es sich dann um Erfindung oder eher Entdeckung oder – noch vorsichtiger – um Entstehung?[365] Wenn aber φύσει, heißt dies, daß Geld naturwüchsig und unmerklich aufsteigt?[366] Oder man müßte, wie Simmel, die Sophistikationen der Frage nach dem Ursprung des Geldes ebenso vermeiden, wie diejenige nach dem letzten Aufstieg und Ende des Geldes durch einen letzten Vorbehalt vermieden wurde[367].

Den ersten für den Abstieg vom Geldsymbol entscheidenden Schritt hat E. Curtius getan. Es war ein antikonventionalistischer Schritt. Was frühe griechische Münzen anlangt, so fragt Curtius nach der Bedeutung der Prägung und ihrem Symbol: wo kommt sie her, von der Polis oder vom Kultus? Der gewöhnlichen Ansicht, die Münze sei zweckmäßige Einrichtung des Staates, setzt Curtius die abweichende entgegen, die religiösen Ursprung der Münze behaup-

---

[364] J. A. *Schumpeter,* Das Wesen des Geldes, 1970, 42; G. *Schmölders,* Psychologie des Geldes, 1966, 18 f; ders., Einführung in die Geld- und Finanzpsychologie, 1975, 7 f.

[365] Gegen die rationalistische These der Erfindung A. H. *Müller,* Versuche einer neuen Theorie des Geldes mit besonderer Rücksicht auf Großbritannien (1816), 1922, S. 140: „Das Geld ist so wenig als der Staat, oder die Sprache eine Erfindung."

[366] G. *Schmölders,* Psychologie (s. o. Anm. 364) S. 28: „Der Begriff des Geldes . . . ,steigt schattenhaft verschwommen aus allerlei geschenkten oder zum Tausch verwendeten Gegenständen auf und verdichtet sich unmerklich zu erkennbaren Geldformen, aber er bleibt allseits ohne feste Konturen'" (Zitat A. M. *Quiggin*).

[367] G. *Simmel,* Philosophie (s. o. Anm. 333), S. 66.

tet. Der Tempel ist das älteste Geldinstitut, die Götter sind die ersten Kapitalisten[368]. Sei es zur Schatzverwahrung, zur Finanzierung von kriegerischen oder kolonisatorischen Unternehmen, sei es vor allem zur Abwicklung des Kultverkehrs am Ort: das Bedürfnis zur Münzprägung entstand in und am Rande des Kultus. Vor allem der Pilgerverkehr, der seitens des Heiligtums eine sächliche Leistung erforderte, die ein Pilger nicht seinerseits mit Sachen entgelten konnte, machte die Einführung geprägten Tempelgeldes erforderlich. Daraus schließt Curtius aufs Ganze, daß alle griechische Münze einmal sakral gewesen sei und erst sekundär aus der Hand der Priesterschaft in diejenige des Staates übergegangen ist. Die Frage nach dem Ursprung des Geldes – vom Staat oder vom Kult? profan oder sakral? – hätte somit ihre eindeutige Antwort gefunden: „Alles hellenische Geld ist sakral"[369]. Diese schlichte Antwort setzt allerdings die Frage frei: Was hat sich durch den sakralen Ursprung der Münze am Konventionalismus der νόμῳ-Hypothese geändert? Nichts! Wäre die Münzprägung von staatswegen direkte Verwirklichung des Konventionalismus, so ist die Entstehung der Münze zu Kultzwecken dasselbe noch einmal, nur von der Polis in den Tempel verlegt. Immerhin war ein historischer Widerspruch gegen die staatliche Theorie des Geldes formuliert, noch bevor diese laut wurde[370].

Um die νόμῳ-Hypothese vom Ursprung des Geldes selbst in ihrer sakralen Variation dem Druck der Veränderung auszusetzen, bedarf es einer Präzisierung dessen, was Kult ist. Hier hat B. Laum den zweiten, entscheidenden Schritt im Abstieg vom Geldsymbol getan. Kultus ist nicht einfach Verkehr auf sakralem Boden in sakraler Weise. So wäre Sakralität nur vorausgesetzt, nicht aber erklärt. Vielmehr ist Kultus im Zentrum Opfer. Die Spanne von Opfer bis Münze umfassend formuliert Laum: „Die Münze ist Stellvertreter des Originalopfers"[371]. Diese These eröffnet in der Symbolik des Todes Jesu erstmals eine Verbindung vom Symbol des Geldes zu dem des Opfers: der Abstieg vom

---

[368] E. *Curtius,* Ueber den religiösen Charakter der griechischen Münzen (1869/70), in: Ders., Ges. Abhandlungen Bd. II, 1894, 443–459, stellt S. 443 die Frage, „ob ... das Symbol der Gottheit als Stadtwappen und von Staatswegen auf die Münze gesetzt worden sei, oder ob dieselbe in einem näheren und unmittelbaren Verhältnisse zu dem Cultus stehe, von welchem das Symbol entlehnt ist." *Curtius* fährt fort: „Das Erstere entspricht der gewöhnlichen Ansicht; indessen führen mancherlei Erwägungen zu einer abweichenden Auffassung." Eine erste Antwort: „Die Götter waren die ersten Capitalisten in Griechenland, ihre Tempel die ältesten Geldinstitute" (444).

[369] E. *Curtius,* aaO. 448. „... da doch entweder vom Staate oder von den Priestern der Anfang der Münzprägung ausgegangen sein muß, [so darf man] zu der Ansicht kommen, daß alle hellenische Münze einmal eine heilige, alles Geld Tempelgeld gewesen sei, daß also, wie Maß und Gewicht, Zeiteintheilung und Kalender, so auch das Münzwesen von den Priesterschaften ausgegangen und erst später in die Hände des Staates übergegangen sei" (449).

[370] G. F. *Knapp,* Staatliche Theorie des Geldes, 1905.

[371] B. *Laum,* Heiliges Geld (s. o. Anm. 339), S. 146; ders., Art. Geld: I. Religionsgeschichtlich, RGG² II, 1928, 970–971. An *Laum* schließt sich mit psychoanalytischem Einschlag an: W. H. *Desmonde,* Der Ursprung des Geldes im Tieropfer (1957), in: E.

Geldsymbol zu der darin nahezu entleerten Lebenssubstanz endet offenbar erst beim Opfer. Die Münze als Stellvertreter des Originalopfers wird so illustriert: Im Asklepiosheiligtum des sizilianischen Himera war es zunächst so, daß der Gott vom Geheilten wie üblich als Opfertier den Hahn erhielt, der ihm zustand, dann aber das Abbild des Hahns, in Münze geprägt, als Weihegabe des Geheilten. Das Opfer geschieht im Austausch mit der Leistung des Heilgottes zuerst in der Gestalt eines Naturalgutes, dann durch eine Münze, sodaß die Stufenfolge Naturalwirtschaft-Geldwirtschaft deutlich vor Augen steht[372]. Münze als Münze ist immer Ablösung einer ursprünglicheren Währung, in der hätte bezahlt werden müssen, und dies bei gleichgebliebener Schuld. Das Entstehen von Münzgeld ist zu betrachten im Zusammenhang mit dem allgemeinen Phänomen des Ablösungs- und Übertragungswesens, das nicht nur als Ablösung vom Kult stattfindet, sondern das dieser bereits in sich trägt, ja an sich selbst ist. Wenn es gilt, substantielles und funktionelles Element der Münze zu unterscheiden, so ist nicht einfach das substantielle religiös, das funktionelle profan, sondern die Funktionalisierung der Substanz findet bereits im und durch den Kult statt. Keineswegs ist Kultus reine Substanz an sich selber, sondern er ist eine wenn auch noch so geringe Lösung von einer vorausgehenden substantielleren Forderung. Um so weniger muß die Münze antikultisch sein, als sie dessen innere Rationalität nur ihrerseits potenziert. Faktisch kann die Münze allerdings eine Wirkung entwickeln, die die traditionale Gestalt des Kultus auflöst. Aber ursprünglich gehört sie in den Kult[373]. Was trägt die Präzisierung des allgemeinen Gesichtspunkts des Kultus durch das Opfer zur Korrektur der νόμῳ-Hypothese bei? Wenn der Substitutionsweg des Geldes rückwärts gegangen wird und hinter dem Prägestempel der Hahn, dann vielleicht das Schaf und schließlich das Rind erscheint, so ist dies wohl zunehmende Substantialisierung; aber indem Laum formuliert, das Rind sei „das vom Staate als Opfer festgesetzte Gut"[374], reicht die nominalistische Hypothese selbst in den kultischen Ursprung des Geldes unverändert hinein. Nur dasjenige Rind, das nicht von sich selbst her spricht, muß von staatswegen zum Sprechen gebracht werden. Konstatiert Laum schließlich, „daß die Wurzel des Nominalismus in der sakralen Sphäre liegt"[375], so droht sich die eigentliche Kraft seiner Entdeckung zu verflüchtigen, die stark genug gewesen wäre, weniger den Nominalismus als solchen zu begründen als ihn aus sich selbst zu vertreiben.

Borneman, Psychoanalyse des Geldes. Eine kritische Untersuchung psychoanalytischer Geldtheorien, 1977, 134–151.

[372] B. *Laum*, Heiliges Geld, aaO. 147.

[373] B. *Laum*, aaO. 155: „Tatsächlich erfolgt die Erschaffung funktioneller Entgeltungsmittel in der sakralen Sphäre, indem hier wirtschaftlich wertvolle Güter durch wertlose Symbole ersetzt werden, die die gleiche Geltung haben. Das Zeichengeld ist im Kult entstanden."

[374] B. *Laum*, aaO. 25.

[375] B. *Laum*, aaO. 125.

Erst in dem Moment wird der sakrale Ursprung des Geldes zu mehr als einer bloßen Wiederholung des politischen Nominalismus im Bereich des Kultischen, wenn das Wort νόμος seine Vergangenheit verrät. Dieser dritte und letzte Schritt beim Abstieg vom Geldsymbol führt νόμος von seiner üblichen Bedeutung zurück zu seinem ursprünglichen Ort in der Verteilung des Fleisches. Damit erscheint hinter der νόμῳ-Hypothese des Ursprungs des Geldes die Ursituation der Opfermahlzeit, in der Zerlegen und Zuteilen (νέμειν) des Fleisches die Szene strukturiert. Da außerhalb von Opfermahlzeiten kein Fleischgenuß möglich war, untersteht jeder Nicht-Vegetarier der konkurrenzlosen Formkraft dieser Szene. G. J. Baudy, der diesen dritten Schritt zum ersten Mal durchgeführt hat, geht so weit, sogar die Struktur der Polis auf die mikrokosmische Tischordnung der Familie zurückzuführen, in der durch Zuteilung des Fleischanteils der Status eines jeden in Zusammenhang und Differenz definiert wird[376]. Verteilung des Fleisches konstituiert soziale Ordnung. νόμος konnte zu einem Terminus des Rechts werden, weil die Verteilung der Fleischnahrung schon immer Recht konstituierte und symbolisierte. Erst jetzt hat sich die νόμῳ-Hypothese für den Ursprung des Geldes – der rationale Konventionalismus – selber substantialisiert, indem hinter dem profanen Sprachgebrauch der sakralrechtliche samt der dazugehörigen archaischen Szene auftaucht. Diese Archaisierung von der bloßen konventionellen Setzung bis zur Verteilung des Fleisches ist dem Nominalismus aufzuerlegen, wenn er sich dem Ursprung des Geldes nähert. – Im einzelnen sind es vielfältige Spuren, die auf die Beziehung zwischen Geld und Zuteilung von Fleisch bei der Opfermahlzeit verweisen. Etwa das spartanische Eisengeld in der Form von Sicheln: ursprüngliches Opferrequisit, das Messer zum Schlachten des Opfertiers[377]. Oder griechische Dreifüße und Kochtöpfe als Entgeltungsmittel, die begreiflicherweise zu diesem Zweck nicht erfunden wurden: ursprünglich mit Fleischportionen gefüllt weisen sie auf die Opfermahlzeit zurück, sie sind Stücke, aus dem Opferzusammenhang gerissen, vormonetäres Geld[378]. Signifikant etwa die Vorgeschichte der griechischen Münzeinheit Obolos: ursprünglich ein dünner Eisenspieß, massenhaft in heiligen Bezirken ausgegraben. Aber dies ist die ungünstigste Gußform von Eisen; Roheisen ist leichter

---

[376] G. J. *Baudy*, Hierarchie oder: Die Verteilung des Fleisches. Eine ethologische Studie über die Tischordnung als Wurzel sozialer Organisation, mit besonderer Berücksichtigung der altgriechischen Gesellschaft, in: B. *Gladigow*/H. G. *Kippenberg* (Hgg.), Neue Ansätze in der Religionswissenschaft, 1983, 131–174. Nachdem bereits B. Laum festgestellt hatte: „Νόμος, womit später ganz allgemein das staatliche Gesetz bezeichnet wird, bedeutet ursprünglich die ‚Verteilungsordnung', und zwar ist speziell das Kultgesetz νόμος genannt, weil es die Zuteilung der Opfergaben ordnet" (aaO. 29), gelangt G. J. *Baudy* zu der These: νόμος „müßte ... ursprünglich die Verteilung des Fleisches bedeutet haben, bevor der Sinn des Wortes sich in Richtung eines allgemeinen Sitten- und Gesetzesbegriffs entspezifizierte" (157). Zum Zusammenhang Familie-Polis S. 153 ff.

[377] B. *Laum*, Das Eisengeld der Spartaner, in: Verzeichnis der Vorlesungen an der Akademie zu Braunsberg im Winter 1924/25, 1924, S. 54 f.

[378] B. *Laum*, Heiliges Geld (s. o. Anm. 339), S. 119.

in Kuchen- oder Barrenform zu gießen, zumal wenn die Entstehung der Münze schon in Reichweite gewesen wäre. Aber der Spieß hatte seine Bedeutung allein um der Fleischportion willen, durch die seitens des Opferherrn naturale Entgeltung an Gläubiger und also Kommensalen stattfand. Es finden sich διώβολον, τριώβολον und πεντώβολον: zunächst zwei- bis fünfzackige Opferbratspieße, dann aber auch Münzeinheiten[379]. Damit trat Münze an die Stelle des Schaschlikspießes und erhielt in „rekurrentem Anschluß"[380] den prämonetären Namen Obolos. Also zeigen sich drei Substitutionsfolgen: Bratspieß mit Fleisch, Bratspieß ohne Fleisch, Münzeinheit gleichen Namens. Aber bei der Münze ist dann tatsächlich nur der Name übrig geblieben. Ähnliche Reihen lassen sich im römischen Bereich für fiscus und sportula nennen: ursprünglich Körbchen, in denen die Fleischportion beim Staatsopfer ausgeteilt wurde[381]. Daraus ergibt sich: Nicht nur tauchen hinter Münznamen prämonetäre Geldformen desselben Namens auf, sondern es erscheint der Opferkultus selbst als diejenige Urszene, in der die bisherigen Metallrequisiten ihre Funktion haben.

Bisher wurde die kühle Münze zurückverfolgt bis zum vormonetären Metall in Rückschiebung skurrilster Verschiebungen. Warm war das Metall allenfalls durch die Fleischportion, zu deren Gewinnung oder Darreichung jene Geräte dienten. Auch die Opfergabe selbst, Substanz und Zentrum des Opfers, gehört in die Vorgeschichte des Geldes. „Geld (gelt)" ist Opfer[382]. Daher hat sich nicht nur die metallische Opfergerätschaft, sondern auch das Opferfleisch den Finanz- und Geldausdrücken eingeschrieben. Das römische As, ältestes Münzgeld, dürfte auf das Bratenstück (assum) zurückgehen[383]. Bekannt ist die Herkunft von pecunia aus dem Viehkapital[384]. Die unpraktische Zahlungseinheit des Rindes ist unteilbar nur im Handel, teilbar aber im Opfer, woraus Stückelung und Tranche sich leicht ergeben. Jedem das Seine: dem Bürgermeister das Bürgermeisterstück (Filet), dem Priester der Schinken[385]. Dieses warme oder immerhin vom

---

[379] B. *Laum,* Heiliges Geld 56. 106 ff; G. *Thilenius,* Primitives Geld (s. o. Anm. 332), S. 28.

[380] G. F. *Knapp,* Staatliche Theorie des Geldes (s. o. Anm. 370), S. 12. 19.

[381] B. *Laum,* Über die soziale Funktion der Münze (s. o. Anm. 242), S. 139 ff.

[382] J. u. W. *Grimm,* Deutsches Wörterbuch IV/I, 2, 1897, Sp. 2890 f; B. *Laum,* Heiliges Geld (s. o. Anm. 339), S. 39 f; H. *Kurnitzky,* Triebstruktur des Geldes. Ein Beitrag zur Theorie der Weiblichkeit (Diss. phil. Berlin 1974), 1980², S. 30 f.

[383] B. *Laum,* Ueber das Wesen des Münzgeldes. Eine historisch-begriffliche Studie, in: Verzeichnis der Vorlesungen an der Staatl. Akademie zu Braunsberg im Sommersemester 1929, 1929, S. 43.

[384] B. *Laum,* Heiliges Geld (s. o. Anm. 339), S. 105. Pecunia weist auf die alte Viehwährung zurück; „Vieh" (pecus) ist das Ganze, das „Stück Vieh" die Einheit. Zu „Kapital" und den capita der Herde s. B. *Laum,* Viehgeld (s. o. Anm. 332), S. 43. – Der englische Ausdruck für geldliche Entlohnung „fee" teilt mit „Vieh" dieselbe Etymologie: s. M. *Müller,* Vergleichende Mythologie (1856), in: Ders., Essays II, 1881², 1–129, S. 24.

[385] B. *Laum,* Ueber das Wesen des Münzgeldes (s. o. Anm. 383), S. 42: „Der Schinken ist der Lohn des Priesters wie er überhaupt zum Gehalt der höheren Beamten gehört." S. a. B. *Laum,* Heiliges Geld, S. 50 f. Zur umstrittenen Etymologie von „schenken"/„Ge-

Opferfeuer erwärmte Fleisch ist unterster Grund allen Geldes: das Belebte eines später Unbelebten. Daß es überhaupt zu einer Geschichte von Opfergaben kommt, ist keineswegs selbstverständlich, denn Hahn ist Hahn, Rind, Rind; jede Naturalgabe kann nur identisch bleiben. Sobald aber gesagt wird: Hahn ist nicht Hahn, Rind ist nicht Rind, hebt der metaphorische Prozeß an, und es entsteht eine Geschichte der Opfergaben. Ohne Substitution keine Geschichte. Geschichte der Opfergaben ist eo ipso Vorgeschichte von Geld. In einer prometheischen Mischung von List und Konservativismus geht es jeweils darum, eine Übertragung von Substantiellem auf Substanzloseres so durchzuführen, daß die Ablösungsangst gebannt bleibt. Dies tut das Symbol. Anfangs- und Endpunkt der Substitutionsgeschichte des Opfers sind also Realopfer einerseits, Symbolopfer anderseits; die Zwischengebilde sind vielfältig. Mensch, Rind, Schaf, Ziege, Hahn; dann – Schritt vom Belebten (ἔμψυχον) zum Unbelebten (ἄψυχον)[386] – Öl, Wein, Brot, Kuchen; aber dann auch, gerade beim letzteren, Verkleinerung des Originals, Minderung des Gehalts, abnehmende Substanz, und über dem allem: zunehmende symbolische Kraft[387]. Bis schließlich, um die ideale Reihe zu vollenden, die Schwelle überschritten wird, die den Stoff vollends substituiert, und allein das Wort in die bisherige Funktion eintritt: damit ist ein letzter, nicht mehr zu überholender Schritt der Ablösung vollzogen. Wie jetzt beim Geld nahezu das Wort allein genügt, als Heischewort, als Anweisung auf eine zukünftige Deckung, so genügt beim Opfer das reine Votum, die εὐχή:

---

schenk" – ob von „Schinken"/„Schenkel" oder von „schenken" (libare) – s. J. *Grimm*, Über Schenken und Geben (1848), in: Ders., Kleinere Schriften II. Abhandlungen zur Mythologie und Sittenkunde, 1865, 173–210, S. 179. 204f; B. *Laum*, Schenkende Wirtschaft. Nichtmarktmäßiger Güterverkehr und seine soziale Funktion, 1960, 84ff.

[386] Es war Aufgabe des Dichters, τὰ ἔμψυχα ἄψυχα ποιεῖν und umgekehrt, τὰ ἄψυχα ἔμψυχα ποιεῖν (s. o. Anm. 134). Dazu s. u. Anm. 567.

[387] Daß zunehmende Entsubstantialisierung zunehmende symbolische Kraft hervorbringe, ist Grundsatz der Symbollehre des Neuplatonismus. Dazu P. *Crome*, Symbol und Unzulänglichkeit der Sprache (s. o. Anm. 32), S. 165: „Dabei zeigt sich, daß die kleineren Verkörperungen den größeren überlegen sind. ... Das Göttliche emaniert und hypostasiert sich durch alle Abstufungen des Seins hindurch. Die einzelnen symbolischen Gestalten, die es dabei annimmt, geben immer das Ganze wieder. Je kleiner der Anteil des Sinnlichen dabei ist, desto größer ist die innewohnende Kraft des Göttlichen." Dies ist formuliert im Blick auf Proklos, Περὶ τῆς καθ' Ἕλληνας ἱερατικῆς τέχνης (CMAG Bd. VI: Michel Psellus, ed. J. *Bidez*, Brüssel 1928, 148–151, S. 150, 5ff): Καὶ τὸ θαυμαστὸν ὅπως ἐν τούτοις τὰ ἐλάττονα δυνάμει τε καὶ μεγέθει τοῖς κατ' ἄμφω κρείττοσίν ἐστι φοβερά · ὑποστέλλεται γὰρ ὁ λέων, φασί, τὸν ἀλεκτρυόνα. Τὸ δὲ αἴτιον ἀπὸ μὲν τῆς αἰσθήσεως οὐκ ἔστι λαβεῖν, ἀπὸ δὲ τῆς νοερᾶς ἐπιβλέψεως καὶ τῆς ἐν τοῖς αἰτίοις διαφορᾶς. Ἐνεργεστέρα γοῦν ἐστιν ἢ τῶν ἡλιακῶν συμβόλων εἰς τὸν ἀλεκτρυόνα παρουσία. – Denselben Gedanken verfolgt in der Geldphilosophie G. *Simmel*, Philosophie (s. o. Anm. 333), S. 122ff.

Daß Symbolisierung und damit Entsubstantialisierung konstitutionell zum Opfer gehört, spricht bereits Servius aus (In Aen. II, 116): In sacrificiis simulata pro veris accipiuntur.

Heischewort, Versprechen zukünftiger Deckung. Aber dies greift weit voraus. Es hat sich gezeigt: Münznamen weisen nicht nur zurück auf metallische Requisiten am Rand des Opferkults, sondern zielen sogar ins fleischerne Zentrum des Opfers selbst. Nur auf dem Hintergrund des geschuldeten Realopfers wird die Funktion des Geldes transparent. Geld symbolisiert und wirkt dadurch lösend. Ist Geld an sich, wie zu sehen war, Lösegeld, so gilt des weiteren: „Lösegeld ist also Opferersatz"[388]. Aber Ende des Lösegelds – am Ende des Abstiegs vom Geldsymbol – ist dann ersatzlos fälliges Opfer.

So zeigt sich überall: mit der Erkenntnis des Wesens des Geldes bleiben wir auf halbem Wege stehen, wenn wir nicht vom Geld zum Opfer voranschreiten. Der Abstieg vom Geldsymbol vollzieht sich als Sinnlichwerdenlassen von Finanzausdrücken und Münznamen bis dahin, wo sie nicht nur unbelebte, sondern sogar belebte Substanz voraussetzen. Geldnamen sind nichts anderes als ein großartiges Beispiel für die Auffassung der Sprache als „Wörterbuch erblasseter Metaphern"[389]; jedoch verblaßt sind Geldnamen nicht allein, weil ihnen die Farbe

---

[388] B. *Laum,* Heiliges Geld (s. o. Anm. 339), S. 81. „… Ablösung bedeutet nicht etwa Bruch, ist keine völlige Neuerung. Im Gegenteil: der konservative Grundzug des Kultus offenbart sich gerade darin, daß sich die ablösende Opfergabe möglichst eng an die vorhergehende anlehnt. Der ‚rekurrente Anschluß' (…) kann nicht bindender sein als gerade in der Opferablösung. Aus dieser Tatsache erklärt sich die Entstehung des Wertmessers ungezwungen" (81). „Der Uebergang vom Realopfer zum Symbol scheint also für die Entstehung des ‚chartalen' Geldes von Wichtigkeit zu sein…" (85). „Die Ablösung des realen Gutes durch ein Symbol erfolgt im Kult" (86). „Die wichtigste Eigenschaft der Symbole besteht für uns darin, daß sie nur einen Funktionswert, keinen realen Wert repräsentieren. Ihr Wert liegt nicht in ihrem materiellen Gehalt, sondern nur in der Funktion, die sie im Verkehr zwischen Gott und Menschen erfüllen; diese Funktion besteht darin, Lösemittel eines Schuldverhältnisses zu sein" (90). Zum Kultus als Ort der Übertragung s. o. Anm. 221. – Im selben Maß wie sich das Opfer entmaterialisiert, können sich die Götter spiritualisieren.

[389] J. Paul, s. o. Anm. 254. 336. Die Nachwirkung des metaphorologischen Ausdrucks „erblasset" stellt sich so dar: F. W. J. Schelling, SW XI, 1856, S. 52: „verblichen" bewahrt den mortalen Sinn des J. Paulschen Ausdrucks („verblichen" steht in Opposition zu „lebendig" und „concret"); dagegen Ph. *Wegener,* Untersuchungen über die Grundfragen des Sprachlebens, 1885, S. 52 f: „Abblassen" hält sich nur noch an die Bleichung von Farbe (danach S. K. *Langer,* Philosophie auf neuem Wege. Das Symbol im Denken, im Ritus und in der Kunst, 1984, S. 276: „verblassen"; s. a. S. 142). Äußerst ungenau zitiert K. *Bühler,* Sprachtheorie. Die Darstellungsfunktion der Sprache, 1965², S. 344 J. Pauls „erblassete" Metapher als „vergilbte" Metapher, obgleich er, an dieser Stelle beschäftigt mit dem Bild des Schwarzwaldes, keiner herbstlichen Assoziation hätte erliegen müssen. Von „vergilbten" Metaphern spricht in der Folge auch B. *Liebrucks,* Sprache und Bewußtsein (s. o. Anm. 88) I, 459. 481. 485. Von hier ist es nur ein kleiner Schritt, um unter Einwirkung des Blutsymbols von einer „geronnenen" Metapher zu sprechen: „Die Opfer sind im Gelde geronnen" (B. *Liebrucks,* Über den logischen Ort des Geldes [s. o. Anm. 249], S. 288).

Der spezielle münzliche Zustand der Metapher erlaubt dann, ihr weiteres Geschick in Analogie zum Schicksal der Münze zu beschreiben: „abgegriffen", „Kleingeld". S. u. nach Anm. 394.

des Blutes mangelt, sondern vor allem das Blut selber, das zu ihrem Entstehen nicht so sehr zirkulierte als floß. Im Auf- und Abstieg des Geldes ist daher ein kaum zu überschätzendes Paradigma von Metaphorologie zu erblicken, sofern Metapher diejenige Abweichung und Verbiegung ist, die der Sprache unter dem Druck des sie bedingenden Dinges beigefügt wird – oder umgekehrt: diejenige Ablösung, durch die gegen den Druck des Dinges überhaupt Sprache entspringt. Hat somit die Hypothese vom νόμῳ-Ursprung des Geldes spürbar Fleisch und Blut angesetzt, indem ihre Geschichtslosigkeit sich als aktives Verschweigen einer erhellbaren Vorgeschichte erwies, so ist sie dadurch keineswegs zu einer φύσει-Hypothese geworden. Denn dies würde bedeuten, daß das Ding an sich bereits Geld ist oder daß das Ding bereits von sich aus in Sprache auslautet und seinen Namen verrät. Damit würde die eigentümliche metaphorische Spannung durch die Behauptung erspart, das Ding sei an sich schon Sprache, wie es umgekehrt die Behauptung des Konventionalismus war, Sprache sei an sich bereits das Ding. Nur wenn das Geld keiner von beiden Hypothesen anheimfällt, steht es in voller metaphorischer Spannung und in voller symbolischer Kraft.

3. Symbolik des Geldes

Das Symbol des Geldes gehört aufs engste in diejenige symbolische Dynamik, die mit der Formel „Wort vom Kreuz" zwischen Sprache und Ding eröffnet wurde. Diese fand in jedem bisherigen Einzelsymbol Nachklang. Im Wort von der Versöhnung teils schon im Titel, teils dadurch, daß Versöhnung und Sühne als Dingwort und Sprachding zu bestimmen waren. Im Tausch dadurch, daß Ding und Sprache in totale Kommunikation traten. Im Symbol des Geldes findet sich jetzt geradezu ein Duplikat des Wortes vom Kreuz. Bei diesem hatten wir hier Kreuz, dort Wort vom Kreuz, hier Ding, dort Sprache: beim Geld steht hier Geldsubstanz für das Ding, dort Geldzeichen für die Sprache. Und zwar, anders als beim ständig hiatischen Wort vom Kreuz, beim Geld beides in einem. Die Spannung beim Auf- und Abstieg des Geldes – metaphorische Spannung und symbolische Kraft – ist bereits beim Wort vom Kreuz am Werk gewesen. Damals lautete die Frage: Muß das Kreuz zu seiner Wirkung substantielles Kreuz sein, oder darf es sich bis zu Chiffre und Symbol entleeren? Die Antwort konnte mit 1Kor 1,17 nur lauten: Niemals, sonst entsteht Wortweisheit. Ist es aber so, dann ist das Kreuz, je mehr substantiell, desto weniger symbolisch oder: je mehr Ding, desto weniger Sprache. Sodaß die Frage naheliegt: Wie entsteht bei solcher Bannung in die Kreuzessubstanz überhaupt Wort vom Kreuz? Oder, was dasselbe ist, wie entsteht an diesem Ding des Unheils überhaupt Heil und mitzuteilendes Heil? Das reale Kreuz ist, solange es das Wort vom Kreuz ausschließt, kein Heil. Was das Geldsymbol anlangt, so läßt sich in strenger Parallele sagen: Das reine Geldding der Geldsubstanz ist in seiner lösenden Kraft nahezu Null, aber bei zunehmender Symbolisierung und Sprachartigkeit nimmt auch diese zu. Aber anderseits erreicht das Geldsymbol einen Grad von Abgelöstheit, an dem es, entleert und freischwebend, nicht mehr selbst wertvoll sein muß, um Wert zu repräsentieren. Hier ist die Abbildungstheorie durch die Sprachartigkeit des Geldes wirksam unterbrochen. Das völlig losgelöste Geldzeichen scheint in Analogie zum bloßen Kreuzwort treten zu müssen: in ihrer Löslichkeit berühren sie das Ding überhaupt nicht mehr. Was aber den lebendigen Prozeß zwischendrin anlangt, so stehen Ablösung und Äquivalenz in ständiger Gegenforderung. Einerseits Forderung der Ablösung: diese ist immer zustandegekommen mit dem Zustandekommen von Wort, Wort vom Kreuz dort, Geldsymbol hier, das von den Bedingnissen loslöst und – mit Simmel zu sprechen – in das freie Schweben einer ästhetischen Welt einführt. Anderseits Forderung der Äquivalenz, die aus der Kreuzestheologie als Einforderung von Entsprechung bekannt ist[390]. Je rigider diese Forderung erfüllt wird, desto mehr reduziert sich die Symbol- und Sprachfähigkeit, bis nur noch unentleerte Substanz als Äquivalent eintreten kann oder gar die Substantialität des Dings eine Tauschrelation nicht mehr gestattet. Hier tut sich, mitten in der Geldphilosophie, die alte Grundfrage der Poetik auf, die zwischen Platon und Aristoteles umstritten war[391]: Was vollbringt das dichterische Wort? Setzt es die ihm widerfahrende göttliche Dingkraft in Sprache hinein fort oder löst sich im Ursprung der (dichterischen) Sprache die Dingkraft zu einer reinen Sprachkraft? Gradlinige oder entgegengesetzte Wirkung des dichterischen Wortes? Jetzt ist zu konstatieren: Geben wir die Äquivalenz auf, so entziehen wir die Ablösung ihrem Widerstand gleich von vornherein und entnerven sie damit. Geben wir aber die Ablösung auf, so bleibt die Welt unterschiedslos alte archaische Welt, weil sogar in der Sprache noch ihr Abbild erscheint, d. h. sie selbst unnötigerweise noch einmal. Damit ist das sublimste Medium von Lösung, nämlich Sprache, wirkungslos vertan. Einmal alte Welt genügt. Soll also weder die alte Welt alt bleiben, noch die neue in sprachimmanenter Selbstgenügsamkeit um sich selbst kreisen, dann gilt: Keine Ablösung ohne Äquivalenz, keine Äquivalenz ohne Ablösung.

Das Wort vom Kreuz, das den symbolischen Zyklus und Umriß eröffnet, zeigt das Ziel einer Symbolik an: daß Ding und Sprache sich gegenseitig durchdringen. Dies war bisher bloßer Wunsch. Jetzt aber beim Geld zeigt sich, wie es scheint, nicht bloß Hiat, sondern Aufstieg und Abstieg, der vom Ding direkt bis zur Sprache und von der Sprache direkt bis zum Ding führt. Das Symbol des Geldes scheint, indem es die ganze Spannung vom Geld bis zum Wort, vom fließenden Blut bis zur fließenden Sprache durch sich vermittelt, geradezu Erfüllung dessen zu sein, was beim Wort vom Kreuz in der Gestalt des bloßen Wünschens stecken blieb. Aber hier ist genauere Nachprüfung erforderlich: Bis

---

[390] S. o. Anm. 104.
[391] S. o. Anm. 92.

zu welchem Grad ist Geld Mittler zwischen Sprache und Ding? Einerseits ist zu erkennen, daß das Ding nicht einfach als solches bereits Geld ist, daß es also seine Dinglichkeit in dem Moment aufgibt, da es beginnt Geld zu sein, so dinglich dies in seinen primitiven Formen auch ist. Wie verwandeln sich „Dinge in Geld"[392], und was geschieht mit dem Ding, wenn es „Ding als Geld" wird[393]? Diese Wendung der Dinge (mutatio rerum) ist in jedem Fall spannender als die umgekehrte des „Geldes als Ding": da allem Geld eine, wenn auch noch so geringe, residuale Dinglichkeit zukommt. Andererseits ist zu erkennen, daß Geld nicht bereits Sprache ist, sodaß zu fragen ist: Wie ist „Geld als Sprache" möglich? Während wiederum die umgekehrte Wendung „Sprache als Geld" weniger überraschend ist, da man mit seiner Sprache sowohl etwas herausgeben wie etwas schuldig bleiben kann. Damit steht zur Diskussion, ob Anfangs- und Endpunkt des Geldes identisch ist mit Anfangs- und Endpunkt des Wortes vom Kreuz oder welche bemessene Strecke auf dem Weg von der Sprache zum Ding und vom Ding zur Sprache durch das Phänomen des Geldes beleuchtet wird.

Was dies letzte anlangt, Annäherung von Geld und Sprache, so ist die Geldlichkeit der Sprache aus vielen Bildreden bekannt. Gerade was in Worten gemünzt oder sonstwie in großer oder kleiner Münze heimgezahlt wird, das ist in keinem Fall für bare Münze zu nehmen, seien es nun Schlagwörter oder goldene Worte. In diesem Fall ist von Geldmetaphorik zu reden, die sich genauerer Betrachtung als Münz-Metaphorik erweist, wie sie im thesaurus linguae von alters her parat liegt. Hier ist das Geld, Metall oder Münze Bildspender, die Sprache dagegen Bildempfänger[394]. So kann der Zustand von Worten geschildert werden durch den Zustand von Münzen, und zwar sowohl in Hinsicht darauf, was die Münze im Unterschied zum vormünzlichen Geld an Prägung und Härtung erfährt, wie auch in Hinsicht auf die Zirkulationsgeschichte der Münze, die in Abgegriffenheit endet. Die besondere Kraft des Münzbildes wird wirksam, wenn das Wort präzis als Metapher aufgefaßt wird: die Münzartigkeit bildet zwei Epochen aus der Geschichte der Metapher ab, die vor- und nachmünzliche[395]. Es legt sich nahe, dieses Bildgefüge auf die tiefeingewurzelte Beziehung zwischen Geldphilosophie und sprachphilosophischem Nominalis-

---

[392] B. *Liebrucks,* Über den logischen Ort des Geldes (s. o. Anm. 249), S. 267; cf. 269.

[393] B. *Laum,* Heiliges Geld (s. o. Anm. 339), S. 8.

[394] H. *Weinrich,* Münze und Wort. Untersuchungen an einem Bildfeld, in: Ders., Sprache in Texten, 1976, 276–290; S.278 ff: „Münz-Metaphorik"; S. 284: Bildspender/ Bildempfänger (nach Begriffen von J. *Trier*). – Bildspender war das Münzgeld nicht nur für die Sprache, sondern – gleichzeitig? – auch für die Ethik. Theophrasts ἠθικοὶ χαρακτῆρες sind erster Beleg für die Übertragung des Prägestempels auf das Ethos des Menschen: P. *Steinmetz,* Der Zweck der Charaktere Theophrasts, Ann. Univ. Sarav. 8, 1959, 209, bes. 224 ff.

[395] An dieser Stelle ist zu bemerken, daß ‚symbolon' nicht nur im Tausch als Einzelsymbol erscheint (s. o. Anm. 298), sondern auch im Geld. σύμβολον ist als Münzeinheit mit dem Wert eines halben Obolos nachgewiesen (P. *Crome,* Symbol und Unzulänglichkeit der Sprache [s. o. Anm. 32], S. 208).

mus zurückzuführen. Es ist die Unanschaulichkeit der Frage nach dem Ursprung der Sprache, die von der Anschaulichkeit der Münzprägung profitiert,
und somit kommt speziell der konventionalistisch erklärten Sprache Geld- und
Münzlichkeit zu[396]. Münze ist zunehmend entqualifiziertes Material, Substanz-
verfall bis zur Substanzlosigkeit; ihr wird Bedeutung willkürlich aufgeprägt, die
sie von sich aus nicht hat. Münze ist zwar sprechendes Ding, aber – für jedermann einsichtig – sprechend nur dadurch, daß in freiem Verfügen in sie hineingesprochen wurde, was schließlich von ihr selbst her zu sprechen höchstens
scheint. W. Benjamin hat willkürliches Aufprägen von Bedeutung auf Dinge,
die an sich ohne Bedeutung sind, dem Allegoriker zugeschrieben[397]. Münzlichkeit kommt der Sprache zu, sofern sie konventionalistisch erklärt wird. Im
übrigen ist Sprache daraus zu entlassen, mit Münze verglichen zu werden[398]. Wie
aber, wenn die Geldgeschichte den Konventionalismus der Münze unterläuft?
Dann reicht die Vergleichbarkeit von Sprache und Geld doch tiefer.

Berührung von Sprache und Geld gibt es nicht nur in der Geldlichkeit der
Sprache, sondern auch in der Sprachlichkeit des Geldes, und hier ist die Sprache
Bildspender, das Geld hingegen Bildempfänger. Droht doch das Geld, je mehr
Rinder, Schafe, Metallquanten und schließlich Münzen auf dem Weg zum reinen
Zeichengeld zurückbleiben, desto mehr zu einem entbilderten[399] Geld zu wer-
den, das selber des Bildes bedarf. Ein solches bietet die Sprache über weite
Strecken der Geldphilosophie[400]. Die Sprachlichkeit des Geldes wird durch die
ablösende und symbolisierende Kraft der Sprache vermittelt. Ihrer Substanz
nach ist Sprache bloßer Lufthauch; aber diese Entsubstantialisierung ist eine
Abkürzung und Ablösung, die Sprachlichkeit fördert. Je größer die Entdinglichung, desto größer die sprachliche Kraft[401]. Darin geht die Sprache dem Geld

---

[396] Während H. *Weinrich* (s. o. Anm. 394) dazu neigt, den Ursprung der Münzmetapho-
rik bei den griechischen Skeptikern zu suchen (279), scheint der denkerische Schwerpunkt
eher in der Beziehung zum philosophischen Konventionalismus und Nominalismus zu
liegen: „Wenn nämlich die Wörter einer Sprache von der Art der Münzen und damit
Zeichen sind, dann kann die Sprache nicht von der Natur eingepflanzt sein, sondern muß
auf menschlicher Übereinkunft beruhen" (279). Erstaunlicherweise findet sich in Platons
Kratylos das Geldbild der Sprache noch nicht. – Zur Beziehung zwischen Geld- und
Sprachphilosophie im spätmittelalterlichen Nominalismus s. H. *Blumenberg,* Geld oder
Leben (s. o. Anm. 362), S. 121. 131; H. A. *Oberman,* Spätscholastik und Reformation, Bd.
II: Werden und Wertung der Reformation, 1979², S. 165 ff.

[397] W. *Benjamin,* Ges. Schriften I/1, 350 f; zu Allegorie und Münze I/2, 684. Cf. H.
Steinhagen, Zu Walter Benjamins Begriff der Allegorie, in: W. *Haug* (Hg.), Formen und
Funktionen der Allegorie, 1979, 666–685.

[398] H. *Usener,* Götternamen (s. o. Anm. 88), S. 3: „Nicht durch einen willkürakt stellt
sich die benennung eines dings fest. Man bildet nicht einen beliebigen lautkomplex, um
ihn als zeichen eines bestimmten dings wie eine münze einzuführen."

[399] A. *Burghardt,* Soziologie des Geldes (s. o. Anm. 330), S. 37.

[400] G. *Simmel,* Philosophie (s. o. Anm. 333), S. 87. 99 f. 205. 208. 219; B. *Liebrucks,* Über
den logischen Ort des Geldes (s. o. Anm. 249), S. 281. 289 ff.

[401] E. *Cassirer,* Philosophie der symbolischen Formen, Bd. I: Die Sprache, 1964⁴, S. 138:

voraus und ist ihm immer schon vorausgegangen. Hieraus entsteht ihre Bildkraft für das Geld. Sprache ist immer auch Sprachding; aber ihre Bedeutung
wird nicht durch Massierung ihrer Dinglichkeit gesteigert, etwa durch Menge
der Wörter und Lautheit der Stimme. Ebenso ist das Geld Wertding; aber
wiederum verliert die Geldlichkeit bei Annäherung an den Substanzwert. Jedoch auf eine residuale Dinglichkeit, sei es Hauch oder Papier, bleiben sowohl
Sprache wie Geld angewiesen.

Die wechselseitige bildliche Durchdringung von Geld und Sprache hat ihren
Kern in der Analogie der Fragen nach dem Ursprung der Sprache und dem
Ursprung des Geldes. Bei konventionellem Ursprung entsprechen sich gemünztes Geld und gesetztes Wort. Aber wie die Sprache von einer abgründige-
ren Vergangenheit ist, so auch das Geld. Es muß in jedem Fall etwas dasein, was
geprägt oder gesetzt werden kann: beim Geld materia, Trieb, Unbewußtes; bei
der Sprache Muttersprache, Bedeutungspotenz, Unbewußtheit. Läßt doch der
νόμος eine Vergangenheit ahnen, die νόμισμα (Münze) und Opfermahl miteinander verbinden. Anderseits ist der Ursprung von Sprache und Geld niemals auf
dem Wege der νόμῳ-Hypothese zu klären. Ursprung von Sprache ergibt sich aus
Stammellauten ebensowenig wie Ursprung des Geldes aus den dinglichen Dingen, die hinter dem Geld aufscheinen. Sondern wie der Ursprung des Geldes erst
erkennbar wird bei einem das Absteigen aufwiegenden Aufsteigen, so der
Ursprung der Sprache erst, wenn die stammelnde Dichte sich lichtet zum bloßen
Hauch, in dessen Medium alle Bedeutung erscheint. Wie bei Geld gilt, daß es
immer schon eine Form von Geld gibt, die der kurrenten vorausgeht[402], so hat es
auch immer eine Sprache gegeben, die der geläufigen vorausging. An dieser
Stelle sitzt das Problem des Wortes vom Kreuz, von dem zu vermuten war, es
müsse eine ältere Sprache als die jetzige sein, oder eine dunklere als die jetzige
helle; hier entsteht die Erwartung, als könnten wir über den Umweg des Geldes
in die tiefste Schicht des Wortes vom Kreuz eindringen. Denn über das Geld läßt
sich der Gesichtspunkt der Sprache bis zum Ding hinab verfolgen, und der des
Dings hinauf bis zur Sprache – aber eben nur bis, nicht in Ding und Sprache
hinein. Alle wechselseitige Durchdringung von Geld und Sprache führt nie
dazu, daß Geld Sprache *ist* oder Sprache Geld *ist*. Noch immer taugt der Begriff

---

„Je mehr der Laut dem, was er ausdrücken will, gleicht; je mehr er dieses Andere noch
selbst ‚ist‘, um so weniger vermag er es zu ‚bedeuten‘." Entsprechend S. K. *Langer,*
Philosophie auf neuem Wege (s. o. Anm. 389), S. 83: „Je karger und gleichgültiger das
Symbol, um so größer seine semantische Kraft." Zur Beziehung Sprache-Geld aaO.:
„Sprechen kostet nicht nur wenig Anstrengung, sondern es erfordert auch keine anderen
Instrumente als den Stimmapparat und die Gehörorgane, die wir ja normalerweise als
einen Teil unseres Selbst mit uns herumtragen; daher sind Wörter sowohl natürlich
verfügbare als auch sehr ökonomische Symbole. [/] Ein weiterer Vorzug der Wörter
besteht darin, daß sie keinen Wert haben außer als Symbole (...): an sich betrachtet sind sie
gänzlich belanglos."

[402] M. *Mauss,* Die Gabe (s. o. Anm. 256), 178/58: „Es hat ... eine Form des Geldes
gegeben, die der unseren vorausging."

von 100 Talern zur Anweisung nur, wenn Stoff da ist. Die These von der Geldstufe des Bewußtseins[403] und von der Geldbestimmtheit der Kultur[404] beruht lediglich auf einer Analogie zwischen Sprache und Geld, nicht auf Identität. Geld ist höchstens Quasisprache, eine Art Sprache, nahezu Sprache, was voraussetzt, daß Geld *nicht* Sprache *ist*. Ohne Negation des Geldes gelangen wir nicht zur Sprache. Sodaß wir in letzter Konsequenz die Sprache aus der Reichweite des Geldes entlassen müssen; aber damit reicht auch das Wort vom Kreuz in seiner Sprachlichkeit noch über das Geld hinaus.

Was die andere Seite anlangt, bildliche Annäherung von Ding und Geld, so ist diejenige Stelle ins Auge zu fassen, an der die tiefste Gestalt von Geld schon nahezu das pure Ding streift, und umgekehrt, wo das Ding nahezu ganz Geld wird. Hinsichtlich des letzteren zeigte sich reichliche Evidenz für die Dinglichkeit des Geldes vom primitiven bis zum residualen Rest beim sublimen. Aber auch hier ergibt sich ein Ungleichgewicht: Dinglichkeit des Geldes stellt sich leicht ein, Geldlichkeit des Dinges aber schwer. So sehr Geld in welchem Grad auch immer dinglich ist, so sehr ist das Ding an sich nie und nimmer Geld. Die Dinglichkeit des Dings ist von der des Geldes der Art nach unterschieden und geht in das Geld nicht ohne Verwandlung ein. Wie wird Ding zu Geld? Der lange Weg vom Ding zu Tauschding, von der Ware zu allgemeiner Ware, vom allgemein rezipierten Tauschmittel zu Geld kontrahiert sich im Grunde zu einer einzigen Figur. Das Salzding wird Salzgeld, sobald es dem unmittelbaren Verzehr entzogen ist. Die Geldsubstanz wird Geldfunktion, sobald sie in ihrer Substantialität geschmälert wird. Die Summe aller Lebenssubstanz, das höchste Gut, wird Geld dadurch, daß diese sich ihrem unmittelbaren Sein als Lebenssubstanz entfremdet. Ist Leben in seiner Substanz Blut, so wird Leben zu Geld, wenn Blut fließt. Daraus folgt: Geldlichkeit des Dinges oder das Ding als Geld gibt es nur bei einer mehr oder weniger starken Hemmung dieses Dinges in seiner unmittelbaren Dinglichkeit. Je stärker diese Hemmung, desto stärker die Geldlichkeit. Zwischen Ding und Geldding liegt eine Störung oder Unterbrechung der puren Dinglichkeit. Daher scheint es nicht angemessen, von einem symbolischen Mehrwert zu sprechen, der dem Fleisch an sich innewohnt[405]; dem Ding an sich wohnt selbst als Fleisch keinerlei Symbolizität inne, sondern erst dem in seiner Dinglichkeit gebrochenen Ding. Erst dem getöteten Fleisch kommt Symbolizität zu. Töten ist Unterbrechen des Dinges in seiner Dinglichkeit, ist Hemmung, Zerstörung, Opfer. Erst dies – und dies allein – macht das Ding zu einem redenden, ja schreienden Ding. Erst wenn zwischen Ding und Geldding der Gesichtspunkt des Opfers tritt, entsteht Geldlichkeit des Dinges. Sodaß keinerlei Identität von Ding und Geld zuzugeben ist, vielmehr ist Geld stets Quasiding, eine Art Ding, nahezu Ding. Ohne Negation des Geldes

---

[403] B. *Liebrucks,* Über den logischen Ort des Geldes (s. o. Anm. 249), S. 266 f.

[404] F. *Wagner,* Geld oder Gott? (s. o. Anm. 363), S. 71 ff.

[405] G. J. *Baudy,* Hierarchie (s. o. Anm. 376), S. 155: „Der symbolische Mehrwert, der dem Fleisch schlechthin innewohnt, entrückt es der profanen Alltäglichkeit."

gelangen wir nicht zum Ding. Also ist auf dieser Seite das Ding aus der Reichweite des Geldes zu entlassen; damit übertrifft das Wort vom Kreuz auch in
seiner Dinglichkeit und Materialität die Reichweite des Geldes. Und ebenso, wie
vorhin von einer gewissen Sprachlichkeit des Geldes zu reden war, nicht aber
von einer wesentlichen Geldlichkeit der Sprache, so führt die hier zugestandene
Dinglichkeit des Geldes noch keineswegs zu einer wesentlichen Geldlichkeit der
Dinge[406]. Wenn also das Wortgeld noch freigeben muß reines Wort, und das
Geldding noch Ding an sich, so ist die Sprache Grenze des Geldes auf der einen
Seite ebenso wie das Ding auf der anderen.

Hiermit läßt sich das soteriologische Symbol des Geldes, wie es im Neuen
Testament vom Tode Jesu ausgesagt wird, nach Ort und Grenze vollständig
bestimmen. Die erste Feststellung muß sein: Eine Rede von Erlösung, ohne daß
von der lösenden, ablösenden Kraft des Geldes die Rede wäre, ist gar nicht zu
denken. Erlösung geschieht immer durch Wirksamkeit von Geld. In dieser
Schicht verdankt sich die λύτρον-Aussage des Neuen Testaments der „lytri-
schen" Kraft des Geldes; Soteriologie ist „Lytrologie"[407]. Soll vom Tod Jesu am
Kreuz Erlösung ausgegangen sein, so ist das Symbol des Geldes weniger überraschend als geradezu selbstverständlich, denn anders als im Medium des Geldes
kann nichts Erlösendes mitgeteilt oder in Zirkulation versetzt werden. Im
Aufstieg zum Geldsymbol liegt die implizite Lytro- und Soteriologie des Geldes.
Geld ist aktives, nicht passives Symbol. Es wartet nicht, bis Theologie käme und
es mitnähme, sondern es betreibt von sich aus Theologie und Soteriologie. Aber
dies ist nur die halbe Wahrheit; Geld ist nicht nur Aufstieg, sondern in dialekti-
schem Gegenschlag auch Abstieg. Der Abstieg, den die Äquivalenz der Ablösung bereitet, widerfährt nicht von außen als Willkür oder Schicksal, sondern
von innen. Somit hat die implizite Soteriologie ihre „innere Grenze"[408]. Am
Ende des Aufstiegs scheint greifbar gänzliche Lösung, die aber in Wahrheit
immer nur nahezu gänzlich ist; am Ende des Abstiegs droht gänzliche Unlöslich-
keit, die aber, solange es sich um Geld handelt, immer nur nahezu gänzlich ist.
Kommt an der inneren Grenze – sei es des Alten Testaments oder der alten Welt,

---

[406] Dieses asymptotische Verhältnis des Geldes zu Sprache und Ding bei gleichzeitiger
Teilhabe an beiden drückt A. H. Müller, Versuche einer neuen Theorie des Geldes, 1816
(s. o. Anm. 365), S. 141. 143 in trefflicher Formulierung so aus: „Das *Wort* und das *edle
Metall* sind ... die beyden großen Formen, unter denen das Geld erscheint ... Keines von
beyden allein und für sich drückt das Wesen des Geldes vollständig aus: wer also eine bloß
materielle Anschauung des Geldes hätte, oder wer es bloß im edeln Metalle begriffe, hätte
von dem Wesen des Geldes, und weiterhin von seinem Leben und seinem Umlauf eine
ebenso falsche und todte Vorstellung, als derjenige, der eine bloß idealische Anschauung
desselben nährte, das heißt: der es nur als Wort, als fixirtes Wort, im Münzstempel oder
auf dem Papier zu begreifen wüßte. ... Es gibt demnach eben so wenig reines Metallgeld
als reines Papier= oder Wortgeld."

[407] G. F. *Knapp*, Staatliche Theorie des Geldes (s. o. Anm. 370), S. 8ff: „lytrisch"; S. 31:
„Lytrologie".

[408] S. o. Anm. 314.

sei es der neuen Welt des Geldes, die Simmel bereits ins Auge gefaßt hatte – die implizite Soteriologie des Geldes an ihr Ende, so ist für die Soteriologie aus dieser Hälfte allein nichts mehr zu machen. Eine in Tat und Wahrheit soteriologische Aussage kann sich nur auf die ganze Dialektik der Erfahrung beziehen, nicht nur auf eine Hälfte. Das Geld kann soteriologisches Symbol somit nur mit seinem Auf- *und* Abstieg sein, d. h. mit seiner impliziten Soteriologie ebenso wie mit dem, was ihr widerspricht.

Ist also ohne Rede von Geld nie etwas Erlösendes auszusagen, so tritt jetzt die zweite Feststellung hinzu, daß selbst mit der Rede von Geld nichts Erlösendes zu sagen ist. Dies bedeutet nicht, die Geld-Aussage müsse irgendwie eingeschränkt oder ergänzt werden zum wahren soteriologischen Zweck. Sondern sie ist geradewegs zu negieren. Zum soteriologischen Geldsymbol im Neuen Testament gehört nicht nur dies, daß Geld in seiner erlösenden Kraft gesetzt, sondern auch dies, daß es in jeder Hinsicht negiert wird. Aber diese Negation ist nur Abstieg zum Aufstieg. Somit kann das Geld nicht ohne Verlust seines Geldsinnes die Grenze zum Neuen Testament überschreiten. Wozu aber, wenn es doch bloß negiert wird, wird es überhaupt gesetzt? Es ist die Umständlichkeit der unerläßlichen Dialektik der Erfahrung, daß Geld, ohne daß es als lösend gesetzt wurde, nicht zu negieren ist. Beides gehört zu seiner inneren Rationalität. Beides ist in den Lösegeldaussagen des Neuen Testaments präsent. Gesetzt ist die lösende Kraft des Geldes etwa in Mk 10,45; hier wird vom Lösegeld affirmativ gesprochen. Negiert ist das Lösegeld in 1Petr 1,18f: „nicht mit vergänglichem Silber oder Gold..., sondern mit dem teuren Blut." Blut ist somit Negation des Geldsinns von Lösegeld. Das Geld, mit dem im Neuen Testament gelöst wird, ist nicht Geld, sondern genau das, womit je zahlen zu müssen das Geld Ablösung verschaffte: Blut. Die Pointe von 1Petr 1,18f wird verspielt, wenn Geld als Bild des Blutes verstanden wird, etwa wegen gemeinsamer Liquidität. Vielmehr steht die Aussage des Blutes auf der Negation des Geldes und seiner impliziten Lytro- und Soteriologie. Damit beginnt der Abstieg vom Geldsymbol, durch den hinter der Sprachartigkeit des Geldes die dingliche Welt der Mineralien, Cerealien, dann aber auch belebten Lebens ans Licht tritt, nicht nur Hahn, Ziegenbock, Schaf und Rind, sondern auch Sklaven- und Menschenleben, nicht nur Menschenleben im allgemeinen, sondern mein Leben, mit dem zu zahlen unausweichlich wird, wenn kein Übersetzen der Schuld in Ersatzwährung stattfindet. Die Negation des Geldes entblößt nackte Lebenssubstanz. Diese Negation, wie sie in 1Petr 1,18 expliziert ist, steckt aber in Mk 10,45 bereits implizit. Während Geld in seinem Aufstieg der Vermeidung des Falles dient, daß ich mit Geld nicht zahle, sondern Geld bin, wird hier von Jesus ausgesagt, daß er Geld nicht etwa zahlt, sondern ist. In der unentrinnlichen Festgefügtheit der Aussage, daß Jesus Geld ist, hat ein bildliches „wie" – daß Jesus wie Geld sei – nicht Platz. Also stimmen Mk 10,45 und 1Petr 1,18f trotz äußerlichen Unterschiedes – Position des Geldes dort, Negation hier – aufs genaueste überein.

Aber selbst wenn zugestanden wird, daß Mk 10,45 und 1Petr 1,18f in der

Negation des Geldsinns von Lösegeld übereinkommen, stellt sich die Frage: Weshalb erscheint dies das eine Mal bei obwaltender Negation, das andere Mal aber mit einem erstaunlichen affirmativen Überschuß? In Mk 10,45 ist das Geld trotz aller impliziten Negation letztlich gesetzt. Diesem Umstand nähern wir uns so: Nur Geld ist lösend und heilsam, seine Negation aber nicht. Das Kreuz Jesu, das auf dem Wege der Negation des Geldes erst recht zum Vorschein kommt, ist somit ein kaum zu untertreffender Rückfall hinter die kulturellen Errungenschaften des Geldes, den zu verhindern das Geld aufgestiegen war. Ein Archaismus sondergleichen zeigt in Jesu Kreuz seine Fratze unverhüllt, und dies nicht etwa am Anfang, sondern in der Mitte der Zeit, da man sich eines Besseren zu versehen für berechtigt halten konnte. Ist einmal Geld negiert, dann sind alle Ersatzopfer negiert, und das Originalopfer meldet sich in alter Riesengröße. Die Negation des Geldes treibt den letzten Rest von Sprachartigkeit aus, die soweit reichte, als noch Geldlichkeit im Ding nachzuweisen war. Das Originalopfer konfrontiert mit einem letzten Anblick von Bedingtheit durch das Ding, ohne daß Lösendes beispränge. Hier herrschen Entsetzen und Horror. Sofern Jesu Kreuz dieses Originalopfer war, archaisches Opfer also, ist es unlösbare Unerlöstheit menschlichen Lebens an sich selber. Blut ist nicht einfach eine Art Geld, sondern ist Negation des Geldes, fließt, wenn Geld in seiner lösenden Kraft versagt. Jesu Tod als blutiges Opfer ist eindrückliches Ende jeglichen Versuchs, dem Kreuz etwas Heilsames abzugewinnen, diesem Exzeß jeglichen Abstiegs vom Geld. Jetzt ist Geld negiert, und damit ist ein durch nichts zu überbietender Abstieg bis zum Erscheinen der blutten Lebenssubstanz vollzogen. In der neutestamentlichen Überlieferung war aber, wie zu sehen, das Geld nicht nur gemäß den beiden bisherigen Schritten gesetzt und negiert, sondern ist vor allem nach wie vor gesetzt, zumal das λύτρον-Wort Mk 10,45 auf eine soteriologische Affirmation zielt, die nur nach der vollzogenen Negation zu entdecken ist. Daher enthält Mk 10,45, aber auch 1Petr 1,18 (ἐλυτρώθητε), einen affirmativen Sinn, der aber nicht mit derjenigen Affirmation zu verwechseln ist, die durch die Negation negiert wurde. Daher werden wir zu einer dritten Feststellung fortgetrieben. Was ist Geld nach der kategorischen Negation allen Geldes? Jesu Kreuz als Negation des Geldes versperrt den Weg zur einfachen Setzung von Geld. Als Geld kann daher das Geld nicht wiederkehren; jetzt hat es auf eine desperatere Herausforderung zu reagieren. Ist es mit dem Geld im eigentlichen Sinn aus, so wird es zu dem metaphorischen Sinn fortgetrieben, in dem es an den Lösegeldstellen erscheint. Nur ist metaphorisches Geld nicht einfach da, sondern entsteht allererst unter dem Druck des Untergangs des Geldes; die Negation bleibt auch jetzt als Kraft wirksam. Nur entsteht allein aus ihr noch kein metaphorischer Geldsinn. Dieser entsteht erst durch eine Gegenkraft zu jener Kraft, die das Geld durch seinen Untergang hindurch als Metapher rettet. Die Negation des Geldes als Geld führt über das Opfer zum Ding. Die metaphorische Behauptung des Geldes nach seinem Untergang führt zur Sprache und somit zur Erlösung. Metaphorisches Geld ist nichts anderes als Sprache. Aber es ist eines, diesen

Zusammenhang zu konstruieren, ein anderes, die Gegenkraft aufzurufen, die solches vollbringt. Die Kraft, die in der Negation des Geldes vor das blutte Ding führt, kennen wir mit Namen. Sie ist das Opfer. Aber was ist die Gegenkraft, die das Geld metaphorisch rettet und in die Sprache führt? Sie muß dem Opfer auf der Seite der Sprache entsprechenden Widerspruch bieten, als Gegenkraft zu seiner Kraft. Sie muß sich im Kreuz finden lassen, falls dieses über seinen bisherigen Anblick hinaus etwas vollbringt zum Heil.

Ding und Sprache sind die äußersten Pole der Spannung, die durch Jesu Tod am Kreuz eröffnet ist. So sehr sich beide im Geld als Dingartigkeit und Sprachartigkeit berühren, so erreicht das Geld weder Ding noch Sprache. Ding und Sprache zeigen an, daß die Spanne des Wortes vom Kreuz über diejenige des Geldes hinausreicht, bei aller Gemeinsamkeit im übrigen. Bei Ding und Sprache, die das Geld aus sich heraussetzt, haben wir es nicht mehr mit Geld, sondern mit Leben zu tun. Das jetzt in drei Schritten entfaltete soteriologische Geldsymbol ruht nicht in sich, sondern ist „Umwegthematik" auf dem Weg zum Thema des Lebens. Geld ist „Protometapher" für Leben[409]. Erst das Leben umfaßt die ganze Spanne des λόγος τοῦ σταυροῦ: Vom Wort zum Kreuz und wiederum vom Kreuz zum Wort. Die Asymmetrie zwischen diesen beiden Bewegungen der Symbolik liegt auf der Hand. Der Weg zum Ding ist klar: er geht bis zum Opfer. Aber erst mit dem Weg zur Sprache, und zwar zu der Sprache, die dem Opfer Paroli bietet, ist Heil da.

---

[409] H. *Blumenberg,* Geld oder Leben (s. o. Anm. 362), S. 123. 130.

§ 6 Das Opfer

Der Darstellung des Opfers muß eine Reflexion auf den Weg vorausgehen, auf dem wir zu diesem Symbol gelangt sind, von dem behauptet wird, es sei das letzte im Zyklus der soteriologischen Symbole auf dem Weg von der Sprache zum Ding. Angemeldet hat sich das Opfer explizit beim Geld: Indem wir, absteigend vom Geldsymbol, die Geldgeschichte sich vollends auserzählen ließen, baute sich die Szenerie der Fleischverteilung in der Opfermahlzeit vor uns auf. Angemeldet hat sich das Opfer aber auch beim Tausch: Je mehr wir in die Herkunft der Tauschenergie eindrangen, desto mehr mußte sie sich als Opfer enthüllen. Wiederum auch zum Wort von der Versöhnung und zum Wort vom Kreuz scheint eine Beziehung des Opfers wenigstens implizit gegeben zu sein, handelt es sich doch um blutiges Kreuz hier, blutige Sühne dort. Aber welche Art der Verbindung zeigt sich zwischen den Symbolen? Handelt es sich um einen einlinigen Faden von der Sprache zum Ding? Dies schon deshalb nicht, weil der absteigenden Symbolizität immer auch eine in einem bestimmten Maß aufsteigende Symbolizität bereits entgegenkam. Oder handelt es sich um ein Netzwerk mit Beziehung von jedem zu jedem?

Zwei entgegengesetzte Pole sind zu nennen, an denen die Arbeit des Erkennens zum Erliegen kommt. Auf der einen Seite steht das Gespenst einer einförmigen, gleichmäßigen Beziehung von allem und jedem, das die spezielle Qualität jeder einzelnen Beziehung erstickt. Dann gibt es keinen nachvollziehbaren Weg zum Opfer, weil ein Weg wie alle anderen ist. Ist dies so, dann wird sogar Weg zum Immer-schon-da-Sein. Hieraus ist für das Erkennen nichts zu machen. Auf der anderen Seite steht das Gespenst einer zur Ruhe gekommenen Vielfalt und Beziehungslosigkeit. Leben, Menschen und Gruppen von Menschen befinden sich in ihren je unverwechselbaren Geschichten mit je eigener Erfahrung, sprechen ihre eigene Sprache. Die Vielfalt christlich-soteriologischer Sprache wäre dann nicht Reichtum, sondern Armut, ja im Grunde Unerlöstheit, da sie einen jeden darein bannt, eben seine eigene Sprache zu sprechen[410]. Haben wir

---

[410] I. U. *Dalferth,* Die soteriologische Relevanz der Kategorie des Opfers. Dogmatische Erwägungen im Anschluß an die gegenwärtige exegetische Diskussion, in: W. *Hüffmeier/* W. *Krötke* (Hgg.), Freude an der Wahrheit (FS E. *Jüngel*), 1984, 102–128, S. 110: „Personen leben in konkreten Verhältnissen, sie haben unverwechselbare, durch Erfahrung und Handeln geprägte Geschichten, sie artikulieren diese in der ihnen eigenen Sprache. Die sprachliche Vielfalt gehört daher zum Wesen der christlichen Heilserfahrung und die irreduzible Mannigfaltigkeit soteriologischer Kategorien ist ihre unmittelbare Konsequenz." Hier wird derjenigen Unlebendigkeit, die Soteriologie mit einem einzigen Sym-

hier Beziehungslosigkeit von allem und jedem, so dort Beziehung von allem auf jedes: aber beides ist kein lebendiger Zustand, weder für ein Subjekt noch für eine Gemeinschaft. Doch Symbolik muß identitäts- und gemeinschaftsstiftend sein. Können wir also weder Einheit noch Vielfalt der Symbole in dieser Weise billigen, so ist die bestimmte Qualität von Beziehung nachzuweisen, die die Symbole verknüpft.

Auf einem bestimmten Weg sind wir zum Opfer gelangt. Ein bestimmter Weg ist eine deutliche Figur von Erfahrung, im Unterschied zur Erfahrungslosigkeit jener vorgeführten Hypothesen. Es konnte nicht unsere Absicht sein, zum Opfer zu gelangen. Durchaus im Wort zu bleiben wäre allerdings unser Wunsch gewesen. Aber aus dem Wort vom Kreuz, diesem im Vergleich zum Kreuz so angenehmen Aufenthalt, wurden wir vertrieben. Es stellte sich immerhin ein das Wort von der Versöhnung, gar versöhnendes Wort: locus amoenus auch dies. Daraus wurden wir vertrieben durch ein andrängendes Dunkles im Untergrund, das unversöhnt und unerlöst hereinspielte. Aber weder Versöhnung noch Erlösung gibt es, ohne daß wir auch der letzten Spur von Unversöhntheit und Unerlöstheit nachsetzen. In Tausch und allseitiger Kommunikation zu bleiben, in ihrer schönen Liberalität und Reziprozität, hätte sich durchaus empfohlen. Wir wurden daraus vertrieben, weil der Tausch nicht aus sich selbst heraus seine Energie bezieht. Und was wäre köstlicher gewesen, als im Geld zu bleiben, dieser Löslichkeit und Leichtigkeit aller Dinge. Daraus wurden wir durch einen jähen Absturz vertrieben. Es herrschte also nicht ein pêle-mêle, sondern eine bestimmte Erfahrungsfigur mit unverwechselbarer Richtung auf Vertreibung und Exilierung. Alle Erfahrungsfiguren liefen in Richtung Schwergängigkeit eines zunächst Leichtgängigen. Sie waren Materialisierungen eines zunächst mehr oder weniger Sublimen. Wir befanden uns in einem Durchdringlicheren und gerieten in Undurchdringlicheres. Undurchdringlichkeit ist nach klassischer Lehre die Eigenschaft von Materie. Es war etwas Undurchdringliches, was wir eine Symbolik lang vor uns herschoben. Dieses Vorhergeschobene, Hinausgeschobene erscheint jetzt als das Archaische im Thema des Opfers.

Wenn wir die Spanne vom Wort bis zum Opfer betrachten, so erscheint Symbolik A als ein einziges in sich geschlossenes System von Verschiebung. Verschiebung, in der Symbolik am Werk in mannigfachen Termini wie Übertragung, Substituierung, Tausch, Metapher, geschah jeweils in dem Moment, da ein bisher verteidigungsfähiger Sinn der Bedrängnis durch stärkeren Unsinn ausgesetzt war – und unterlag. Es mag zwar sein, daß der Sinn sich noch einmal gegen die unsinnige Kraft durch Verschiebung behaupten kann, aber es droht der Punkt, da er sich aufgeben muß und aufgibt. Alles Vorhergeschobene genießt stillschweigend das Recht des Stärkeren, nährt hinterrücks die Gewißheit, daß es den Hinausschiebenden schließlich überwältigen wird. Wir klam-

---

bol als Hauptsymbol bestreiten will, die Unlebendigkeit der bloßen Vielfalt entgegengesetzt. Die Symbolik dagegen verfolgt die Aufgabe, im Fortgang von einem Symbol zum anderen einen Schritt der Erfahrung zu vollziehen.

merten uns an jedes Symbol in strenger methodischer, aber auch lebensprakti-
scher Isolation, bis seine Gestalt unter dem Druck eines andrängenden Gestalt-
losen unkräftig wurde. Es fand sich womöglich noch einmal diese oder jene
symbolische Gestalt, aber nur als Zwischenhalt einer konstitutionellen Haltlosigkeit. So war Symbolik A bisher nichts als ständiges Verschieben. Ausgerechnet das Wort vom Kreuz, nach geläufiger Auffassung Inbegriff von Soteriologie,
erwies sich als schwächste Bastion.

Aller Verschiebungstransport läuft durch die Kanäle des Als. Es findet sich
etwa die Formel „Tausch als Opfer“[411] oder Geld als Opfer[412]: über solche
Formeln geschehen Verschiebungen von einem Gestalteteren in etwas Ungestal-
tetes. Daher sind im bisherigen Gang solche Formeln wie „Wort als Tausch“,
„Wort als Geld“ impliziert, oder gar „Wort als Kreuz“, und zwar jeweils im
Richtungssinn vom Leichteren zum Schwereren. Es ist, als ob dabei eine vor-
findliche, bereits am Werk gewesene Verschiebung wieder zurückzuschieben
sei. Wie weit ist diese Rückschiebung zu treiben? Bis dahin, wo die Symbole
nicht nur dichter und materieller werden, sondern wo die symbolisierende Kraft
vollends erlahmt und das Ding in seiner ungeschlachten rohen Kraft erscheint.
Aller Verschiebungstransport wird ferner indiziert durch ein Nahezu oder Quasi: Das Geld war „Quasi-Ding“, „Nahezu-Ding“; nach der anderen Seite wiederum erschien Geld als „Nahezu-Sprache“, „Quasi-Sprache“. Oder es erscheint teils als „Nahezu-Geld“, teils als „Quasi-Geld“[413]. Wo finden diese Verschiebungen in der einen oder anderen Richtung ihr Ende? Offenbar da, wo alles
Als, Nahezu und Quasi entfällt, weil in der einen Richtung das Ding unverhüllt
erscheint, in der anderen aber die Sprache. Aber so weit sind wir noch nicht.
Denn sobald die Verschiebungssignale Als, Nahezu und Quasi auftauchen,
entsteht eine kaum zum Stillstand zu bringende Ambivalenz. Wir haben nicht
nur „Geld als Ding“, sondern auch „Ding als Geld“[414], nicht nur „Sprache als
Geld“, sondern auch „Geld als Sprache“, und somit droht ständig halt- und
gestaltlose Ambivalenz, bloßes Hin- und Herschieben. Dies wäre Ende jeglicher
symbolischer Arbeit, weil sich in allem Tun überhaupt nichts mehr tut. Aber
darauf sind die Verschiebeformeln zu befragen: Was ist leichter zu sagen: „Geld
als Opfer“ oder „Opfer als Geld“? Ebenso beim Tausch: „Tausch als Opfer“ oder
„Opfer als Tausch“?[415] Ebenso beim Wort vom Kreuz: „Wort als Kreuz“ oder

---

[411] F. *Stentzler*, Versuch über den Tausch (s. o. Anm. 303), 120: „Tausch erwies ... sich
als Opfer“; H. *Kurnitzky*, Triebstruktur (s. o. Anm. 382), 38: „Tausch als Opfer“; cf. G.
Simmel, Philosophie (s. o. Anm. 333), 34 f.

[412] Impliziert in B. *Laum*, Heiliges Geld (s. o. Anm. 339), 39; H. *Kurnitzky*, Triebstruktur (s. o. Anm. 382), 49.

[413] A. *Burghardt*, Soziologie des Geldes (s. o. Anm. 330), 17. 27 ff. 38.

[414] B. *Laum*, Heiliges Geld (s. o. Anm. 339), 8.

[415] F. *Stentzler*, Versuch über den Tausch (s. o. Anm. 303), formuliert S. 121: „Tausch
und Opfer sind getrennt voneinander nicht mehr denkbar. Daraus läßt sich schließen, daß
noch in jedem Opfer ein Tausch statthat, und jeder Tausch ein Opfer enthält“; ebenso in
Scheinsymmetrie H. *Kurnitzky*, Triebstruktur (s. o. Anm. 382), 38: „Die Beziehungen

„Kreuz als Wort"? Diese Erwägung führt schließlich zu der alles umfassenden
Formel, welche die Symbolik von Anfang an regiert: Was ist leichter zu sagen:
„Sprache als Ding" oder „Ding als Sprache"? Alsbald stellt sich die fundamentale
Asymmetrie ein, die Ambivalenz und Hin- und Herschieben nach Art eines
Verschiebebahnhofs gründlich vertreibt und das natürliche, allzu natürliche
Gefälle von der Sprache zum Ding wiederherstellt, das durch alle Verschiebefor-
meln hindurch regiert. Das Gefälle der Symbolik führt zum Opfer. Dahin
gravitiert alles. Opfer ist der substantielle Ausgangspunkt der Symbolik. Auf
ihn arbeiten wir von unserem Ausgangspunkt, dem Wort vom Kreuz, zu. Das
Wort vom Kreuz ist oberste, auf der Hand liegende Verschiebung, die der
Verschiebung der Verschiebung zu unterwerfen ist, bis der substantielle Ausgangspunkt erscheint und das Verschobene unverschiebbar eintritt.

Also entsteht über der Erfahrung des Wegs, auf dem wir zum Opfer gelangt
sind, Einsicht in das Wesen des Opfers. Opfer ist das Unverschiebbare und
Unaufschiebbare, jetzt sofort Fällige, und zwar weil es, wenn es fällig ist,
schlechthin fällig ist. Unverschiebbar ist das Opfer, weil dasjenige, was sich
erfreulicherweise beweglich und wandelbar zeigte, also nicht nur in seiner
dinglichen, sondern auch in seiner Verschiebungsenergie wirkte, sich jetzt unverschiebbar als es selber vor uns aufbaut und wirkt und trifft. Mit dem Opfer
gelangen wir an ein Non-plus-ultra des Abstiegs zum Ding. Dies schlägt im
Aufbau des jetzigen § durch. Bisher handelte es sich um eine hin- und herschau-
kelnde Bewegung zwischen Sprache und Ding, bei gewiß vorherrschendem
Drift zum Ding. Zwar bleibt dies auch beim Opfer nicht ganz und gar aus, sonst
ließe es sich nicht mehr als Symbol in der Reihe von Symbolen behandeln. Das
pure Ding ist dasjenige, was nur noch selbst tut, ohne seinerseits ein Tun zu
empfangen. Aber genau dahin sackt das Opfer ab. Boten die bisherigen Symbole
immer Abstieg und Aufstieg, so kennt das Opfer nur Abstieg. Es zeigt damit an,
daß wir im Absinken vom Wort auf letzten Grund gesunken sind. Von ihm
werden wir uns im Rahmen der Symbolik A nicht mehr erheben. Deshalb
kommt diese mit dem Opfer zu Ende. Hier tritt der zwingende dingliche Horror
von Jesu wie von allen anderen Kreuzen überlaut hervor: äußerste Intensität von
Unheil. Das Opfer ist letzter Widerstand des Unheils, gegen den, falls es sich
finden läßt, das Heil in Jesu Kreuz, wie sonst in keinem, zur Wirkung kommen
muß. Allein in diesem Fall gibt es eine Symbolik B. Dies gelingt nur, wenn das
Opfer nicht nur das Absinken der Sprache zum Ding zu Ende bringt, sondern
wenn es sich zu wandeln vermag und so – gewandelt – die Bewegung vom Ding
zur Sprache anheben läßt. Dann ist das Opfer die wahre Peripetie der Symbolik.

---

zwischen Opfer und Tausch sind . . . so eng, daß der Tausch als Opfer wie umgekehrt das
Opfer als Tausch interpretiert werden kann." *Kurnitzky* fährt m. R. fort: „Aber das Opfer
ist der substantielle Ausgangspunkt und nicht der Tausch, der als Abstraktion des Opfers
auf dessen Allgemeinheit verweist."

1. Von der Opfersprache zum Opferritual

a) Opfersprache im Neuen Testament

Auf welchem Stratum und in welcher Konsistenz findet sich das Opfermotiv im Neuen Testament? Hier sind zwei Arten von Überlieferung zu unterscheiden, mikrologische und makrologische. Teils finden sich zerstreute kerygmatische Formeln; hier gilt es, diejenigen auszusondern, die speziell vom Tod Jesu in soteriologischer Hinsicht eine Aussage machen. Teils gehören zur Opfersprache die Passionserzählungen, und zwar nicht durch irgendwelche opferterminologische Formeln, die sie enthalten könnten, faktisch aber nicht enthalten, sondern durch die Gattung der Passionsgeschichte, die aus der Opfertradition stammt. Diese beiden Stämme der Opferüberlieferung, Formeln und Erzählung, sind nacheinander ins Auge zu fassen.

Was zuerst die kerygmatischen Formeln[416] anlangt, in denen das Opfermotiv

---

[416] Opferterminologie im Neuen Testament, soweit bezogen auf den Tod Jesu (mit Hinweisen auf Vulgata und Luther 1545)

A) *Substantive*
  1. Jesus als *Bundesopfer:*
     a) Bundesblut (αἷμα τῆς διαθήκης): Mk 14,24; Mt 26,28 (Ex 24,8); Lk 22,20; 1Kor 11,25; außerdem: Hebr (9,15ff) 10,29; 13,20
     b) Besprengungsblut (αἷμα ῥαντισμοῦ): Hebr 12,24; 1Petr 1,2
  2. Jesus als *Passalamm:*
     a) πάσχα (Pascha/OSTERLAMB): 1Kor 5,7; impliziert in den Abendmahlsworten?
     b) ἀμνός (agnus/LAMB, Lamm): Joh 1,29.36; 1Petr 1,19; Act 8,32 (Jes 53,7 LXX)
     c) πρόβατον (ovis/SCHAFF): Act 8,32 (Jes 53,7 LXX)
     d) ἀρνίον (agnus/Lamb): aa. geschlachtet: Apk 5,6.8f.12; 13,8; bb. Blut: Apk 5,9; 7,14; 12,11
  3. Jesus als *Gemeinschafts(mahl)opfer:*
     θυσία (hostia/Opffer): Eph 5,2; Hebr 7,27; 9,26; 10,12
  4. Jesus als *Ganz(Vernichtungs)opfer:*
     a) προσφορά: Eph 5,2 (oblatio/Gabe); Hebr 10,10.14 (oblatio/Opffer)
     b) σφαγή (occisio/SCHLACHTUNG): Act 8,32 (Jes 53,7 LXX)
  5. Jesus als *Sühnopfer:*
     ἱλασμός (propitiatio/versönung) s. o. Anm. 163.1
  6. Jesus als *Sündopfer* (?):
     ἁμαρτία (peccatum/SÜNDE): Röm 8,3 (?); 2Kor 5,21 (?)
B) *Verben*
  1. θύειν (immolatus/GEOPFFERT): 1Kor 5,7
  2. σφάττειν (occisus, occisum/erwürget): Apk 5,6.9.12; 13,8
  3. ἐκχύνεσθαι ([ef]fundetur/VERGOSSEN): Mk 14,24; Mt 26,28; Lk 22,20
  4. ἀναφέρειν: Hebr 7,27 (seipsum offerendo/sich selbs opffert); 9,28 (Jes 53,12 LXX; exhaurienda/weg zu nemen); 1Petr 2,24 (pertulit/geopffert)
  5. προσφέρειν: Hebr 5,7 (offerens/geopffert); 9,14 (semetipsum obtulit/Sich selbs ... geopffert); 9,25 (offerat semetipsum/sich ... opffere); 9,28 (oblatus est/ist ...

tradiert wird, so verändert sich der Zustand der Überlieferung gegenüber den früheren §§ erheblich. Waren es bisher ein, maximal zwei Wortstämme, durch die das jeweilige Symbol in der neutestamentlichen Überlieferung zu lozieren war, so erscheint beim Opfer eine schwer erfaßbare Vielzahl von Opferterminologie bald intensiver, bald flüchtiger Art. Es gibt für das Symbol „Opfer" in der Sprache des Neuen Testaments kein begriffliches Äquivalent von derselben Geballtheit[417]. Statt des einen Opferbegriffs finden sich Anspielungen verschiedenerlei Art; es erscheinen zum Beispiel ϑυσία und προσφορά, an sich alte Hauptarten von Opfer, jetzt aber ununterscheidbar. Nicht nur Substantive gehören zur Opferterminologie, sondern auch eine große Anzahl von Verben, die den Opfervorgang beschreiben, Präpositionen, die den Transport des Heilsgutes vermitteln, Adjektive zur Qualifizierung der Opfergabe, adverbiale Bestimmungen, die Art und Weise des Opfers Jesu betreffend. Hierbei zeigt sich, wie wenig das Wortfeld des Opfers von den übrigen Symbolen separiert werden kann; nicht nur kehren Materialien aus Versöhnung und Tausch wieder, sondern im Medium des Blutes ist das Opfer mit allen Symbolen verbunden, vor allem aber mit dem des Geldes. Von der Qualität der soteriologischen Opferaussage läßt sich kein eindrücklicheres Bild machen als durch Konfrontation mit dem Wort vom Kreuz. Hier eine einzige Stelle mit höchstmöglicher Konzentration, begrifflicher Kontext von hoher Rationalität, Fernwirkung sokratischer Tradition; dort aber Vielzahl, Zerstreutheit, sinkende Rationalität bei steigender Bildlichkeit. Die Schwierigkeit liegt bereits darin, daß es sich bei den kerygmatischen Opferformeln nicht einmal um Aussagen handelt, sondern um vorapophantische Gebilde, Anspielungen eher als Aussagen, Anmutungen eher als Argumente. Darin erscheint das Stratum der neutestamentlichen Opferterminologie: es ist wie ein Nicht-geredet-Sein in allem Geredet-Sein. Dieses Verstummen und Absinken ist an sich von kreuzestheologischer Relevanz und darf nicht

---

geopffert); 10,12 (offerens/geopffert)

6. αἴρειν: Joh 1,29 (tollit/TREGT); 1Joh 3,5 (tolleret/wegneme); Kol 2,14 (tulit/gethan)
7. ἱλάσκεσθαι (repropitiare/versönen): s. o. Anm. 163.2
8. ἀποθνήσκειν: s. o. Anm. 161; außerdem: Joh 11,50; 18,14
9. τιθέναι [τὴν ψυχήν] (Jes 53,10 MT): Joh 10,11 (dat/lesset); Joh 10,15.17 f (pono, ponendi/lasse, zulassen); Joh 15,3 (ponat/lesset); 1Joh 3,16 (posuit/gelassen)
10. διδόναι (dare/geben): Mt 20,28; Mk 10,45; Lk 22,19; Joh 3,16; 6,51; Gal 1,4; 1Tim 2,6; Tit 2,14
11. παραδιδόναι (tradere/dar geben, da hin geben): Röm 4,25; 8,32; Gal 2,20; Eph 5,2.25.
12. ἁγιάζειν (sanctifico/heilige): Joh 17,19.

C) Diese Liste von Opferterminologie ließe sich noch vervollständigen durch eine (leicht ins Uferlose führende) Aufstellung der *Präpositionen* (ὑπέρ, περί, ἀντί, διά) und der aus der Opfersprache stammenden *Adjektive* (wie z. B. ἄμωμος). Zur *adverbialen* Bestimmung der Einmaligkeit des Opfers Jesu s. u. Anm. 548.

[417] G. *Friedrich,* Die Verkündigung des Todes Jesu (s. o. Anm. 45), setzt für jedes der bisherigen Symbole ein Kapitel an, für das Opfer aber deren sechs.

durch Zensurierung beseitigt werden[418]. Es zeigt sich: Mit dem Stichwort „Opfer" erscheint ein diffuses Feld von Aussagen aus einem tieferen Stratum von Sprache, das wie eine Sprache vor der Sprache erscheint.

Dieses Ende der Symbolik A drängt im Vergleich zu ihrem Anfang im Wort vom Kreuz das Eingeständnis auf: das Spezifische paulinischer Kreuzestheologie nimmt dabei immer mehr ab. Waren „Wort vom Kreuz" und „Wort von der Versöhnung" aktuelle, frische Bildungen auf der Höhe seiner Theologie, war er an Tausch und Geld immerhin aktiv beteiligt, so liegt das Opfer ganz am Rand des Paulinischen, ja vielmehr auf seinem Grund[419]. Sodaß bei tieferem Vordringen zum Opfer ein Nachlassen des paulinischen Originaltons eintritt, Übergang vom Originelleren zum Anonymen, von der Beilage zur Grundsuppe. Die opfertheologischen Aussagen bei Paulus verdanken sich nicht seiner gewohnten Denk- und Sprechaktivität, sondern befinden sich in einem Zustand passiven Sich-zitieren-lassen-Müssens. Dies entspricht der Erwartung, daß beim Rückgang hinter die vorwiegend paulinisch geprägten Symbole Gestaltlosigkeit zunimmt. Liegt doch hinter allen Symbolen die Gestaltlosigkeit selbst: Das Kreuz. Durchaus ist aus dem Schichtgefüge der paulinischen soteriologischen Sätze nicht die geläufige neuprotestantische Konsequenz zu ziehen, die Opferaussage sei mit Paulus zurückzulassen. Offenbar ist sie weder für Paulus noch für uns eliminierbar. Indem wir im Gang der Symbolik die Spannung zum „Wort vom Kreuz" dadurch steigern, daß wir uns von der obersten, originellsten Schicht paulinischen Denkens innerhalb des Paulus so weit als nötig entfernen und vorstoßen bis zum Opfer, hoffen wir die Gegenkraft zu finden, die zurückfedern läßt vom Ding zum Wort. Aber dies gelingt nicht ohne Beachtung der sprachloseren Schichten der soteriologischen Sprache, an deren unterstem Grund die Opfersprache liegt.

Der Zugang zu den Opferaussagen ist aber nicht nur erschwert durch Zerstreutheit – dies wäre ein quantitatives Problem –, sondern auch durch qualitative Dunkelheit. Der Zustand der Opferaussage wird als ausweichend, flüchtig, schwer zu fassen charakterisiert. Dies kann entmutigend wirken, wenn sich der Weg zur erwarteten systematischen Aussage hinauszögert, kann aber auch tiefsinnig sein, sobald der Abgrund menschlichen Lebens sich öffnet[420]. Daher wird

---

[418] E. *Jüngel*, Gott als Geheimnis (s. o. Anm. 104), 481 Anm. 21, beschließt für seinen Teil, daß „von einem Opfer trotz der entsprechenden biblischen Belege wegen der schier unausrottbaren Mißverständnisse, die sich mit dem Ausdruck assoziieren, nicht die Rede sein wird."

[419] E. *Käsemann*, Die Heilsbedeutung des Todes Jesu bei Paulus (s. o. Anm. 122), betont S. 79, daß bei Paulus „dem Opfermotiv keine wesentliche Bedeutung zugestanden werden kann". Dazu auch H. *Weder*, Das Kreuz (s. o. Anm. 74f).

[420] S. W. *Sykes*, Sacrifice in the New Testament and Christian Theology, in: M. F. C. *Bourdillon*/M. *Fortes* (Hgg.), Sacrifice, London 1980, 61–83, S. 67f: „... what I shall be at pains to develop, is a theory which tries to offer an explanation for the fact that the New Testament writers write so elusively on the subject; but a theory which also accounts for why subsequent generations of Christians have found that elusiveness both frustrating (in

die Berührung mit der neutestamentlichen Opferaussage sehr verschieden ausgehen. Einerseits kommt G. Friedrich zum Resultat, daß – abgesehen vom
Hebräerbrief – im Neuen Testament kaum vom Opfertod Jesu gesprochen
wird[421]. Dieses erstaunliche Urteil charakterisiert das Problem sehr treffend.
Während niemand zweifelt, daß, wenn vom Wort vom Kreuz die Rede ist, auch
vom Wort vom Kreuz die Rede ist, genügt offenbar die Rede vom Opfertod Jesu
quer durch das Neue Testament nicht zur selben Anerkenntnis. Aber die Absurdität von Friedrichs Urteil ist fruchtbar. Sie stellt die Aufgabe, den Fall zu
durchdringen, daß in allem Reden nicht geredet wird. Oder genauer: Nicht
nicht gesprochen, sondern „kaum … gesprochen" war die Behauptung Friedrichs, und da dies angesichts der vielen Opferstellen keinen quantitativen Sinn
gibt, muß es sich auf die Qualität der Opferaussagen beziehen, denen es zukommt,
in allem ihrem Reden kaum zu reden. Der Skandal, daß vom Opfertod Jesu die
Rede ist, indem „kaum" von ihm die Rede ist, präzisiert sich zu der Auskunft, es
sei „nie … eindeutig" von ihm die Rede. Aber dasjenige, was ganz zu Wort
kommt, ist eindeutig. Folglich liegt die Rede vom Opfer nicht in, sondern unter
den Worten, und dies bewirkt ihre Zweideutigkeit. Die innere Absurdität der
Exegese von Friedrich setzt die Erkenntnis frei: Kaum oder nicht gesprochen
wird vom Opfertod Jesu in eigentlichem, eindeutigem Sinn, sehr wohl aber in
zweideutigem und übertragenem[422]. Als einzige Ausnahme nannte Friedrich den
Hebräerbrief: hier müßte sich eindeutige, eigentliche Rede vom Opfertod Jesu
finden. Ausgerechnet dieses Textcorpus bereitet aber die Enttäuschung, daß
nicht nur nicht eindeutig vom Opfertod Jesu die Rede ist, sondern sogar eindeutig nicht. Denn handelt es sich beim eigentlichen Opfer nach Friedrichs Erklärung um kultisches Geschehen, so ist im Hebräerbrief eben dies trotz aller
Opfertheologie im Blick auf Jesu Tod verneint. Ist aber nicht einmal bei diesem
Hauptzeugen eindeutig vom Opfertod Jesu die Rede, so bestätigt sich Friedrichs
Urteil im selben Maß, wie es sich ad absurdum führt. Diese Absurdität löst sich
erst, wenn die Opfersprache in ihrer wesentlichen Metaphorizität erkannt wird.
Diejenige Rede, die redet, ohne in strengem Sinn oder eindeutig zu reden, die

---

respect of their urge towards the systematization of their beliefs) and profound (in respect
of its capacity to elucidate the human situation)."

[421] G. *Friedrich,* Die Verkündigung des Todes Jesu (s. o. Anm. 45), S. 77: „Überblickt
man die Ausführungen im Neuen Testament, dann kommt man … zu der Erkenntnis,
daß abgesehen vom Hebräerbrief kaum vom Opfertod Jesu gesprochen wird. … Auch
sonst werden Opferhandlungen zur Verdeutlichung der Bedeutung des Sterbens Jesu
kaum herangezogen. *Paulus spricht nie vom Tode Jesu eindeutig als von einem Opfer.* Der
Gedanke des Opfers bildet keinen Schwerpunkt in den christologischen Aussagen."

[422] G. *Friedrich* fragt, Eindeutigkeit fordernd: „Ist Jesu Tod ein Opfertod gewesen?" (74)
Nein! „Beim Opfer im eigentlichen Sinn handelt es sich um ein kultisches Geschehen. *Die
‚Für-uns'-Formeln im Neuen Testament haben mit der kultischen Darbringung eines Opfers nichts
zu tun.* Wenn man auf Grund der neutestamentlichen ‚Für-uns'-Stellen vom Opfertod
Jesu spricht, so ist das nur berechtigt, wenn man Opfer in übertragener, nicht in spezifisch
kultischer Weise versteht" (75).

kaum oder sogar eindeutig nicht redet und dennoch redet, ist metaphorische
Rede. Anderseits geht P. Stuhlmacher vom metaphorischen Charakter der
Opferaussage immer schon aus, ohne auf Eindeutigkeit zu pochen[423]. Dementsprechend ist ihm die Opfermetapher Anreiz zu erhöhtem Ernst und biblischem
Realismus, während Friedrich sie als Unernst versteht, da sie Vermeidung
eigentlicher Rede sei. Friedrich liest die Opfermetapher gleichsam nach oben in
der Erwartung, Jesu Tod müsse auch ohne Metaphern in seiner Heilswirksamkeit zu verkünden sein[424]; dagegen rät Stuhlmacher zu Dinglichkeit und Massivität und liest somit die Opfermetapher nach unten in ihre materielle Dichte
hinein[425].

Jedoch bleiben beide auf halbem Wege stehen. Denn die Alternative kultisches
– unkultisches Opfer im Sinn von eigentlich – uneigentlich reicht nicht aus, um
die Dimensionen des Kreuzestodes Jesu auch nur zu berühren. Jesu Tod war kein
kultisches Opfer, davon ganz zu schweigen, daß kultische Begriffe zur Deutung
auf Jesu Tod übertragen worden wären. Wie sollen auch Begriffe auf ein Phänomen übertragen werden, das die Bedeutung dieser Begriffe noch viel gründli-
cher erfüllt! Soll das kultische Opfer Opfer in eigentlichem Sinn sein, so widerfährt diesem durch Jesu Tod nicht nur keine Nachobenübertragung und Entkultisierung, sondern eine Nachuntenübertragung: Entkultisierung in dem parado-
xen Sinn, daß sogar der ganze Rationalitäts- und Substitutionsgewinn des
Kultus durch den Tod Jesu unterboten wurde in grausamster Weise. Natürlich
klingt die Proklamation des kultischen Opfers als eigentlicher Sprachschicht
ganz danach, als ob der Erwerb des Abstiegs vom Geldsymbol zum Zuge
kommen sollte, indem vor aller Opfermetapher gewarnt, d. h. alles Substitu-
tions- und Symbolisierungswesen des Opfers reduziert werde auf seine elementare, natural- und substanzwerthafte Schicht, deren Sprache eigentlich genannt
werden dürfe, weil das substantielle Äquivalent zur Hand ist. Aber Jesu Tod am
Kreuz eröffnet den Abgrund, daß selbst die kultische Währung, auf die wir beim

---

[423] P. *Stuhlmacher,* Sühne oder Versöhnung? (s. o. Anm. 170), 293: „Es ist ... nicht zu
bestreiten, daß die neutestamentliche Rede vom Opfertod Jesu in ihren verschiedenen
Spielarten metaphorische Redeweise ist. ... Daß man vom Tod Jesu nur in beziehungsrei-
chen opfertheologischen Metaphern sprechen kann, war jedem neutestamentlichen Zeugen klar." Zur Metapher s. a. S. 304. 307.

[424] G. *Friedrich,* aaO. 144: „Bei der Untersuchung der verschiedenen Vorstellungskreise
... hat es sich gezeigt, ... daß die Begriffe, Metaphern, Analogien und Vergleiche, die das
Neue Testament verwendet, mit dem Christusgeschehen nicht deckungsgleich sind. Sie
erweisen sich als unzureichend, um die durch Christus geschaffene Wirklichkeit zu
erfassen." S. 145: „Weil die damaligen Ausdrucksmittel unzureichend sind, um die Bedeutung des Sterbens Jesu angemessen darzustellen, dürfen sie nicht dogmatisiert und als
allein verbindlich propagiert werden."

[425] P. *Stuhlmacher* bewegt sich aaO. im Verfolg der biblischen Metapher nicht nur in
Richtung Dinglichkeit (307) und Massivität (310), sondern er geht sogar so weit, den
anstößigen Sündenbockritus, der zunächst nur Volksausgabe des priesterlichen Versöh-
nungsrituals und also zur Interpretation des Todes Jesu untauglich war (302), zuletzt zu
eben dieser zuzulassen (307. 310). Er warnt vor dem Versuch der Ablösung (307).

Abstieg zum Opfer als letzte gestoßen waren, keine Urwährung ist, sondern –
das Passalamm ist ja Mensch!, Erstgeborener von Menschen, denen es weder an
Turteltauben noch Lämmern gemangelt hätte (Lk 2,24.41)! – hinter der Tier-
währung, der bisher maximalen Substantiierung allen Symbols, steht Men-
schenwährung wie ein Non-plus-ultra auf dem Weg der Elementarisierung von
Währung. Im selben Moment ist aus dem kultischen Opfer das Opfer schlechthin geworden, dem gegenüber die kultische, vermeintlich eigentliche Sinn-
schicht des Opfers sich bereits als Opfermetapher erweist. Somit ist es allerdings
richtig, daß der Tod Jesu den Rahmen des kultischen Vergleichs „sprengt"[426],
aber nicht etwa so, daß damit die Kategorie des Opfers verginge, sondern so,
daß das Opfer nur ungebremster hervortritt als dasjenige, was hinter allen
Opfermetaphern, so sublim oder so elementar sie auch seien, immer schon
gelauert hatte, um jetzt das konventionelle Preisgefüge von Dingen und Worten
mit dem Hinweis auf den wahren Preis gründlich zu zerstören. Wenn mit dem
Auftritt des Opfers alle Opfermetaphorik vergeht, dann ist Jesu Tod – als
gewaltsamer Tod ununterscheidbar von allen anderen gewaltsamen heillosen
Toden – gänzlicher Untergang aller neutestamentlicher Opfermetaphorik: Men-
schen-, nicht Lämmleinopfer. Es sei denn, daß durch Jesu Tod, soweit unter-
scheidbar von anderen, dem Opfer, das an sich unheilvoll ist, eine Wende
zugefügt wird, die ihm Heil abringt. –

Was die Gattung der Passionsgeschichte anlangt, wie sie in den Evangelien
erzählt wird, so scheint sie zweiter Hauptstamm der Opferüberlieferung zu sein.
Daß diese deshalb teils argumentativ, teils narrativ sei[427], bleibt an der Oberfläche. Argumente sind nur möglich bei Aussagen, ins Argument gehört keine
Metapher. Wiederum ist die Passionsgeschichte in ihrem Kern gerade nicht
narrativ. Und dies, obgleich jede Geschichte Passion enthält, weshalb auch jede
Geschichte Passionsgeschichte in weitem Sinn ist. Geschichte entsteht, sobald
zwischen Anfang und Ende ein Element des Unableitbaren eintritt, das als
solches immer Passivität auslöst. Anders, als daß ein noch so geringes Element
von Passivität den rationalen Handlungszusammenhang stört, entsteht keine
Geschichte. Daher ist jede Geschichte in allgemeinem Sinn Leidensgeschichte,
ob in Leid oder Freud. Zum Topos der alten Aöden gehörte es, ihr Epos als
Geschichte von Leiden zu charakterisieren, seien es deren „viele" (Od. 1,4) oder
„tausend" (Il. 1,2). Sind also Geschichten stets Störung von Systemrationalität,
so ist doch dieser eine Grenze gesetzt: Reines Fatum und Schicksal ergibt keine
Geschichte, denn hier ist nichts mehr gegeben, was zu stören wäre. Erst bei
Störung von Rationalität muß man, um zu sagen, wie es kam, Geschichten
erzählen; aber bei Eintreffen reinen Schicksals läßt sich nichts mehr erzählen: hier
gilt nur noch Fatum und Spruch. Somit ist Geschichte zwar nicht mehr das
Sparsamste, reine Rationalität wäre sparsamer. Aber sie hat ihr eigenes Sparsam-

---

[426] G. *Friedrich,* aaO. 80. 85. 146.
[427] S. o. Anm. 110.

keitsprinzip, nur genau soviel Wendungen zu erzählen, als zur Beantwortung der Frage nötig ist, wie es von jenem Anfang zu diesem Ende kam. Die Geschichte folgt dem Ökonomieprinzip, wie es in der Christologie Anselm von Canterbury formuliert hat: qua ratione vel necessitate Christus passus, mortuus? Jede Störung, jede Wendung hinterläßt ihr Symbol. Symbol ist eine so nicht gewollte und dennoch geschehene Verbiegung des Gedankens, die als solche in die Geschichte eingeht und von ihr geborgen wird, indem sie forterzählt. So in der Symbolik auch: Wir dachten mit Wort allein durchzukommen, jetzt sind wir bis zum Opfer gelangt. Dem Sein im Wort entsteht kein Anlaß zur Geschichte, aber jede Störung schafft Erfahrung. Erfahrung ist πάθος, passio. Sie hinterläßt ihr irreduzibles Symbol. So hängen Symbol und Passionsgeschichte auf das genaueste zusammen.

Aber hier stellt sich die alte Asymmetrie ein: Es gibt zwar niemals pures Handeln, aber es gibt sehr wohl pures Leiden. Pures Leiden ist pure Widerfahrnis[428]. Gibt es pure Widerfahrnis, dann ist von der bisherigen Passionsgeschichte noch eine spezielle zu unterscheiden. Widerfahrnis ist für den, dem sie widerfährt, keineswegs das gesuchte Mittelstück zu Anfang und Ende einer Geschichte, sondern ist selbst bereits das Ende, und somit ist nicht nur etwas an der Gattung von Geschichte gestört, sondern diese selbst. Pure Widerfahrnis ist Eruption einer Quasi-Natur in der Geschichte. Normalerweise kommt es der Natur zu, Verursacherin purer Widerfahrnisse zu sein. Aber die Passionsgeschichte Jesu erzählt kein Naturereignis. Sie reagiert auf den Skandal, daß menschliches zweckrationales Handeln sich zu einer Gewalt verdichten kann, die es zu einer Art Naturereignis macht, weshalb bei Jesu Tod die Erde bebt und die Sonne ihren Schein verliert. Skandal deshalb, weil jetzt sehende Menschen nach Art der blinden Natur handeln, aber eben darin nicht verantwortungslos sind wie sie. Daher ist für die Passionsgeschichte Jesu damit zu rechnen, daß hinter ihrer Narrativität eine nicht erzählte, da nicht erzählbare Geschichte verborgen liegt, der die Gattung der Geschichte bloß aufliegt. Denn in ihr wird der spezielle Fall bedacht, daß sinngerichtetes rationales Handeln in seinem Verfolg pures Leiden, Opfer und Annihilation von Menschen ebenso produziert wie seiner bedarf. Dies macht die Passionsgeschichte zu einer Art Naturgeschichte, die mitten in der Menschengeschichte sich aufdrängt, und dies ist die Differenz, die zwischen Geschichten als Passionsgeschichten in weitestem Sinn und der speziellen Passionsgeschichte Jesu besteht. Daraus ergibt sich: 1. Die Passionsgeschichte Jesu hat teil am Wesen aller Geschichten, ohne mit ihnen identisch zu sein. Sie unterscheidet sich von ihnen darin, daß ihre Mitte gattungswidrig ihr Ende ist: Urständ von Quasi-Natur mitten in der Geschichte. 2. Sind Geschichten normalerweise Prozesse der Systemindividualisierung[429], so

Lsch

---

[428] W. *Kamlah,* Philosophische Anthropologie. Sprachkritische Grundlegung und Ethik, 1973, 35; Meditatio mortis, 1976, 9ff. H. *Lübbe,* Geschichtsbegriff und Geschichtsinteresse. Analytik und Pragmatik der Historie, 1977, 59.

[429] H. *Lübbe,* aaO. 90ff.

tendiert Passionsgeschichte zu äußerster Reduktion alles Individuellen auf dies Allgemeine: Haut und Knochen. Ihre innere Struktur ist im Grund ein einziger Katalog sich steigernder πάθη, bis dahin, wo es, weil alle Leiden gelitten wurden, kein größeres mehr gibt[430]. Je weiter Passionsgeschichten voranschreiten, desto mehr gleicht eine der anderen. 3. Ist somit Passionsgeschichte Verfall von Geschichte in Natur oder Quasinatur, so gehört zu ihr eine andere als die geschichtliche Zeit. Zur Geschichte gehört singuläre Zeit, dagegen ist der Passionsgeschichte Wiederholung eingeschrieben. Daher berührt die Narrativität die Passionsgeschichte nur an ihrer Oberfläche. Die Passionsgeschichte steht an der Stelle, da die individuelle Geschichte sich zur Szene uniformiert. Ihre Szenlichkeit deutet an, daß sie in Wahrheit zum Ritus gehört, als Begehung eines Unbegehbaren. Im Ritus herrscht sich wiederholende Zeit, die nicht vergehen kann in aller wie auch immer vergehenden Zeit. Nicht daß Passionsgeschichte Ritus ist, aber sie hat ihren natürlichen Ort im Ritus, nämlich in der „Vorlesung im Gemeindegottesdienst"[431], was sicher, gemessen an dem im Ritus andrängenden Opfer, die angenehmste Art von Opfer ist. Somit läßt die Passionsgeschichte ihre Vergangenheit im Ritus ahnen. Passionsgeschichten sind pure Grenzfälle von Geschichten, im Grund bereits übergehend zum Mythos und damit zur szenlichen Wiederholbarkeit.

Obgleich die beiden Arten neutestamentlicher Opfersprache, Opferformeln und Passionsgeschichte, geradezu reinlich voneinander getrennt sind – die Formeln enthalten keine Geschichte, und die Passionsgeschichte kennt keine Opferformeln –, weisen sie doch zurück auf eine gemeinschaftliche Wurzel im Opferritus. Wobei vor Augen steht, daß Ritus beim Phänomen des Opfers noch nicht das Letzte sein kann.

b) Opfersprache in der griechischen Tragödie

Opfersprache findet sich auch in der griechischen Tragödie, und zwar unter charakteristischer Verbindung der in der neutestamentlichen Überlieferung getrennten Opfermetaphern einerseits und der Passionsgeschichte anderseits. Die Tragödie zeichnet sich bereits als Szene durch „Opfer-Metaphorik"[432] aus, in

---

[430] Die reinste Gestalt einer zum Leidenskatalog skelettierten Passionsgeschichte findet sich außer in der dritten Leidensankündigung Mk 10,33f//Mt 20,18f//Lk 18,32f in der Schilderung Platons vom leidenden Gerechten Rep. 361e–362a (s. o. Anm. 81). Dazu E. *Benz*, Der gekreuzigte Gerechte bei Plato, im Neuen Testament und in der Alten Kirche, 1950; H. *Hommel*, Der gekreuzigte Gerechte (1953), in: Ders., Sebasmata. Studien zur antiken Religionsgeschichte und zum frühen Christentum, II, 1984, 75–82; E. *des Places*, Un thème platonicien dans la traditon patristique: Le juste crucifié (Platon, *République*, 361e4–362a2), StPatr IX [= TU 94], 1966, 30–40.

[431] Ph. *Vielhauer*, Ein Weg zur neutestamentlichen Christologie? (1965), in: Ders., Aufsätze zum Neuen Testament, 1965, 141–198, S. 179.

[432] W. *Burkert*, Anthropologie des religiösen Opfers. Die Sakralisierung der Gewalt, 1983, 17; cf. W. *Burkert*, Griechische Religion der archaischen und klassischen Epoche

welcher der Mord an einem Menschen dargeboten wird. Opfermetaphorik
deutet auf alte Überlieferung. Was zunächst die literarische Überlieferung der
Tragödie anlangt, sei es der wenigen erhaltenen, sei es der Liste ihrer Titel,
soweit sie rekonstruierbar ist, so muß aufs ganze gesehen die stereotype Wiederkehr derselben Titel und Themen überraschen[433]. Sie geschah nicht aus Stoff-
mangel, sondern aus dem spezifischen Verhältnis des Tragödiendichters zu
seinem Stoff. Nach Aristoteles dürfen Komödiendichter zwar ihren Stoff erfin-
den, aber Tragödiendichter müssen sich an die überlieferten μῦθοι (fabulae)
halten[434]. Ihr Handlungsgerüst ist unauflöslich und starr[435]; Einzelheiten dagegen, Zufälligkeiten und Motivation der Handlungen stehen beim Dichter. Die
identische Handlungssubstanz wird durch Variation der Motivationen nicht
ernstlich tangiert. Woher kommt dem Mythos der Tragödie solche Resistenz zu,
mit der er seine Reprise erzwingt? Offenbar steht die Tragödie unter dem Druck
einer Tradition, die in und hinter ihrer literarischen Überlieferung am Werke ist.
Das ist ihre kultische Vorgeschichte, durch die der in ihr regelmäßig wiederkeh-
rende Mord an einem Menschen in Relation zum kultischen Opfer tritt, wie es
vor der Tragödie bestanden hat und neben ihr fortbestand. Es ist diese Vorgeschichte[436], welche die spezifische Wiederholung des tragischen Stoffes erklärt.

(RM 15), 1977, 104; Glaube und Verhalten, in: Le sacrifice dans l'antiquité (Entretiens sur
l'antiquité classique, Bd. XXVII), Genf 1981, 91–125, S. 111.

[433] M. *Fuhrmann,* Mythos als Wiederholung in der griechischen Tragödie und im
Drama des 20. Jahrhunderts, in: Poetik und Hermeneutik 4, 1971, 121–143. Von den ca.
400 bekannten Tragödientiteln hält der Ödipus-Stoff mit 11 Bearbeitungen die Spitze
(122); unter den erhaltenen Tragödien ist der Stoff von Aischylos *Choephoren* und der
Elektren von Sophokles und Euripides derselbe (124).

[434] Aristoteles, Poetik 1451b11 ff; M. *Fuhrmann,* aaO. 126 f.

[435] Aristoteles, Poetik 1453b23: die überlieferte Handlungsstruktur der Fabel darf nicht
aufgelöst (λύειν) werden; M. *Fuhrmann,* aaO. 127.

[436] M. *Fuhrmann* rekonstruiert die Vorgeschichte der Tragödie aaO. 141 f im Anschluß
an B. *Snell,* Mythos und Wirklichkeit in der griechischen Tragödie, in: Ders., Die
Entdeckung des Geistes. Studien zur Entstehung des europäischen Denkens bei den
Griechen, 1975[4], 95–110: Auf zweierlei Weise wurde ursprünglich der tragische Mythos
dargestellt: teils in kultischen Tänzen, teils in epischen, später auch chorlyrischen Erzäh-
lungen. Darin waltete ein verschiedener Wirklichkeitsbezug: Kultus verwirklicht den
Mythos als unmittelbare *Gegenwart,* hier herrscht magische Identifizierung von göttli-
chem und menschlichem Geschehen. Anders in Epos und Lyrik. Sie repräsentieren
Wirklichkeit als Bericht über eine so gewesene *Vergangenheit.* Hier Distanz, dort Identität.
Nun darf man sich nach *Snell/Fuhrmann* die weitere Entwicklung so vorstellen: In späterer
Zeit hielt man den episch oder lyrisch vermittelten Bericht für glaubhafter als den Kultakt.
Wie man in Athen begann, an Statuen die Inschrift „Ich bin X" abzulösen durch solche
vom Typus „Ich bin das Bild des X" (dazu A. *Reinle,* Das stellvertretende Bildnis, 1984,
7.9. zum Stellvertretungscharakter des Bildes; 201 ff zur executio in effigie und poena
imaginaria), so entstand ein allgemeines Bewußtsein der Distanz zwischen Abgebildetem
und Bild. Herrscht im Kultakt (und beim Kultbild) Identität von Darsteller und Darge-
stelltem, so war jetzt der Darsteller nur noch Agent. Diesem ersten Schritt der Ablösung
aus der Erkenntnis der Abbildlichkeit religiösen Handelns folgte der zweite: Sind Kult-

In die Tragödie gehen ein Freiheit und Bindung; Bindung durch ihren Ausgang vom kultischen Opfer, dessen Requisiten im Theater als Überbleibsel fortbestehen; Freiheit durch die literarische Gestaltbarkeit. Daraus ist auch die aristotelische Bestimmung der Tragödie zu erklären: Während ihr kultischer Ursprung die Wiederholung des Tötens erzwingt und das Handlungsgefüge insoweit unauflöslich ist, zeigt sich in der Variabilität der Motivation die freie Gestaltbarkeit des Mythos als bloß dichterischen Stoffes und insoweit Ablösung vom Druck der kultischen Situation. Im Phänomen der Wiederholung des tragischen Stoffes meldet sich der harte Realitätskern des Tötens, das seinerseits bereits dem Kultus zugrundelag, denn Kult ist fast reiner, nur durch Szenlichkeit und Zeremonialität ermäßigter Wiederholungszwang.

Bisher tauchte der Gesichtspunkt des Lösens zweimal auf: das eine Mal negiert, als Verbot, das Handlungsgefüge des tragischen Stoffes aufzulösen; das andere Mal aber gesetzt, sogar emphatisch gesetzt, denn die Tragödie vollzieht durch Verbildlichung und Literarisierung eine Ablösung von der alten kultischen Situation. Dies zieht eine Differenzierung im Begriff der Wiederholung nach sich. Sie kommt ja beiden zu, dem Kult wie der Tragödie, dem Unabgelösten wie dem Abgelösten, aber in verschiedenem Sinn. Es empfiehlt sich, von „Wiederholung" nur im Blick auf die Tragödie und ihre Neigung zur Reprise zu reden, im Blick auf den Kult aber von „Wiederkehr"[437], um der stärkeren Zwangshaftigkeit Ausdruck zu verleihen. Aber offenbar ohne wirksame Wiederkehr auch kein Anlaß zur Wiederholung. Jede Interpretation der griechischen Tragödie steht daher hinsichtlich des Status ihrer Opfermetaphorik wie ihrer Szenlichkeit vor der Frage: Ist sie Wiederholung und Ablösung, oder ist sie Nachwirkung von Wiederkehr und Zwang? Die bisherige Auskunft, Tragödie sei aus dem Kulttanz entstanden, hat eine bestimmte Hypothese zur Herkunft von τραγῳδία zum Hindergrund: „Gesang von Ziegen", von Kulttänzern also, die zu Ehren des Dionysos als Ziegen verkleidet sind[438]. Dem steht die andere

---

handelnde bloße Agenten, dann kann der Kultakt auch literarisiert werden; damit löst sich eine freiere Gestalt vom ursprünglichen Kultakt, der in seiner Archaik zurückbleibt, aber auch nebenher fortbesteht. Beides, sowohl die Verbildlichung wie die Literarisierung, sind Ablösungen von einer ursprünglicheren Situation. Die Entdeckung der Abbildlichkeit eröffnet die schauspielerische Wiederholbarkeit des Kultus als Drama und somit Nicht-mehr-Kult, die Literarisierung eröffnet die neue Dimension von Wirklichkeit als abgelöstes freies Spiel auf dem Hintergrund einer bannenden mythischen Macht. *Fuhrmann:* „So entstand die Tragödie" (142).

[437] Diskussionsäußerung von H. R. *Jauß* zu *Fuhrmann,* in: Poetik und Hermeneutik 4, 1971, 558.

[438] B. *Snell,* aaO. 96 f: „Die Tragödie war in ihrem Anfang Tanz und Chorlied zu Ehren des Dionysos, aufgeführt von Sängern, die sich als Tiere verkleideten und sich damit ursprünglich in göttliche Wesen verwandelten, um den Segen des Gottes herbeizuzwingen…" Dies ist die Hypothese von F. G. *Welcker* und U. v. *Wilamowitz-Moellendorf,* die immer die Schwierigkeit nach sich zieht, die Tragödie aus dem Satyrspiel erklären zu müssen.

Auskunft gegenüber, τραγῳδία sei als „Gesang beim Ziegenopfer" zu verstehen[439]. Damit tritt an die Stelle des Kulttanzes die präzise Situation des dionysischen Ziegenopfers. Umstritten ist also eine leichtere und eine schwerere Lesart
von τραγῳδία: ein Nach-oben-Lesen und ein Nach-unten-Lesen. Das Nach-
unten-Lesen führt vor Töten und Getötetwerden als Kern des Opfers, und
obgleich sich die Tragödie vom Opfer löste, so geht doch Opfer und Geopfertwerden in die reifsten Gestalten von Tragödie unauflöslich ein. In ihrem Zentrum, mindestens aber im Hintergrund steht das rituelle Töten, ϑύειν, und zwar
als Menschenopfer[440]. Deshalb ist nicht nur τραγῳδία nach unten zu lesen in
Richtung Ziegenopfer, sondern das Ziegenopfer ist, wie oben das Lammopfer,
noch einmal nach unten zu lesen und führt in früheste Zonen von Hominisation.

Was als Opfermetapher in der Tragödie erscheint, ist einer leichteren und
schwereren Lesart fähig. Ablösung und Emanzipation, Sublimation und Trans-
formation der Opfersituation einerseits[441], jedoch so, daß in der Opfermetaphorik der dichterischen Sprache das Opferritual nahezu ungebremst durchschlägt.
Anderseits Tragödie als Wiederkehr einer Urszene, für die jene lediglich Ersatz-
bildung ist[442]. Das ist die der Opfermetaphorik eigene Spannung, in der griechischen Tragödie ebenso wie in der Opfersprache des Neuen Testaments. Teils
weist die Opfermetapher in Richtung dichterischer Umgänglichkeit mit einem
allerdings unumgänglichen Stoff, teils droht in ihr der alte zwingende Sinn. Teils
kann sie lichter werden, immer mehr Metapher, bloße Metapher, teils sackt sie
in sich zusammen und wird dann zu „mehr als bloßer Metapher"[443], nämlich zu
einer „Realmetapher"[444], d. h. sie kann ohne weitere Rücksicht auf ihre metapho-

---

[439] W. *Burkert,* Greek Tragedy and Sacrificial Ritual, GRBS 7, 1966, 87–121, S. 88: „the
ancient etymology, ‚song at the sacrifice of a goat'. " – Zwar ist mangels direkter Zeugnis-
se ein Beweis für diese Etymologie nicht zu führen, aber es gibt immerhin Konjekturen
zwischen der Situation des Opfers und der Tragödie. Ihre vorausgesetzten Elemente wie
Masken, Gesang und Tanz um den Opferaltar, Lamentation, Flötenmusik, schließlich der
Name τραγῳδία selbst weisen zurück in die Situation des frühjährlichen Ziegenopfers,
durchgeführt von einer Gruppe maskierter, ihre Identität verbergender Männer, die
Klagelieder auf den Tod des Tieres anstimmen und ihn schließlich mit grausamem
Ergötzen vollziehen (*Burkert,* Tragedy 114f).

[440] W. *Burkert,* aaO. 116: „Τραγῳδία emancipated itself from the τράγος. And yet the
essence oft the sacrifice still pervades tragedy even in its maturity. In Aeschylus, Sophoc-
les, and Euripides, there still stands in the background, if not in the center, the pattern of
sacrifice, the ritual slaying, ϑύειν". Dazu Beispiele S. 116–119.

[441] Termini bei W. *Burkert,* aaO. 115f.

[442] S. *Freud,* Totem und Tabu. Einige Übereinstimmungen im Seelenleben der Wilden
und der Neurotiker, GW IX, 1944, 186ff.

[443] W. *Burkert,* Greek Tragedy (s. o. Anm. 439), 119: „more than a mere metaphor".

[444] L. *Wilkens,* Das Wesen als Beziehungsenergie – Das Absolute als selbstvermittelte
Produktion. Zur Begründung der dialektischen Logik Hegels und seines Konflikts mit
Schelling. Eine religionsphilosophische Untersuchung. Diss. phil. Berlin 1975, 128.

rische Qualität einfach „wörtlich genommen werden"[445]. Teils Wiederholung und Reprise, und dann gemäß dem Bernaysschen Tragödienverständnis das Loskriegen eines Affekts durch dessen Ausgespieltwerden[446], teils aber Wiederkehr und Wiederholungszwang, und dann gemäß dem Freudschen Tragödienverständnis zwangsläufige, durch Sprache unvermittelte Tradition, die sich in der Tragödie auch sprachlich niederschlägt[447]. Es sei denn, daß man die Ambivalenz in der Tragödieninterpretation vollends beseitigt und ihre Opfermetapher ohne Umschweife als Opferritual bezeichnet[448]. Dann ist keine Rede mehr von Opfermetaphern, Opfersprache evoziert dann nicht abgeblaßte Erinnerung, sondern Gegenwart des Opfers selbst.

2. Vom Opferritual zum archaischen Opfer

Die Hinterlassenschaft an Opfersprache im Neuen Testament und in der griechischen Tragödie ist gewiß zunächst literarischer Art, dichterisch hier, schriftgelehrt dort. Während die Tragödie in einer vom Opferzwang zumindest herkommenden Gesellschaft durch dessen Ausspielen Distanz und Ablösung eröffnete, hatte die christliche Gemeinde sich sehr bald durch gänzliche Abstinenz vom traditionellen Opferkult definiert. Was die Aufmerksamkeit der frühen Interpreten des Todes Jesu in Anspruch nahm, waren eher Texte über das Opfer als das Opfer selbst[449]. Und dies, obgleich der Opfertod des tragischen Helden in der griechischen Tragödie meist nur gespielt, selten Wirklichkeit wurde[450], im Kreuz Jesu aber blutige Realität war. Daran wird deutlich, daß zwischen Krudelem und Sublimem in der christlichen Überlieferung eine Span-

---

[445] S. *Freud,* Totem und Tabu, GW IX, 160. Die wörtliche ist das gänzliche Ende der symbolischen Interpretation: P. *Ricœur,* Die Interpretation (s. o. Anm. 48), 217.

[446] S. o. Anm. 92.

[447] S. *Freud* unterscheidet deshalb zwischen ererbter und sprachlich vermittelter Tradition: Der Mann Moses und die monotheistische Religion, GW XVI, 1950, 101–246, S. 207 ff.

[448] J.-P. *Guépin,* The Tragic Paradox. Myth and Ritual in Greek Tragedy, Amsterdam 1968, beseitigt die Ambivalenz, indem er nicht nur in jedem Opfer das tragische Paradox erkennt (5), sondern die Tragödie direkt als Opferritual bezeichnet und sie nicht nur aus einem solchen herkommen läßt (16). Von einem metaphorischen Sinn der Opfersprache kann also keine Rede sein, er wird durch uns hineingetragen: „we use the word ‚victim' in its metaphorical sense only" (1). Die Tragiker dagegen fassen Leiden und Tod des Helden in wörtlichem Sinn als Opfer auf: „by using the technical language of sacrifice they wanted to convey its fullest meaning, the original conception of the tragic hero as a ritual human victim" (1).

[449] S. W. *Sykes,* Sacrifice (s. o. Anm. 420), 69.

[450] Zur realen Tötung von Menschen im Schauspiel s. K. *Borinski,* Die Poetik der Renaissance und die Anfänge der litterarischen Kritik in Deutschland, 1886, 4 f, was die Antike, und R. *Warning,* Ritus, Mythos und geistliches Spiel (s. o. Anm. 212), 226 ff, was das Mittelalter anlangt.

nung obwaltet, die diejenige der Tragödie übersteigen dürfte. Spannung findet
sich aber auch in ihr, wie überall, wo Opfermetaphorik vorliegt. Opfermeta-
phorische Sprache, einerlei ob des Neuen Testaments oder der Tragödie, läßt
hinter ihrer literarischen Oberfläche, ja selbst hinter der Oberfläche ihrer literarischen Tradition eine Herkunft erkennen, die nicht Sprache von Art ist, die desto
mehr auftaucht, je mehr die Metapher in Richtung auf Wörtlichkeit gelesen
wird. Das Problem der Opfermetaphorik läßt sich so zusammenfassen: Ist die
Opfermetapher als Metapher haltbar, oder sackt sie alsbald in sich zusammen
wie eine durchschaute Verhüllung der nackten wörtlichen Wirklichkeit? Ist die
Opfermetapher zuverlässig Sprache, oder ist sie kaum verhüllte Ankunft des
Dinges in der Sprache, das durchschlägt als eine die sprachliche Mitteilung
bedingende unsprachliche Tradition? Dies letztere ist gegeben, wenn die Opfermetapher ungesäumt zum Opferritual führt, das Opferritual aber ebenso
ungesäumt zum archaischen Opfer, als dem letzten dinglichen Grund, zu dem
jene anderen Schichten sich als bloße Epiphänomene verhalten.

a) Die Opferrituale der Alten

Hinter der opfermetaphorischen Sprache treten die Opferrituale der Alten in
den Blick, als szenliche Vorformen dieser Sprache. Was die Interpretation des
Todes Jesu im Neuen Testament anlangt, so sind zunächst Rituale des Alten
Testaments heranzuziehen. Folgende Opfertermini werden zu Jesu Tod gebraucht: Passaopfer, Bundesopfer, Sühnopfer, Sündopfer, Schlachtopfer,
Gabenopfer. In ihrem Hintergrund steht die israelitische Kultgeschichte samt
der sie begleitenden Opfertheorien. Man kann füglich daran zweifeln, ob mit
diesem Katalog etwas Unterscheidbares ausgesagt ist[451]. Lief doch bereits der
Prozeß alttestamentlicher Opfergeschichte auf zunehmende Vereinheitlichung
der Opferrituale hinaus[452], sodaß mit immer mehr Wörtern immer weniger
gesagt wird. In der Tat kommen die einzelnen Opfertermini nur mit großem
Verlust von Individualität bei Jesu Tod an. Während in den ältesten Schichten des
Alten Testaments Opferarten mit selbständiger Geschichte und Vorgeschichte
zu unterscheiden sind, bilden sich vor allem in der (nach)exilischen Zeit Überla-
gerungen erheblichen Ausmaßes. Aus dieser ständig fließenden, dann wiederum
nur teilweise zugänglichen Masse israelitischen Opferkultes lassen sich zwei
kategorische Sätze isolieren, die Fixpunkte der Betrachtung sein können.
Den ersten die ältesten Schichten betreffenden Satz formuliert L. Köhler: „Es

---

[451] Eph 5,2 beispielsweise verbindet die beiden Hauptarten von Opfer, προσφορά und
θυσία, zu einem voll und leer klingenden Hendiadyoin; der Hebräerbrief kann in Hinsicht
auf Jesu Tod unterschiedslos von beiden reden: 10, 10. 12. 14. Nicht zufällig dürfte es sein,
daß der Terminus δῶρον (vegetabilisches Opfer) nicht von Jesus ausgesagt wird. Insgesamt finden also nur Termini blutiger Opfer Gebrauch.

[452] R. *Rendtorff*, Studien zur Geschichte des Opfers im Alten Israel, WMANT 24, 1967,
235f. 241.

gibt, so zahlreich auch die Namen der Opfer sein mögen, grundsätzlich nur zwei Arten von Opfern. Es gibt Gemeinschaftsopfer und Gabeopfer"[453]. Was zunächst das Schlacht- oder Gemeinschaftsopfer (*zaebăḥ*/θυσία) anlangt, so scheint es sich um ein Kleinviehnomadenopfer aus vorseßhafter Zeit zu handeln, das keiner priesterlichen Vermittlung bedarf, sondern Privatopfer der Sippe ist. Im Grund kann dies Opfer „das Opfer schlechthin" in Israel genannt werden[454], und nicht nur in Israel. Denn es handelt sich bei diesem Opfer um Schlachtung mit anschließender Fleischmahlzeit, sonst gibt es keinen Fleischgenuß. Daß dies ursprünglich ohne priesterlichen Aufwand vonstatten ging, heißt nicht, daß es ohne jeden Aufwand vonstatten ging: Töten ist Eingriff in die *naepaeš*-Welt. Die Begehung eines Unbegehbaren verrät sich durch rituellen Mehraufwand, Überdetermination des Geschehens: Sorgfalt im Umgang mit Blut, in der Auswahl des Tiers. Durch gemeinschaftliches Töten und Essen entsteht communio, und zwar strukturiert nach Güte und Qualität des Fleischanteils. Mit diesem Opfer verband sich, auch in der Bezeichnung, das *šᵉlamîm*-Opfer, das aus kanaanäischer Kulturlandtradition stammen dürfte[455]. Jetzt treten hinzu rituelle Blutbesprengung und Handaufstemmung, damit priesterliche Vermittlung und Priestergefäll, Entprivatisierung, Bindung an den Kultort. Die schließliche Kultzentralisation beschleunigt faktisch die Entlassung des Schlachtopfers in die Profanität; kultisch überlebt hat es als Passamahl[456]. Kontinuierlicher in seiner Entwicklung, aber letztlich ohne Durchsetzungskraft war das Brand- oder Ganzopfer (*'ola*/προσφορά). Dies ist eine selbständige Opferart mit kanaanäischer Vorgeschichte: reines Vernichtungsopfer durch Töten und Verbrennen der Opfergabe. Menschenopfer waren stets Ganzopfer[457]. Im Unterschied zum Schlachtopfer sind Brandopfer priesterliche und somit öffentliche Opfer gewesen. Im Lauf seiner Geschichte hat das Brandopfer, das ohnehin meist in Verbindung mit dem *šᵉlamîm*-Opfer stand, von diesem die Blutbesprengung übernommen, ebenso die Handaufstemmung aus dem Sündopfer. Sühnende Wirkung kommt ihm erst durch seine Verbindung mit dem Sündopfer zu, von dem es vollends verdrängt wird[458]. Beide genannten Hauptopferarten begegnen vorwiegend im Kult und also rituell; aber beide lassen einen vorrituellen Hintergrund durchscheinen, der

---

[453] L. *Köhler,* Theologie des Alten Testaments (s. o. Anm. 230), 172. H. *Gese,* Die Sühne (s. o. Anm. 212), 93. L. *Rost,* Studien zum Opfer im Alten Testament, BWANT 113, 1981, nennt S. 16 diese beiden Opfer die „Hauptopfer Israels".

[454] G. v. *Rad,* Theologie des Alten Testaments (s. o. Anm. 219) I, 270. Zur Herkunft des Schlachtopfers L. *Rost,* aaO. 15. 63 ff.

[455] B. *Janowski,* Erwägungen zur Vorgeschichte des israelitischen šᵉlamîm-Opfers, UF 12, 1980, 231–259, S. 258.

[456] R. *Rendtorff,* Studien (s. o. Anm. 452), 149 ff. 238. 245 f. 252; zur Kultzentralisierung: Lev 17, 3 f; Dt 12,5 f.

[457] R. *Rendtorff,* aaO. 110. 114. 242 f; L. *Rost,* Studien (s. o. Anm. 453) 27. 62. Menschenopfer: Gen 22; Ri 11,31; 2 Kön 3, 27. R. *Rendtorff* bezeichnet dieses Opfer als ursprüngliches „Hauptopfer" (31. 74).

[458] R. *Rendtorff,* aaO. 88. 235 f.

in eine Schicht reinen Lebenszwanges gehört: beim Schlachtopfer das Bedürfnis des Fleischgenusses, beim Ganzopfer potlatchische Destruktivität gegenüber Menschen und Sachen.

Den zweiten kategorischen Satz aus der Opfergeschichte Israels formuliert H. Gese für die Schicht priesterschriftlicher Kulttheologie: „Das gesamte Opferwesen dient der Sühne"[459]. Jetzt ziehen die eigentlich so genannten Sühnopfer, nämlich Sündopfer (*ḥāṭṭa't*/ἁμαρτία) und Schuldopfer *('ašam),* mit Ausnahme des aus dem Kult entlassenen Schlachtopfers alle anderen Opfer an sich, sodaß in durchgreifender Uniformierung das Sühnopfer zum Hauptopfer wird, das andere in die Rolle von Zusatzopfern verdrängt[460]. Der Gesichtspunkt der Sühne ist somit die jüngste Rationalisierung des Opfers, auch wenn sie in einzelnen Ansätzen hinter die priesterliche Kulttheologie zurückreicht. Opfer gibt es auch außerhalb dieser Theologie und ohne sie. Das Sündopfer hat unter allen Opfern die komplizierteste Geschichte. Während es in ältesten Schichten ganz zu fehlen scheint, wird es in seinem geschichtlichen Lauf – anfänglich zur Weihe des Heiligtums vorgenommen mit kleinem und großem Blutritus, später zur Sühnung von unabsichtlichen Sünden – zum Inbegriff von Opfer[461]: eine Rationalisierung ohnegleichen. An diesem vom Lebenszwang abgelösten, relativ jungen Opfer macht sich die Sühnetheologie fest. Beim Rückgang zum Opfer ist es aber nicht die Aufgabe, in den oberen rationalisierten Schichten stehenzubleiben, sondern vorzudringen zum Kern.

Was in einer Geschichte des israelitischen Opfers betrachtet wird, ist ohne Zweifel Traditionsgeschichte, aber in überraschend fremdartigem Sinn. Natürlich ist eine solche Geschichte nicht zu rekonstruieren ohne sprachliche Überlieferung vom Opfer. Soweit im Alten Testament Opfergeschichte – und sei es noch so bruchstückhaft – überliefert wird, ist Sprache dabei. Nur wenn wir jetzt fragen: Ist Sprachüberlieferung auch das hinreichende Medium der Überlieferung des Opfers, dann wird sofort evident, daß das im Alten Testament zum Opfer Ausgesagte nicht selbst die Kraft ist, die das Opfer als Brauch und Kult fortpflanzt. Dies nicht wegen Unvollständigkeit oder Bruchstückhaftigkeit, sondern der Art nach. Das Opfer hat eine Traditionsgeschichte, die anderen Gesetzen gehorcht als Tradition im Medium von Sprache. Es ist sogar zu vermuten: Wäre das Alte Testament oder jede andere mündliche oder schriftliche Überlieferung der einzige Anreiz zum Opfer, dann wäre diese Überlieferung sicheres Ende seiner Überlieferung. Daher kann die Geschichte von Opfervorstellungen nahezu gesondert von der Geschichte der Opferpraxis dargestellt

---

[459] H. *Gese,* Die Sühne (s. o. Anm. 212), 94.

[460] Zur Ausnahme des Schlachtopfers B. *Janowski,* Sühne (s. o. Anm. 213), 191 ff; Uniformierung: G. v. *Rad,* Theologie (s. o. Anm. 219) I, 264; Sühnopfer als „Hauptopfer": R. *Rendtorff,* Studien (s. o. Anm. 452), 36. 249.

[461] R. *Rendtorff,* aaO. 34. 200. 220.

werden[462]: jene flexibel und veränderbar, diese beharrlich und konservativ. Weder ist die Fortpflanzung des Kults abhängig von der Anwesenheit der richtigen Vorstellung, noch ändert er sich mit Veränderung von Vorstellungen, noch ist sein Sinn so deutlich, daß er die eine Vorstellung erforderte, die andere aber zwingend ausschlösse. Die Suche nach einer „Grundidee" des Opfers ist ganz unangemessen[463]. Zugespitzt kann man sagen: Die Opferideen können machen was sie wollen, das Opfer macht auch was es will. Natürlich ist die Kenntnis des Rituals auch sprachlich vermittelt. Aber hier fehlen die Texte, vor allem die erzählenden. Und die gegebenen Ritualtexte erscheinen wie „ein stummes und versiegeltes Werk"[464]. Dergestalt ausgesprochene Stummheit weist auf die innere unaufhebbare Spannung des Opferrituals zurück; dieses ist nicht einfach Einheit von Sprache und Handlung, von λεγόμενον und δρώμενον, sondern die Handlung ist in ihrem Kern stumm, sodaß alle allenfalls stattfindende Rede in den Status des Beiherspielenden versetzt wird[465]. Im Grunde kann die ganze priesterliche Anrechnungstheologie – neuralgischer Punkt jeglichen Opferkultes, an dem der Grad der Wohlgefälligkeit einer Opfergabe festgesetzt wird – als nominalistischer Gewaltstreich bezeichnet werden. Er hat das Ziel, dies stumme Opferding, Produkt einer im Kern stummen Handlung, durch konventionelle Bezeichnung in Kurs zu versetzen, dies Ding als Geld, dies Ding als Sprache. Somit gilt: Nicht nur bringen Vorstellungen nicht Riten hervor, sondern nicht einmal Riten zuverlässige Vorstellungen, es sei denn, man wolle die nominalistisch eingeführte Vorstellung dafür gelten lassen. Der innere Kern des Opferrituals zieht sich aus Theorie, Idee, Vorstellung, Sprache immer tiefer in sich selbst zurück und treibt über die äußersten Grenzen des Alten Testaments hinaus: Opfer ist nicht nur nicht diese spezielle rationalisierte und theologisierte Opferart, nicht nur Phänomen Israels oder einer heiligen Urkunde, sondern enthüllt sich bei Annäherung an seinen wortlos stummen Kern als allgemeinstes ethnisches Leben, immer schon da, im wahrsten Sinn des Wortes allhier[466]. Dies durch anonymste, sprachloseste Mitteilung, in einer

---

[462] R. *Rendtorff,* aaO. 241 ff: Zur Geschichte des israelitischen Opferkultes; 250 ff: Zur Geschichte der Opfervorstellungen.

[463] G. *v. Rad,* Theologie (s. o. Anm. 219) I, 265 f.

[464] P. *Ricoeur,* Symbolik des Bösen (s. o. Anm. 48), 111.

[465] B. *Jacob,* Im Namen Gottes. Eine sprachliche und religionsgeschichtliche Untersuchung zum Alten und Neuen Testament, 1903, 63 f: „Es ist … gegenüber der … Bedeutung, die das *Wort* im gleichzeitigen Heidentum hat, höchst auffallend, daß in der israelitischen Religion und insbesondere in ihrem Ritus nirgends eine Rolle spielt. Das Stillschweigen ist so vollkommen, daß es nur als geflissentlich gedeutet werden kann. Der israelitische Priester ist, abgesehen von dem Segen…, bei allen seinen Verrichtungen vollkommen *stumm.* … Wortlos vollzieht er alle Opfer und verrichtet er seine Functionen… Die Agende des israelitischen Priesters enthält in der That nur agenda."

[466] Zu den äußersten Grenzen der alttestamtentlichen Opfertradition bemerkt R. *Hentschke,* Art. Opfer II. Im AT, RGG³ IV, 1960, 1641–1647, Sp. 1642: „Die ältesten *Quellen* für das at. O. wesen … greifen nur ordnend und umgestaltend in die bereits längst

Traditionsgeschichte aus Druck und Stoß, Weitergabe puren Zwanges. Das
Opfer setzt sich selbst fort, jenseits von Opfersprache, jenseits aber auch von
seiner szenlichen Gestaltung im Opferritual. So erscheint das Opfer an seinem
archaischen Grund als reines Jenseits, verzogen und verkrampft hinter einer
„absolute[n] Grenze, jenseits derer nichts mehr erklärt werden kann", „jenseits
des Menschen und seiner Innerlichkeit": „jenseits dieser Grenze" liegt „das für
das Opfer Wesentlichste". Ein Wesen, das offenbar reines Unwesen ist. G. v.
Rad nennt mit sicherem Zugriff das Opfer einen Vorgang „massivster Dinglichkeit", umgeben von einer „Zone des Schweigens": eine „durch keine Geistigkeit
auflösbare[.] Materialität"[467]. –

Auch die Griechen opferten – und diese Tatsache ist nicht nur Schatten auf
einem klassizistischen Griechenbild, sondern auch Korrektur an einer vorschnel-
len Konfrontation der Torheit des Gekreuzigten mit der Weisheit der Griechen.
Hinter der sokratischen Torheit erscheint eine noch viel tiefere griechische
Torheit: das Opfern, das dem Kreuz Jesu keinesfalls fernsteht. Auch griechische
Opferrituale haben teil an Beharrlichkeit und Konservatismus, die die Opferbräuche der Völker prägen. Allerdings stehen in der griechischen Tradition
die Termini der Opfertypen nicht so fest wie in der alttestamentlichen. Die
Opfertermini sind jetzt Kunstausdrücke der altphilologischen Wissenschaft:
man unterscheidet neben dem olympischen Opfer echte Speisungsopfer und
chthonische Vernichtungsopfer[468]. Aber diese Einteilung in drei griechische
Opferarten geht schnell wieder verloren, weil das vermutete Speisungsopfer,
entstanden aus Totenpflege und Totenspeisung, vom Vernichtungsopfer nicht
hinreichend unterschieden werden kann: jenes gibt Spenden von Milch, Honig,
Öl, Wasser und Wein, dieses aber Blut. Aber auch Blut läßt sich auffassen als
Lebensspeise für Tote, nur dürfte damit der ursprüngliche Sinn der Blutspende
nicht getroffen sein. Dieser ist die Blutsättigung (αἱμακουρία), die den Zweck
der Totenpflege übersteigt. Ist aber das Totenspeisungsopfer häufig mit Blutspende verbunden, so scheint es kein selbständiges Opfer, sondern Abart der
chthonischen Vernichtungsopfer zu sein[469]. So lassen sich die griechischen Opfer

---

bestehende O. praxis ein…" Das Opfer ist, wie L. *Köhler,* Theologie (s. o. Anm. 230),
171 trefflich sagt, „ein Stück ethnisches Leben". Die Bestreitung dieses Satzes ist nur
möglich, solange hinter dem Opferritual das archaische Opfer noch nicht erschienen ist.

[467] G. v. *Rad,* Theologie (s. o. Anm. 219) I, 266. 271 f.

[468] K. *Meuli,* Griechische Opferbräuche, in: Phyllobolia [FS P. V. d. *Mühll*], 1945,
185–288; wiederabgedruckt in: Ders., Gesammelte Schriften (hg. v. Th. *Gelzer*) II, 1975,
907–1021 (die Seitenzahlen beider Ausgaben werden nacheinander zitiert). S. 188/910:
„Um die Eigenart des ‚olympischen' oder Speise-Opfers, wie wir es der Einfachheit
halber im folgenden nennen wollen, zu veranschaulichen, wird es gut sein, zunächst die
hauptsächlichsten anderen Opferbräuche kurz zu betrachten: die echten Speisungs- und
die chthonischen Vernichtungsopfer." Zu beachten ist der Unterschied zwischen *Speise-*
und *Speisungs*opfer. Nur das Speiseopfer ist ein Opfermahl; beim Speisungsopfer wird
Speise gerade nicht gespeist, sondern vernichtet.

[469] K. *Meuli,* aaO. 189 ff./911 ff.

– überraschende Nähe zu den israelitischen! – auf zwei reduzieren: olympisches und chthonisches Opfer, Vernichtung hier, Speise und Mahlzeit dort[470].

Was die chthonischen Vernichtungsopfer anlangt, so findet in ihnen Blutvergießen um des Blutvergießens, Töten um des Tötens willen statt. Sie sind σφάγια, Schlachtopfer[471], im Unterschied zur θυσία reine Zerstörungsorgien. Jeder Stoff eignet sich zur Vernichtung, jedoch ist die Vernichtung desto gewaltiger, je lebendiger der Stoff. Deshalb sind σφάγια insbesondere Tier- und Menschenopfer, erforderlich in Situationen außerordentlicher Gefahr, bei Flußübergängen, Belagerungen, vor der Schlacht. Teils dienen sie dem Seher zur Voraussage des Ausgangs, obgleich Eingeweideschau erst sekundär dazu gekommen zu sein scheint, teils sind sie Einübung in das Schlachten, das hernach folgt[472]. In jedem Fall führt das Vernichtungsopfer zu gänzlicher Zerstörung, ohne jeden Restanteil des Menschen am Zerstörten, also auch ohne Mahlzeit. Daneben tritt die olympische Opfermahlzeit, θυσία[473], das griechische Normalopfer[474]. Obgleich auch dieses sich um das Töten herum inszeniert, so ist es doch ein helles, freundliches Opfer ohne Vorherrschen der destruktiven Züge. Dieses

---

[470] W. *Burkert,* Homo Necans. Interpretationen altgriechischer Opferriten und Mythen, RVV 32, 1972, 16 f.: „Für den modernen Historiker ist die Besonderheit des griechischen Opfers ein Problem: die Verbindung von Feueraltar und Blutritus, von Verbrennen und Essen hat seine direkteste Entsprechung ausschließlich im Speiseopfer (zebaḥ, šelamim) des Alten Testaments...“ Außerdem: W. *Burkert,* Opfertypen und antike Gesellschaftsstruktur, in: G. *Stephenson* (Hg.), Der Religionswandel (s. o. Anm. 258), 168–187, S. 180 f. – Während die chthonischen Vernichtungsopfer somit in die Nähe der Brand- und Ganzopfer treten, berühren sich auf der anderen Seite olympisches Opfer und Schlacht- und Gemeinschaftsopfer. Jedoch liegt die scharf sondernde Terminologie dem griechischen Opferbrauch härter auf; auch geht die Zweiheit nicht in jedem Fall auf: es gibt Opfermahlzeiten auch im Kult der chthonischen Götter wie umgekehrt Vernichtungsopfer auch für Zeus (W. *Burkert,* Homo Necans, 16 Anm. 41; Griechische Religion [s. o. Anm. 432], 112).

[471] Die Übersetzung von σφάγιον mit „Schlachtopfer" (W. *Burkert,* Griechische Religion, 106) überschneidet sich terminologisch mit der üblichen Benennung des israelitischen Speiseopfers *(zaebăḥ*/θυσία) als „Schlachtopfer", das im griechischen Sinn gerade kein Schlachtopfer ist, da Opfermahl. Das griechische Schlachtopfer ist reine Vernichtung: „Da werden Waffen, Werkzeuge und Schmuckstücke zerbrochen, Kleider und Decken zerrissen, Fruchtbäume gefällt und Pflanzungen zerhackt, Häuser niedergerissen oder verbrannt, Lebensmittelvorräte vernichtet oder verschleudert, Vieh und Menschen hingeschlachtet" (K. *Meuli,* aaO. 202/925).

[472] P. *Stengel,* Opferbräuche der Griechen, 1910, 93. 101. Vor der Schlacht von Salamis sollen statt der Tiere drei gefangene Perser geopfert worden sein: bruchloser Übergang vom Schlachtopfer zur Schlacht: A. *Henrichs,* Human Sacrifice in Greek Religion: Three Case Studies, in: Le sacrifice dans l'antiquité (s. o. Anm. 432), 195–235, S. 208 ff.

[473] θυσία ist teils Speiseopfer, soweit der Gattung nach von σφάγιον geschieden; teils aber Opfer schlechthin, weshalb auch das Vernichtungsopfer θυσία sein kann, jedoch θυσία ἄγευστος, θυσία ὁλόκαυτος (K. *Meuli,* aaO. 208/931).

[474] W. *Burkert,* Homo Necans (s. o. Anm. 470), 10; Glaube und Verhalten (s. o. Anm. 432), 104: „Normalfall der griechischen θυσία".

Opfer – Tieropfer – zielt auf gemeinschaftliches Essen und läßt im Hintergrund erkennen, daß Fleisch überhaupt nur im Rahmen der Opfermahlzeit, dann aber schnell und ohne Zögern zu essen war. Ungenießbare Teile, Fett, Knochen, Gallenblase wurden auf dem Opferaltar für die Götter verbrannt[475]. Diese im

---

[475] Den Hergang des olympischen Speiseopfers hat *W. Burkert* wiederholt dargestellt (Greek Tragedy [s. o. Anm. 439], 106–109; Homo Necans [s. o. Anm. 470], 10–14; Griechische Religion [s. o. Anm. 432], 101–103), mit solcher Wiederholung seinerseits der Faszination und Urszenlichkeit des Opfers huldigend. Daß dabei ein Modell von Passionsgeschichte entsteht, geht aus dem Bericht selber ohne weiteres hervor: „Ein verwickelter Weg führt hin zum Zentrum des Heiligen. Baden und das Anlegen reiner Kleider, Schmückung und Bekränzung gehören zur Vorbereitung, oft auch sexuelle Abstinenz. Zu Beginn bildet sich eine wenn auch noch so kleine Prozession (πομπή): im gemeinsamen Rhythmus, singend entfernen sich die Teilnehmer des Festes von der Alltäglichkeit. Mitgeführt wird das Opfertier, seinerseits geschmückt und gleichsam verwandelt, mit Binden umwunden, die Hörner vergoldet. Man erhofft in der Regel, daß das Tier gutwillig, ja freiwillig dem Zuge folgt; gerne erzählen Legenden, wie Tiere von sich aus zum Opfer sich anboten; denn es ist der Wille eines Höheren, der hier geschieht. Ziel ist der alte Opferstein, der längst ,errichtete' Altar, den es mit Blut zu netzen gilt. Meist lodert auf ihm bereits das Feuer. Oft wird ein Räuchergefäß mitgeführt, die Atmosphäre mit dem Duft des Außerordentlichen zu schwängern; dazu die Musik, meist die des Flötenbläsers. Eine Jungfrau geht an der Spitze, die ,den Korb trägt' (κανηφόρος), die Unberührte das verdeckte Behältnis; auch ein Wasserkrug darf nicht fehlen. Am heiligen Ort angekommen, wird zunächst ein Kreis markiert, Opferkorb und Wassergefäß werden rings um die Versammelten herumgetragen und grenzen so den Bereich des Heiligen aus dem Profanen aus. Erste gemeinsame Handlung ist das Waschen der Hände, als ,Anfang' dessen, was nun geschieht. Auch das Tier wird mit Wasser besprengt; ,schüttle dich', ruft Trygaios bei Aristophanes. Man redet sich ein, die Bewegung des Tieres bedeutet ein ,freiwilliges Nicken', ein Ja zur Opferhandlung. Der Stier wird noch einmal getränkt – so beugt er sein Haupt. Das Tier ist damit ins Zentrum der Aufmerksamkeit gerückt. Aus dem Korb entnehmen die Teilnehmer jetzt die ungeschroteten Gerstenkörner (οὐλαί), die Früchte des ältesten Ackerbaus; doch werden sie gerade nicht zerstoßen, zur Speise bereitet: nach jähem Innehalten, dem feierlichen εὐφημεῖν und dem lauten Gebetsruf, der mehr Selbstbestätigung als Bitte ist, werden die Gerstenkörner weggeschleudert, auf das Opfertier, den Altar, die Erde; andere Speise ist jetzt gefragt. Gemeinsames, gleichzeitiges Werfen von allen Seiten ist ein aggressiver Gestus, gleichsam Eröffnung eines Kampfes, auch wenn die denkbar harmlosesten Wurfgegenstände gewählt sind: in einigen altertümlichen Ritualen warf man indessen tatsächlich mit Steinen. Unter den Körnern im Korb aber war das Messer verborgen, das jetzt aufgedeckt ist. Mit ihm tritt der, dem die Führungsrolle zufällt im nun beginnenden Drama, der ἱερεύς, auf das Opfertier zu, das Messer noch versteckend, damit das Opfer es nicht erblickt. Ein rascher Schnitt: ein paar Stirnhaare sind dem Tier abgeschnitten, ins Feuer geworfen worden. Dies ist wiederum und erst recht ein ,Anfangen', ἄρχεσθαι, wie schon Wasser und Gerstenkörner einen ,Anfang' (ἄρχεσθαι) bildeten: noch ist kein Blut vergossen, nicht einmal ein Schmerz zugefügt, und doch ist die Unberührbarkeit und die Unversehrtheit des Opfertieres aufgehoben, in nicht mehr umkehrbarer Weise. Jetzt folgt der tödliche Schlag. Die anwesenden Frauen schreien auf, schrill und laut: ob Schreck, ob Triumph, ob beides zugleich, der ,griechische Brauch des Opferschreis' markiert den emotionellen Höhepunkt des Vorgangs, indem er das Todesröcheln übertönt. Besondere

olympischen Speiseopfer für die Götter so ungünstig ausgehende Opferteilung hat immer schon dem frommen Wunsch eine Grenze gesetzt, das Opfer als Gabe zu verstehen[476].

Sorgfalt gilt dem ausfließenden Blut: es darf nicht zur Erde fließen, es muß den Altar, den Herd, die Opfergrube treffen. Kleine Tiere hebt man über den Altar, bei anderen fängt man das Blut in einer Schale auf und besprengt damit den Altarstein: er allein darf, und er muß immer neu vom Blute triefen. Jetzt ist die 'Tat' vollbracht; um die Folgen hat man sich zu kümmern. Das Tier wird zerlegt und ausgeschlachtet. Die erste Sorge gilt den inneren Organen, die da fremdartig, bizarr und unheimlich ans Licht kommen – und die doch, wie man von den Kriegsverwundungen weiß, in gleicher Weise auch jedem Menschen eigen sind –. Genau schreibt der Brauch vor, was mit jedem Stück zu geschehen hat. Zuweilen wird das Herz als allererstes, noch zuckend, auf den Altar gelegt. Die Leberlappen fordern die Deutung des Sehers heraus. Das meiste, im Namen σπλάγχνα zusammengefaßt, wird rasch im Feuer des Altars geröstet und sofort gegessen; der engste Kreis der unmittelbar Beteiligten schließt sich zusammen im gemeinsamen Genuß, der den Schauder ins Behagen wandelt. Nur die Galle ist ungenießbar und muß beseitigt werden, wie auch die Knochen zum folgenden Mahle nicht zu brauchen sind. Sie werden darum vorab 'geheiligt' und damit beseitigt: Die Knochen, vor allem die Schenkelknochen (μηρία) und auch Beckenknochen mit Schwanz (ὀσφύς) werden auf den Altar gelegt, in 'rechter Ordnung'; kann man doch den Knochen noch genau ansehen, wie die Glieder des Lebewesens zusammengehörten: seine Grundfigur ist wiederhergestellt, geheiligt. In den Berichten Homers wird zusätzlich ein 'Anfang' von 'allen Gliedern' daraufgelegt, rohe Fleischstückchen, die die Ganzheit des getöteten Wesens andeuten. Dann verzehrt das reinigende Feuer alle diese Reste. Stierschädel freilich, Widderschädel, auch Ziegenhörner werden aufbewahrt, als dauerhafte Zeugen der 'Tat' der 'Heiligung'. Indem Weinspenden ins Feuer gegossen werden, auch Kuchen mit verbrannt werden, tritt wiederum die Gabe des Pflanzers an die Stelle des fließenden Blutes. Im Aufflammen des Alkohols scheint nochmals eine höhere Wirklichkeit gegenwärtig. Dann, wenn das Feuer zusammenfällt, mag die behagliche Festmahlzeit in den Alltag überleiten. Die Haut des Opfertieres wird in der Regel verkauft zugunsten des Heiligtums, für Weihgeschenke und neue Opfer: so pflanzt sich der Kult fort" (Homo Necans, 10–14). Cf. G. J. *Baudy*, Hierarchie (s. o. Anm. 376), 153 ff.

[476] Der Versuch, das Speiseopfer als Gabenopfer zu rationalisieren: Knochen, Galle, Fett für die Götter –, gibt die Gabentheorie der Lächerlichkeit preis. Daran entzündete sich die Kritik von W. R. *Smith* an der traditionellen Gabentheorie des Opfers und ihren Fortrationalisierungen, wie sie von E. *Tylor*, Die Anfänge der Cultur II, 1873, 377 f, und F. *Nitzsch*, Die Idee und die Stufen des Opferkultus, ein Beitrag zur allgemeinen Religionsgeschichte, 1889, 8, vorgetragen wurde. *Smith* erklärt das Opfermahl einzig und allein aus dem Schlachten eines Opfertiers (Die Religion der Semiten, 1899, 214). Kennzeichen des olympischen Opfers ist die Opferteilung, zu deren mythischer Erklärung Hesiod den Opfertrug des Prometheus erzählt (Theog. 535 ff; s. F. *Wehrli*, Hesiods Prometheus (1956), in: Ders., Theoria und Humanitas, 1972, 50–55). Das Resultat ist klar: „eine Speisegabe kann das olympische Opfer ursprünglich nicht gewesen sein" (K. *Meuli*, aaO. [s. o. Anm. 468], 214/938. – Sowohl bei den Griechen wie bei den Israeliten wird „Gabe" je länger je mehr zu einer Sammelbezeichnung für jede Art von Opfer. In klassischer Weise hat Platon definiert: τὸ θύειν δωρεῖσθαί ἐστι τοῖς θεοῖς (Euthyphr. 14c); δῶρον ist Oberbegriff von Opfer (z. B. Matth 5, 23f; Hebr 5,1). Ebenso in der israelitischen Tradition, wo die Termini *minḥā* und *qårban* die Vereinheitlichung in Richtung „Gabe"

Nicht nur die Metaphern der Opfersprache deuten eine Verschiebungsarbeit
an, die bis zum Opferritual zurückgeschoben werden muß. Sondern beim Ritual
ist alsbald festzustellen, daß dies selbst etwas Verschobenes ist, das seinen Sinn
noch nicht herauserzählt. Die zu den bisherigen Passionsgeschichten und Opferszenen gehörigen Urszenen stehen noch aus, in denen das Verschobene seinen
Weg begann. Erst mit einer Urszene entstünde Gewißheit, beim innersten Kern
angelangt zu sein. Was zunächst das Verhältnis von Sprache und Ritual anlangt,
so ist nur die Sprache in strengem Sinn Sprache, das Ritual dagegen immer „eine
Art Sprache" oder „Quasi-Sprache"[477]. Zwar ist die Sprache leichtestes, differen-
ziertestes, freischwebendstes Kommunikationsmittel, dem Augustin zu Recht
den principatus significandi zubilligte. Aber es ist nicht das einzige und älteste.
Für eine Symbolik von der Sprache zum Ding sind Riten älter als Sprache,
reichen in die Urgeschichte der Menschheit zurück und bezeichnenderweise
darüber hinaus bis in die Tierwelt, weshalb sich für den Ritus mit gutem Grund
Biologie und Ethologie interessieren[478]. Im Ritual ist eine Sprache vor der
Sprache vorhanden, ein System vor dem kurrenten System. Es liegt daher nahe,
daß im Fall der Funktionsuntüchtigkeit des jüngeren und deshalb exponierteren
Systems das frühere zu Hilfe gerufen wird, wie es in den Symbolisierungsge-
schichten des Geldes exemplarisch zutage trat. Im selben Moment kehrt sich das
bisherige Verhältnis von Sprache und Ritual um. Bisher wurde behauptet: Nur
Sprache ist Sprache, Ritus Quasisprache; jetzt dagegen gilt: Sprache ist ja nur
Sprache, Ritus dagegen evozierbare, verbindlich wirkende Kraft. Der Aufstieg
zur behenden sprachlichen Kommunikation hat im Rücken den Abstieg zu einer
quasisprachlichen, aber um so kraftvoller bindenden Kommunikation[479]. Wie
das funktionelle Geldsymbol begleitet war von Erinnerung an substantiellere,

---

vollziehen (R. *Hentschke*, aaO. [s. o. Anm. 466], 1645; R. *Rendtorff*, aaO. [s. o. Anm. 452],
243; W. *Burkert*, Homo Necans, 16 Anm. 39). So kann man hinsichtlich beider Hauptopfer in beiden Kulturen behaupten: „als Gabe werden schließlich alle verstanden" (K.
Meuli, aaO. 282/1012). Im deutschen Sprachbewußtsein wirkt zugunsten der Gabentheorie die – falsche – Etymologie Opfer → offerre. – Ist das Vernichtungsopfer „Gabe"? Der
Terminus „Gabe[n]opfer" ist sowohl für griechisches Vernichtungsopfer wie für israeliti-
sches Ganzopfer gebräuchlich (K. *Meuli*, aaO. 282/1012; L. *Köhler*, s. o. Anm. 453). Für
die *Mauss*sche Tauschtheorie entsteht dadurch die kritische Frage: Ist ihr Ansatz bei der
Gabe (le don) ein Ansatz bei einem Ursprünglichen oder bei einer Rationalisierung? In
jedem Fall bei einem Ursprünglichen desto eher, je mehr die Gabe in ihrer Herkunft aus
dem Opfer begriffen wird. Was das vermeintliche Gabenopfer anlangt, das Vernichtungs-
und Ganzopfer, so liegt das Widrige darin, daß hier nicht der konstruktive Sinn des
Gebens obwaltet, sondern Destruktivität.

[477] W. *Burkert*, Homo Necans, 39; Griechische Religion, 100.

[478] B. *Gladigow*, Religion im Rahmen der theoretischen Biologie, in: B. *Gladigow*/H. G.
Kippenberg (Hgg.), Neue Ansätze (s. o. Anm. 376), 97–112.

[479] W. *Burkert*, Homo Necans, 44: „An Präzision und Behendigkeit ist die Wortsprache
dem schwerfälligen Ritus ja unendlich überlegen. Ein Wort, ein Aufruf ersetzt einen
ganzen umständlichen Kriegstanz. Doch eben wegen ihrer Beweglichkeit eignet der
Sprache auch die Unverbindlichkeit, die Möglichkeit des Mißbrauchs und der Täuschung

vormünzliche Gestalten von Geld, so ist die Sprachsprache, jünger und verletzlicher als Dingsprache, ständig beschattet von der Quasisprache des Rituellen. Sprache wiederholt, aber das Ritual kehrt wieder. W. Burkert geht deshalb soweit, das Ritual als „autonomes ... System neben und vor der Wortsprache" zu betrachten[480]. Autonom ist aber allenfalls das, was dem Ritual seinerseits zugrunde liegt; dieses wiederholt weder, noch kehrt es wieder, sondern es ist einfach dinglich-dringlich da. Denn die Quasisprache des Rituals, obgleich gegenüber der Wortsprache das Frühere, ruht nicht in sich, sondern läßt ein noch Früheres erkennen, wie ja das Ding als Geld nicht nur dem Geldsymbol vorangeht, sondern das Ding selbst immer noch verdeckt.

Fand vom Ritual zur Sprache Übertragung statt, wie sie in Opfermetaphorik und Szenen von Passionsgeschichte und Tragödie in Erscheinung trat, so zeigt sich nun, daß das Ritual seinerseits bereits Übertragung hinter sich hat. Ohne Zweifel erleichtert diese Zweiheit den Schwung der Übertragung nicht, denn zwei Schwünge sind weniger als einer. Riten als „übertragene, in ihrer Anwendung verschobene Verhaltensschemata"[481] lösen die Gefahr eines recursus in infinitum aus, sobald die Herkunft der Sprache als Übertragung aus einer immer weiter sich entziehenden Vor- und Quasisprache erklärt wird. Die Annahme einer Vor- und Quasisprache zur Sprache ist aber einseitige Auflösung des fundamentalen Sachverhalts, daß Sprache immer Sprache, d. h. daß sie sich selbst voraussetzt. Weiter gelangt man auch mit einer Vorsprache zur Vorsprache nicht. Der ethologischen Definition zufolge – Ritual als „Handlungsschema, das von der Alltagspragmatik abgelöst ist und Mitteilungscharakter angenommen hat, zum Zeichen geworden ist"; Rituale als „Zeichen, die nicht willkürlich sind, im Unterschied zu den Sprachzeichen ... an einen realen Hintergrund gebunden"[482] – wäre das Ritual gegenüber dem Konventionalismus der Sprachsprache Natursprache: aber sogleich löst sich die Natursprache des Rituals – nur teils „gebunden", teils aber „abgelöst" – wieder in Konvention auf. Ist dann das dahinterliegende Handlungsschema, noch unrituell und pragmatisch, Natursprache? Bis endlich, herausgefordert durch die Frage: Ist eigentlich *Natur*sprache Natur*sprache*?, das Phantasma der Natursprache zerstiebt und die Natur selbst hervortritt, die nicht spricht, sondern schweigt, Ding ist und nicht Sprache. Die Erkenntnis, daß Sprache sich selbst voraussetzt und sich nicht unendlich ins Nichtsprachliche fortverfolgen läßt, aus dessen Übertragung sie entstanden sein soll, befähigt dazu, dieses Nichtsprachliche als solches ernst zu nehmen: den stummen Kern des Opfers, der in Opferritual und Opfersprache nur desto beredter fortschweigt, je mehr er derselbe und unerlöst bleibt.

---

in besonderem Maße. Darum greift, gegenläufig zur rationalen Beschleunigung der Kommunikation, die Gesellschaft doch wieder auf das Ritual zurück."

[480] W. *Burkert,* Griechische Religion, 99.
[481] W. *Burkert,* Homo Necans, 44.
[482] W. *Burkert,* Glaube und Verhalten (s. o. Anm. 432), 97 f.

b) Das archaische Opfer

Das archaische Opfer ist eine Szene von letzter, jetzt eben mit aller Macht pochender Dringlichkeit. Allerdings ist es nach unserer bisherigen Einsicht verfrüht, von *einer* Szene archaischen Opfers, also von einer Urszene zu sprechen. Vielmehr sind es gemäß den bisher in beiden Kulturen anzutreffenden Hauptopfern Schlacht- oder Mahlopfer einerseits und Ganz- oder Vernichtungsopfer anderseits zwei Urszenen, die nicht als von vornherein identisch in Betracht zu ziehen sind.

Das befremdliche, bei Griechen und Juden frappant ähnliche Ritual des Schlacht- oder Mahlopfers (θυσία/*zaebäh*) weist zurück auf die älteste menschliche Kultur des Jägers. Der Hominide, der im Unterschied zu anderen Hominiden Raubtiereigenschaften annahm, war derjenige, der die Spezies Mensch hervorbrachte. Der Jäger vollzieht das Töten, diesen Eingriff in das Leben, das älter ist als er, unter dem Zwang der puren Lebensfristung; Jagen und Töten sind nicht menschliche Handlungen unter anderen, sondern die Handlungen schlechthin, die der Mensch als Mensch und um Mensch zu bleiben vollbringt. Der Mensch werdende Mensch war Jäger, d. h. Raubtier auf menschliche Weise. Während das Raubtier seine Beute schlägt, reißt, frißt ohne Dazwischenkunft eines Werkzeugs, entwickelt der Mensch Waffe und aufrechten Gang, zunächst nur Werkzeuge in der sich um sie bildenden Hand, dann aber fernhintreffende. Der Mensch schlägt nicht, reißt nicht, frißt nicht, sondern er allererst tötet. Und ißt. Der homo sapiens hätte sich insoweit als homo necans gebildet. Hier stoßen wir auf den vermutlich frühesten, noch unrituellen und also archaischen Begriff des Opfers. Das Getötete des Raubtiers ist die Beute; das Getötete des Menschen ist ein Opfer. Denn nicht nur die Tätigkeit des Tötens ist etwas, worin der Mensch sich als Mensch erfährt, sondern auch im Getöteten, im Opfer, erfährt ein Mensch sich selbst. Dieses sterbende Auge, dieses rinnende Blut ist potentiell menschliches Auge, menschliches Blut. Opfer wird die Beute, sobald der Mensch sich darin reflektiert, wie ja auch sein Tötungswerkzeug diese Reflexion-in-sich darstellt: bedrohlich für dieses Leben, ist es bedrohlich für alles Leben und somit auch für sein eigenes[483].

Anders der archaische Grund des Ganz- und Vernichtungsopfers (προσφορά/

---

[483] Die *Meuli-Burkert*-Hypothese: W. *Burkert,* Homo Necans, 20 ff; Anthropologie (s. o. Anm. 432), 21–33. Hier nach Vf., Jesu Tod als Opfer, ZThK 80, 1983, 411–431, S. 420. Diese Urszene wäre somit Urmodell für andere, ursprünglich selbst als Urszenen ausgegebene Opferschilderungen. Hierzu gehört die Rekonstruktion der ersten Totemmahlzeit durch S. *Freud,* Totem und Tabu (s. o. Anm. 442), 171 f. Ebenso der Nilus-Bericht vom Kamelopfer eines Beduinenstammes in der sinaitischen Wüste; diesen Bericht (Nilus, Narr. III; MPG 79, 612B–614C) hat W. R. *Smith* zu seiner Rekonstruktion des Opfermahls ausgeschrieben (Die Religion der Semiten, [s. o. Anm. 476], 214 f. 262. 310). *Freuds* Referat des Nilusberichts ist somit ein doppeltes Palimpsest (Totem und Tabu, 168 → W. R. *Smith,* 214 f → Nilus, MPG 79, 612CD). Zum Nilusbericht s. J. *Henninger,* Ist der sog. Nilusbericht eine brauchbare religionsgeschichtliche Quelle?, Anthropos 50, 1955,

'*ola*):)als Holokaust viel unmittelbarer gegenwärtig, nicht erst über umständliche, historisch nicht nachvollziehbare Theorien der Hominisation erreichbar. Die kritische Situation einer Gesellschaft, in der alle gegen alle stehen oder zu stehen drohen, wird durch gemeinschaftliche Elimination eines Opfers gebannt, oder umgekehrt: wo immer eine Gesellschaft sich auf dem Weg friedlichen Miteinanders bewegt, muß wohl solches Opfer stillschweigend vorausgegangen sein. Gesellschaftsbedrohende Aggression kann nicht entschärft, kann nur ausgespielt werden, und zwar mit einer Notwendigkeit, die als Mechanismus und Zwang bezeichnet werden kann: „Kathartische Gewalt verhindert unreine Gewalt"[484]. Daraus entstehen Sündenbock- und φαρμακός-Ritual, allerdings immer unter der Voraussetzung: Opfer ist ein Mensch; es ist Menschenopfer, was zur Gründung menschlicher Gesellschaft erfordert ist, alle anderen Vernichtungsopfer sind Ablösungen und Ersätze dieser Urwährung, wie ja dieser geopferte Mensch bereits Ablösung meiner selbst ist, den es auch hätte treffen können[485].

Statt der Urszene archaischen Opfers deren zwei zu haben, ist natürlich ein unbefriedigtes Ende des Abstiegs zum Opfer, ja ist kein Ende. Die Gegensätze zwischen beiden Urszenen sind deutlich: Opfer eines Tieres hier, eines Menschen dort; Mensch hier als Jäger, dort als Gejagter; Grundrichtung menschlichen Handelns hier Erjagen, dort Verjagen: „Hier Aggression – dort Angst; hier der Triumph des Tötenden – dort die Erleichterung dessen, der einen anderen an seiner statt sterben läßt; hier Gewinnen und Essen – dort Preisgeben an drohende Mächte"[486]. In jedem Fall aber handelt es sich um Menschenopfer in dem doppelten Sinn, daß nur ein Mensch Subjekt der Handlung sein kann, die Opfern heißt, und wiederum, daß alle Objekte, die zu Opfern werden können, in einer impliziten Teleologie auf Menschen als eigentlichste Opfergegenstände verweisen, für die sie lediglich als Ersatzgaben dienen. Wie es aber kommt, daß einerseits zum Opfer Energie und Handeln nötig sind, die den Menschen als

---

81–148. – Selbstverständlich ist die rekonstruierte Urszene auch der archaische Hintergrund für das Anm. 475 geschilderte olympische Opfermahl.

[484] W. *Burkert*, Anthropologie, 19.

[485] Die *Girard-(Schwager)*-Hypothese: R. *Girard,* La violence et le sacré, Paris 1972 (engl.: Violence and the Sacred, Baltimore 1977); Des choses cachées depuis la fondation du monde, Paris 1978; Le bouc émissaire, Paris 1982; Das Evangelium legt die Gewalt bloß, Orientierung 38, 1974, 53–56; R. *Schwager,* Brauchen wir einen Sündenbock? Gewalt und Erlösung in den biblischen Schriften, 1978.

[486] W. *Burkert*, Anthropologie, 36, cf. 34 f. Mit dieser Systematik der archaischen Opfer löst *Burkert* seinen früheren Versuch ab, der aus vier elementaren Opferszenen (Speiseopfer/Vernichtungsopfer/Preisgabeopfer/Gabenopfer) und deren Grundhandlungen Töten und Geben konstruiert war (Glaube und Verhalten [s. o. Anm. 432], 104 ff). Die antithetische Gegenüberstellung von zwei Hauptopfern: Speiseopfer (*Burkert*-Hypothese) und Vernichtungsopfer (*Girard*-Hypothese) ist Anlaß zu einer letzten Synthese: „So ist es *eine* Situation, in der Verfolgungsangst und Jagd, Preisgabe und Zugriff sich treffen" (Anthropologie, 37).

Subjekt erfordern, während dieser doch anderseits vornehmstes Objekt des Opfers ist – und umgekehrt: daß das vornehmste Objekt des Opfers zugleich sein einziges Subjekt ist: dieses Unbegehbar-Begangene ist Kern des archaischen Opfers. Dieser ist einer Phänomenologie des Opfercharakters allen menschlichen Handelns zugänglich.

Handlung erscheint im Opfer als Szene, gar Urszene. Hinsichtlich der Opferszene, die in vielerlei Variationen begegnet ist, ritualisierten und unritualisierten, theatralischen und untheatralischen, sei gefragt: Was ist an ihr Geschichte? Was für eine Art von Geschichte ist die Opferszene? Die Opferszene hat, wie es scheint, einen dreiteiligen Aufbau: aufsteigende Linie zum Opfer selbst, Vorbereitung, Prozession, Zurüstung; absteigende Linie vom Opfer zurück in den Alltag, Verzehr, Sättigung, Abschlußriten; in der Mitte das Opfer selbst. H. Hubert und M. Mauss unterscheiden als Akte des Opfers Eingang, Opfer und Ausgang, wobei das Ganze als Drama bezeichnet wird[487]. Natürlich muß sich dabei die Frage erheben, warum das Opfer, das durch diese Gliederung hätte gegliedert werden sollen, in ihrer Mitte noch einmal wiederkehrt, und jetzt offenbar ungegliedert. W. Burkert hat sich diesem Aufbau des Opfers angeschlossen: „Ein dreigeteilter Rhythmus ergibt sich ... im Vollzug des Opfers, der von einem labyrinthisch gehemmten Anfang über eine erschreckende Mitte zum sorgfältig-klaren Abschluß führt." Nicht genug damit: Die Dreiheit hat sich dem Opfer so tief eingeprägt, daß sie sich sogar im Rhythmus des großen Opferfestes wiederholt: „Voropfer, gräßliches Opfer, sieghaft bestätigendes Opfer"[488]. Diese Dreiheit von Anfang, Mitte und Ende ist aber nicht nur Kennzeichen der Opferhandlung, sondern jeder Geschichte und jeder vollständigen Handlung.

Eine Geschichte ist dadurch gekennzeichnet: „Sie hat einen Anfang (1), einen Mittelteil (2) und ein Ende (3)"[489]. Aber wie bereits die Passionsgeschichte als

---

[487] H. *Hubert*/M. *Mauss,* Essai sur la nature et la fonction du sacrifice, 1899, in: M. *Mauss,* Œuvres (éd. V. *Karady*) I, Paris 1968, 193–307; engl. Übersetzung: Sacrifice: Its Nature and Function, Chicago 1981. Das „Schema des Opfers": Eingang, Opfer, Ausgang (212ff/19ff); „Drama" (212. 226 [pièce]/19. 28). Alle Opferriten, so zahlreich sie sind, lassen sich auf ein simples Schema reduzieren: „On commence par la (sc. la victime) consacrer; puis les énergies que cette consécration a suscitées et concentrées sur elle, on les fait échapper, les unes vers les êtres du monde sacré, les autres vers les êtres du monde profane. La série d'états par lesquels elle passe pourrait donc être figurée par une courbe: elle s'élève à un degré maximum de religiosité où elle ne reste qu'un instant, et d'où elle redescent ensuite progressivement. Nous verrons que le sacrifiant passe par des phases homologues" (250f/45). Das Opfer hat selbst Aufstieg und Abstieg („ces phases d'ascension et de descente" 255/49). Sakralisation und Desakralisation sind nicht, wie W. *Burkert* mißversteht (Homo Necans, 19), mit Aufstieg und Abstieg identisch, sondern sind als verschiedene Grundrichtungen des Opfervorgangs jeweils Bezeichnungen des ganzen Opfers.

[488] W. *Burkert,* Homo Necans, 20, mit Bezug auf seine Schilderung (s. o. Anm. 475).

[489] A. C. *Danto,* Analytische Philosophie der Geschichte (1965), 1974, 376. (1) und (3) bilden das *explanandum,* (2) das *explanans.* „Wir verlangen von Geschichten, daß sie einen

Randfall von Geschichte erschien, so auch das Opfer. (i) Geschichte ist historische Erklärung des Zusammenhangs zwischen Anfang A und Ende C, erforderlich, sobald diese nicht systemimmanent erklärbar sind. Die Geschichte vermittelt Kenntnis des individuellen, undeduzierbaren Ereignisses B, das als Mitte für A und C dient. Mitte einer Geschichte kann jedes nicht deduzierbare Ereignis sein und also vielerlei; Mitte des Opfers dagegen ist ein und derselbe Fall und also ständige Wiederkehr des Gleichen. Eine Geschichte, deren Zentrum „unverrückbar feststeht"[490], ist weniger Geschichte als Ritual und Quasi-Natur. (ii) In einer Geschichte ist die Art des Fortgangs von A zu C so zu bestimmen, daß er, wenn schon nicht auf systemimmanentem Weg zu erreichen, auf dem kürzestmöglichen Weg hergestellt werden muß. Ist Geschichte Herstellung von Zusammenhang unter erschwerten Bedingungen, so steht sie doch unter der Sparsamkeitsforderung, ihren Erklärungsaufwand bei B auf das Minimum zu beschränken. Diese Ökonomie sprengt das Opfer, indem als B unverrückbar das Maximum des Tötens erscheint, während A und C so darum herumgelegt werden, „als sei es darauf angelegt, die Aufmerksamkeit abzulenken von dem Zentrum"[491]. Nicht Erklärung, sondern Ablenkung verfolgt die Opfergeschichte, nicht Faden, sondern Labyrinth. Sie ist somit Schein-Geschichte. (iii) Zur Geschichte gehört die Einheit des Handlungssubjekts[492]. Ist keine Einheit des Handlungssubjektes gegeben, so handelt es sich entweder um keine oder um mehrere Geschichten. Beim Opfer gibt es keine Einheit des Handlungssubjekts, weil das zur Geschichte gehörige Pensum an Passivität nicht diesem, sondern ganz und gar dem Objekt, dem Opfergegenstand, aufgenötigt wird, während das Handlungssubjekt, der Opferer, nur in seiner Selbstreproduktion erscheint. Folglich geht das Opfer dem geschichtlichen Handlungssubjekt voraus, ist bereits bei seiner Konstitution am Werk gewesen und jetzt vergessen. Ist Opfer also das, was der Geschichte immer schon vorausgeht, so ist es transzendentale Vorgeschichte, nicht Geschichte. (iiii) Eine Geschichte ist üblicherweise gekennzeichnet durch Fortgang von A zu C, was Verschiedenheit beider erfordert. Beim Opfer dagegen fällt genau diese Verschiedenheit dahin. Nach dem Opfer – dies des Opfers höchstes Bestreben – ist die Welt wieder genau wie sie vorher

---

Anfang, einen mittleren Teil und ein Ende haben. Eine Erklärung besteht demnach darin, die Mitte zwischen den zeitlichen Endpunkten einer Veränderung auszufüllen. ... Eine Geschichte ist die ...Erklärung dessen, wie die Veränderung von Anfang bis Ende stattgefunden hat, und sowohl der Anfang wie das Ende sind ein Teil des *explanandum*" (372).

[490] W. *Burkert,* Homo Necans, 19.

[491] W. *Burkert,* aaO. Man beachte in der von *Burkert* erzählten Geschichte des olympischen Opfermahls (s. o. Anm. 475) das Fortwandern des Anfangs (ἄρχεσθαι) ins Zentrum der Geschichte hinein. Im Grund ist erst das Zentrum, das Töten, der Anfang, aber zugleich auch bereits das Ende.

[492] A. C. *Danto,* aaO. 396: „*Einheit des Subjekts*"; H. *Lübbe,* aaO. (s. o. Anm. 428), spricht vom „Referenzsubjekt" statt vom „Handlungssubjekt", um den Anteil an geschichtlicher Passivität zu akzentuieren (75).

war. Der Anfang des Opfers ist Alltag, das Ende ist Alltag: „so pflanzt sich der Kult fort"[493]. Man fragt sich: Warum nicht gleich? Opfer ist der Aufwand, der zum Wenigstens-auf-der-Stelle-Treten erforderlich ist. Opfer ist Geschichte vom Auf-der-Stelle-Treten in drei Akten, Ungeschichte also. Ist Opfer Geschichte? Nein, sondern offenbar Randfall von Geschichte, ohne bereits Natur zu sein. Deshalb kommt das Opfer von Geschichte nicht los. Es sind spezifisch menschliche Handlungen, die das Opfer bewirken. Der Grad der Abweichung der Opfergeschichte von der Geschichte belehrt über das Ausmaß dessen, was bereits vorausgesetzt ist, wenn Geschichten beginnen. Insoweit das Opfer nicht Geschichte ist, ist es als Urgeschichte die Bedingung jeglicher Geschichte.

Die Dreiheit von Anfang, Mitte und Ende ist nicht nur Kennzeichen von Geschichten, sondern auch von einer jeden vollständigen Handlung[494]. Handlung ist das Opfer in eminentem Sinn. Opfern ist Handeln: operari, ῥέζειν, ʿśh. Hier stellt sich ein ähnliches Problem wie soeben bei der Geschichte. Ist das Opfer aus der Geschichte zu verstehen – oder umgekehrt Geschichte aus dem Opfer? So hier: Ergibt sich, was Opfer ist, aus dem allgemeinen Sinn von Handlung, oder setzt das Verständnis von Handlung Einsicht in das Opfer voraus? Dieser Frage können wir uns über eine Analyse des Begriffs „Opferhandlung" nähern. (i) Ist die Benennung des Opfers mit „Handlung" ein Euphemismus, der den Kern dieses Handelns verschweigt?[495] Ohne Zweifel insofern, als ein ganz spezielles Handeln mit allgemeinsten Ausdrücken benannt wird. Daß Opfersprache ausweichend sei, haben wir am Neuen Testament gesehen. Ausweichend aber nur, solange das Wesen von Handlung außerhalb und jenseits des Opfers bestimmt wird; *ist* aber das Opfer wesentlich Handlung, dann ist diese seine Benennung nicht nur nicht euphemistisch, sondern sogar treffend. Woher entsteht der Eindruck des Euphemistischen? Er entsteht dadurch, daß von dem, was alle Welt im Grund schon weiß, überflüssigerweise noch geredet wird: Das Reden vom Opfer ist an sich das Unangemessene,

---

[493] W. *Burkert,* Homo Necans, 14.

[494] Aristoteles, Poetik 1450b 26ff: Eine vollständige Handlung (πρᾶξις) braucht wie alles Ganze ἀρχή, μέσον und τελευτή. ἀρχὴ δέ ἐστιν ὃ αὐτὸ μὲν μὴ ἐξ ἀνάγκης μετ' ἄλλο ἐστίν, μετ' ἐκεῖνο δ'ἕτερον πέφυκεν εἶναι ἢ γίνεσθαι· τελευτὴ δὲ τοὐναντίον ὃ αὐτὸ μὲν μετ' ἄλλο πέφυκεν εἶναι ἢ ἐξ ἀνάγκης ἢ ὡς ἐπὶ τὸ πολύ, μετὰ δὲ τοῦτο ἄλλο οὐδέν · μέσον δὲ ὃ καὶ αὐτὸ μετ' ἄλλο καὶ μετ' ἐκεῖνο ἕτερον. „Anfang ist, was selbst nicht notwendig auf ein anderes folgt, aus dem aber ein anderes natürlicherweise wird oder entsteht. Ende umgekehrt ist, was selbst natürlicherweise aus anderem wird oder entsteht, aus Notwendigkeit oder in der Regel, ohne daß aus ihm etwas weiteres mehr entsteht. Mitte endlich, was nach anderem und vor anderem ist" (O. *Gigon).*

[495] W. *Burkert,* Homo Necans, 9f: „Grunderlebnis des ‚Heiligen' ist die Opfertötung. Der homo religiosus agiert und wird sich seiner selbst bewußt als homo necans. Dies ist ja ‚Handeln' schlechthin, ῥέζειν, operari – woraus das Lehnwort ‚Opfer' übernommen ist –, eine Benennung, die den Kern dieses ‚Handelns' euphemistisch verschweigt." Das Opfer mit offerre/oblatio (offrande, offering) in Verbindung zu bringen, ist sekundäre Rationalisierung („Opfer als Gabe") und falsche Etymologie.

Ausweichende, Euphemistische, da es von gänzlich anderer Art ist als das Opfer selbst: dies ist Handlung, jenes Sprache. Euphemistisch ist die Benennung des Opfers mit „Handlung" nicht, weil sie nicht zuträfe, sondern weil die Benennung bereits von einem Verlassen des ursprünglichen Ortes des Opfers zeugt: Opfer fordert ein Tun und nicht ein Sprechen. (ii) Natürlich ist das Opfer Handlung in des Wortes theatralischem Sinn. Zu ihm gehören Darstellung, Ausspielen, Feierlichkeit, Szene, Gliederung der Handlung in drei Akte. Dies Ganze ist Handlung, Opferhandlung. Genauer besehen zeigt sich: der Handlung erster Akt, das labyrinthisch-verworrene Anfangen, ist nichts als Möglichkeits-resektion, Plausibilitäts- und Irreversibilitätssteigerung, die zwingend auf den Kern der Handlung zuführen soll: das Töten, die Tat. Zwingend ist natürlich nichts, höchstens die Tat selbst. Also legt sich die theatralische szenische Hand-lung auch ihrerseits nur als Euphemismus und Unschuldskomödie[496] um den Kern der Handlung herum, den sie ebenso verdeckt, wie sie ihn vorbereiten will. Aber indem der szenliche Schein dieser Handlung zerstiebt, vergeht nicht etwa der Begriff der Handlung, sondern tritt in seinem harten, verschwiegenen Kern desto kräftiger hervor, der mit der Szene nur ummäntelt war: die Tat des Tötens, die Handlung schlechthin. Dieser archaische Kern spottet aber der Szene, spottet auch der Sprache. Die Art und Weise, wie Opfersprache und theatralische Opferhandlung angesichts des Opfers als bloßer Euphemismus und komödian-tische Bemäntelung untergehen, dient der Freilegung dessen, was Handlung im Kern ist, nämlich Töten und Opfern[497].

Inwiefern Opfer nicht nur eine spezielle Art von Handlung ist, sondern allem Handeln Opfercharakter zukommt: dies bedürfte einer ausführlichen Phäno-menologie des Handelns. Hier ist nur zu erinnern: Zum Handeln, zur Handlungsfä-higkeit, bedarf es des Tötens von Möglichkeiten. Deshalb gehört zur Konstitu-tion von Handlungsschemata das Eid-, Bundes- oder Vertragsopfer: Vernich-tung von Möglichkeiten, die hinter der Situation des Handelns zurückgelassen werden. Vernichtung von Möglichkeiten, wie sie zur Konstitution menschli-chen Handelns erforderlich ist, ist aber über kurz oder lang, durch Haupt- oder Nebenfolge, Eingriff in die Lebensmöglichkeiten, die Opfer und Opferer ge-meinsam sind, und somit erweist sich das Vernichten, das zum Beginn von Handlung stattfinden muß, als potentiell selbstvernichtend. Die Opferhandlung ist in ihrem archaischen Kern eine in sich verkehrte Handlung, wie sie am Grunde alles Handelns zu vermuten ist. Daß Handlungsfähigkeit die Aktivität des Menschen als eines Opferers erfordert, hat zur unmittelbaren Folge, daß die dabei anfallende Passivität nun auch ganz des Menschen Teil wird, nämlich des

---

[496] K. *Meuli,* Griechische Opferbräuche (s. o. Anm. 468), 273/1002 u. ö.

[497] B. *Liebrucks,* Sprache und Bewußtsein (s. o. Anm. 88) I, 88: „die vornehmste Handlung ist bis heute immer noch das Töten gewesen." *Liebrucks* fährt fort: „Zu dieser Handlung mußte der Mensch unter sein sprachliches Niveau heruntergehen." Zu diesem Grundmotiv *Liebrucks*scher Philosophie s. aaO. 12. 139. 148. 166. 249. Der Mensch ist nach *Liebrucks* nicht handelndes Wesen, sondern Sprachwesen.

Menschen als Opfers. Die durch Handeln definierte Menschlichkeit zeigt Opfern und Geopfertwerden als original menschliche Phänomene. Opfer ist diejenige Energie, die der Aufrechterhaltung menschlichen Lebens immer schon zugeführt werden muß, aber nicht anders zu gewinnen ist als aus Vernichtung eben solchen Lebens. Dies ist die Verkehrtheit-in-sich, die das Menschenopfer als solches qualifiziert.

Es ist dieser Kern des archaischen und also allgegenwärtigen Opfers, der hinter den vermeintlichen Ablösungen in der szenlichen und rituellen Opferhandlung oder in der Opfermetaphorik der Sprache in alter Unerlöstheit fortwirkt, weil er von beidem gänzlich unberührt bleibt. Opfer ist in äußerster Monotonie[498] immer dasselbe[499]. Ritus und Sprache stehen unter der Drohung, jederzeit aus ihrer Sublimität abzustürzen zu diesem archaischen Kern. Hinter dem Opferritus lauert, mehr schlecht als recht durch ihn verhüllt, nur das Opfer. Die vermeintliche Opfermetapher enthüllt sich ungesäumt als Opfer im eigentlichen Sinn des Wortes. Damit ist der Weg von der Sprache zum Ding vollendet: Geld ist vergangen, Tausch ist vergangen; Ritus und Sprache sind vergangen, sobald der innerste Kern des Opfers als ein letztes Stummes sich erhebt. Sie sind so gründlich vergangen, daß man sich fragt, mit welcher Dreistigkeit sie sich überhaupt erhoben. Die alte Welt zeigt sich mit dieser ihrer archaischen, allgegenwärtigen Last unverhüllt als eine einzige Depression. Alte Welt ist nicht durch alte Welt reparabel, auch nicht durch alte Menschen mit ihrer alten Sprache. Neue Sprache wäre allein diejenige, die die Stummheit des Opfers durchdringt.

3. Jesu Tod als Opfer

Mit der im Gang der Symbolik A angesammelten, durch alle symbolischen Erleichterungen durchgebrochenen Erfahrungslast finden wir uns wieder bei Jesu Tod in seinem Kern als Opfer. Kreuz ist das Non-plus-ultra des Erfahrungsweges. In Jesu Tod als Kreuz findet die Rückschiebung aller Verschiebungen ihr Ende. Einerlei ob Rückschiebung oder Absturz: in jedem Fall ist Jesu Kreuz Rückfall in eine archaische, hinter allen vorgeschobenen Währungen ständig lauernde Urwährung.

Natürlich steht Jesu Tod am Kreuz zuoberst in einer reichen sprachlichen Tradition. Jeder Opferausdruck, der nicht eindeutig auf eine vegetabilische Gabe

---

[498] W. *Burkert*, Homo Necans, 326: „Die Vielfalt der behandelten Riten und Kultstätten, Mythen und Namen mag verwirrend erscheinen; und doch treten mit fast schon monotoner Eindringlichkeit immer wieder die gleichen dynamischen Strukturen hervor."

[499] H. *Hubert*/M. *Mauss*, Essai (s. o. Anm. 487), 211/18: „Elles [sc. les formes du sacrifice] sont à la fois trop diverses et trop semblables pour qu'il soit possible de les diviser en groupes trop caractérisés. Elles ont toutes le même noyau; et c'est là ce qui fait leur unité. Ce sont les enveloppes d'un même mécanisme..." Außerdem 256/50; 302/97.

festgelegt ist, kann zum Tod Jesu herangezogen werden und wird herangezogen. Nicht nur ist Jesus in seinem Tod – um an Hauptarten von Opfern zu erinnern – Mahlopfer (woran Abendmahls-, Passa- und Bundestradition anspielen), sondern auch Ganz- und Vernichtungsopfer (worauf neben den entsprechenden Termini die Dahingabeformel verweist). Traditionsgeschichtliche Forschung nach der Herkunft der Opfertermini stößt jedoch rasch ins Leere, weil sie nichts Unterscheidbares mehr ergreift, denn die terminologische Individualität des einen Terminus wird durch das Erscheinen eines zweiten und dritten wieder aufgelöst. Der Grund hierfür ist einfach: Die herkömmliche opfertheologische Sprache ist zu kultiviert, zu detailliert und raffiniert, um nicht angesichts der archaischen Wucht des Todes Jesu versagen zu müssen. Aber die Traditionsweise des Opfers von Generation zu Generation ist ja mit dem Medium der Sprache nur oberflächlich verbunden. Der Tod Jesu als Opfer steht in einer unübersehbaren rituellen Tradition, Tradition als Überlieferung des Väterbrauchs verstanden. Nicht nur die Rituale der Juden, sofern sie blutig sind, kommen in Jesu Tod an, sondern ebenso die überraschend ähnlichen der Griechen, sodaß Jesu Kreuz im trüben Licht beider Kulturen gesehen werden muß. Aber auch hier gilt, daß jeder Kult zu seinem Teil bereits Bremsung der archaischen Gewalt des Opfers ist, das im Tod Jesu geschah, daher die Häufung der Termini, der rituellen Anspielungen, die an den Tod Jesu herangebracht werden und – unfähig ihn zu begreifen – an ihm vergehen. Aber zur Traditionsweise des Opfers gehören Sprache und Ritus nur mehr oder weniger; im Kern verdankt sich sein Fortleben einer archaischen, vorgeschichtlichen Erbschaft des Menschen, die sich, durch Sprache unvermittelt, durch die Zeit schleppt und deshalb mit ihrer Kraft um so unfehlbarer präsent ist. Um vom Opfer zu wissen, bedarf es keiner speziellen kulturellen Bedingungen, keinerlei sprachlicher Raffinesse, sondern nur der, ein Mensch zu sein, was jeder vom Menschen Geborene leichthin erfüllt. Jesu Tod als Opfer, so nahe ihm die wie immer zu differenzierenden sprachlichen und rituellen Opferüberlieferungen der Griechen und Juden auch stehen, ist Teil der sprachlosen Tradition des Opfers, wie sie die Menschheit mit sich selbst fortpflanzt. Und zwar in einer solchen Wucht, daß nicht von Wiederholung, nicht von Wiederkehr zu reden ist, sondern von Allgegenwart. Nicht nur die Antike, sondern die Erfahrung der gesamten alten Menschheit kommt in Jesu Tod als Opfer an, was immer auch heißt: unsere, sofern wir Glieder der alten Menschheit sind.

So weit war zu gelangen: in Rückschiebung aller soteriologischen Symbole vom Wort vom Kreuz über Versöhnung, Tausch, Erlösung, Geld bis zum Opfer. Opfer ist nicht bloß Opfermetapher und Opferbild. Sondern die Übertragungsleistung von Sprache und Ritus bricht als bloßer Schein in sich zusammen, sodaß die stumme Gewalt des archaischen Opfers in Jesu Kreuz erscheint. Opfer ist in erster Linie diese Wirklichkeit selbst. Der Weg zum Opfer vollzieht sich als Einweisung in eine durch nichts zu untertreffende Depression. Wie ja der ganze Weg der Symbolik A durch zunehmende Reduktion von Entlastung im

Verfolg des anselmischen quanti ponderis ein Weg in unvermeidliche Belastung war. Daß in diesem Geschehen Heilsames liege, daß die Kategorie des Opfers eine soteriologische Kategorie sei, ist desto weniger zu erwarten, je mehr im Tod Jesu als Opfer das Wesen der alten Menschheit sich versammelt: ein Unwesen also. Jetzt entfällt eine letzte Distanz, die in der Wendung „Jesu Tod ‚als' Opfer" immer noch am Werk war. Opfer ist doch Metapher, daher das Als, dachten wir: jetzt ist zu sehen: Jesus *ist* Opfer, Menschenopfer, ἄρρητος θυσία, unsagbares Opfer, wie die Griechen sagten, wenn sie in den Schlund des Horrors hinein- dachten.

Symbolik B

Vom Ding zur Sprache

§ 7 Das Gebet

Dem durch alle Sprache durchgebrochenen stummen Opfer tritt in Jesu Tod das Wortopfer entgegen. Jesu Tod ist nicht nur Opfer, sondern ist auch Gebet. Gebet ist Opfer noch einmal, aber nicht ἄρρητος, sondern λογικὴ θυσία, nicht sprachloses, sondern Wortopfer. Woher dieses?

Opfer war sprachloseste, intensivste Intensität von Wirklichkeit, Dingen des Dings vor und außerhalb jeder Sprache. Es war dasjenige Ding, das sich jeglicher Sprachwerdung und Symbolisierung verweigert. Nach vollbrachtem Opfer ist wieder Zeit zu reden. Auf solche Weise entsteht alle unerlöste Sprache, die in ihrem Kern stumm bleibt. Daher vollzog sich der Gang der Symbolik A bis zum Opfer als fortschreitende Verdinglichung und zugleich Entsprachlichung, die schließlich die Unerlöstheit an ihrer Wurzel freilegte. Sprachliches Wesen und sprachliche Kultur verblichen unter der unnachlaßlichen Gewalt archaischen Opfers zu bloßem Schein. War der bisherige Weg in dieser Weise Entsprachlichung, dann ist keine Sprache mehr da. Sie ist am Opfer vergangen. Konsequenterweise gibt es kein Wortopfer. Es sei denn, wir hegten einen im stillen zurückbehaltenen Rest. Aber wir haben keinen Rest. Wortopfer setzt also das Unmögliche möglich.

Ist die Sprache durch das Opfer alt geworden, so kann sie als alte im Ernst nicht mehr wiederkehren. Wenn sie aber, wie es ja zu sein pflegt, als die alte wiederkehrt, so verliert sie nur noch einmal das bereits verlorene Spiel. In diesem hat das Opfer gesiegt. Wortopfer, das Unmögliche, ist daher nur in einer neuen Sprache möglich. Anders als in ihr gibt es keinen Ansatz zu einer Symbolik B. Dieser hat immerhin Gegengewicht zu halten. Das Wortopfer ist Gebet. Aber unter Gebet sei nicht einfach eine bisher noch unverbrauchte Sprache verstanden, irgendwoher gezogen. Vielmehr ist Gebet nur möglich als diejenige Sprache, die nach dem Verbrauch aller Sprache entsteht. Aber daß – solange das Opfer die alte Welt und Menschheit regiert und siegt – solches Gebet entstehe: dies ist geradewegs unmöglich. Denn unter der Herrschaft des Opfers ist alle neue Sprache die alte und also bloße Farce. Dies droht natürlich auch dem Gebet, das, wo immer es als neue Sprache in die bisherigen Kraftverhältnisse eingeführt wird, doch alsbald die alte ist – verschlungen auch es. Aus diesem Grund wird das Gebet hier präzis als Wortopfer eingeführt. Es ist nicht einfach Übergang zu einem neuen und anderen Thema, das, des alten begreiflicherweise überdrüssig, dieses läßt wie es ist. Vielmehr ist endlich zu begreifen: Es gibt kein neues Thema; unter der Herrschaft des Alten sind auch alle neuen Themen alt. Deshalb setzt das Gebet als Wortopfer das Thema des Opfers noch einmal, und darin steckt seine ganze Angriffigkeit. Das stumme Opfer kennt in alle Ewigkeit nur sich selbst. Indem aber das Gebet als Wortopfer eingeführt wird, reklamiert es das Phänomen des Opfers, das bisher nur stumm war, für sich selbst, und zwar nicht halb, auch nicht bloß in einem sublimen Rest, sondern ganz, aber das heißt: ganz gewandelt. Das Gebet als Wortopfer setzt durch seine eigene Opferartigkeit das stumme Opfer an seinem Ort dem Druck aus, es dürfe nicht das alte bleiben, sondern müsse sich wandeln. Wandlung geschieht nur, wenn das Alte – just dies – neu wird. Es ist die sicherste Verschleuderung des Neuen, dies bloß neben das Alte zu setzen: Dies wäre das Neue alsbald als Altes. Wahrhaft Neues stellt sich nur ein bei Verzicht auf jegliches Fortgehen zu einem Neuen, vielmehr Verharren im Alten, an seinem *locus asper et terribilis*, um es an seinem eigenen Ort zu bestreiten. Das Thema Gebet ist daher nicht als Übergang zu einem neuen Thema mißzuverstehen, sondern als Wortopfer ist es das alte Opfer noch einmal, jedoch gezwungen zu Wandlung und Neuwerdung, sodaß die Konkurrenz dieser beiden Opferbegriffe, stummes Opfer und Wortopfer, erster und für die Symbolik exemplarischer Vorgang von Sprachwerdung ist: Ursprung von neuer Sprache im Verlust der alten.

Der dem Opfer eigene *locus terribilis* ist Golgatha. Jesu Tod war ein Tod als Opfer. Daß er ein Tod als Gebet und also Wortopfer war, muß sich am selben Ort zeigen.

1. Jesu Tod als Gebet

Am Kreuz als dem Ort des stummen Opfers, genau an ihm, nach dem Wortopfer als Anfang des Neuen zu fragen: den Mut hierzu schöpfen wir aus der evangelischen Überlieferung vom Tod Jesu, die mit einhelliger Deutlichkeit zeigt: die Gebetsworte Jesu[500] (wovon natürlich Berichte über sein Beten[501] und

---

[500] Gebetsworte Jesu in der neutestamentlichen Überlieferung:

1. Jubelruf:	Mt 11,25–27	Ἐξομολογοῦμαί σοι, πάτερ …
	Lk 10,21	Ἐξομολογοῦμαί σοι, πάτερ …
2. Dankgebet:	Joh 11,41f	Πάτερ, εὐχαριστῶ σοι …
3. Tempelplatzgebet:	Joh 12,27f	Πάτερ, σῶσόν με …
4. Hohepriest. Gebet:	Joh 17,(19)	ὑπὲρ αὐτῶν ἐγὼ ἁγιάζω ἐμαυτόν
5. Gethsemane-gebet:	Mk 14,36	Ἀββα ὁ πατήρ, πάντα δυνατά σοι …
	Mt 26,39	Πάτερ μου, εἰ δυνατόν ἐστιν …
	Mt 26,42	Πάτερ μου, … γενηθήτω τὸ θέλημά σου.
	Lk 22,42	Πάτερ, εἰ βούλει …
6. Vergebungsbitte:	Lk 23,34 (?)	Πάτερ, ἄφες αὐτοῖς … cf. Act 7,60

seine Gebetsdidache[502] wohl zu unterscheiden sind) haben ihren Schwerpunkt in der Überlieferung von seinem Leiden und Sterben. Deutlich genug ist das Gebet Jesu die Probe auf seinen Tod, und der Tod die Probe auf sein Gebet. Steht somit fest, daß die evangelische Überlieferung selbst der Anlaß ist, um von Jesu Tod als Gebet zu reden, so ist dieses Ereignis doch nicht einfach als Tatsache abrufbar, und auch der Zustand der Überlieferung gibt zu Fragen Anlaß. Es zeichnet sich die charakteristische Verschiebung ab, durch die im Lauf des Überlieferungsprozesses das Gebet des leidenden und sterbenden Jesus immer wortreicher wird. Dabei lassen sich die redaktionellen Spuren nicht übersehen. Kein seriöser Katalog von Worten des irdischen Jesus würde seine Gebetsworte aufzählen. Dies scheint dem Tod Jesu als Gebet keine günstige Prognose zu stellen.

Das Gethsemanegebet, bei Markus einmal verbotenus überliefert und zweimal als Faktum erwähnt, wird bei Matthäus ein zweites Mal im Wortlaut zitiert und dabei nach der dritten Vaterunserbitte redigiert. Bei Lukas hat sich die Szene – was mit seinem besonderen Interesse an Jesu Gebet zusammenhängen mag – zum Gebetskampf im Stil eines Martyriums gewandelt. Was das Kreuzesgebet anlangt, so kennt Markus nur den Kreuzesschrei, zunächst artikuliert mit dem Eingang des 22. Psalms, dann unartikuliert als Todesschrei des Sterbenden: vielleicht waren in einer früheren Schicht diese beiden Schreie ein einziger und dann wortlos. Matthäus nennt dann explizit zwei Schreie. In beiden Evangelien scheint es sich um einen Verzweiflungs- und Verlassenheitsschrei zu handeln,

---

7. Artikulierter Kreuzesschrei:	Mk 15,34	(ἐβόησεν ... φωνῇ μεγάλῃ), Ελωι ελωι (Ps 22,2)
	Mt 27,46	(ἀνεβόησεν ... φωνῇ μεγάλῃ λέγων), Ηλι ηλι Ps 22,2)
	Lk 23,46	(φωνήσας φωνῇ μεγάλῃ ... εἶπεν), Πάτερ, εἰς χεῖράς σου (Ps 31,6) cf. Act 7,59b
	Joh 19,30	(εἶπεν), Τετέλεσται
8. Unartikulierter Kreuzesschrei	Mk 15,37	(ἀφεὶς φωνὴν μεγάλην ἐξέπνευσεν)
	Mt 27,50	(πάλιν κράξας φωνῇ μεγάλῃ ἀφῆκεν τὸ πνεῦμα)

Dazu: J. *Jeremias*, Das Gebetsleben Jesu, ZNW 25, 1926, 123–140; Das tägliche Gebet im Leben Jesu und in der ältesten Kirche, in: Ders., Abba (s. o. Anm. 318) 67–80; E. *v. Severus*, Art. Gebet I, RAC 8, 1972, 1134–1258.

[501] Während die ersten beiden Evangelisten vom Gebet Jesu nur spärlich berichten (Mk 1,35; Mk 6,46//14,23), gehört zum lukanischen Sondergut eine breite Thematisierung des Gebets Jesu (Lk 3,21; 5,16; 6,12; 9,18.28f; 22,44; als Selbstaussage: Lk 22,32). Zum lukanischen Sondergut: W. *Ott*, Gebet und Heil. Die Bedeutung der Gebetsparänese in der lukanischen Theologie, StANT 12, 1965.

[502] Gebetsdidache: Mt 6,5–15; 7,7–11; Lk 11,1–13; cf. Mk 9,29; Mk 11,23f//Mt 21,21f.

wenngleich er für den römischen Hauptmann als kraftvoller Siegesschrei klang. Aber Lukas hat die mit Ps 22,2 zu Worte kommende Verzweiflung samt der Unartikuliertheit des Todesschreis vollends getilgt. Stattdessen fällt durch Vergebungsbitte am Kreuz und letztes Wort – nun tatsächlich Wort als letztes – der Glanz des Martyriums auf die Szene. Erst bei Lukas endet der Gekreuzigte sein Leben mit einem Wort, das die Aushauchung des Geistes nicht nur geschehen läßt, sondern aktiv und artikuliert vollzieht. Also bestünde erst seit der lukanischen Schicht Anlaß, Jesu Tod als Gebet zu bezeichnen: Ps 31,6 als „Wort eines freiwilligen Opfers"[503], unausgesetzt wirksam bis zum Ende. Was schließlich Johannes anlangt, so setzt er die sieghafte Durchartikulierung des Todes fort: an die Stelle des Schreis, der selbst bei Lukas noch das Unmaß des Leidens anzeigte, tritt die solenne Konstatierung des Vollbrachtseins, des Vollbrachthabens also. Auch hier Aktivität und Freiwilligkeit des Leidens, die sich als Sprachaktivität artikuliert bis in den articulus mortis hinein[504]. Aber das letzte Wort Jesu nach Johannes ist nicht nur nicht Schrei, nicht nur nicht Schrei artikuliert zu einem Gebet, sondern ist nicht einmal Gebet, vielmehr feierliche Aussage, jenseits allen Gebets. Dieser Eigentümlichkeit wegen kann auch das letzte Wort nach Johannes unter die Gebetsworte Jesu gezählt werden, die in seinem Evangelium durchweg nicht eigentlich Gebete sind, sondern Proklamationen des Offenbarers, herausgesprochen aus der Einheit mit dem Vater[505]. Erst hier, nämlich im hohepriesterlichen Gebet, das davon seinen Namen trägt, findet sich diejenige Wendung, die am zuverlässigsten das Opfer als Wortopfer ausspricht und damit den Ansatz zur Symbolik B am präzisesten lieferte: die Dedikationsformel ὑπὲρ αὐτῶν ἐγὼ ἁγιάζω ἐμαυτόν (17,19). Sodaß sich als Resultat nahelegte: Nicht nur können Gebetsworte Jesu nicht als authentisch im strengen Sinn betrachtet werden, sondern zu einem Tod als Wortopfer und Gebet wird Jesu Tod zuverlässig erst bei zunehmendem Abstand vom Ort seines Todes. Dies wäre ein katastrophaler, da doketischer Schluß.

Wenn wir nicht so weit gehen wollen, die Einführung von Sprache und Gebet an den Ort des Opfers an sich bereits als doketisch zu verdächtigen – was ja immer darauf hinauslaufen müßte, Heil überhaupt nur doketisch fassen zu können –, was kann es dann sinnvollerweise bedeuten, daß Jesu Gebet das Opfer durchdringt? Ohne Behauptbarkeit dieses Satzes müßten wir uns von der soteriologischen Einzigartigkeit des Todes Jesu immer mehr entfernen. Aber selbst

---

[503] X. *Tilliette,* Der Kreuzesschrei, EvTh 43, 1983, 3–15, S. 3.

[504] W. *Bauer,* Das Johannesevangelium, HNT 6, 1925, verfolgt das Motiv der Freiwilligkeit in Joh 10,18; 17,19; 19,30 (jeweils z. St.): „Der Gesichtspunkt der Freiwilligkeit wird bis zuletzt festgehalten" (218).

[505] W. *Bauer,* aaO., stellt zu Joh 11,41 fest, daß „der johanneische Christus überhaupt nicht wirklich beten kann"; ebenso zu 12,37; 17,26 Exk. So auch E. *Käsemann,* Jesu letzter Wille nach Johannes 17, 1966, 15 ff.

bei Wirksamkeit des Gebets erfahren Verlauf der Passion, Herannahen und Eintreten des Todes keinen Verzug, sondern alles geschieht, wie es muß, und das heißt: das Gebet stirbt samt dem Betenden. Insoweit ist es auch ganz unerheblich, ob der Gekreuzigte mit Schrei oder mattem Röcheln stirbt, denn selbst diese Differenz des Szenario geht alsbald im schwarzen Einerlei des Todes unter. Das Gebet, soweit es außerordentliche physische und psychische Kraft ist, vergeht samt dem Betenden. Ein heilssüchtiges Schielen auf außergewöhnliche Kraft des Sterbenden in Atem und Artikulation blickt somit auch nur auf Sterbendes und zugrundegehende Heilsvermutung. Dies gehört in die Rubrik der enttäuschten Magie. Insbesondere der begreifliche Anstoß, ob die Gebete des Gekreuzigten eigene oder zitierte Worte sind, authentische oder von fremder Hand implantierte, relativiert sich vollständig angesichts der Tatsache, daß dieser wie auch immer redende Mund sich verschließt und nicht mehr öffnet. Daher: Daß das Gebet Jesu das Opfer an seinem eigenen Ort durchdringe, wie es allerdings zu fordern ist, kann in keiner Weise mit der besonderen Kraft des betend sterbenden Jesus begründet werden, und sei sie noch so außerordentlich gewesen. Dieses Gebet vergeht ohne jeden Zweifel.

Der Weg Jesu ans Kreuz und in den Tod ist ein Weg von Sprache zu Ding ohne jeden Vor- und Nachbehalt, zu Ende gebracht in dem Moment, da dieser verzweifelte oder noch so geistesgegenwärtige Mund verstummt. Aber indem Jesu Mund verstummt, beginnt er als dieser verstummte zu reden. Und dies Entstehen einer zweiten Sprache nach Untergang der ersten, oder: dieser Aufgang neuer Sprache, aber Aufgang nur aus dem Verstummen der alten – dies ist die soteriologische Wende in Jesu Kreuz. Dies stumme Ding, das Leben in sich enthält, jetzt aber mortifiziert, Wort in sich ballt, jetzt aber verstummt, beginnt alsbald seine eigene Sprache zu sprechen. Es spricht von sich selbst her und bedarf zu solchem Sprechen eines Mundes nur noch als eines verstummten. In Jesu Kreuz stirbt die Sprache als Sprachsprache, um fernerhin als Dingsprache stumm und kräftig zu sprechen. Es ist dieser Untergang der Sprache und dieser Aufgang, der im Tod Jesu als Opfer und Gebet in den zwei Teilen der Symbolik zu bedenken ist. Die Sprache selbst muß neu werden, und die noch so prolongierte Anwesenheit von Sprache im Opfer ist für sich allein noch kein heilvolles Zeichen[506]. Neue Sprache kann sich nicht einstellen außer auf dem Weg von der

---

[506] Ein paralleles Problem entsteht bei Kategorien wie Aktivität und Freiwilligkeit, sobald sie als solche bereits dazu dienen müssen, die soteriologische Einzigartigkeit des Todes Jesu zu bezeichnen. Auch die größte Freiwilligkeit stirbt, und dies ist an sich ein Spott der Freiwilligkeit, die sich als solche durchaus nicht erhalten kann. Es müssen daher Freiwilligkeit und Aktivität etwas enthalten, was sie untergehen lassen kann: aber dies ist offenbar von anderer Art als Freiwilligkeit und Aktivität. Folglich muß sich der Sinn dieser Begriffe ändern, ebenso wie das Gebet sich durch sein inneres Ende fortbilden muß, wenn etwas Heilsames dabei entstehen soll. Zum Selbstopfer Jesu s. u. Anm. 550.

alten Sprache zum Ding, und vom Ding zur Sprache. Daraus folgt: Diese ganze
Bewegung samt ihren beiden Teilen gehört zum Gebet. Gerade das geschilderte
Vergehen des noch so gewaltigen Gebets ist nämlich Epoche und Ereignis des
Gebetes selbst. Dieses Ende widerfährt dem Gebet nicht von außen oder als
Schicksal, sondern es ist ein inneres Ende: Ende der Sprachsprache und Ur-
sprung der Dingsprache. Ohne solches inneres Ende des Gebets kein Gebet. Erst
in diesem Sinn wird der Tod Jesu zu einem Ereignis nicht nur des Opfers,
sondern des Gebets.

Dem unerlösten Schielen auf wunderbar kräftige Artikuliertheit des Gebets
dieses alsbald Verendenden muß der Sinn von Jesu Gebet verborgen bleiben, so
laut dies auch wird. Daß die Überlieferung von Gebetsworten Jesu ihren eindeu-
tigen Schwerpunkt in seinem Leiden und Sterben hat, verdankt sich dem besonderen Umstand, daß dieser Tod immer schon inneres Ereignis von Jesu Gebet
war. Ja, nicht nur in seinem Gebet, sondern in seinem Wort überhaupt, weshalb
das Gebet des Leidenden und Sterbenden nicht isoliert werden darf von anderen
Sprachgattungen Jesu[507]. Untergang von Sprachsprache ist Kennzeichen von
Jesu Verkündigung insgesamt. Erst die Einsicht darein, daß der Tod von Sprachsprache, d. h. Jesu Wort und Gebet als Tod, Ereignis dieses Wortes und Gebets
selbst ist, öffnet den Blick auf Jesu Tod als Gebet und also auf das Kreuz als
Heilsereignis. Und zwar als Vernehmen der im Untergang der Sprachsprache
aufgehenden Dingsprache: das schon immer gesuchte Wort vom Kreuz.

2. *Das Opfer als Gebet*

Das facettenreiche In- und Gegeneinander von Opfer und Gebet ist der Stoff,
in dem sich der Heilserwerb von Jesu Kreuz vollzieht. Allerdings ist dies kein
Thema, das sich erstmals mit Jesu Kreuz gestellt hätte, sodaß allein schon die
Ausrufung von Gebet neben dem Opfer und gegen es hinreichendes Signal von
Heil wäre. Vielmehr ist das Thema Opfer und Gebet bereits in langer Tradition
vor und außerhalb von Jesu Tod im Schwange. Dies so sehr, daß die Einsicht
droht: In diesem Feld gibt es wohl kaum einen Pfad, der nicht schon längst
begangen, wenn nicht ausgetreten wäre, sodaß es der Symbolik des Todes Jesu
schwer fallen muß, sich selbständig zu behaupten. Ist es ihre These, in Jesu
Kreuzestod habe sich das stumme Opfer zum Wortopfer gewandt, so entsteht
aus der Tradition dieses Themas der Einwand: Dies ist an sich bereits geschehen,
vor und außerhalb jeglicher Christologie. Dieser Einwand erscheint in zwei
entgegengesetzten, aber auf dasselbe hinauslaufenden Argumentationen, gegen
die sich die Symbolik mit einer dritten durchzusetzen sucht.

---

[507] S. u. Anm. 556.

a) Gebet und Opfer

Das erste Argument gegen die Behauptung der Symbolik gewinnt Schwung dadurch, daß es dem Opfer immer schon etwas Früheres und Wortartiges vorausgehen läßt, zu dem dieses das Spätere und womöglich Pervertierte ist. Dann ist das Opfer spirituell, weil es immer schon spirituell war.

Diese Auffassung entfaltet gründlich Theophrast, indem er hinter dem jetzigen depravierten und blutigen Opferbrauch ein ursprüngliches, vernünftiges Opfern freilegt. So geht der Weg vom Blut zurück zu Honig und Wein, Blumen und Feldfrüchten und schließlich zu wohlduftenden Kräutern: hinter der jetzigen ϑυσία, wie bereits die Etymologie zeigt, stecke ϑυμίασις, duftendes Räucheropfer, den Göttern dargebracht, gewiß nicht in der irrigen Meinung, sie damit zu speisen, sondern rein zur vernünftigen Verehrung[508]. Solches Verschwinden massiver Aufdringlichkeit öffnet beim ursprünglichen Opfer desto mehr den Blick für die menschliche Opferintention als vernünftige Innenseite dessen, was im Opfer zum Ausdruck kommt. So steigert sich das Opfer von der materiellen Gabe zur Affektlosigkeit der Seele, ja bis zur Reinheit des Geistes, je mehr das Innere des Opfers das Äußere bestimmt[509]. Indem somit das Opfer mit seiner höchsten Gabe, dem νοῦς καϑαρός, bis ins sublimste Zentrum der Gottesverehrung reicht, kann von ihm als einer grundfrommen Handlung gesprochen werden[510]. Eine spezielle Reflexion auf Sprache als Mittel dieses sublimen Opfers findet sich bei Theophrast nicht, ebensowenig ein Hinweis auf das Gebet als

---

[508] Theophrast, Peri eusebeias; Fragmente dieses Werks wurden erstmals ediert von J. *Bernays,* Theophrastos' Schrift über Frömmigkeit, 1866; dann in veränderter Form von W. *Pötscher,* Theophrastos περὶ εὐσεβείας, PhAnt 11, Leiden 1964. Einen Überblick über die Opferlehre des Theophrast gibt W. *Pötscher,* Strukturprobleme der aristotelischen und theophrastischen Gottesvorstellung, PhAnt 19, Leiden 1970, 83 ff.; 112 ff. – Die Verfallsgeschichte vom ursprünglichen aromatischen Kräuteropfer zum blutigen: fr. 2 und 13 *(Pötscher).* Zur (falschen) Etymologie ϑύειν → ϑυμιᾶν fr. 2,14 ff; 8,1 ff. Das ursprüngliche Opfer war nicht Götterspeise (fr. 8,17; 7,47 ff), sondern Verehrung (fr. 12,45 ff).

[509] Theophrast, Peri eus. fr. 8,17 ff *(Pötscher):* ϑεοὶ ... μεγίστην ϑυσίαν λαμβάνοντες τὴν ὀρϑὴν περὶ αὐτῶν τε καὶ τῶν πραγμάτων διάληψιν – „indem sie [die Götter] als größtes Opfer die rechte Auffassung über sich (= Götter) und über die Wirklichkeit annehmen." fr. 8,20 ff: ϑεοῖς δὲ ἀρίστη μὲν ἀπαρχὴ νοῦς καϑαρὸς καὶ ψυχὴ ἀπαϑής, οἰκεῖον δὲ καὶ τὸ μετρίων μὲν ἀπάρχεσϑαι τῶν ἄλλων, μὴ παρέργως δέ, ἀλλὰ σὺν πάσῃ προϑυμίᾳ – „In den Augen der Götter ist das beste Opfer der reine Sinn (...) und eine pathos-lose Seele, entsprechend aber auch, von den anderen Gaben, (sofern sie) maßvoll (sind), zu opfern, nicht unachtsam, sondern mit ganzem Herzen." Dazu W. *Pötscher,* Strukturprobleme 120: „Der νοῦς καϑαρός..., der als Zielgestalt in den beiden anderen Opferarten präsent ist, bleibt höchste Form der Gottesverehrung und wird als ϑυσία, welche eben wesentlich als ὁσία verstanden werden will, angesehen. Erkenntnis, Anbetung und Opfer sind in dieser höchsten Gestalt des Opfers in eins gesetzt..." Von „Anbetung" ist aber nicht explizit die Rede.

[510] Theophrast, Peri eus. fr. 7,14 f *(Pötscher):* ἡ γὰρ ϑυσία ὁσία τίς ἐστι κατὰ τοὔνομα – „Das Opfer ist nämlich gemäß seiner Bezeichnung eine fromme Handlung." Dazu W. *Pötscher,* Strukturprobleme 114; 118.

seine mögliche Gestalt. Aber auf dem Hintergrund dieser nach rückwärts projizierten Sublimationsgeschichte wird der Begriff der λογικὴ θυσία zugänglich, der dem Eingang der Symbolik B das Stichwort lieferte und dennoch in überliefertem Sinn zu ihrer Durchführung untauglich ist. Die λογικὴ θυσία findet sich im Corpus Hermeticum: Wortopfer, vor allem geschehend im Hymnus, aber mit fließender Grenze zur schweigenden Gottesverehrung, die dann nicht einmal mehr Wortopfer ist[511]. Diese nachgebliebene Ambivalenz löst vollends Apollonius von Tyana auf, der selbst das Wort als Opfermaterie verschmäht, da es, wie alle materielle Gabe, nie ohne Befleckung dargebracht wird. Gottesverehrung geschieht allein im Geist, der des Werkzeugs nicht bedarf. Sicher hindert nichts, den Begriff der λογικὴ θυσία bis hierher zuzuspitzen; aber auf dieser Spitze angelangt wird deutlich, daß eine so weit betriebene Entinstrumentalisierung zugleich mit dem Wort auch das Phänomen des Opfers hinwegfegt[512]. Schließlich beendet Porphyrius die Reihe, indem er zwar Apollonius direkt aufnimmt, aber dennoch die Rede vom Opfer fortsetzt: Nicht nur ist dem höchsten Gott nicht zu räuchern, sondern er ist nicht einmal zu nennen; weder ist ihm die äußere Stimme angemessen, noch die innere, sofern sie von Affekten getrübt ist. Wortopfer, als Hymnengesang, kann allenfalls Göttern dienen, den Abkömmlingen jenes höchsten Einen. Diesem aber gebührt Selbstdarbringung und Immer-ähnlicher-Werden als Opfer und Hymnus: in der schweigenden θεοῦ θεωρία wird das Opfer vollendet[513].

---

[511] Corpus Hermeticum (éd. A. D. *Nock*/A.-J. *Festugière,* Paris 1945) I, 31: δέξαι λογικὰς θυσίας ἁγνὰς ἀπὸ ψυχῆς καὶ καρδίας πρὸς δὲ ἀνατεταμένης, ἀνεκλάλητε, ἄρρητε, σιωπῇ φωνούμενε. *Festugière* übersetzt, trotz der Hinweise auf das Schweigen: „sacrifices en paroles". XIII, 18: εὐχαριστῶ σοι, θεέ, δύναμις τῶν ἐνεργειῶν μου · ὁ σὸς Λόγος δι' ἐμοῦ ὑμνεῖ σέ · δι' ἐμοῦ δέξαι τὸ πᾶν λόγῳ, λογικὴν θυσίαν. Ähnlich XIII, 19.21. *Festugière* übersetzt an allen diesen Stellen: „sacrifice spirituel". Die λογικὴ θυσία verträgt jetzt, anders als bei Theophrast, keinerlei äußeren Opfer mehr, und seien sie noch so harmlos: gratiarum actio hat zu geschehen ohne incensio (Asclep. 41). R. *Reitzenstein,* Die hellenistischen Mysterienreligionen nach ihren Grundgedanken und Wirkungen, 1956[4], rückt S. 38. 50. 328f die λογικὴ θυσία in Parallelität zur πνευματικὴ θυσία. Außerdem: C. H. *Dodd,* The Bible and the Greeks, London 1954[2], 196–198.

[512] Apollonius von Tyana, Fragment περὶ θυσιῶν (überliefert bei Euseb, Praep. Ev. IV, 13; erwähnt bei Porphyrius, De abst. II, 34,2; abgedruckt bei E. *Norden,* Agnostos Theos. Untersuchungen zur Formengeschichte religiöser Rede, 1956[4], 343; übersetzt aaO. 39f): Wahrer Gottesdienst geschieht nur, wenn einer überhaupt nicht opfert (μὴ θύοι τι τὴν ἀρχήν), „wenn er sich vielmehr immerdar zu ihm einzig und allein des edleren Logos, nämlich dessen, der nicht erst durch den Mund geht, bedienen und von dem Herrlichsten, was da ist, durch das Herrlichste, was in uns lebt, das Gute erbitten wird: das aber ist der Geist, der eines Werkzeugs nicht bedarf" (μόνῳ δὲ χρῷτο πρὸς αὐτὸν ἀεὶ τῷ κρείττονι λόγῳ, λέγω δὲ τῷ μὴ διὰ στόματος ἰόντι, καὶ παρὰ τοῦ καλλίστου τῶν ὄντων διὰ τοῦ καλλίστου τῶν ἐν ἡμῖν αἰτοίη τἀγαθά · νοῦς δέ ἐστιν οὗτος, ὀργάνου μὴ δεόμενος).

[513] Porphyrius, De abstinentia (Περὶ ἀποχῆς ἐμψύχων, éd. J. *Bouffartigue*/M. *Patillon,* Paris 1979), II, 34,2f: Θεῷ μὲν τῷ ἐπὶ πᾶσι, ὥς τις ἀνὴρ σοφός, [sc. Apollonius v. T., s. o. Anm. 512] ἔφη, μηδὲν τῶν αἰσθητῶν μήτε θυμιῶντες μήτε ἐπονομάζοντες · οὐδὲν γὰρ

Dieser Überblick zeigt die λογικὴ θυσία, Vernunft, die sich im Opfer äußert, in ständigem Rückzug auf sich selbst, bis dahin, wo sie auch die geringste Spur von Äußerung von sich abstößt und also in einer Art Apoplex in sich zusammenfällt. Zunächst nur anderes Wort für unblutiges Opfer[514], durchläuft die λογικὴ θυσία die ganze Reihe möglicher Sublimierungen nicht nur bis zum sprachlichen, sondern sogar – unmündlich, unhymnisch soll es sein! – zum schweigenden Opfer, sodaß sich das Worthafte an ihr im Verfolg ihrer eigenen Teleologie zum Unwörtlichen verkehrt. Daher darf man wohl sagen, daß die λογικὴ θυσία wie ein Peregrinus Proteus durch die Opfertheorien vagiert, das Opfer teils diesseits, teils jenseits des Wortes rechtfertigt und sich jedenfalls nicht, wie zur Symbolik B erfordert, als Wortopfer stabilisiert. Sondern ihre Energie rast bis zum Gebet und darüber hinaus, und – gemäß ihrer proteischen Unart – rast sie auch wieder zurück. Nicht nur der heidnische[515], sondern auch der christliche Gottesdienst wird auf dem Fundament der λογικὴ θυσία erbaut, die sich, ihre innere Vernünftigkeit vorausgesetzt, in jetzt umgekehrter Bewegung zunehmend nach außen materialisiert. Sodaß, auf dem Hintergrund der λογικὴ λατρεία des Paulus[516], sich die λογικὴ θυσία in der Eucharistiefeier verwirklicht, Brot und Wein an sich zieht, nachdem sie in ihrer Peripetie sogar das bloße Wort

---

ἐστιν ἔνυλον ὃ μὴ τῷ ἀΰλῳ εὐθύς ἐστιν ἀκάθαρτον. Διὸ οὐδὲ λόγος τούτῳ ὁ κατὰ φωνὴν οἰκεῖος, οὐδ' ὁ ἔνδον, ὅταν πάθει ψυχῆς ᾖ μεμολυσμένος · διὰ δὲ σιγῆς καθαρᾶς καὶ τῶν περὶ αὐτοῦ καθαρῶν ἐννοιῶν θρησκεύομεν αὐτόν. Δεῖ ἄρα συναφθέντας καὶ ὁμοιωθέντας αὐτῷ τὴν ἑαυτῶν ἀναγωγὴν θυσίαν ἱερὰν προσάγειν τῷ θεῷ, τὴν αὐτὴν δὲ καὶ ὕμνον οὖσαν καὶ ἡμῶν σωτηρίαν. Ἐν ἀπαθείᾳ ἄρα τῆς ψυχῆς, τοῦ δὲ θεοῦ θεωρίᾳ ἡ θυσία αὕτη τελεῖται. Der Terminus λογικὴ θυσία findet sich bei Porphyrius nicht; stattdessen ἱερά (s. o.) und νοερὰ θυσία (II, 45,4). Dazu: F. M. *Young,* The Idea of Sacrifice in the Neoplatonic and Patristic Texts, TU 108 (= StPatr XI), 1972, 278–281; E. *Ferguson,* Spiritual Sacrifice in Early Christianity and its Environment, ANRW II, 23.2, 1980, 1151–1189, S. 1155f.

[514] Der Ausdruck λογικὴ καὶ ἀναίμακτος θυσία (im Test. Levi III, 6 von Engeln dargebracht) ist geradezu ein Hendiadyoin.

[515] Sallust, De diis et mundo 16: αἱ μὲν χωρὶς θυσιῶν εὐχαὶ λόγοι μόνον εἰσίν, αἱ δὲ μετὰ θυσιῶν ἔμψυχοι λόγοι, τοῦ μὲν λόγου τὴν ζωὴν δυναμοῦντος, τῆς δὲ ζωῆς τὸν λόγον ψυχούσης. Sallust schließt somit in restaurativer Tendenz auch blutige Opfer nicht mehr aus der λογικὴ θυσία aus.

[516] K. *Weiß,* Paulus – Priester der christlichen Kultgemeinde, ThLZ 79, 1954, 355–364, Sp. 358 zu Röm 12,1: „Der Unterschied bzw. die Überlegenheit gegenüber den Opfern der alten Kultgemeinde wird durch die Prädikate ζῶσα für das Opfer und λογική für den Kultdienst, wodurch zwei Oxymora entstehen, festgestellt." Das erste Oxymoron materialisiert, das zweite spiritualisiert: diese Gegenstrebigkeit der Oxymora ist zu beachten.

abgestoßen hatte[517]. Daher wird sie von der griechischen Liturgie[518] ebenso wie vom römischen Meßkanon[519] in Anspruch genommen, wobei sie sich wieder bis zu der rudimentären Bedeutung zurückentwickelt, die sie in ihrer höchsten Sublimation weit hinter sich gelassen hatte: λογικὴ θυσία als unblutiges Opfer[520], jedoch mit Gesang, Gebet und Gaben.

Dieses Auf und Ab der λογικὴ θυσία in haltloser Beliebigkeit hat aber zum Fixpunkt, daß das Logosartige am Opfer sachlich oder zeitlich dem, was ihm widerstrebt, immer schon vorausgeht. Das Opfer ist logoshaft, weil es schon immer logoshaft war. Diese Grundfigur macht aus dem Opfer immer das zweite, aus dem Gebet als dem Logosartigen das erste. So ist die Formel „Gebet und Opfer" von der Tradition der λογικὴ θυσία bestimmt. Beim Gebet handelt es sich um ein vom Opfer unabhängiges, ursprünglich selbständiges Phänomen. Zwischen Gebet und Opfer herrscht dann unumkehrbare Asymmetrie. Zwar ist

---

[517] Die Antworten auf solche Fragen wie: Seit wann wurden im christlichen Gottesdienst nicht nur Gebete, sondern auch die Elemente als Opfer aufgefaßt? Seit wann war εὐχαριστία nicht nur Dankgebet, sondern ganze Handlung einschließlich des Brotbrechens? Seit wann dringt der Opfercharaker wieder ins sublime Opfer ein?, spiegeln im Grund nur die verwirrende Haltlosigkeit der λογικὴ θυσία wieder: Seit Didache 9,1–5; 14,1 und selbstverständlich dann auch im 1. Clemensbrief und in den Ignatianen (G. *Theißen*, Untersuchungen zum Hebräerbrief, 1969, 81–83) oder seit Justin Mart., Dial. 117,2 (O. *Casel*, aaO. [s. u. Anm. 518] 41: „Die erste klare, positive Antwort") oder erst bei Irenäus (J. *Behm*, Art. θύω, κτλ., ThWNT 3, 1938, 180–190, S. 190)?

[518] O. *Casel*, Die Λογικὴ θυσία der antiken Mystik in christlich-liturgischer Umdeutung, JLW 4, 1924, 37–47. These S. 44: „Die Deutung der λογικὴ θυσία auf die Eucharistiefeier war ein sehr glücklicher Gedanke der Apologeten. Sie sicherten damit zu ihrem Teil den Ertrag der griechischen Philosophie für das Christentum und hoben zugleich das Neue und Einzigartige des christlichen Kultes hervor. Sie hielten fest an einer objektiven, äußern Opferfeier und betonten doch deren alle heidnischen und jüdischen Opfer überragende Würde und Geistigkeit." Wie die λογικὴ θυσία in proteushafter Weise Anlaß sowohl zu Ablehnung wie Legitimierung von gottesdienstlicher Musik werden kann, zeigt J. *Quasten*, Musik und Gesang in den Kulten der heidnischen Antike und christlichen Frühzeit, LQF 25, 1930, 69–80.

[519] O. *Casel*, Oblatio rationabilis, ThQ 99, 1917/18, 429–439, zur Herkunft der oblatio rationabilis in der Wandlungsbitte des Meßkanons: „Auch der römische Kanon bewahrt in seiner oblatio rationabilis das Denkmal der erhabenen Gedankenwelt, aus der der Ausdruck λογικὴ θυσία hervorgegangen war" (438). Zu λογικός → rationabilis: O. *Casel*, Ein orientalisches Kultwort in abendländischer Umschmelzung, JLW 11, 1931, 1–19; Ch. *Mohrmann*, Rationabilis – ΛΟΓΙΚΟΣ, Révue internationale des droits de l'antiquité 5, 1950, 225–234.

[520] λογικὴ καὶ ἀναίμακτος θυσία (bzw. λατρεία): A. *Baumstark* (Hg.), Die konstantinopolitanische Meßliturgie vor dem IX Jahrhundert, KlT 35, 1909, Nr. 25 f: Eucharistiegebet; F. *v. Lilienfeld* (Hg.), Die göttliche Liturgie des hl. Joh. Chrysostomus, 1979. Chrysostomus-Liturgie, Anaphora/Epiklese (65G); Basilius-Liturgie, Proskomidiegebet (99G), Anaphora/Präfation (100G), Gebet hinter dem Ambon (112G). Zu den ersten beiden Stellen aus der Basilius-Liturgie findet sich das kirchenslavische Äquivalent словесная и безкровная жертва (99 fR). Lateinische Formel: rationalis hostia, incruenta hostia (Germanus Paris., De lit. gall. III, 79; MPL 72, 315D).

jederzeit das Opfer, sofern vernünftig, aus dem Gebet zu erklären, nie aber umgekehrt das Gebet aus dem Opfer. Diese Asymmetrie ist aus dem Eingang der Symbolik A wohlbekannt; dort erschien sie in der Gestalt: Zwar ist jedes Wort auch Ding, aber nicht jedes Ding ist daher schon Wort. Die Formel „Gebet und Opfer" geht aus von einem ursprünglichen Sein in der Sprache: Gebet ist älter als Opfer, hängt mit diesem zusammen wie Primäres mit einem Sekundären. F. Heiler, der dieses Argument vorträgt[521], erblickt im Opfer ein Instrument des Gebets zum Zweck seiner Versinnlichung und Verstärkung zu größerem Nachdruck und durchschlagender Kraft. Daß allerdings das Opfer auch aus solcher dienenden Unterordnung hervortreten kann und dominant wird, erklärt sich aus der unvermeidlichen Dialektik, die jedem Instrument und Mittel innewohnt, und geschieht nie ohne Senkung des religiösen Niveaus. Dieses Argument wirkt gegen die Behauptung der Symbolik darauf hin: Ist Gebet vor jedem Opfer immer schon da, dann muß es auch nicht gegen das Opfer allererst erworben werden; und wird es faktisch erworben, so ist dieser Aufwand unnütz, denn daß Opfer sich zu Gebet wandelt, ist weniger Wandlung als Wiederherstellung früherer Kräfteverhältnisse im Verfolg der einfachen Maxime, den Dingen ihren natürlichen Lauf zu lassen. Ist dies so, dann ist die Anstrengung des Heilswerkes Christi überflüssig. So löst der zuerst bewillkommnete Begriff der λογικὴ θυσία in seinem bisherigen Gebrauch die Christologie auf, anstatt sie zu begründen.

Zur Kritik sind zwei gegenläufige und sich ergänzende Gesichtspunkte anzuführen. 1. Dasjenige Gebet, das – wie in Heilers Argument – durch Angliederung von Opfern seine Pression verstärkt, ist nicht erst jetzt in Gefahr, seinen ursprünglichen Sinn zu verlieren, sondern dieser muß schon vorher Pression gewesen sein, wenngleich noch schwache. Daß überhaupt das Opfer – als

---

[521] F. *Heiler,* Das Gebet. Eine religionsgeschichtliche und religionspsychologische Untersuchung, 1921[4], 71: „Das Gebet war ursprünglich eine selbständige, vom *Opfer* gänzlich unabhängige Größe und ist es noch immer... Wenn aber das Gefühl der Not ... weicht, dann stellt sich im Menschen der Gedanke ein, die übermenschliche Macht, die ja so menschlich denkt und fühlt wie er selbst, durch ein Geschenk zu gewinnen. ... So wächst aus dem Gebet das Opfer heraus, als ein Mittel, um ihm Nachdruck und durchschlagende Kraft zu verleihen." S. 72: „Das Gebet ist eine der Wurzeln des Opfers und es ist zweifellos älter als dieses letztere. ... Ursprünglich stand das Opfer ganz im Dienste des Gebets. ... Allmählich aber stieg es von der dienenden Stellung in die herrschende empor..." S. 566: „Es kann ... auf der primitiven Stufe der Religion weder von einer Priorität noch von einem Primat des Opfers gegenüber dem Gebet geredet werden. In gleicher Weise lehrt die Betrachtung der höchsten und sublimsten Formen der Religion, daß das Gebet ihre wesentliche Äußerung ist. Hier zeigt das Gebet stets die Tendenz, das Opfer zu verdrängen, zu überbieten oder, besser gesagt, zu absorbieren; das Gebet übernimmt selbst die Funktion des Opfers... Nur deshalb, weil das Gebet im Mittelpunkt des Frömmigkeitslebens steht, konnte von ihm das Opfer aufgenommen und umgewandelt werden, nicht umgekehrt das Gebet vom Opfer." Außerdem S. 222. 467f. – Die umgekehrte Argumentation bietet A. *Wendel,* Das Opfer in der altisraelitischen Religion, 1927, 2.

vernünftiges Opfer – zum verstärkenden Instrument des Gebets werden kann, hat zur Voraussetzung, daß das Gebet auch bereits ohne Opfer auf Instrumente bedacht war. Fehlten Opfer als Mittel, so mußte die Sprache das Werkzeug sein, unkräftige Vorform eines Kräftigeren. In dieser Schicht berühren sich Gebet und Opfer in der unterschiedlichen Intensität ihrer Dringlichkeit. Dringlich ist nicht nur das Opfer, sondern auch bereits das Gebet, etwa durch Inanspruchnahme von Raum, Zeit, durch Kraft und Stärke der Stimme, durch die Anzahl derer, die sich zu ihm vereinigen. Das Gebet enthält bereits eine nicht zu übersehende Pression, die durch Opfer vollends versinnlicht und massiert wird. Läuft somit dieses Gebet hinaus auf unmittelbare Aktion und Handlung, so ist es offenbar auch ohne Opfer schon Handlung gewesen, wenngleich schwächere. Aber ist nicht das Gebet in seinem Kern Sprache? Durchaus, aber Sprache bisher nur als Mittel und Instrument, noch im Sinn des Sprachhandelns befangen. Woraus folgt: Dasjenige Gebet, das sich das Opfer als Instrument angliedern kann, ist zwar Wortopfer (λογικὴ θυσία), aber lediglich in dem Sinn, daß als Opfermaterie das Wort eintritt, gewiß sublimste Materie, aber Materie immerhin, gewiß versteckteste Handlung, aber Handlung immerhin. Dies impliziert, daß der alte Opfersinn auch jetzt ungehindert in die Sprache hineinregiert, die, sofern instrumental und als Opfermaterie verstanden, zur bloßen Funktion alten Opferns wird. Ohne Zweifel kommen auf diese Weise Wortopfer und Gebet zustande, aber so, daß die eigentümliche Gegenkraft der Sprache gegen das Ding wirkungslos verpufft. Die Anrufung von Sprache gegen das Opfer muß so lange ohne Wirkung bleiben, als diese vom alten Opfersinn besetzt ist. Aber Beschränkung der Sprache auf Instrumentalität kann immer nur künstlich sein. Vielmehr trägt sie einen nicht-instrumentalen Überschuß in sich, der das Wortopfer zu einem bisher noch unausgeschöpften Sinn forttreibt. Erst dieser wird stark genug sein, das Opfer an seinem eigenen Ort zu bestreiten. 2. Es ist die Instrumentalität auch noch der Sprache, die zur Einsicht führt, inwiefern die Sprache gerade nicht das gesuchte Andere zum Opfer ist. Dies treibt die idealisierende Opfertheorie dazu, im Verfolg der λογικὴ θυσία das Wort aus dem Wortopfer zu tilgen und zur schweigenden Gottesverehrung weiterzugehen. Auch dieser Schritt, mit dem das Wortopfer sich selbst zerstört, erweist sich als bloße Konsequenz alten Opfersinns.

Ergibt sich also, daß das alte Opfer ungehindert auch in die Sprache hineinregiert, so verkehrt sich die Formel „Gebet und Opfer“ von selbst ins gerade Gegenteil, nämlich „Opfer und Gebet“. Nachdem die idealistische Opfertheorie auf ihrem Idealisierungsweg zur Erkenntnis gezwungen war, daß der alte, ungewandelte Opfersinn bis in die höchste Sublimation des Opfers als Wortopfer hineinreicht, mußte sie sich selbst noch vom Wort als bloßem Handlungsinstrument und Opfermittel trennen. Warum sie aber – wie bei Porphyrius – auf die Idee kommt, die sprachlos vernünftige Gottesverehrung Opfer zu nennen, das ist von innen heraus nicht mehr zu erklären. Wenn von innen nicht, dann von außen. So verrät die idealistische Opfertheorie, daß sie das Opfer als ungebrochene Wirklichkeit noch außer sich hat, die zu brechen offenbar bloß ihr Wunsch war.

b) Opfer und Gebet

Das zweite Argument gegen die Behauptung der Symbolik ist über die Niederlage des ersten nicht erstaunt. Um so mehr darf dem sublimen Opfer des Gebets das blutige Opfer ungebrochen vorausgehen, als dies zu einem unblutigen im Lauf der Zeit ganz von alleine wird. Weil das Opfer mit der Zeit immer spiritueller wird, muß es nicht schon immer spirituell gewesen sein.

Diese Auffassung bezieht ihre Evidenz aus einer beeindruckenden Epoche israelitischer Kultgeschichte: die Entwicklung des Dank- und Lobopfers zu einem ausschließlich sprachlichen Geschehen, verstanden als ein für Opferentwicklung überhaupt paradigmatischer Vorgang[522]. Jedoch ist zu bedenken, daß diese Epoche israelitischen Lobopfers[523] für generelle Thesen zur Entwicklung vom Opfer zum Gebet nur ein schmaler Sektor ist: weder handelt es sich dabei um Opfer überhaupt, noch um Gebet überhaupt. Ursprünglich war Lobopfer ein Schlacht- und Gemeinschaftsopfer mit vegetabilischen Beigaben, also durchaus materielles, eigentliches Opfer wie andere auch. Nur ist es kein Pflichtopfer, sondern freiwillige Leistung je nach Lage und Vermögen[524]. Es mag sein, daß dieser Freiwilligkeitscharakter in besonderer Weise das Lobopfer zu seiner Übertragungsgeschichte befähigt hat. Häufiger nämlich als von Lobopfer in eigentlichem Sinn spricht das Alte Testament vom Loblied als Lobopfer, mit Gebrauch desselben Wortes. Teils so, daß ein das Loblied unterstützendes Lob-

---

[522] H. *Graf Reventlow*, Gebet im Alten Testament, 1986, charakterisiert die allgemeine These kritisch so: „Eine einflußreiche These sprach von einer im Laufe der Entwicklung eingetretenen zunehmenden Spiritualisierung des Gebets. Hinter diesem Begriff verbirgt sich die Annahme, das ursprünglich im Kultus beheimatete Gebet habe sich zunehmend von diesem gelöst und sei mehr und mehr zu einer Privatsache zwischen dem Beter und seinem Gott geworden. Auch sei das Gebet, wie einige Psalmstellen ausdrücklich bestätigten, schließlich an die Stelle des Opfers getreten, habe dieses überflüssig gemacht. Hinter diesen Annahmen verbargen sich wieder bestimmte konzeptionelle Vorgaben, in diesem Falle deutlich vor dem Hintergrund einer kulturprotestantischen Weltanschauung..." (299).

[523] Zum *Dank/Lobopfer – Dank/Lobgebet*: G. *Bornkamm*, Lobpreis, Bekenntnis und Opfer. Eine alttestamentliche Studie (1964), in: Ders., Geschichte und Glaube I (= Ges. Aufs. III), 1968, 122–139; H.-J. *Hermisson*, Sprache und Ritus im altisraelitischen Kult. Zur ‚Spiritualisierung‘ der Kultbegriffe im Alten Testament, WMANT 19, 1965; C. *Westermann*, Art. *jdh* hi. preisen, THAT 1, 1978, 674–682, Sp. 679f. – Zum Zusammenhang von Opfer und Gebet beim *Bitt/Klageopfer – Bitt/Klagegebet*: E. S. *Gerstenberger*, Der bittende Mensch. Bittritual und Klagelied des Einzelnen im Alten Testament. WMANT 51, 1980, 149f: vorbereitendes Opfer bei der Bitte (Ps 5,4; 27,4); die Bitte begleitendes Opfer (Ps 4,6; 27,6; 40,7; 51,18; 141,2).

[524] Lobopfer in eigentlichem (materiellem) Sinn: Lev 7,12–15; 22,29 (P); Am 4,5; Jer 17,26; 2Chr 29,31; 33,16. Zum Freiwilligkeitscharakter G. *Bornkamm*, aaO. 128. 130.

opfer durchaus wahrscheinlich oder sogar explizit genannt ist[525]; teils so, daß ein den Lobgesang begleitendes Opfer überhaupt keine Erwähnung mehr findet[526]; teils aber so, daß dieses sogar eindeutig ausgeschlossen wird[527]. Allerdings sind die Dimensionen dieser sprachlichen Verschiebung im Auge zu behalten, um vorschneller Generalisierung zu wehren: Es handelt sich in jedem Fall um ein Geschehen im Kult, generelle Ablehnung des Kultes ist damit nicht verbunden. Der Ort der Spiritualisierung der Opferbegriffe ist der Kult[528]. Was um so weniger erstaunen kann, als der Kult an sich schon eine wenn auch noch so geringe Ablösung von einem ursprünglicheren Dringenden darstellte, sodaß die Verschiebung vom Lobopferding zum Lobopferwort nur eine bereits in Gang befindliche Bewegung fortsetzt. Diese führt – im Lauf der Zeit – von *tōdā* zur θυσία αἰνέσεως[529] und zum sacrificium laudis[530]: sondersprachliche, nur auf alttestamentlichem Hintergrund erklärbare Bildungen, die in beiden Sprachen einen bis dahin unerhörten Sublimitätsgewinn anzeigen. Spätestens mit Augustins Lobopfer der Confessiones wäre dann völlige Entkultisierung und Literarisierung erreicht[531].

---

[525] Lobopfer als Lied, womöglich zugleich auch als Handlung: Ps 95,2; 100,1.4; 107,22; 116,17f; Jon 2,10. Während hier der Terminus *tōdā* zwischen materiellem und verbalem Opfer hin- und hergeht, sind an folgenden Stellen (an denen allerdings der Terminus *tōdā* nicht explizit erscheint) Lobopfer und Loblied parallelisiert: Ps 22,26f; 27,6; 54,8; 66,13ff.16ff. – Zum allgemeinen Nebeneinander von Opfer und Opfergesang: Ri 16,23; Am 5,22f.

[526] Loblied, ohne Lobopfer: Ps 26,7; 42,5; 147,7; Jes 51,3; Jer 30,19; 33,11.

[527] Loblied in polemischer Entgegensetzung gegen das Lobopfer: Ps 50,14.23; 69,31f. Ebenso, ohne explizite *tōdā*: Ps 40,7f (cf. 71,16); 51,18ff.

[528] H.-J. *Hermisson,* aaO. (s. o. Anm. 523), 147ff.

[529] Hebr 13,15; cf. Lev 7,12; Ps 49,14.23; 106,22; 115,8 LXX; 2Chr 29,31. Das „Lobopfer" in Hebr 13,15 wird durch „Frucht der Lippen" (Hos 14,3 LXX: καρπὸς χειλέων) als reines Wortopfer qualifiziert. Den Hos 14,3 zugrundeliegenden MT hat J. *Bernays,* aaO. (s. o. Anm. 508) 130, noch in seiner ganzen Spannung gelesen: „„Wort zum Entgelt der Stieropfer' ... (Hosea 14,3; Hebräerbrief 13,15)". H. W. *Wolff* erklärt dagegen: „(„als Stiere') erweist der Sinnzusammenhang als Verlesung" (BK XIV/1, 1961, 301 z. St.). –
Die θυσία αἰνέσεως ist, anders als die λογικὴ θυσία, nicht ins Zentrum der Liturgie, zur Wandlung, vorgestoßen und unterliegt daher auch nicht derselben Rückmaterialisierung: A. *Baumstark* (Hg.), Die konstantinopolitanische Meßliturgie (s. o. Anm. 520), Nr. 16. 20: Beginn der Gläubigenliturgie; Chrysostomus-Liturgie: Proskomidiegebet (aaO. [s. o. Anm. 520] 59G): θυσία αἰνέσεως; kirchenslavisch: жертва хваления (59R); Basilius-Liturgie: Gebet hinter dem Ambon (112G).

[530] Sacrificium (Ps 49,14.23; 106,22 vg), bzw. hostia (Ps 115,17 vg; Hebr 13,15) laudis. – Im Canon Missae: Miss. Rom. (s. o. Anm. 247), 767.

[531] Augustin, Conf. IV, 1,1 (Ps 26,6 vg); V, 1,1 (cf. Ps 50,21 vg); VIII, 1,1 (Ps 115,17 vg); IX, 1,1 (Ps 115,17 vg); X, 34,53; XI, 2,3; XII, 24,33 (Ps 115,16f vg). Dazu: M. *Zepf,* Augustins Confessiones, 1926, 70: „die geläuterte antike Gottesauffassung verdrängte das Opfer immer mehr zugunsten des Gebets. Das Gebet wird selbst zum *Opfer.*" Außerdem S. 102–105: „Zur hymnologischen Topik: Hymnus = Opfer" (dazu auch: P. *Klopsch,* Einführung in die Dichtungslehren des lateinischen Mittelalters, 1980, 8f. 21). G. N.

Diese erfreuliche israelitische Sonderentwicklung vom Lobopfer zum Lobgesang hat J. Grimm zur These generalisiert: „Das gebet entsprang wesentlich aus dem opfer"[532]. Diese These kommt natürlich einer auf den Gang von Sprache zum Ding antwortenden Symbolik B spürbar entgegen, indem sie dem Gebanntsein ins Ding den Ausweg zur Sprache eröffnet. In drei Epochen prozediert – nach Grimms raschem Zuschnitt – die Religionsgeschichte. Während für den Anfang ein Zustand wenigstens erschlossen werden kann, in dem nur geopfert wurde, stumme Handlungen, von keinem Gebet begleitet, findet sich an eine zweite Epoche der Religionsentwicklung direkte Erinnerung. Diese ist nicht dumpf wie die erste, sondern bloß voraufgeklärt. Ihr sind Opfer und Gebet zueigen, und zwar so, daß das Gebet immer gerade dabei ist, das Opfer als bloßen Rest vollends abzustoßen und sich allein zu pflegen. Wenn dies gelingt, dann ist allenthalben die letzte Epoche von Religionsentwicklung verwirklicht. Es fällt auf, daß entgegen der anempfohlenen Geschichtsteleologie die mittlere Epoche das größte Interesse auf sich zieht. Hier findet sich, im Unterschied zu den Randepochen, Lebendigkeit. Nicht nur die Termini der Gebetssprache, sondern bereits der Ausdruck für „beten" ist in vielen Sprachen direkt dem Opfern entnommen. Auch die zum Gebet gehörigen Gebärden, vorsprachliche, die Sprache unterstützende Handlungen, sind durchaus nicht sekundäre Verleiblichungen des Wortes, sondern Überbleibsel des zugrundeliegenden Kultus, der früheren Opferdarbringung, die jetzt gerade immer mehr ins Gebet überführt wird[533]. So entstünde zwischen Ding und Sprache ein schönes, als Entdinglichung und Entsubstantialisierung voranschreitendes Kontinuum. Bis in der dritten Epoche sich „allmälich" die Erkenntnis festigt, daß es überhaupt keiner blutigen Opfer bedarf: „gesang und gebet traten völlig an die stelle des opfer." Aber dieses Resultats der nun ans Ziel gelangten Sublimationsgeschichte scheint Grimm nicht froh zu werden. Kaum am Ziel, stellen sich alsbald „nachtheil" und „miszbrauch" ein. Nachteil, weil das vollendete Aufhören sinnlicher Opfer das Gebet selbst zu entnerven droht. Denn an die Stelle des zur Darbringung von Dingopfern erforderlichen Aufwands tritt jetzt Aufwandslosigkeit: Wortopfer, geistiges Opfer, Gebet. So verfinstert sich das Licht des Zieles wieder, Erinnerung an abgelebte Zeiten des Opferns hellt auf: Ärmlich darniederliegendes Gebet, für das Flamme, Weihrauch und Blumenduft mit ihrer emporsteigenden Kraft in jeder Hinsicht Vergangenheit sein müssen! Und Mißbrauch, weil die

---

Knauer, Psalmzitate in Augustins Konfessionen, 1955, 150–153.
Hieronymus hat In Is. I, 1 (MPL 24, 37C) die Einrichtung von Tempelsängern 1Chr 25 mit dem Zweck beschrieben, ut paulatim a sacrificiis victimarum ad laudes Domini transiret religio.
[532] J. *Grimm,* Über das Gebet (1857), in: Ders., Kleinere Schriften II, 1865, 439–462, S. 460. Zum folgenden 460ff.
[533] J. *Grimm,* aaO. 461: „Beten heiszt niederfallen und die hände erheben. ... die meisten [gebärden] lassen sich aus dem darbringen des opfers, eine krümmung der hohlen hände aus dem schöpfen des weihwassers erklären."

entnervte Widerstandslosigkeit des Gebets zu wahrer Inflation der Worte führt, wie sie sich in Gewöhnung, Häufung, Wiederholung des Gebets bei vielen Religionen niederschlägt[534]. So eliziert die bei Grimm geradezu rasante Entwicklung des Opfers zum Gebet ihre genauso rasante Gegenkraft. Die Frage entsteht: Muß jetzt die Religionsentwicklung wieder von vorne beginnen?

Noch einfacher hat M. Mauss den Fortgang vom Opfer zum Gebet erklärt. Seine These: Zum Aufhören der Opfer bedarf es der aktiven Opposition des Gebetes nicht. Zwei religiöse Grundkräfte, Fasten und Opfer, ursprünglich mächtigste Erscheinungen von Religion, treten bis auf geringe Reste zurück und überleben nur in symbolischen Formen. Ganz anders das Gebet, die dritte religiöse Kraft: zunächst nur im Schatten von Opfer und Fasten ein rudimentäres, kaum nennenswertes Leben führend, hat es sich ununterbrochen fortentwickelt und ist jetzt einzige noch existierende religiöse Äußerung. Nur das Gebet erlaubt, die ganze Religionsgeschichte zu durchschreiten. Wo ist das Opfer geblieben? Es ist von alleine verschwunden[535]. Während das Opfer am dinglichen Aufwand erstickt, verdankt das Gebet die Überlebenskraft seiner sprachlichen Natur, die es bereits von Anfang an gegenüber Opfer und Fasten auszeichnete, und sich auf dem Weg zunehmender Individualisierung und Spiritualisierung vollendet[536]. Hieraus geht hervor: Das Gebet hat seine eigene Geschichte und bedarf dazu des Widerstands des Opfers nicht. Vielmehr ist es an sich bereits ein komplexes Phänomen von Innen und Außen, Sprachlichkeit und Dinglichkeit. Keinesfalls ist es das bloß Sublime zu einem dinglichen Opferritus, sondern es umfaßt in sich selbst die ganze Spannung zwischen Ding und Spra-

---

[534] J. *Grimm*, aaO. 462.

[535] M. *Mauss*, La prière (1909), in: Œuvres I (éd. V. *Karady*), Paris 1968, 357–477 (478–548), 360f: „Il y a des ordres de faits qui ont presque totalement disparu: tel le système des interdictions alimentaires. Très développé dans les religions élémentaires, il n'en reste plus guère dans certaines confessions protestantes qu'une mince survivance, de même le sacrifice qui, pourtant, est caractéristique de religions parvenues à un certain degré de développement, a fini par perdre toute vie vraiment rituelle. Le bouddhisme, le judaïsme, l'islam ne le conaissent plus, dans le christianisme il ne survit plus que sous forme mythique et symbolique. Tout au contraire la prière, dont il n'existe à l'origine que des rudiments indécis, formules brèves et éparses, chants magico-religieux dont on peut à peine dire qu'ils sont des prières, se développe ensuite, sans interruption, et finit par envahir tout le système des rites. Avec le protestantisme libéral elle est devenue presque tout de la vie religieuse. Elle a donc été la plante merveilleuse qui, après s'être développée à l'ombre des autres, a fini par les étouffer sous ses vastes rameaux. L'évolution de la prière est en partie l'évolution religieuse elle-même; les progrès de la prière sont en partie ceux de la religion."
Zur Herkunft der Dreiheit Fasten – Opfer – Gebet: Mt 6,2.5.16; Guntherus Cisterciensis, De oratione, ieiunio, et eleemosyna lb. XIII (MPL 212, 97–222).

[536] Die einzigartige, Opfer und Fasten übertreffende Geschichte des Gebets ist möglich „grâce à sa nature orale" (M. *Mauss*, aaO. 362). Zu Spiritualisierung und Individualisierung als den beiden Entwicklungslinien des Gebets aaO. 361f. 363f.

che. Mit einem Wort: Das Gebet ist oraler Ritus[537] – eine Formel, die Unverträgliches mischt, denn Sprache, ganz Ritus, ist nicht mehr Sprache, und Ritus, ganz Sprache, ist nicht mehr Ritus. Aus dieser Spannung erklärt sich, daß das Gebet nicht nur die Möglichkeit des Aufstiegs hat, via Spiritualisierung und Individualisierung, sondern auch Möglichkeit des Abstiegs, ja Abfalls, wie es dem Gebet auf seiner höchsten Stufe geschieht, wenn es zum Objekt bewußtlos-mechanischer Rezitation wird, oder gar einer Betreibung, die menschlicher Aktivität nicht mehr bedarf[538]. Hier zeigt sich, daß dasjenige Gebet, das nicht mehr als Aufstieg dem Abstieg des Opfers entgegengesetzt wird, weil dieses vergangen ist, selbst seinen Abstieg herbeiruft. Dabei entsteht eine Lehre vom Gebet, die der Geldstufe des Bewußtseins mit ihrem Auf- und Abstieg entspricht. Gebet vollzieht dann, was bei allen Symbolen im Gang war. Wie beim Geld gibt es auch beim Gebet absteigend ein Starkwerden der stummen Dinge, die umgekehrt geschwächt werden, sobald Gebet aufsteigt. Aber nur solange kann sich das Gebet unterschiedslos in die Logik des Geldsymbols einordnen, als das Opfer im Lauf der Zeit von selbst vergeht. Ist aber einmal der Absturz zum Opfer geschehen, dann ist Gebet in einer bisher noch unentdeckten Kraft erfragt.

Es ist klar: Wird das Opfer mit der Zeit von selbst zum Gebet oder hört es im Lauf der Entwicklung ganz von allein auf, dann bedarf es dazu keines zusätzlichen Aufwandes, und wird dieser, wie es die Behauptung der Symbolik ist, durch Jesu Tod erbracht, dann ist er umsonst und überflüssig. So löst die das Lobopfer generalisierende These die Christologie auf, statt sie zu begründen.

---

[537] M. *Mauss,* aaO. 358: „Plus que tout autre système de faits, elle [sc. la prière] participe à la fois de la nature du rite et de la nature de la croyance. . . . Dans la prière le fidèle agit et il pense. Et action et pensée sont unies étroitement, jaillissent dans un même moment religieux, dans un seul et même temps. Cette convergence est d'ailleurs toute naturelle. La prière est une parole. Or le langage est un mouvement qui a un but et un effet; il est toujours, au fond, un instrument d'action. Mais il agit en exprimant des idées, des sentiments que les mots traduisent au dehors et substantifient. Parler, c'est à la fois agir et penser: voilà pourquoi la prière ressortit à la fois à la croyance et au culte." – Folglich gehört zum Gebet sowohl Sprachlichkeit (362. 383) wie rituelle Gebundenheit (358). Definition des Gebets: „la prière est un rite religieux, oral, portant directement sur les choses sacrées" (414).

[538] M. *Mauss,* aaO. 365: „Mais la prière n'a pas eu seulement une marche ascendente. Elle a eu aussi ses régressions, dont il est nécessaire de tenir compte si l'on veut retracer la vie de cette institution. Maintes fois, des prières qui étaient toutes spirituelles deviennent l'objet d'une simple récitation, exclusive de toute personnalité. Elles tombent au rang d'un rite manuel, on remue les lèvres comme ailleurs on remue les membres. Les prières continuellement répétées, les prières en langue incomprise, les formules qui ont perdu tout sens, celles dont les mots sont tellement usés qu'ils sont devenus inconnaissables sont des exemples éclatants de ces reculs. Il y a plus, on voit, dans certains cas, la prière la plus spirituelle, dégénérer jusqu'à n'être plus qu'un simple objet matériel: le chapelet, l'arbre à prières, le moulin à prières, l'amulette, les phylactères, les *mezuzoth,* les médailles à formules, les scapulaires, les ex-voto, sont de véritables prières matérialisées." – Zu Aufstieg und Abstieg in der Symbolik s. o. Anm. 34. 334. 487.

Auch hier sind zwei kritische Gesichtspunkte anzuführen. 1. Das Opfer, das im Lauf der Zeit ganz von selbst aufhört, ist nicht Opfer. Aufhören des Opfers heißt nur, daß die realen Bedingungen des Lebens und ihr Erwerb durch die Gunst einer kulturell entwickelteren Lage in zeitweilige Vergessenheit treten können, sei es, weil die freischwebende Leichtigkeit des Lebens ständig größere Leichtgängigkeit produziert, sei es, weil die Kette der Bedingungen so lang und kompliziert geworden ist, daß sich nicht mehr nachverfolgen läßt, wo sich was herbedingt. Aber auch vergessene Bedingungen sind deshalb nicht schon unwirklich oder unwirksam. Das Ende des Opferns, worunter meist in fahrlässiger Verkürzung das Ende rituellen Opferns verstanden wird, bleibt ambivalent, denn es kann sowohl Beginn einer opferlosen Zeit bedeuten wie Rückfall ins archaische Opfer. War der Opferritus seinerseits teilweises Ende des Opferns, so ist es nicht ungefährlich, ihm ein Ende zu wünschen. Aufhören des Opfers heißt nur, der schönen Entdinglichung[539] teilhaftig zu werden, statt des Lobopfers Lobgesang darbringen, statt des Realopfers Opferthora rezitieren zu dürfen, bei im übrigen fortbestehendem alten Opfer. Das alte bleiben zu können: danach strebt das Opfer mit aller Macht. Somit droht den Errungenschaften der Entdinglichung und des Vergessens jederzeit der katastrophale Abstieg zum Opfer. 2. Nicht nur berührt die Behauptung vom Aufhören des Opfers das Opfer nicht, sondern sogar im Gebet setzt es sich – wenn auch noch so sublim – als das alte fort. Mauss verstand die Sprache des Gebets als Handlungsinstrument[540], und diese Instrumentalität der Sprache ist deutliches Zeichen für Wirksamkeit des alten Opfers selbst nach dem behaupteten Aufhören alles Opfers. Die Unfähigkeit, der unausgesetzten Wirksamkeit des Opfers gegenüberzutreten, rächt sich in Unfähigkeit zur Wahrnehmung von Gebet. Wird das Gebet vom Opfer gelöst, weil dieses angeblich im Lauf der Zeit vergeht, so bleibt es nicht nur im alten Opfersinn befangen, sondern verliert mit der Herausforderung durch seinen Widerstand auch seine Kraft. Kein Wunder: neigt doch das Gebet bei Grimm wie bei Mauss, je mehr es sich als Gebet vollendet, dazu, in desto unvermeidlicherem Kollaps unterzugehen. Denn auf dem aufsteigenden Weg des Ablegens alles Dinglichen, Rituellen, Gemeinschaftlichen muß es bei Vollendung der Individualisierung und Spiritualisierung schließlich auch noch die Sprache ablegen, die immer noch zuviel Gemeinschaftliches, Rituelles und Dingliches enthält. Aber indem dies Ende der Sprache wiederum abfallend die Dinge ruft, zeigt sich, daß der ganze bisherige Sublimationsprozeß Funktion der alten Welt und ihres Opfers war.

So tritt auf dem eingeschlagenen Weg vom Opfer zum Gebet nicht nur das Opfer nicht in den Blick, sondern auch das Gebet geht mit innerer Konsequenz

---

[539] H.-J. *Hermisson*, aaO. (s. o. Anm. 523) 55: „Entdinglichung" als „die Verlagerung der Akzente von der kultischen Handlung auf das im Kult gesprochene Wort, das nun aber selbst in Analogie zum Opfer steht." Entdinglichung als Rezitation der Opferthora statt der Darbringung des Opfers S. 59. Außerdem 62 f. 148.

[540] M. *Mauss*, aaO. 358: „le langage est … un instrument d'action" (s. o. Anm. 537).

zugrunde. Hat es im Opfer nicht ständigen Widerstand, so verliert es seine Kraft. Daß Opfer im Lauf der Zeit ganz von alleine zum Gebet übergehe, kann immer nur heißen, daß Gebet im Lauf der Zeit ganz von allein zum Nicht-Gebet übergeht – aber Nicht-Gebet: das ist nur das alte Opfer noch einmal. Solche Erleichterungen wie Nicht-mehr-Opfern, Nicht-mehr-Beten sind nur zufällige Gewährungen eines Vergessens, in dessen Rücken sich archaische Mächte desto kräftiger sammeln.

c) Opfer als Gebet

Am Ende der durchschrittenen Vermutung, Heil sei entweder immer schon da oder stelle sich ganz von selbst ein, ist Soteriologie nicht nur nicht überflüssig, sondern erst recht erforderlich. Heil geschieht nur, wenn das Opfer Gebet ist.

„Gebet und Opfer": diese Formel aktivierte Verkörperung von Geist, Versinnlichung, Materialisierung des Spirituellen, wie sie aus früheren Bemerkungen zur Allegorie bekannt ist[541]. Das Opfer wird hier als sekundäre Verdinglichung ursprünglicheren Gebets erforderlich, wie die illustrierende, dichterische Allegorie zum auch so bereits Sagbaren die bildliche Andersrede bringt. Zwar ist dieser Vorgang nie auszuschließen, nur beschreibt er nichts Ursprüngliches von Sprache. Und wiederum: „Opfer und Gebet" aktivierte den umgekehrten Vorgang des Beseelens des Körpers, Vergeistigung des Sinnlichen, Spiritualisierung des Materiellen, bekannt aus demselben Zusammenhang. Hier ist das Gebet sekundäre Versprachlichung des ursprünglicheren Opfers, ebenso wie die hermeneutische, biblische Allegorie den geistigen Sinn aus der Bedeutung der Dinge zieht. Auch dieser Vorgang ist nie auszuschließen, aber er beschreibt nichts Ursprüngliches vom Ding. Sondern hier wird stillschweigend vorausgesetzt ein Hervorgang teils des Dinges aus der Sprache wie bei der poetischen, teils der Sprache aus dem Ding wie bei der hermeneutischen Allegorie. Als ob das Ding nur eine andere Art Sprache und die Sprache nur eine andere Art Ding wäre. Gefordert wäre die mythische Zeit, in der der geschilderte „Doppel-Tropus" noch eins war: „Das tropische Beseelen und Beleiben fiel noch in *eins* zusammen, weil noch Ich und Welt verschmolz"[542]. Nie dagewesene, nie sein

---

[541] S. o. Anm. 286.

[542] J. Paul, Vorschule der Ästhetik (s. o. Anm. 254) § 50. – E. *Cassirer* nennt den Doppeltropus „Vergeistigung des Sinnlichen" und „Versinnlichung des Geistigen" (Philosophie der symbolischen Formen II [s. o. Anm. 279], 273) und schildert die vorausliegende mythische Einheit so: „Alles Sein und Geschehen erscheint im ganzen wie im einzelnen mit magisch-mythischen Wirkungen durchsetzt: aber in der Anschauung des Wirkens ist noch keine Scheidung prinzipiell-verschiedener Wirkungsfaktoren, noch keine Sonderung zwischen ,Stofflichem' und ,Geistigem', zwischen ,Physischem' und ,Psychischem' vollzogen. Es gibt nur eine einzige ungeteilte Wirkungssphäre, innerhalb deren ein beständiger Übergang, ein steter Austausch zwischen den beiden Kreisen, die wir als Welt der ,Seele' und als die des ,Stoffes' zu scheiden pflegen, stattfindet" (aaO. 189). – K. *Hübner*, Die Wahrheit des Mythos, 1985, 109: „Die Einheit des Ideellen und

werdende Zeit! Diese Einheit von Ding und Sprache ist reiner Wunsch, Extrapolation aus dem Umgang mit gegebener metaphorischer Sprache, die als solche
immer schon stillschweigend vorausgesetzt ist, ohne daß ihr Entstehen geklärt
wird. Dazu bedarf es anderer als mythischer Energie.

Bestünde zwischen Opfer und Gebet dieses doppeltropische Verhältnis: Gebet
versinnlicht durch Opfer und Opfer vergeistigt durch Gebet, so müßte zwischen
beiden eine Relation der Ähnlichkeit angetroffen werden, die einerseits substantielle Identität deutlich zu unterschreiten hätte, weil sonst zur Ähnlichkeit kein
Spielraum besteht, andererseits aber nicht bloß funktionale Substitution sein
dürfte, die der Ähnlichkeit nicht mehr bedarf. Dies steht bei den sog. Weiheformeln[543] zur Diskussion, die auf dem Weg vom Opfer zum Gebet am weitesten
vorgedrungen sind, indem das dingliche Opfer ganz Votum wird. Was geschieht
in einer Aussage wie dieser: „Mein Gebet möge vor dir gelten als ein Räucheropfer, / das Aufheben meiner Hände als ein Abendopfer" (Ps 141,2)? Weder
substantielle Identität noch funktionale Substitution: sondern eine Ähnlichkeit
scheint impliziert zu sein, die in der Regelmäßigkeit der Darbringung bestehen
könnte oder in der Akzeptanz oder in der emporsteigenden Kraft, in der Opfer
und Gebet sich vergleichen lassen[544]. Besteht die Relation zwischen Opfer und
Gebet in einer Analogie[545], so daß die Ablösbarkeit des Opfers durch Gebet ihren
Grund hätte in einer ursprünglichen Entsprechung beider?[546] Aber nicht genug
damit, sondern die Ähnlichkeit von Opfer und Gebet soll wie eine abgeblaßte
Erinnerung auf ursprüngliche Einheit beider zurückweisen[547], die natürlich, wie
bereits gesehen, nur von mythischer Qualität sein könnte. Dieser gemutmaßten

---

Materiellen . . . hat für den Mythos eine ebenso grundlegende Bedeutung wie ihre Auflösung für die wissenschaftliche Ontologie. . . . Um recht zu verstehen, worum es hier geht,
darf man nicht von dem Unterschied zwischen einem Subjekt als etwas Ideellem und
einem Objekt als etwas Materiellem ausgehen, um dann beide in eine enge, schließlich
unauflösliche Beziehung zueinander zu setzen, sondern umgekehrt muß man sie aus ihrer
vorgegebenen Einheit erst ableiten. Diese Einheit ist das *eigentlich* Primäre, sie prägt
mythische Gegenständlichkeit von Grund auf, und in ihr liegt der Ursprung jeder Erscheinung." S. a. 118. 183. 265.

[543] Weiheformeln (Gebet als Opfer): Ps 19,15 a; 119,108a (Worte des Mundes angerech-
net zum „Wohlgefallen" – *rṣh* –; cf. Ps 69,14; Hi 33,26); Ps 104,34 (Dichten zum „Gefal-
len" – *ʿrb* –). Die Verben sind term. techn. der kultischen Anrechnung. Ähnlich Ps 141,2.

[544] Cf. H.-J. *Hermisson*, aaO. (s. o. Anm. 523) 55–57.

[545] Analogie: H.-J. *Hermisson*, aaO. 55. 147. 149. G. *v. d. Leeuw*, Die do-ut-des-Formel
in der Opfertheorie, ARW 20, 1920/21, 241–253, S. 246: „Es existiert . . . ein enger
Zusammenhang zwischen Opfer und Gebet. Beide sind ja analoge Erscheinungen. Das
Huldigungsopfer entspricht dem Huldigungsgebet..." Für die Herkunft der Analogie
weist *v. d. Leeuw* auf prälogische, mythische Vorstellungen: „Alles fließt über in alles.
Alles hängt zusammen. Alles kann zu allem werden" (250).

[546] Entsprechung: H.-J. *Hermisson*, aaO. 148–150. Zur Kritik der Entsprechung s. o.
Anm. 104. 228.

[547] Ursprüngliche Einheit von Handlung und Wort, Opfer und Gebet, in der gegenwärtigen Zeit immer bereits zerfallen: H.-J. *Hermisson*, aaO. 9. 55. 60. 150. Den Blick in ein

Einheit bedürfte es, um zu erklären, weshalb nach ihrem Verlust Sprache allein tut, was das Ding tat, und umgekehrt. Daher der Druck auf Entsprechung und Analogie. Aber wenn Sprache, wie es in jener Einheit vorausgesetzt wird, das Ding oder die Handlung noch einmal ist, also Sprachding und Sprachhandlung, dann ist die spezifische Kraft von Sprache unachtsam verschleudert, mit der sie der alten Welt nicht als alte entspricht, sondern als neue widerspricht.

Aber genau diesen schönen Doppeltropus samt der mythischen Voraussetzung einer ursprünglichen Einheit von Ding und Sprache hat das Opfer durchschlagen, indem es zum sprachlosen archaischen Opfer wurde. In diesem Vorgang ist die Substitutionstheorie der Metapher[548], die ja in der Allegorie am Werke ist, zugrundegegangen. Substitute elizieren, gegenläufig zu ihren forteilenden Entlastungen, die Wiederkehr der alten Last, nur verschoben, nicht gewandelt. Die substituierende Allegorie bestätigt die Kräfteverhältnisse der alten Welt, ihr Zusehen und Gewähren ebenso wie Zuschlagen und Versagen. Doppeltropus der Allegorie und kindliches Schwärmen von mythischer Einheit und einer Zeit, da das Ding noch Sprache und die Sprache noch Ding war: das ist zu schwach gegen das Schreckliche, das am Grunde des Lebens liegt. Vielmehr fordert die Sprachlosigkeit dieses Horrors dazu heraus, den Ursprung von Sprache erst nachzuvollziehen, statt ihn träumerisch vorausgesetzt sein zu lassen, womit Sprache unweigerlich zur Funktion des alten Systems von Entlastung und Belastung würde. Ursprung der Sprache suchen wir in Jesu Tod. Denn an ihm als Gebet interessiert nicht, worin er das Opfer auch sprachlich wiederholt und ihm also entspricht, sondern worin er das Opfer der Wandlung aussetzt, indem er ihm als Wortopfer widerspricht. So zerstiebt der Mythos der ursprünglichen Einheit von Ding und Sprache an Jesu Kreuz, aber so, daß das im Mythos stillschweigend Vorausgesetzte jetzt als erst zu Erweckendes, Konstituierendes, Aufzurichtendes in den Blick tritt.

Als Opfer ist Jesu Tod den Kreuzen in aller Welt gleich, ein Kreuz unter ungezählten, ein Glied in der Kette des Wiederholung wirkenden Opferzwangs. Ist insoweit das Kreuz Jesu das alte Unheil noch einmal, so stellt sich die Frage nach dem Heil in Jesu Kreuz als Frage nach seiner Einzigartigkeit. Die Behauptung der Einmaligkeit ist aus dem Neuen Testament wohlbekannt: Jesu Tod war einmaliges Opfer[549]. Aber wodurch vermag das Kreuz Jesu sich von den vielen

---

Jenseits dieser Einheit stoppt *Hermisson* mit der Bemerkung: „doch geht uns das hier nichts an" (53). Zur mythischen Einheit s. o. Anm. 542.

[548] Zur Kritik der Substitutionsmetapher: M. *Black,* Metaphor (1954), in: Ders., Models and Metaphors. Studies in Language and Philosophy, Ithaca N.Y., 1976[6], 25–47, S. 30ff.

[549] Einmaligkeit des Opfers Jesu im Neuen Testament:
a) Einzigartigkeit:
   μία θυσία/προσφορά (Gegensatz: immer dieselben Opfer Hebr 10,1.11): Hebr 10,12.14
b) Einmaligkeit im Sinn von Beständigkeit:
   εἰς τὸ διηνεκές (Gegensatz: κατ' ἐνιαυτόν): Hebr 7,3; 10,1.12.14

zu unterscheiden? Es ist zu beachten: Die Aussage von der Einmaligkeit des Opfers Jesu enthält einen manifesten Widersinn. Einmaliges Opfer ist in sich widersinnig. Die Aufforderung zum einmaligen Opfer – Maxime der politischen Theologie – ist faktisch Aufforderung zu dem Opfer, das sich ständig wiederholt. Gerade die Verheißung: das jetzt zu vollbringende Opfer sei zwar groß, aber gewiß das allerletzte, ist sicherstes Indiz dafür, daß sich im Versprechen der neuen Welt die alte unverschämt fortsetzt. Daher ist die Einmaligkeit, ja Einzigartigkeit des Todes Jesu im Begriff des Opfers nicht auszusagen. Vielleicht neigt man aus diesem Grund dazu, Jesu Tod als Unsopfer zu qualifizieren. Unsopfer sei dasjenige, in dem der alte Opfersinn sich ausrast und danach nicht mehr regt. Das wäre magische Wirkung des Opfers, in dem sich die alte Welt zu Tode auslebt und danach die neue beginnt, in der man vom Opfern abstehen kann. Die Geschichte lehrt anderes. Jesu Tod als Opfer war nicht das letzte in einem empirisch nachvollziehbaren Sinn, vielmehr geht es auch als Unsopfer unter in der Reihe vergangener und künftiger Opfer desselben Unmaßes. Gerade das gigantische Opfer ist als selbstverständlich vom Weltlauf vorausgesetzt, zum Gang der Dinge immer bereits kassiert. Deshalb treffen die der Einmaligkeit des Todes Jesu im Neuen Testament entgegengesetzten Bestimmungen die Wirklichkeit des Opfers so unfehlbar: immer dasselbe, vielmals, jährlich, täglich. Das ist natürlicher Opferzwang. Daher läßt sich die Einmaligkeit des Opfers Jesu nur behaupten, wenn in diesem Opfer das Opfer sich wandelt. Die Einmaligkeit des Opfers Jesu ist weder magisch noch empirisch mißzuverstehen. Es handelt sich weder um den Beginn einer opferlosen Zeit noch um gnadenlosen Fortgang der Dinge wie bisher. Einmaligkeit des Opfers Jesu kann sich nur zeigen, wenn am Ort des Alten das Alte neu wird. Diesem Druck auf Verwandlung ist das Opfer auszusetzen. Dazu ist erfordert, daß Opfer zu Gebet wird. Gebet ist nicht Opfer noch einmal, Handlung auch noch als Sprachhandlung; dies würde ja heißen, daß die spezifische Chance der Sprache, anders zu sein als alles Nicht-Sprachliche, verspielt ist – aber d. h. auch: die Chance zum Heil. Statt die Sprache in der Funktion des Opfers aufgehen zu lassen, ist ihrer Freiheit zum Widerspruch stattzugeben.

Die Einmaligkeit des Opfers Jesu wird im Neuen Testament durch die Aussage vom Selbstopfer Jesu erläutert[550]. Selbstopfer hat an sich bereits die Tendenz

---

c) Einmaligkeit im Sinn von Unwiederholbarkeit:
   ἅπαξ (Gegensatz: πολλάκις Hebr 9,25; 10,11): Hebr 9,26.28; 1Petr 3,18
d) Einmaligkeit im Sinn von Endgültigkeit:
   ἐφάπαξ (Gegensatz: καθ᾽ ἡμέραν Hebr 7,27; 10,11): Röm 6,10; Hebr 7,27; 9,12; 10,10.
[550] Selbstopfer Jesu in der neutestamentlichen Überlieferung:

A. *Verben*

ἀναφέρειν	Hebr 7,27:	ἑαυτὸν ἀνενέγκας (sc. als θυσία)
προσφέρειν	Hebr 9,14:	ἑαυτὸν προσήνεγκεν (sc. als αἷμα)
	Hebr 9,25:	προσφέρῃ ἑαυτόν (sc. als θυσία)
διδόναι	Mk 10,45/Mt 20,28:	δοῦναι τὴν ψυχὴν αὐτοῦ (als λύτρον)

Prof. Dr. Günter Bader
Kirchstrasse 7, ☎ 07385/759
7423 Gomadingen 1

31. August 1988

Sehr geehrter Herr Prof. Betz,

in diesen Tagen wird Ihnen vom Verlag Mohr ein
Exemplar der Symbolik des Todes Jesu zugesandt
werden oder worden sein, die Sie mithalfen auf
den Weg zu bringen. Es ist mir ein Bedürfnis,
Ihnen für Ihre abermalige Bereitschaft herzlich
zu danken. Hoffen wir, dass das Buch einen guten
Lauf nimmt. Den nun doch in seinen Umrissen erhaltenen — wenngleich kastiglierten — Vorbericht werden Sie umso weniger verschmähen, als Sie darin
ein pathos des Autors wahrnehmen, das auch durch
Stoisißerungsversuche noch nicht gewichen ist.

Mit besten Grüssen

zu Einmaligkeit, ohne deshalb schon soteriologisch eindeutig zu sein. Die innere Teleologie des Opferns vom Etwas-Opfern zum Sich-selbst-Opfern stellt sich ja ganz von alleine ein. Es ist die idealisierende Reihe vom bloßen Etwas-Geben über das Etwas-von-sich-selbst-Geben zum Sich-selbst-Geben, an deren Ende sich herausstellt, daß Sich-selbst-Geben nur durch Sich-selbst-als-Etwas-Geben möglich ist, nämlich wie in den neutestamentlichen Aussagen, als Geld, Opfer, Blut. So erhält die Idealisierung ihren materialisierenden Gegenschlag. Denn was unterscheidet das Etwas, das aus einem Sich-selbst stammt, von dem passiv dahingegebenen, dahingeopferten? Und befindet sich nicht Jesu Selbsthingabe in gefährlicher Nähe zum rein passiven Dahingegebenwerden oder zur Dahingabe durch Gott?[551] Sodaß das Sich-selbst im Etwas untergeht, fortgespült wird. Auch die List einer vorauslaufenden Freiwilligkeit holt die abgründige Passivität nicht ein, und das Etwas bleibt stumm. Aber im Sinn des Neuen Testamentes sind Selbsthingabe und Dahingabe durch Gott ein und dasselbe. Oder im Bild: Jesus ist Priester und Opfer zugleich. In diesem Bild wiederholt sich der Widersinn einmaligen Opfers als Bildabsurdität, absichtlich provoziert, um die schreckliche Passivität des Etwas, des Opferdings, mit der Aktivität des Priesters zu durchdringen, in der ein Sich-selbst erhalten bleibt. Dieser neue Begriff des Selbstopfers – διὰ πνεύματος αἰωνίου (Hebr 9,14) – ist am Gebet zu entfalten.

Allerdings hebt das Gebet an als Geschehen innerhalb bestehender Opferpraxis. Die in ihm wirksame Kraft ist zunächst dieselbe, die Dinge der Welt als Opfermaterie gebraucht. Es ist die Kraft des Begehrens. Obwohl die Opfermaterie des Gebets Wort ist, unter allen Opfermaterien die sublimste, so ist doch der Opfersinn derselbe wie im Opfer. Wie jedes Ding der Welt Gegenstand und Mittel des Opferns werden kann in freiester Verschwendung, so kann auch jedes

---

	Gal 1,4:	τοῦ δόντος ἑαυτόν
	1Tim 2,6:	δοὺς ἑαυτόν (als ἀντίλυτρον)
	Tit 2,14:	ἔδωκεν ἑαυτόν (als Lösemittel)
παραδιδόναι	Gal 2,20:	τοῦ … παραδόντος ἑαυτόν
	Eph 5,2:	παρέδωκεν ἑαυτόν (als προσφορά/θυσία)
	Eph 5,25:	ἑαυτὸν παρέδωκεν
ἁγιάζειν	Joh 17,19:	ἁγιάζω ἐμαυτόν
τιθέναι	Joh 10,11:	τὴν ψυχὴν αὐτοῦ τίθησιν
	Joh 10,15:	τὴν ψυχὴν μου τίθημι
	Joh 10,17:	τίθημι τὴν ψυχήν μου
	Joh 10,18:	ἐγὼ τίθημι αὐτὴν ἀπ' ἐμαυτοῦ
	Joh 10,18:	ἐξουσίαν ἔχω θεῖναι αὐτήν
	Joh 15,13:	τὴν ψυχὴν αὐτοῦ θῇ
	1Joh 3,16:	τὴν ψυχὴν αὐτοῦ ἔθηκεν
B. *Substantive*	Hebr 9,26:	θυσία αὐτοῦ (Lesart C. H. *Bruder,* Concordantiae, 1867, S. 120ᵃ; 421ᶜ).

[551] Jesu Dahingegebenwerden: Röm 4,25; Hebr 9,28; Gottes (Dahin-)Geben: Röm 8,32; Joh 3,16.

Wort zum Mittel des Gebets werden, in freiester Wortverschwendung. Und wie
das Begehren im Opfer ein Mittel findet, sich das Begehrte zu verschaffen, so ist
im Gebet, als Ausdruck der Begierde, das Wort nur ein anderes Mittel zur
Durchsetzung des Begehrens. Das Bittwort steht in gänzlicher Analogie zur
Bittopfermaterie, ist Mittel und Instrument der Begierde, unterschieden nur
durch seine Sublimität, aber Opfermaterie gleichwohl. Aber im selben Moment, da über die Opfermaterie hinaus Opfermaterie von Art der Sprache
präsent ist – wie es immer geschieht, wenn das Gebet in die Logik des Opfers
eintritt –, im selben Moment ist noch eine unvermutete andere Differenz mit im
Spiel. Sobald an die Stelle der Opfermittel das Mittel der Sprache tritt, geschieht
etwas der Art nach Neues. Während die Opfermaterie, als Mittel des Begehrens
gebraucht, zu einem Etwas wird, sprachlos und stumm, zeigt Sprache, wenn sie
Mittel des Begehrens wird, eine erfrischende Unbotmäßigkeit. Im Gebet gezwungen zu tun, was das Begehren will, beginnt sie zu tun, was sie will. Sobald
das Begehren darauf verfällt, Sprache zu opfern, riskiert es eine Gegenkraft, die
sich nicht in die gewünschte Instrumentalität von Sprache fügt. Das hätte das
Begehren nicht tun dürfen; daß es sich mit Sprache einläßt, ist sein ungünstigster
Fall. Nicht nur in dem Sinn, daß es seiner Pression mit jedem anderen Mittel
hätte kräftigeren Ausdruck verleihen können, sich also in Ausdruckskraft
schwächt, sondern so, daß genau aus diesem schwächsten aller Mittel eine Kraft
entsteht, die ihm gefährlich wird. Sobald das Begehren sich mit Sprache einläßt,
im Wahn, seinen sonstigen Mitteln eben noch dies hinzuzufügen, hat es Grund
zu seiner Verwandlung gelegt. Diese meine Gebetsworte sind ja unvertauschbar
meine Worte, in dem Sinn, daß sie Wunsch und Begehren präzis aussprechen.
Das Maß ihrer Wörtlichkeit ist das Maß meines Meinens. Aber im Aussprechen
des Begehrens zeigt sich, daß Worte anderes tun, als im Aussprechen des
Begehrens aufzugehen. Indem das Wort ausgesprochen ist, beginnt es sich
davon zu lösen, mein gemeintes Wort zu sein, definiert in seiner Wörtlichkeit
durch das Maß des Wunsches und seiner Erfüllung. Es blickt, so gelöst, auf den
zurück, der es mit seinem Wunsch und Meinen besetzt gehalten hatte. Meinem
Meinen tritt jetzt das Meinen der Sprache entgegen, das aber gerade im Sinn
meines Meinens kein Meinen ist[552]. Das Meinen der Sprache bestreitet das
Meinen des Begehrens an seinem eigenen Ort: Aufgang neuer Sprache am Ort

---

[552] Während Hegel, Phänomenologie des Geistes (s. o. Anm. 223) 63–70: Die sinnliche
Gewißheit, und W. *Benjamin,* Die Aufgabe des Übersetzers (1921), GS IV/1, 9–21, S. 14.
18; Ursprung des deutschen Trauerspiels (1928), GS I/1, 202–430, S. 216f, das Meinen
nur als Tätigkeit des Subjekts untersuchen, überträgt es J. *Anderegg* von der Tätigkeit des
Subjekts auf die Tätigkeit der Sprache, und im selben Moment muß sich der Sinn des
Meinens wandeln: „Medial gebrauchte Sprache sagt selbst, was sie meint, und sie verlangt
deshalb Zuwendung von dem, der verstehen will. Richtig ist aber auch die gegenteilige
Aussage, und erst die scheinbar paradoxe Verbindung von Ja und Nein wird der symbolischen Zeichenhaftigkeit des medialen Sprachgebrauchs gerecht: Medial gebrauchte Spra-
che sagt gerade nicht selbst, was sie meint, und was sie sagt, ist nicht das Gemeinte"
(Sprache und Verwandlung. Zur literarischen Ästhetik, 1985, 65).

der alten. Neue Sprache entsteht nicht durch Einführung neuer Worte. Erst muß ein Wort nachweislich alt geworden sein, bevor es neu wird. Es muß zuerst im Sinn des Begehrens gemeint werden, bevor der neue Sinn des Meinens aus dem Untergang des alten entsteht. Die Sprache muß zuerst Mittel im Sinn der Instrumentalität sein, bevor sie Mittel im Sinn der Medialität wird[553]. Mediale Sprache ist diejenige, die, sobald etwas durch sie mitgeteilt wird, dasjenige mitteilt, was sich in ihr ausspricht, sodaß im Durch ein In entsteht und zugleich ein von Selbstmitteilung der Sprache getragenes Sich-selbst[554], das jenes andere Sich-selbst, das mit der Aktivität und Freiwilligkeit lebte und starb, in sich aufnimmt und ruhen läßt.

Deshalb sprechen wir von einem Ende des Gebets als Ereignis des Gebetes selbst. In ihm wandelt sich die Gewalt des Begehrens, mit der Gebet allenthalben anhebt. Auch wenn die unkräftige Sprache in die Reihe meiner Mittel tritt, bin ich Kraft ausübender Mensch, der womöglich nur seinerseits auf die sprachlose Gewalt reagiert, die ihn umgibt. Im Bitten ist der Betende selbst Gewalt, und zwar im Kern sprachlose Gewalt, so laut und so beredt die sprachliche Äußerung auch wird. Im Gebet vollzieht sich der Kraft-Wechsel, daß meiner Kraft, das Wort in der Gewalt meines Meinens festzuhalten, das eben ausgesprochene Wort gegenübertritt und seine eigene Kraft entfaltet als Sprachkraft, und, bei Erhörung des Gebets, siegt. Ende des Gebets geschieht zwar auf vielerlei Weise, sei es als Scheitern an den Dingen oder Überwältigtwerden von ihnen: äußeres, fatales Ende, Verstummen. Nur im Gebet ist das Ende des Gebets inneres Ereignis, denn Sprache übersteht den Untergang ihres instrumentalen Gebrauchs. Hier ist das Ende des Gebets kein Verstummen, sondern ein vollständig in Sprache sich vollziehender, geborgener Vorgang. Ist nun Ende des Gebets jederzeit der Tod des Begehrens und Meinens, so doch im Gebet nicht als sprachloser Tod durch Übermacht der Dinge, sondern ein Tod, der in Sprache sich vollzieht: Tod als durch und durch sprachliches Ereignis. Anders als durch den Tod der instrumentellen Sprache beginnt die mediale nicht zu sprechen. In diesem Sinn ist das Ende des Gebets, der Tod, inneres Geschehen von Gebet, durch und durch sprachlich.

Was ist aus dem Opfer geworden? Wir haben das Gebet an seinem Ort mitten in der Opferwirklichkeit aufgesucht. Auch als Wortopfer ist es, wie die Dialektik der λογικὴ θυσία zeigte, nicht schon soteriologisch eindeutig. Auch das Wort gehört in die Reihe der Opfermittel, gewiß unter Opfermaterien die sublimste,

---

[553] Zur Instrumentalität der Sprache des Gebets s. o. Anm. 512 (ὄργανον), 521 (Mittel), 537. 540 (instrument d'action). Die Dialektik des Mittels als Werkzeug und Medium entfaltet Hegel, Phänomenologie des Geistes (s. o. Anm. 223) 53f: Einleitung. Zur Medialität der Sprache W. *Benjamin,* Über Sprache überhaupt und über die Sprache des Menschen (1916), GS II/1, 140–157, S. 141f; 144f: „nicht das Verhältnis des Mittels, sondern des Mediums". J. *Anderegg* gewinnt die verwandelnde Kraft der Sprache aus der Unterscheidung von instrumentellem und medialem Sprachgebrauch (aaO. 36–80).

[554] W. *Benjamin,* Über Sprache überhaupt, aaO. 141f. Cf. J.-P. *Schobinger,* Variationen zu Walter Benjamins Sprachmeditationen, 1979, 12–16.

aber zugleich Instrument desselben Begehrens, das auch massivere Mittel zu wählen bereit ist. Anders, als daß Sprache in Funktion und Bann des alten Opfers eintritt, hebt kein Gebet an. Aber sobald das Begehren sich als Opfermittel der Sprache bedient, geschieht nicht nur Steigerung zum sublimen Wortopfer bei im übrigen gleichbleibenden Verhältnissen der alten Welt, sondern das Wortopfer wird einem inneren Twist[555] ausgesetzt, der die Grenzen der alten Welt sprengt. Dem Wortopfer widerfährt bei seinem Instrumentalisieren der Worte, daß diese in ihrem Mitgeteiltwerden ein Sich-selbst-Mitteilen entfalten; aber dies will eingeräumt sein, dazu bedarf es des Dahingebens meines ausgesprochenen Wortes an das Sprechen der Sprache: eines Opfers also in neuem Sinn. Daß auf diese Weise bereits das Wort „Opfer" sich selbst entwendet wird, ist der entscheidende Vorgang. Im Gebet geschieht, semantisch gesehen, ein metaphorischer Twist, in dem sich die Worte wenden und, ausgesprochen zur Kundgabe des Begehrens, von sich selbst her beginnen zu sprechen. Als so gewandelte kommen sie auf den zurück, der sie in ihrer Wörtlichkeit festzuhalten versucht hatte. So wird aus dem Wortopfer ein vollständig von Sprache durchleuchteter Vorgang. Das ist das Opfer als Gebet.

In Jesu Tod setzen wir dies nicht nur als vollziehbar, sondern in jeder Hinsicht als vollzogen. Darin liegen Einzigartigkeit und soteriologische Qualität seines Todes. Jesu Tod ist Tod als Opfer und Gebet, aber so, daß Opfer sich zum Gebet wandelt. Die Einzigartigkeit des Todes Jesu ist durch den bloßen Begriff des Selbstopfers noch nicht hinreichend erläutert. Selbstopfer Jesu ist nicht diejenige Dedikation, mit der er sich selbst zum Opfer weiht: hier bliebe die Sprache im instrumentellen Sinn befangen. Erst wenn das Sich-selbst zu einem Geschehen von Sprache wird, ist die einzigartige Wende da. Selbstopfer ist dann derjenige Vorgang, in dem an die Stelle des gemeinten Wortes das von sich selbst her sprechende tritt. Hohepriester und Opfer zugleich ist ein sprachliches Geschehen: Aufgang medialen Wortes im Untergang des instrumentellen. Daher genügt der isolierte Blick auf die Gebetsworte des sterbenden Jesus nicht, von ihrer historischen Problematik ganz zu schweigen: sie gehen als instrumentelle Worte samt dem Betenden unter. Vielmehr gilt es, in Jesu Wort die innere Möglichkeit seines Todes dadurch nachzuweisen, daß sein mediales Sich-selbst-Mitteilen als Tod der instrumentellen Bedeutung begriffen wird. Die Gattungen von Jesu Wort – Proklamationen, Proverbien und Parabeln, einschließlich des Gebets – sind durchweg auf den einen Gesichtspunkt des Reiches Gottes bezogen und lassen deshalb ein und dieselbe Semantik erkennen, die eine Semantik der metaphorischen Verwandlung ist[556]. So entsteht in der Medialität der Worte Jesu

---

[555] M. C. *Beardsley*, Die metaphorische Verdrehung (1962), in: A. *Haverkamp* (Hg.), Theorie der Metapher, 1983, 120–141.

[556] N. *Perrin*, Jesus and the Language of the Kingdom. Symbol and Metaphor in New Testament Interpretation, London 1976, 41. 54. 194ff. P. *Ricœur,* Biblical Hermeneutics (Semeia 4, 1975), schildert die Entstehung der religiösen Sprache Jesu als 1. Aufnahme der gewöhnlichen Sprache, 2. Transgression durch Subversion, Hyperbole, Paradox, Extra-

im Untergang der alten die neue Welt. Dies geschieht durch nichts anderes als durch Neuwerden alter Worte, wenn sie sich von ihrem Durch-mich-Ausge-sprochenwerden wandeln zum Von-sich-selbst-her-Sprechen. In diesem Opfer des Opfers, Wurzel aller Sprachgattungen Jesu, vollendet sich das Gebet. Die oberste der Bitten: „Dein Reich komme!" ist im Neuwerden der alten Sprache erfüllt.

In Jesu Tod ist das Opfer in einzigartiger Weise vom Gebet durchdrungen, weil es als innere Wende des Gebets erscheint und daher aus der Sprache nie herausfällt. Die in der Medialität aufgehende, von sich selbst her sprechende Sprache ist in jedem Fall Dingsprache, wie sie im Untergang der Sprachsprache entsteht. Daß spricht, was spricht: das ist der Sprache harmlosester Fall. Erst wenn beginnt zu sprechen, was von sich aus Sprache weder ist noch hat, entsteht Dingsprache. Dingsprache ist unfehlbar Gottes Sprache in der Sprache der Menschen. Zu ihrem Sprechen bedarf es des menschlichen Mundes nur als eines solchen, der ausgeredet hat und sich verschließt. Allein im Fall des Gebets ist das Verstummen Ereignis der Sprache selbst, nicht Werden zum Ding, sondern zum sprechenden Ding. In seinem Tod wird Jesus sprechendes Ding[557]. Dies ist Ursprung der Symbolizität des Todes Jesu. Und dies ist der Ursprung von Sprache.

3. Der Ursprung der Sprache im Gebet

Zunächst ist zu erinnern, daß Ursprung der Sprache ein Thema der Symbolik von Anfang an war. Wir forderten zu vernehmen, was das Kreuz von sich selbst her sagt, falls das Wort vom Kreuz nicht bloß leeres Kürzel sein sollte; wir fragten nach der Sprache des Sühnedings, des Tauschdings, worin seine spre-chende, Tausch ermöglichende Energie bestehe; wir begriffen den Ursprung des Geldes in engster Analogie zum Ursprung der Sprache, bis uns angesichts der widerlichen Fratze des Opfers das Wort im Halse stecken blieb und die bisherige Sprachkompetenz ohne Rest verging. Daraus ergibt sich: Nach dem Ursprung der Sprache fragen wir nicht in genetischem Sinn. Mit den Sophistikationen dieser Frage haben wir hier nichts zu tun. Vielmehr fragen wir nach dem Ursprung der Sprache aus der Voraussetzung der immer schon gegebenen Sprache heraus, hinter welche wir nicht zurückkönnen, was sich gerade beim Versuch der genetischen Herleitung ständig neu bestätigt. Ursprung von Spra-

---

vaganz, 3. Zerstörung des weltlichen wörtlichen Sinns (109–122). Diese vollständig in der Sprache und durch sie vollzogene Zerstörung eines ersten Sinns durch einen zweiten ist das Wortopfer.

[557] „Jesus as the Parable of God" (J. D. *Crossan*, In Parables. The Challenge of the Historical Jesus, New York 1973, S. XIV) oder der Gekreuzigte „als persönliche Metapher Gottes" (W. *Harnisch*, Die Gleichniserzählungen Jesu, 1985, 304) werden nur verständlich, wenn die Metapher als Dingmetapher aufgefaßt wird.

che wäre an sich schon Heilsgut nur in einer Situation der tabula rasa; haben wir aber in der Sprache Anlaß, nach dem Heilsgut zu fragen, so ist offenbar zwischen Sprache und Sprache zu unterscheiden.

Daran schließt sich an: Ursprung von Sprache ist eine Frage, die aus dem Nichtgesagt-Gesagten ringsumher entsteht. Mit einem Wort: Die Realmetapher war ja nur Verschiebung eines Nichtsprachlichen bis in die Sprache hinein. So kam die Opfermetapher zustande, auf deren Grund kaum verhüllt immer das Opfer selbst seine Urständ feierte: Opfermetapher als Metapher, die nicht etwa das Opfer mit Sprache durchdrang, sondern seinen ursprünglichen Horror ungewandelt in die Sprache transportierte, dem in ihm erscheinenden Gott auch noch in der Sprache entsprechend. Gewiß ist der Horror eines Gottes in der Sprache milder als an sich, aber Horror gleichwohl. Deshalb ist das Vorhandensein von Sprache nicht an sich bereits Heil. Sondern in der Sprache tut sich die Differenz zwischen Gesagtem und Nicht-Gesagtem auf. Der Gang der Symbolik folgt dem so, daß er dem Nichtgesagten im Gesagten nachgeht, bis es im Schwinden des Gesagten als es selbst hervortritt: dies ist der Ort, um nach dem Ursprung der Sprache zu fragen. Das heißt aber, in der Sprache nach dem Ursprung der Sprache zu fragen. Kein Ursprung von Sprache, ohne daß das Nicht-Gesagte beginnt, von sich selbst her zu sprechen. Das Nicht-Gesagte ist das Ding. Ein sprechendes Ding ist Dingmetapher. Dingmetapher ist das Ziel des Fragens nach Ursprung der Sprache.

Daraus geht die Affinität zwischen Ursprung der Sprache und Gebet von alleine hervor. Zwar hätte man das Gebet durchaus mißverstanden, wenn nicht geradezu alle Sprache irgendwie Gebet sein könnte, so weit sie sich auch davon entfernt. Aber inwieweit alle Sprache Gebet ist, bleibt nur dann eine deutliche Erkenntnis, wenn sich das Gebetartige der Sprache ausdifferenzieren läßt, nicht als Gattung neben Gattungen, sondern als Wurzel der Sprache. Gebet: das ist in seiner Spitze Gebet im Ende des Gebetes, Ursprung der Sprache am Stummen; aber dies nicht in Stummheit schlechthin, was ein vormenschlicher Zustand wäre, sondern Verstummen mitten in der Sprache als Ereignis der Sprache. Sodaß zu erkennen ist: Das Gebet im Ende des Gebets ist der Ursprung der Sprache.

Allerdings sind in der Tradition die Themen Ursprung der Sprache und Gebet verschiedene Wege gegangen, in verschiedenen Disziplinen und mit ungleichzeitigen Konjunkturen. Es ist nicht einfach möglich, sie als Einheit zu verhandeln. Daher ist hier auszugehen vom allgemeinen Thema des Sprachursprungs in der Sprache der Dinge, aber in der Weise, daß eine zunehmende Konzentration auf das Kreuz stattfindet, als demjenigen Ort, an dem Dingsprache und Ursprung der Sprache ihr experimentum crucis erfahren. Ursprung der Sprache gibt es am Ort des Opfers allein als Gebet. Dies ist im folgenden darzustellen.

Dingsprache ist am bündigsten expliziert in der Hermeneutik des Mittelalters. Diese geht als Hermeneutik der heiligen Schrift von dem Grundsatz aus: Profane Sprache und Literatur kennen allein Wortbedeutung, die Schrift enthält darüber hinaus eine Dingbedeutung, und zwar der Dinge, auf die die Worte verweisen. In unserem Verweisen findet also ein Von-sich-selbst-her-Verweisen statt: das wird durch Dingbedeutung vollzogen, aber nur im einzigen Fall der Schrift. Nur res scripturae sind sprechende Dinge. Diese Unterscheidung geht im wesentlichen auf Augustin zurück und hat das ganze Mittelalter über geherrscht[558]. Der Philosoph kennt nur die significatio vocum, aber die Schrift kennt die significatio rerum, die Dingmetapher ist. Jene ist significatio ex placito hominum, diese aber ex operatione creatoris und also naturalis. Sprache des Schöpfers, Wort Gottes ist im wesentlichen Sprache der Dinge. Ist also Dingsprache von Sprachsprache zu unterscheiden, so ist jene immer nur möglich durch diese; Dingsprache ist „zweite Sprache"[559]: Zweites in der Erkenntnis, in der Sache ein Erstes, ursprüngliche Sprache. Die erste Sprache gehört zum sensus literalis, die zweite zum sensus spiritualis. Das ist die Allegorie, „die aus der stummen Welt der Dinge die Sprache göttlicher Verkündigung vernimmt"[560]. Aber wie kommen Dinge zu einer Sprache? Die Antwort lautet: An sich ist die ganze Schöpfung nichts als Sprache Gottes und wäre es noch, aber sie ist durch die Sünde des Menschen verstummt. Statt ihrer ist die Schrift gegeben, in der die Sprache der Dinge zu lernen ist, kraft spezieller auf die Situation post lapsum reagierender Offenbarung. Aber dies hat zur Folge: Die allegorische Dingsprache, die hätte natürlich sein sollen, wird auch nur ex placito erlernt, nicht hominis, sondern Dei – aber dies ändert an der Willkür nichts. Daher ist die konventionelle Lösung der Allegorie nur eine Station auf halbem Wege.

Daß die Dinge selbst sprechen, bleibt in der Hermeneutik des Mittelalters um so unerfüllter, als nicht Dinge schlechthin, sondern nur Schriftdinge (res scripturae) der Sprache fähig sind, und zwar mittels eines allegorischen Verweisungssystems, das über die wörtliche Bedeutung gesetzt ist, als kaum verhüllte Setzung im Gesetzten. Aber daß Dingsprache die spezielle Sprache Gottes in der Sprache der Menschen ist, bleibt auch nach dem Mittelalter unbestritten. Folglich muß sie an den Dingen selbst laut werden, unverstellt durch die Dinge der Schrift. Wie sollte die Dingsprache der Schrift je zustande gekommen sein, wenn nicht tatsächlich sinaitische Dornbüsche und dodonische Eichen redeten! Je mehr die augustinische Hemmung der Dingsprache durch Dionysius Areopagita gelöst wird, desto mehr erscheint die Sprache der Götter in der stummen, aber um so kräftiger redenden Sprache der Dinge, die im Unterschied zur Sprache der Menschen geradezu unwiderstehlich, wenngleich undeutlich anspricht[561]. Aus der mittelalterlichen Hermeneutik der Schrift herausgefallen zu sein bei gleich-

---

[558] Zu Augustin s. o. § 1.2 F. *Ohly,* aaO. (s. o. Anm. 44) 2–6; H. *Brinkmann,* Mittelalterliche Hermeneutik (s. o. Anm. 38) 21–25.

[559] H. *Brinkmann,* Die ‚zweite Sprache' und die Dichtung des Mittelalters, MM 7, 1970, 155–171; Mittelalterliche Hermeneutik (s. o. Anm. 38) 25; 74–153.

[560] F. *Ohly,* aaO. (s. o. Anm. 44) 13.

[561] G. *Wohlfart,* Denken der Sprache. Sprache und Kunst bei Vico, Hamann, Humboldt und Hegel, 1984, 58. 100. 102ff (zu Vico).

bleibender Erwartung von göttlichem Wort, versetzt statt vor Schriftdinge vor die Dinge – und damit ist die Frage nach dem Ursprung der Sprache gestellt. Anders als durch die dionysische Exklamation „Alles spricht!" gibt es wohl kaum Antwort auf diese Frage. „Alles, was der Mensch am Anfange hörte, mit Augen sah, beschaute und seine Hände betasteten, war ein lebendiges Wort", sagt Hamann[562]. Aber dies „Alles" – nach Herder die ganze göttliche Natur als Sprachlehrerin und Muse[563] – verrät doch immer durch seine hymnische Maßlosigkeit die Anstrengung, einem drohenden „Nichts spricht" wie durch einen Ausfall zuvorzukommen. So erweist sich das zum Ursprung der Sprache in den Dingen in Anspruch genommene „Alles spricht" nur als anderes „Nichts spricht", dem es aufs Haar gleicht. Und umgekehrt: Das „Nichts spricht" ist erst richtig verstanden, wenn es als anderes „Alles spricht" erscheint[564]. Hier zeigt sich – um dies mit ein paar Strichen anzudeuten – Aufstieg nur als anderer Abstieg, und Abstieg nur als anderer Aufstieg (und ebenso: Manie nur als andere Melancholie, und Melancholie als andere Manie). Wo bleibt der Ursprung der Sprache? Über der Unfähigkeit, ihn an *Einem* nachzuweisen, hat er sich in *Alles* geflüchtet und ist zu *Nichts* geworden.

Immerhin haben die Verkünder der Dingsprache eine Idee hinterlassen, welche die Systematik der Symbolik des Todes Jesu mit einem Schlag beleuchtet: die Idee des Wörterbuchs. Im Ursprung der Sprache entsteht das älteste Wörterbuch[565], in dessen Folge dann Sprache überhaupt als „Wörterbuch erblasseter Metaphern"[566] erscheint. In diesem Sinn eines immer ursprünglicher werdenden Wörterbuchs ist die Symbolik vorangeschritten, jedoch mit dem Erfolg, daß die blassen Wörter nicht nur Farbe ansetzten, sondern sogar Fleisch, bis sie mit diesem als einem dahingeopferten vergingen. Das Ding, aus dem die Dingmetapher gezogen sein sollte, verweigerte sich seiner poetischen Gestalt, säuselte nicht, fächelte nicht, rieselte nicht, sondern blutete. Es ist diese Präzisierung der poetischen Dinge zum Opferding, die durch keine Verdinglichung mehr über-

---

[562] J. G. Hamann, Des Ritters von Rosencreuz letzte Willensmeynung über den göttlichen und menschlichen Ursprung der Sprache (1772), SW *(Nadler)* III, 32,24–26.

[563] J. G. Herder, Abhandlung über den Ursprung der Sprache (s. o. Anm. 196), 46.

[564] Alles spricht: s. o. Anm. 39. Außerdem: Irenäus, Adv. Haer. IV, 213: Nihil vacuum neque sine signo apud Deum. – Nichts spricht: E. *Grassi,* Macht des Bildes. Ohnmacht der rationalen Sprache, 1979², 135: „Die Grunderfahrung des Geistigen: die Angst vor der zeichenlosen Welt."

[565] Zu Vico: E. *Cassirer,* Philosophie der symbolischen Formen I (s. o. Anm. 401) 92; B. *Liebrucks,* Sprache und Bewußtsein (s. o. Anm. 88) I, 281; G. *Wohlfart,* aaO. (s. o. Anm. 561) 40. 58 f. 197. 199. – J. G. Herder, Abhandlung über den Ursprung der Sprache (s. o. Anm. 196) 45–49. 73–75. – Der bekannte Wunsch J. *Grimms* ist auf diesem Hintergrund zu lesen: es „könnte das wörterbuch zum hausbedarf, und mit verlangen, oft mit andacht gelesen werden. warum sollte sich nicht der vater ein paar wörter ausheben und sie abends mit den knaben durchgehend zugleich ihre sprachgabe prüfen und die eigene anfrischen? die mutter würde gern zuhören" (Kl. Schriften 8, 315, zit. nach J. *Grimm,* Reden in der Akademie, 1984, 28).

troffen werden kann und deshalb den Dichter in seiner Fähigkeit, τὰ ἄψυχα ἔμψυχα ποιεῖν, direkt an seine Grenze führt[567]. Gewiß sind in Jesu Tod Ding und Sprache präsent, aber in dem Maß, wie sich der Terror des Dings zum Opfer präzisiert, muß sich die Poesie der Sprache präzisieren zum Gebet[568]. Damit stellt sich die Frage nach dem Ursprung der Sprache erneut im Blick auf Jesu Tod als Gebet.

Das Ding spricht nicht, sondern dingt. Damit es spreche, muß erst in es hineingesprochen werden. Aber damit, daß hineingesprochen wird, spreche nur ich, nicht das Ding. Dazu bedarf es einer Verwandlung der Sprache von Instrumentalität in Medialität, sodaß durch und im Literalsinn der Spiritualsinn entsteht. Spricht das Ding weder von sich selbst her, noch dadurch, daß ich in es hineinspreche, so ist deutlich ein Ursprung der Sprache durch Natur oder Konvention negiert. Im ersten Fall käme es nicht zu Ding*sprache,* im zweiten nicht zu *Ding*sprache. Aber dieses Ende zweier Hypothesen, die auch nicht durch Potenzierung zur göttlichen Natursprache oder göttlichen Konventionalsprache zu retten sind, ist für die Frage nach dem Ursprung der Sprache wesentlich. Diese wird weitergetrieben bis zum Ende der Sprache, wo im Untergang meines Sprechens die Sprache selbst beginnt zu sprechen. Dies ist Ursprung von Dingsprache, falls mit diesem Ausdruck etwas Zuverlässiges bezeichnet sein kann. Damit ist deutlich, daß anders als durch Opfer keine Dingsprache entsteht. Diese geht immer nur insoweit auf, als Sprachsprache vergeht. Das ist ein Geschehen, das in keinem Moment aus der Sprache herausfällt, sondern als Spracherfahrung vollziehbar bleibt. Darin wandelt sich das stumme Opfer zum Gebet. Im Gebet werden die beiden abstrakten Parolen der symbolischen Theologie „Alles spricht" und „Nichts spricht" in den konkreten Punkt zusammengezogen, da dies Etwas, das bisher nicht sprach, zu sprechen beginnt. Im selben Moment ist insoweit Heil da. Daß dies ein vorlaufender, nicht rückläufiger Prozeß sein könnte, vorlaufend auf das Ziel des Hymnus, der immer so weit entsteht, als alles spricht: diese Anmutung ist in Jesu Tod als Opfer und Gebet gegeben, in dem das natürliche Schwanken zwischen „Nichts spricht" und „Alles spricht" sich zum letzteren zu neigen beginnt.

Übertragung nannten wir den Lebensnerv der Symbolik, Metaphora. Dabei entstehen zwei entgegenlaufende Bewegungen, wie sie durch die beiden Teile der Symbolik angezeigt werden. Der Weg von der Sprache zum Ding ist ein Weg zunehmender Belastung, der vom Ding zur Sprache Weg zunehmender Entlastung. Darin wirkt sich angemessen aus, daß es die Symbolik mit einem belasteten Menschen zu tun hat: jenes pondus, von dem Anselm sprach. Es kann immer nur Last sein, was so etwas wie Metaphora nötig macht. Denn ein Tragen der

---

[566] J. Paul, Vorschule der Ästhetik (s. o. Anm. 254) § 50. S. Anm. 389.

[567] S. o. Anm. 134. 386.

[568] Terror und Poesie: H. *Blumenberg,* Wirklichkeitsbegriff und Wirklichkeitspotential des Mythos, in: Poetik und Hermeneutik 4, 1971, 11–66, S. 13. 57; Arbeit am Mythos, 1979, 68. 70. 76.

Metaphora, wo nichts zu tragen ist: das wäre lächerlicher Leerlauf. Ein solcher droht auch in der Symbolik ständig, nachdem die Übertragung in einem ersten Sinn als Verschiebung erkannt ist. Es ist daher keine sinnvolle Erwartung, den Weg, der von der Sprache zum Ding vorangeschritten wurde, als denselben wieder zurückschreiten zu wollen: dies ist Wiederholung des alten Systems, nur andersherum. Die Sprache, die substituierend den Druck der Dinge abschwächt, hat ihn nicht hinter, sondern erst recht vor sich. Der Doppeltropus ist daher nur das System der alten Welt mit der ihr eigenen Entlastung und Belastung, Verblassung und Intensivierung, Gewährung und Versagung. In diesem System wird nicht getragen, sondern hin- und zurückgeschoben. Die Metaphora enthält aber in einem zweiten Sinn eine Verheißung über das Substitutionswesen hinaus. Ist dieses beim Opfer, das sich hinter den Substitutionen als das alte versteckte, ans Licht getreten, so kann der Weg vom Ding zur Sprache nicht mehr der alte sein. Die Energie hierzu setzt die Metapher frei, sobald sie über ihren verbrauchten und leerlaufenden Substitutionssinn hinaus eine Übertragungsleistung ermöglicht, die nicht mehr Funktion der alten Welt ist und daher heilsam. Das ist diejenige Metapher, durch die mitten in der Instrumentalität der Sprache ihre Medialität anbricht. Ihre Qualität besteht darin, daß sie die Last, deren Gewicht sie durch den Grad ihrer Sprachverbiegung zu erkennen gibt, in ein Schweben versetzt und trägt. Tragen der Metapher stellt sich ein, sobald dem stets unserer Kraft bedürftigen Durch der Sprache ein von sich selbst her kräftiges In entgegentritt. Diese Metaphora – in Sprache geschehendes Tragen von Last – ist als Ereignis des Todes Jesu von hohepriesterlicher Art. Die mediale Metapher hat somit priesterliche Funktion: arbeitende, nicht leerlaufende Metapher ist getragene Last.

Das gesamte Geschehen der Symbolik des Todes Jesu läßt sich zusammenfassen in dem einen Begriff der Mitteilung. Diese begegnet in der Symbolik zunächst in dem ephemeren Sinn von Heilsmitteilung so, als handle es sich bei den neutestamentlichen Symbolen um Mittel und Bilder zur leichteren Mitteilung von Heil. Als ob Heil ein bereits außerhalb definiertes Etwas wäre, das zur Mitteilung gelangte in einem zweiten Akt. Was wird mitgeteilt, wenn Heil mitgeteilt wird? Nun zeigte das symbolische Wörterbuch, daß jedes Symbol, vermeintlich bloßes Instrument der Heilsmitteilung, Heil nicht so sehr außer, als bereits in sich trägt. Was Heil ist, definierte das Symbol, ja vollzog es in und durch sich selbst gegen ein in ihm andrängendes Unheil, das sich wie eine der Mitteilung entgegenwirkende Nichtmitteilung im Symbol dennoch, wenn auch noch so gering mitteilte. Das ist die Spannung des Symbols als sprechendes Ding. Im Symbol findet die Verwandlung eines erratischen Etwas, eines bereits von außen definierten Inhalts, in Verkehrsform und Mitteilbarkeit statt, eine Übertragung von Dinglichkeit in Sprachlichkeit. Allerdings, wie der Gang von der Sprache zum Ding lehrte, mit rückläufiger, schließlich endender symbolisierender Kraft, je mehr die Last der alten Welt sich im Opfer ungebremst bemerklich machte. Woher kamen dann die Symbole? Naturwüchsig sind sie nicht entstanden, und als Konventionen wären sie ganz ohne Wirkung. An dieser Stelle zeigt sich, daß das symbolische Wörterbuch seinen Ursprung im Gebet hat. Auch das Gebet ist nichts als Mitteilung. Zunächst in dem äußerlichen Sinn, daß es der Mitteilung eines gemeinten, so zu erhörenden Inhalts dient. Als ob Inhalt des Gebets ein feststehendes Etwas wäre, bereits außerhalb definiert, mitgeteilt durch das Mittel der Sprache in einem zweiten Akt. Aber was wird Gott mitgeteilt, das er nicht schon wüßte? Nun zeigt aber jedes Wort des Gebets, vermeintlich bloßes Instrument erratischen Meinens, daß es die Erhörung nicht so sehr außer, als bereits in sich trägt, sobald im Untergang unserer Mitteilung das Sich-Mitteilen der Sprache aufgeht. Im selben Moment ist ein sprechendes Ding entstanden, Symbol also. Heilsmitteilung geschieht deshalb als Dingsprache. Dingsprache ist ein in allem unserem Mitteilen geschehendes Sich-selbst-Mitteilen. Reine Selbstmitteilung ist Gott.

„Die Sprache ruht in etwas, was nicht Sprache ist", formuliert E. Grassi[569], in Ruhe fassend, was als Unruhe diese Symbolik antrieb. Aber in der Tat: Ein Ruhen findet sich, wenn dem im Horror der Dinge wirkenden Gott der Gott entgegentritt, der im sprechenden Ding sich selbst mitteilt und dadurch Opfer zum Wortopfer wandelt.

---

[569] E. *Grassi,* aaO. (s. o. Anm. 564) 69.

Autorenregister

Begriffsregister

a) Griechische Begriffe

b) Lateinische Begriffe

c) Deutsche Begriffe